U0056553

社區心理學

Community Psychology

John Moritsugu、Elizabeth Vera
Frank Y. Wong、Karen Grover Duffy　著

王大維　總校閱

王大維、張麗麗、陳品華、陸怡琮
邱珍琬、羅素貞、郭郡羽、洪菁惠　譯

Community Psychology

Fifth Edition

John Moritsugu

Elizabeth Vera

Frank Y. Wong

Karen Grover Duffy

Copyright © 2014 by Routledge

Authorized translation from English language edition published by Routledge, part of Taylor & Francis Group LLC. All Rights Reserved.

本書原版由 Taylor & Francis 出版集團旗下之 Routledge 出版公司出版，並經其授權翻譯出版。版權所有，侵權必究。

Psychological Publishing Co., Ltd. is authorized to publish and distribute exclusively the Chinese (Complex Characters) language edition. No part of the publication may be reproduced or distributed by any means, or stored in a database or retrieval system, without the prior written permission of the publisher.

本書繁體中文翻譯版授權由心理出版社股份有限公司獨家出版。未經出版者書面許可，不得以任何方式複製或發行本書的任何部分。

Complex Chinese Edition Copyright © 2019 by Psychological Publishing Co., Ltd.

目錄

本書的參考文獻可於心理出版社網站下載使用
https://reurl.cc/KQnon
解壓縮密碼：9789861918563

作者簡介

John Moritsugu

太平洋路德大學（*Pacific Lutheran University*）

Elizabeth Vera

芝加哥羅耀拉大學（*Loyola University Chicago*）

Frank Y. Wong

埃默里大學（*Emory University*）

Karen Grover Duffy

紐約州立大學傑納蘇分校（*State University of New York, Geneseo*）

總校閱簡介

王大維

學歷：彰化師範大學輔導與諮商學系博士

經歷：教育部第六屆性別平等教育委員會委員

　　　東華大學幼兒教育學系專案助理教授

　　　元智大學諮商輔導組專任輔導老師

現職：屏東大學教育心理與輔導學系助理教授兼社區諮商中心主任

譯者簡介

（按章節順序排列）

王大維

請見總校閱簡介

張麗麗

學歷：美國南卡羅來納大學教育心理學博士
（主修：教育研究；副修：測驗）
經歷：屏東大學教育心理與輔導學系系主任
屏東師範學院初等教育學系系主任
美國南卡羅來納大學教育學院研究與評估室協調負責人
美國南卡羅來納大學護理學院研究與評估室統計員暨負責人
現職：屏東大學教育心理與輔導學系副教授

陳品華

學歷：政治大學教育學系博士
經歷：教育部助理研究員
輔英科技大學幼兒保育暨產業系副教授
屏東大學教育心理與輔導學系副教授
現職：屏東大學教育心理與輔導學系教授

陸怡琮

學歷：美國愛荷華大學教育心理哲學博士

經歷：屏東大學教育心理與輔導學系副教授

現職：屏東大學教育學系副教授

邱珍琬

學歷：美國德州 Tech 大學諮商師教育博士

經歷：國、高中教師

建國中學輔導教師

現職：屏東大學教育心理與輔導學系教授

羅素貞

學歷：政治大學教育研究所博士

經歷：屏東師範學院講師

屏東教育大學教育心理與輔導學系系主任

現職：屏東大學教育心理與輔導學系副教授

郭郡羽

學歷：臺灣大學心理學博士

經歷：屏東大學教育心理與輔導學系助理教授

現職：臺灣師範大學社會教育學系助理教授

洪菁惠

學歷：高雄師範大學諮商心理與復健諮商博士

經歷：文藻外語大學進修部暨學生輔導中心輔導老師

現職：屏東大學教育心理與輔導學系助理教授兼任學生諮商中心主任

總校閱序

　　本書是在幾位老師共同努力之下而生，正好非常符合社區心理學之互助合作精神。譯者群當初皆任教於國立屏東大學教育心理與輔導學系（郭郡羽老師後來轉任師大社教系、陸怡琮老師轉調本校教育系），由於本系於 102 學年開始轉為非師培科系，課程與研究方向從原本著重在兒童心理學與學校輔導工作，慢慢轉向增加社區諮商與社區心理學相關議題。同年，本校也成立「社區諮商中心」（當時名為社區諮商組），試圖將教學、研究與實務結合在一起，提供在地民眾易接近且可負擔的心理健康服務，為全國少數有設置社區諮商中心的大學。105 學年起本系也新設立「社區諮商與教育」夜間碩士班，提供跨領域的社區實務工作者（來自社工、輔導、教育、長照、醫護等領域）一個在職進修管道。在這樣的發展趨勢下，我們認為應該要有一本比較新穎的社區心理學教科書，於是興起了合作翻譯書的念頭。市面上現有的相關書籍內容較為陳舊，缺乏最新的研究發現也與當前社會脈絡不太吻合。我們發現這本由 Moritsugu、Vera、Wong、Duffy 撰寫的 *Community Psychology*，不但內容豐富且理念清楚，也運用很多實例，並結合時事及實徵研究來說明，很適合用在教學中，於是決定投入翻譯本書的工作。

　　每位譯者都是在忙碌的教學與研究之餘空出時間來翻譯，且為了確保翻譯品質，彼此還相互檢視與潤飾，盡力讓文稿能忠於原味，又不失可讀性。經過將近兩年的努力，好不容易交出稿件。整個翻譯的過程當然也遇到許多挫折與瓶頸，但後來都一一克服。回頭一望，赫然發現這個團隊就正在體現社區心理學的重要精神：互助合作、動員各種資源、相互支持、賦權與鼓勵、欣賞優勢與正向力量……等。儘管如此，仍有許多不甚完美之處，期許讀者能不吝給予指教。

　　這本書非常適合做為心理學及諮商與輔導相關科系「社區心理學」或「社區諮商」相關課程教科書，也可當作社會工作、社會學、兒童與家庭、老人服務等相關科系中有關「社區工作」、「社區與家庭」、「社區發展」等課程的參考用書。不可諱言地，本書的許多例子都是以美國為主，與臺灣本土經驗略

有不同。他山之石，可以攻錯。他們的社區心理學專業發展已相當穩固，各種社區方案的成效也已建立，可做為臺灣學習的參考。臺灣的社區心理學起源雖然很早，但並沒有匯集成太大的力量，直到 20 年前的九二一大地震，各界才開始重視社區心理健康議題。10 年前的莫拉克風災再次重創南臺灣，根基於社區心理學原則的助人模式才逐漸被建立起來。目前學校輔導工作的制度也日趨完善，許多學校輔導人員其實也正在運用社區心理學的原理在各種中輟生預防及家庭問題等介入。最後，近年臺灣也遇到各類多元文化、性別與族群的衝突，很多弱勢民眾非常需要心理專業人員的協助，社區心理學強調文化多樣性及社會正義原則，並從生態系統觀點來施展預防、合作與倡議等介入方法，其實更能回應這類複雜的心理社會議題。希望本書能拋磚引玉，引發更多相關領域學者與學生對於社區心理學的重視，並能在更多元化的場域中被實踐出來，以協助許多生命困頓的人們。

王大維

前言

譯者：邱珍琬／審閱者：羅素貞、張麗麗

這一版做了以下的更新（編按：本書為原文書第五版）：

- **可讀性的提高**：在考量學生讀者們的需求下，我們重寫了本書的許多章節。
- **文獻的更新**：本版中增加許多新的名詞、新的社區研究方法、新的社區研究文獻，以及新的研究領域。
- **對健保不均現象的關切**：我們的健保照護中有哪些差別待遇？而我們做了什麼去了解及解決這些問題？
- **肥胖預防的新題材**：肥胖的情況是不是愈來愈嚴重？以社區為基礎、用來預防兒童肥胖的解決方法又有哪些？
- **新增人際暴力的章節**：本書不僅介紹一些試圖解釋親密關係暴力的理論，同時也介紹防治這個問題的一些社區介入。
- **提升對健康老化的關注**：如何協助成人健康地邁入人生後期階段？老人族群被虐待與剝削的形式又有哪些？
- **雙語教育與移民的新思維**：學校通常以哪些方式協助移民融入社區？而如何將移民社區視為資產的方式也一併列入討論。

社區心理學是從對人性的樂觀觀點，以及對世界的真理與意義的追尋下所發展出來的。社區心理學相信人們有彼此需要的基本需求，也有與生俱來能感受同情與渴望協助他人的能力。身為社區心理學家，我們具改善整體環境、降低負面及促進正面發展的動力（Cowen, 2000; Shinn & Toohey, 2003）。

我們欣賞個體差異及多元背景，同時也對將大家連結在一起的共同性心存感激。我們也對這個世界及其複雜性充滿了好奇。

在這些疑問的驅動下，我們對它們推演了複雜且細微的一些理解。簡單的答案太容易獲得了，但是從事物的本質，我們感受到影響我們所研究與工作的

這個自然社會生態中的各種複雜、互動及豐富的因素。我們相信可以在描述人類及社會情境的實徵資料，以及在我們對價值觀與靈性的表述中找到答案（Kelly, 2006）。

我們所獲得的答案指向了我們所處的世界具互動本質這一方向。不論好壞，我們彼此相互影響。因此，社區理論的發展不只受到個人及其性格的影響，同時也受到整個環境脈絡的影響（Trickett, 2009）。在顧及我們的世界以及我們對這個世界的影響下，社區理論採取了謙虛的立場。

我們已經試著簡要的擷取社區心理學的基本原則、主題及實務。剩下來的工作就是詳細闡述可以應用這些原則、主題與實務的各種系統。在社區心理學跨領域的精神下（Rappaport, 1977），這個領域中的許多方案與研究是從社區心理學之內、或社區心理學之外，但仍屬心理學領域（像諮商、臨床、教育與學校心理學）的各種資源所收集得到的，最後，資源也來自心理學之外的其他領域。身為讀者的你可能會發現，社區心理學所引用的學門有社會工作、公共健康、教育、公共政策、犯罪學／警察學、社會學，以及都市規劃等。這些學門正反映了社區心理學家的工作場域。

本書分為四個部分，第一部分說明這個領域的歷史、理論與研究架構，為了能有所行動，我們遵循賦權、生態、欣賞多元、壓力與韌力等原則；第二部分聚焦於社會改變，以及在這些改變中，社區心理學家可以提供的協助；第三部分檢視可以應用社區心理學原則的各種系統；第四與最後部分則探討社區心理學的現在與未來，我們已經完成了哪些部分？未來又有哪些潛在的新興領域？以及已經在此領域的工作者可以貢獻的智慧又是什麼？

為鋪陳每一章的主題，在每章的開頭會先呈現引自他人，具挑戰或省思的一段佳句。在每章開始，也會提供一個或一些故事，作為與這一章有關的一些案例。每個章節都會列出大綱，讓學生們可以預期將會讀到什麼，同時也可以形成一些與主題有關的問題。在章節之中的「焦點」所呈現的案例，則是說明相關的理論與研究如何被應用至社區中。

在所有章節中，關鍵概念都會以粗體字的方式呈現。最後，每一個章節也都會有一個總結性的「摘要」，我們建議學生們在瀏覽大綱與章節後，先閱讀這些摘要，如此一來，可將注意力引導到每個章節的重點、讓閱讀更有組織與

條理。

我們希望在閱讀此書過程中，你可以發現你自己對於心理學世界的知識，以及對於這個學門的思維方式正在慢慢浮現。社區心理學是一個與想要建構更好世界有關的心理學知識體系、理論架構及實務運作。它的主題包括了團體與關懷、同情、支持、因應以及與逆境對抗等。

社區心理學也是一個用來概念化我們的世界以及身處其中的我們的方法。你將看到脈絡性、互動性、系統性，以及生態觀的思維如何轉變你對問題及解決之道的建構。

感謝 Kristin Landon 協助本書最後的編修，以及 Allyn & Bacon 出版社中所有協助完成這個計畫的人，也謝謝 Pearson 團隊中 Edison Trickett、Peter Wollheim 與 Rebecca Francis 等人對此書的審閱。

JM & EV

身為本書的作者之一，我要感謝原始作者 Karen Duffy 與 Frank Wong 邀請我參與這個工作。我也歡迎 Elizabeth Vera 這位新作者的加入，她帶來了預防、社會正義與諮商，以及與多元族群共事等方面的豐富專業知識。她不僅對研究與實務有極佳的敏銳度，更是一位頭腦清楚、效率極高的作者。如果沒有她，這本書不可能完成。

我也要感謝我的太太以及我的心理學家同僚，Jane Harmon Jacobs，他們的正向態度與支持，協助我們渡過許多高峰與低潮。最後，我的兒子 Michael Moritsugu，提供了博學且真正的協助，讓本書得以完成。

我們是自己知識與情感社群下的產物，我要感謝我在 Rochester 大學研究所時期的指導教授與老師，Ralph Barocas 與 Emory Cowen，他們對我在上紐約雪鄉學習時，以及在後來的整個生涯中，都給予許多支持與挑戰。

在我的許多研究所同僚中，特別有三位持續協助我，讓我參與社區心理學領域的討論。我要感謝 Leonard Jason、David Glenwick 與 Robert Felner 三人在過去這些年來的情誼及聯繫。他們在此領域中的豐富與具啟發性的研究與論述，不言而喻。

JM

我要感謝家人與同僚在我專業生涯中的支持，奠下了我對本書貢獻的基礎。最後，我也感激過去多年來與我一起努力於提升正向、減少負面影響的這些社區人士。

EV

介紹：歷史背景

譯者：王大維／審閱者：張麗麗

唯願公平如大水滾滾，使公義如江河滔滔。
　　　　——馬丁路德金，引自阿摩西書 5: 24

成為你想在世界上看到的改變。
　　　　——M. Gandhi

　　我的狗 Zeke 是一隻很大的黃金獵犬與阿拉斯加雪橇犬的混種狗。牠的體重超過 45 公斤,當你初次看到牠時,可能會覺得有點嚇人。認識牠的人都會發現牠有著小狗般的熱情,並渴望想要取悅牠認識的人。

　　有一天,Zeke 從後院跑出去,嚇跑了郵差,然後整個下午都在我們家附近的街道遊蕩。我們回到家,聽到一位鄰居的電話留言,他在隔了一條街的地方發現 Zeke,並把牠帶回家,Zeke 可以待在那裡,直到我們去帶牠回來。我們很感謝這位鄰居,他每天看到我們帶 Zeke 散步已經好幾年了。我和我的妻子在碰到這位鄰居的時候,經常停下來聊天。在我們聊天的時候,Zeke 喜歡受到一些額外的關注。我們怎麼也都沒想到這一切會讓 Zeke 在離家的那一天得到救援。

　　做為社區心理學的一個例子,我們想從一些跟每個人都有關聯的事物開始。社區心理學是關於發生在我們每個人生活中的日常事件。它是關於我們與周遭人之間的關係,以及這樣的關係如何在困難的時期幫助我們,並且如何在其他方面提升我們的生活品質。它也是關於我們對生活,包括周圍的人事物,不論是字面上或是象徵意義上的了解。

　　然而社區心理學不僅僅只是理解這個世界的一種方式,它更是關於如何以積極的方式來改變這個世界的行動。下面的故事就說明了行動的這個成分。

　　我們從兩個名叫 Rebecca 和 Trisha 的年輕女子說起,她們都是大一新生。這兩個女孩曾就讀同一所高中,兩人在班上的成績相差不大,也都沒有惹上什麼麻煩。進入大學時,Rebecca 參加了一個大一入學前的酒精和藥物濫用的教育課程,她因此認識了一些也即將入學的新生。在那裡,有一位高年級的帶領學長,他幫助新生們解開這所新學校的神祕面紗,並持續在學期中與他們碰面及回答各種問題。Trisha 沒有收到邀請,所以沒有去參加這個課程。由於這是一所很大的學校,所以學年中兩人沒有太多的機會見面。在第一年結束的時候,Rebecca 和 Trisha 碰到對方,聊到她們彼此的班級和生活。結果發現,Rebecca 過得很開心,大部分的時間都沒有碰到什麼問題,並且也取得了好成績。反觀 Trisha,她與她的喝酒夥伴間發生了問題,課業對她也出乎意外地重。儘管她與 Rebecca 在大一修的課差不

多，但她的成績比 Rebecca 差。這是否是因為 Rebecca 參加的大一入學前課程帶來了幫助？而這對未來在校園中推動有關藥物和酒精使用的工作又有何啟發？社區心理學家會認為，這兩個女孩在大學經驗上的差異與她們的「品格」無關，而是與她們為新生沉重的生活負荷做了多少準備，以及在這一年中獲得了哪些支持有關。究竟是哪些準備和支持能對大學新生第一年的方向有更好的指引呢？

讀完本章，你將會知道許多原則，使你對這兩個故事更加了解。在讀完本書後，你會熟悉與社區心理學有關的概念和研究，以及它們如何應用在社區內的各種系統中。這些議題的涵蓋面很廣，從敦親睦鄰到我們在人生轉折階段所面臨的擔憂和危機等。社會網絡所提供的技能、知識和支持，以及它們所在的系統和脈絡，對引導我們的生活都至關重要。社區心理學為如何建立更好的社區意識、如何應付生活中的壓力，以及如何與別人合作營造出更好的社區，提供了方向。社區心理學的介入通常是一種有別於傳統、個人導向、以問題為焦點的方法（這些是人們在談論心理學時通常會想到的）的另類方式。介入措施的目標可能是系統或政策層次的，亦可能是個人層次的。但是，讓我們先從 Kelly（2006）所稱對於主題的「生態」理解開始，也就是，將歷史及多重相互作用的事件納入考量，來幫助我們確定社區的走向。

我們首先來看看影響社區心理學概念形成的歷史發展。然後，再來看社區心理學的定義、這個領域中被確認的基本原則，以及其他的核心概念。我們會學習有關社區心理學的不同方案。最後，則為本書的其他內容提供一個認知地圖。但首先，讓我們回到過去。

第一節　歷史背景

莎士比亞寫道：「過去只是序幕。」為什麼要從歷史的視角來看？因為過去為現在提供了一個起始點，也定義了當前的意義。想想當有人對你說：「嗨！」如果彼此有友誼的背景，你會對友誼的行為做出正向的反應；但如果

你們沒有友誼的經歷，那麼你會想要知道這個手勢是什麼意思，並帶著更多的懷疑來回應它。同樣地，了解人們的發展和家庭背景，告訴了我們一些關於他們是什麼樣的人，以及目前是什麼在牽動著他們的訊息。社會和心理健康運動的歷史讓我們對心理學有更多的洞察。這些細節告訴我們有關促成社區心理學「觀點」（Rappaport, 1977）與「取向」（Heller & Monahan, 1977）的時代精神（zeitgeist）與地方精神（ortgeist）的資訊。

自從社區心理學的定義被提出來後，這些歷史考量就一直是定義中的一部分（Cowen, 1973; Heller & Monahan, 1977; Rappaport, 1977）。在比較近期的教科書中都可以找到有關歷史背景的描述（Kloos et al., 2011; Nelson & Prilleltensky, 2010）。重視對「脈絡」理解重要性的社區心理學，充分意識到了解所有事物的歷史背景是有其必要性的（Trickett, 2009）。這種理解有助於解釋為什麼事情是這個樣子，是哪些力量讓它們保持這個樣子或是改變了它們。我們還可以獲得有關改變如何發生，以及可以如何促進改變等等的各種線索。

那麼我們要說的故事是什麼？我們將它分為美國心理健康處遇的故事，以及促成美國社區心理學領域發展的社會運動故事。

在殖民時期，美國並非沒有社會問題。然而，在當時存在的緊密農耕社區中，需要被協助的人通常會得到照顧，並不需要有特殊的地方來收容他們（Rappaport, 1977）。隨著城市的發展和工業化，精神病患、貧困者及無權力的人愈來愈容易被機構化。這些早期的機構往往是潮濕與擁擠的地方，在那裡得到的處遇是監禁與殘忍的懲罰。

在 18 世紀的法國，Philip Pinel 開始了精神醫療機構的改革，取消了對精神病院收容者的監禁。美國的改革則是歸功於 19 世紀末 Dorothea Dix 的努力。她在護理和教育方面的職業生涯，最終讓她接受了一份教導女性囚犯的工作。她指出當時的情況糟透了，許多婦女實際上是有精神疾病的。儘管她在改革方面做出了努力，但是精神病院，尤其是公立醫院，仍然以管理倉儲的心態來對待這些被照顧的人。這些機構的數量愈來愈多，主要是因為下層階級、無權力及無特權的社會成員很容易被趕入這些機構之中（Rappaport, 1977）。早期進入美國的移民往往被誤診為精神上無能，從而被安置在這些過度擁擠的精神「醫院」中。

19 世紀末，Freud 對於精神疾病及其治療產生興趣。你可能已經熟悉他所發明的治療方法，稱為**精神分析**（psychoanalysis）。Freud 的基本前提是，情緒障礙是由個體過去的經驗造成之內在心理力量所引起的。這些困擾可以透過個別治療並關注在潛意識上來解決。Freud 傳承給我們的觀念是，介入要鎖定在個人（而非社會）的層次上。同樣地，他留給這個專業很強的傾向是剝奪個體自我療癒的能力；醫生或專家比患者要更了解心理療癒。Freud 還引導專業治療師去檢視個人的過去而非當前的情況，來找出困擾的成因，並且將焦慮和潛藏的困擾視為日常生活中的普遍現象。Freud 當然是專注在個人的弱點而非優勢上。這種觀點一直主導美國的精神醫學直到 20 世紀。此種取向的各種變化版至今仍然持續被沿用中。

1946 年，國會通過了《國家心理衛生法》（National Mental Health Act），讓美國公共衛生服務機構有了廣泛的權力，可以對抗精神疾病並促進心理健康。心理學在第二次世界大戰時期已被證實對精神疾病的治療是有用的。戰後，對臨床心理學潛在貢獻的認可推動了它的發展。1949 年，國家心理衛生研究院（National Institute of Mental Health, NIMH）成立，該組織釋出可觀的聯邦經費，用於資助心理衛生議題的研究和培訓（Pickren, 2005; Schneider, 2005）。

當時，臨床心理學家正在與精神病學家抗爭，將他們的執業領域從原來主要的心理測驗擴增至心理治療（Walsh, 1987）。如今，**臨床心理學**（clinical psychology）是心理學中涉及精神疾病的診斷、測量和治療的一個領域。與**精神醫學**（psychiatry）不同的是，精神科醫生擁有醫學學位，臨床心理學家則是持有心理學博士學位。這些學位可以是研究取向的 PhD，也可以是專注於評估和心理介入的「實務者─學者」學位的 PsyD。（今日，從事心理治療的執業「心理學家」包括許多專業，例如諮商心理學家，他們也持有 PhD 或 PsyD 博士學位，傳統上主要關注與常態人生發展有關的個人適應問題。他們也是心理學的專業實務者之一。）精神醫學和心理學領域之間的角力一直延續到今天，因為一些心理學家想要有開處方的權利，以及在尚未認可他們的醫院中擁有執業的特權（Sammons, Gorny, Zinner, & Allen, 2000）。新的「整合式照護」（integrated care）模式不斷的成長，在這裡，醫生和心理學家在同一個「初級照護」（primary care）地點一起工作（McGrath & Sammons, 2011）。

　　心理衛生歷史的另一個面向，與兩次世界大戰造成的後果有關。戰後，原本健康的退伍軍人回家後卻成為精神疾病的受害者（Clipp & Elder, 1996; Rappaport, 1977; Strother, 1987）。經歷戰爭改變了這些士兵，也導致他們罹患精神疾病。

　　1945 年，退伍軍人管理局尋求美國心理學會（American Psychological Association, APA）的援助，擴大臨床心理學界內的培訓。這些努力於 1949 年在科羅拉多州 Boulder 召開的會議上被匯集起來。參加這次會議的與會者通過了一項臨床心理學家的培訓模式（Donn, Routh, & Lunt, 2000; Shakow, 2002），這個模式強調心理測驗與治療的科學及實務教育，是一種「**科學家—實務者**」（scientist-practitioner）的模式。

　　1950 年代為精神疾病的治療帶來了重大的改變。最具影響力的發展之一是發現可用於治療精神病和其他形式精神疾病的藥物。各種抗精神病藥、鎮定劑、抗憂鬱劑和其他藥物都能夠改變病人出現的症狀。許多活躍的症狀被壓制住，病人變得更加柔順與溫和。儘管有很大的副作用，但這些藥物的使用仍然激增。因此有人建議，透過適當的藥物治療，病人並不需要接受以往昂貴的機構照護，他們可以學習如何因應和適應回到他們的社區。如果有足夠的資源，將病人放回社區的決定似乎更為人性化。去機構化（deinstitutionalization）的重要理由就是經濟，因為住院成本很高。這樣可能可以減少照護和管理精神病患者的支出。處理精神疾病的焦點於是從醫院轉移至社區。不幸的是，需要足夠的資源來實現轉變這件事似乎被遺忘了。

　　1952 年，英國著名科學家 Hans Eysenck 爵士發表了一項批判心理治療的研究（Eysenck, 1952, 1961）。他回顧了關於心理治療的文獻，發現沒有接受治療與接受治療的功效一樣好。僅僅是時間的流逝對幫助人們處理問題同樣有效。其他心理健康專業人士也對心理實務，如心理測驗（Meehl, 1954, 1960）和精神疾病的整體概念（Elvin, 2000; Szasz, 1961）進行了批判。（有關這些問題和爭議的進一步回顧文獻仍然可以被找到。）如果介入真如 Eysenck 所宣稱的無用，那麼精神病患者會發生什麼事？他們會因為助人專業無法帶給他們希望而受苦嗎？這是心理學面臨的困境。

　　在 1950 至 1960 年代，Erich Lindemann 在社會精神醫學方面的努力讓危機

介入的價值受到矚目。他與波士頓 Cocoanut Grove 大火的倖存者一起工作，展現了為因應生命悲劇的人們提供心理和社會支持的重要性。在及時提供足夠協助的情形下，大多數的人可以學會處理自己的危機。同時，表達悲傷被視為一種自然的反應，而非病態的。這種強調早期介入和社會支持的觀點，已被證實對人們的適應能力非常重要。

在這些發展的同時，Kurt Lewin 和國家培訓實驗室也在研究團體歷程、促進改變的領導技巧，以及其他將社會心理學應用於日常生活的方式（www.ntl.org/inner.asp?id=178&category=2）。大家對社會環境和社會互動，以及它們如何提升團體和個人的能力來處理問題、找出合理的解決之道，有了更多的認識。

這些發展為 1960 年代帶來了精神疾病去機構化的運動，將精神病患者放回社區。許多人質疑傳統心理治療的效果，但研究發現，對危機的早期介入是有幫助的。心理學愈來愈意識到社會環境的重要性。在這些發展的同時，社會運動也正在更大的社區中興起。

壹、社會運動

大約與 Freud 逝世（1930 年代）的同時，美國總統羅斯福宣布了他的新政。記取 1920 至 1930 年代經濟大蕭條的教訓，他試驗了各種政府規章的改革、基礎設施的改善和就業計畫。這些努力最終包括了社會安全系統的建立、失業和身心障礙的補助，以及各種政府資助的工作救濟計畫，當中也包括連結到公路、水壩和其他經濟基礎建設的一些計畫。其中一個很好的例子就是田納西河谷管理局，它對田納西州、阿拉巴馬州、密西西比州、肯塔基州、維吉尼亞州、喬治亞州和北卡羅來納州的部分地區，提供了一個包括發電、工業發展和防洪的體系。這種方法大大強化了政府在促進和維護個人經濟機會及福祉上，應扮演積極參與者的概念（Hiltzik, 2011）。儘管政府在促進福祉方面的角色至今仍在爭論中，但有關政府角色的較新見解中仍然包括了政府應積極關注於機會均等、策略思維及合作與信任需求等項目（Liu & Hanauer, 2011）。

除此之外還有其他的社會趨勢。儘管婦女曾從事各種職位的工作，但二戰

期間對勞動力的需求使她們得以進入一些非傳統的工作場域。「鉚釘工羅西」（譯者註：一個標示「We Can Do It」的女權運動象徵性人物）是那個時代的象徵性女性，她擔任一份技術性的藍領職位，做著美國工業化時期專門保留給男性的危險且粗重的工作。戰後，由於婦女已為美國戰爭時期的生產付出很大的貢獻，因此不讓婦女出外工作是有困難的。但這已是憲法第十九修正案通過，賦予婦女擁有國家層級投票權之後約 20 年的事（修正案是在 1919 年國會通過，到 1920 年有足夠的州認可後才生效）。曾經是一個被剝奪權利且法律特權有限的群體，婦女們在整個 1950、1960 及 1970 年代繼續爭取她們作為社區一份子的完整權利。

在另一個社會改變的領域，美國最高法院於 1954 年在「Brown 對堪薩斯州 Topeka 市教育局」一案做出判決。這一判決推翻了先前種族群體可以藉由「分離但平等」的設施來加以隔離的裁決。但實際上，隔離的設施並不相等。將黑人安置到遠離白人的學校，這樣的學校體制被判決是違反美國憲法。這項法律的改變屬於更大規模黑人爭取正義和民權運動的一部分。特別的是，心理學家 Kenneth 和 Mamie Phipps Clark 提供了心理學研究，證實了種族隔離學校會造成負向結果（Clark, 1989; Clark & Clark, 1947; Keppel, 2002）。這是心理學研究首度被用於最高法院的判決中（Benjamin & Crouse, 2002）。這項 Brown 控訴教育局案的判決，開啟了全國勢不可擋的改變並鼓舞了民權運動者。

這些社會運動者包括：疲憊但堅定反抗的 Rosa Parks，她拒絕按照當時種族特權的規定把她在巴士上的座位讓給白人乘客；九名在阿肯色州小岩城要求入學的黑人學生；要求有權在被隔離的午餐區吃飯的其他黑人；以及冒著身體虐待和死亡風險，讓黑人能註冊投票的南方學生和宗教領袖。1950 年代的民權運動延續至 1960 年代，有色人種、女性和社會中其他弱勢群體繼續爭取正義。1965 年的「選舉權法案」（Voting Right Act）有助於憲法第十五修正案的執行，保障了所有公民的選舉權（www.ourdocuments.gov/doc.php?flash=true&doc=100&page=transcript）。

在 1960 年代，「嬰兒潮」進入成年階段。出生於 1940 年代中期，到了 1960 年代，這些二戰老兵的孩子們大批的成為美國的成年投票人口，左右了當時的民意和政治。帶著這樣的改革態度，甘迺迪於 1960 年當選美國總統

（www.whitehouse.gov/about/presidents/johnfkennedy）。雖然曾被一些人認為他太年輕且經驗不足無法勝任美國總統一職，但甘迺迪卻對於美國，這個曾贏得一場世界大戰，且對二戰退伍軍人及其家庭提供教育和職業機會之國家，展現了樂觀與賦權（Brokaw, 1998）。他的第一場就職演說邀請人民為國家服務，他說：「不要問你的國家能為你做什麼──要問你能為你的國家做些什麼。」在他任職期間成立了和平部隊，派遣美國人去海外幫助開發中國家進行現代化。也鼓勵心理學家「做一些參與社會的事情」（Walsh, 1987, p. 524）。這些社會趨勢以及愈來愈多對越戰的道德憤慨，為公民參與社會改革注入了興奮感，並促成了對於各種社會運動相互依存的理解（Kelly, 1990）。

　　甘迺迪總統的一位妹妹有特殊的需求，這可能促使他對心理健康議題產生個人興趣。帶著社會改革的承諾當選，他支持公共政策是基於這樣的推理：負向的心理狀態是由社會狀況（尤其是貧窮）所造成的（Heller, Price, Reinharz, Riger, & Wandersman, 1984）。當時的研究發現證實了一種觀念：心理治療只為少數特權者所服務，上層階級以外的人只能選擇機構化的治療方法（Hollingshead & Redlich, 1958）。為了回應這些研究結果，甘迺迪提議為社區提供心理衛生服務，並於 1963 年通過《社區心理衛生中心法》（Community Mental Health Centers Act）。這些中心可以提供門診、急診和教育服務，這不啻是以預防、危機服務及社區支持的形式正式承認了即時在地介入的需求。

　　甘迺迪總統在 1963 年底被暗殺，但社區心理衛生的資助延續至下一任政府。強森總統在 1964 年的國情咨文演講中，提出透過「向貧窮宣戰」將國家推向「偉大社會」的計畫。

　　強森總統想要找到方法來賦權那些較不幸的人民，以幫助他們成為有生產力的公民。這些努力包括**啟蒙方案**（Head Start）（見第八章）和其他聯邦資助針對弱勢幼兒的強化方案。儘管自 1960 年代以來，社會和人群服務的輸送方式已有了很大的改變，但許多當前計畫的原型是在那個時期被發展出來的。

　　心理衛生和社會運動中的多重力量在 1960 年代中期聚合在一起。由於對傳統個別心理治療成效的不滿（Eysenck, 1952）、對可接受治療人數上的限制（Hollingshead & Redlich, 1958），以及愈來愈多的精神病患者返回社區，這些種種加起來使大家對心理健康的現狀提出嚴重的質疑。也因為如此，大家對群

體多樣性的認識、對社區優勢力量的欣賞，以及具尋求問題根本解決之道的意願，引導了心理學家將焦點放在介入的各種新的可能性上。至此，我們為在 Swampscott 鎮會議上所發生的事情奠下了基礎。

貳、Swampscott 鎮會議

1965 年 5 月，麻薩諸塞州 Swampscott 鎮（波士頓郊區）召開了一場研討會，會中討論心理學該如何以最好的方式對美國社區提供心理服務。在 Don Klein 的領導下，本次訓練會議由國家心理衛生研究院（NIMH; Kelly, 2005）組織和贊助。研討會參與者包括關心傳統心理治療缺失，以及傾向社會和政治改革的臨床心理學家，他們同意將治療進一步推展到預防，並將生態學觀點納入工作中（Bennett et al., 1966）。美國社區心理學的誕生要歸功於這些參與者和他們的努力（Heller et al., 1984; Hersch, 1969; Rappaport, 1977）。有感於社會環境對個人的影響，會議起草者提出對社區心理健康的理論和介入進行一場「革命」（Bennett et al., 1966）。

第二節　何謂社區心理學？

社區心理學聚焦在影響團體、組織及其內部個人的社會情境、系統與建制。社區心理學的目標是藉由與社區內受影響的成員、心理學及其他相關領域的人，一起合作設計出創新且另類的介入，讓社區和個人的福祉提升到最大。Klein（1987）記得 1963 年向國家心理衛生研究院所提 Swampscott 鎮經費計畫書中使用了「社區心理學」（Community Psychology）一詞。Klein 將此歸功於兒童心理健康諮詢者 William Rhodes 寫出「社區心理學」這個名詞。有些社區將人們置於病理的危險之中，而社區心理學對社區及其中的系統如何提升社區成員的健康同樣感興趣。

Iscoe（1987）後來試圖藉由區分「社區心理學」（Community Psychology）和「社區心理學家」（Community Psychologist）來捕捉社區心理學的雙重

本質。他指出，社區心理學的領域是探討社區以及那些提升社區健康或讓社區處於風險的因素；而社區心理學家則是利用這些因素來介入，以改善社區及社區中的個人。1980 年代，當時的社區心理學分支（美國心理學會第 27 分支）更名為「社區研究與行動學會」（Society for Community Research and Action），以能更清楚地強調該領域的雙重特性。

最早的教科書（Rappaport, 1977）將社區心理學定義為：

> 一種尋找以其他**替代方法**（alternatives）來處理偏離社會常態的嘗試……〔避免〕將差異標籤為必然是負面或是需要社會控制的……〔並試圖〕支持每個人有與別人不同，而不致於遭受物質和心理上傷害風險的權利……這個〔社區〕觀點的界定層面有：**文化相對性**（cultural relativity）、**多樣性**（diversity）**和生態學**（ecology），〔或者說〕人與環境的契合……〔社區心理學〕關注**人力資源開發、政治和科學**（human resource development, politics, and science）……對更廣大社區及其中許多次級社區有利。（pp. 1, 2, 4-5；粗體字為作者所加）

Kloos 及其同事（2011）最近重申了這種有別於舊的、文化盲、聚焦在個人的另類觀點，他們認為社區心理學有兩個獨特性：它「提供了對於人類行為的**不同思考方式**（different way of thinking）……聚焦在**社區脈絡下的行為**（community contexts of behavior）；以及它**擴增**（expands）了心理研究和介入的主題」（p. 3）。

Kofkin Rudkin（2003）和 Kagan、Burton、Ducket、Lawthom 與 Siddiquee（2011）都指出，對於社區心理學的不斷重新定義，有助於順應出一個對於此領域的**彈性且動態的概念化**，這個概念化是能對於科學和理論的新資訊的注入及對**時間與空間細節**（details of time and place）是保持敏感度的。

社區心理學源自對傳統心理治療取向限制之不滿。它所採取以理論和研究為基礎的「激進」立場是：在個體所處的脈絡下才能對個體有最佳的了解，這些脈絡要求能欣賞文化和種族多樣性的背景，個體和脈絡同時為健康及幸福帶來機會也造成問題。研究社區可以幫助我們理解這一立場，並在我們為社區及社區內個人之健康做規劃時，提供新的取向。

在 21 世紀初，「社區研究與行動分會」（美國心理學會第 27 分會）對其成員進行了調查。根據調查結果，分會的任務小組提出了社區心理學的四項基本原則（見表 1.1）。這些原則可以概括為尊重多樣性、承認脈絡的力量、肯定社區賦權的權利，以及了解具生態觀點之相關介入措施的複雜性。以下對四項基本原則的探討提供我們一個了解社區心理學應用的好例子。

表 1.1　指引社區研究和行動的四大原則

1. 需要明確關注於社區研究和行動，並**尊重人民和環境的多樣性**（respect for diversity）。
2. 要了解人們的能力和問題，最好是將人們置於社會、文化、經濟、地理和歷史的**脈絡**（contexts）下來看待。
3. 社區研究和行動是透過使用多重研究方法的研究人員、實務工作者及社區成員之間的**積極合作**（active collaboration）。這種研究和行動的進行必須是為直接關切的社區成員服務，並且應該以他們的需求和偏好以及他們的積極參與（participation）情形為指引。
4. **各個層級**（multiple levels）均需要改變策略來培育能提升能力和福祉的環境。

資料來源：www.scra27.org/about.html.

第三節　基礎原則

「原則」是：（1）概念（即社區心理學）建立所依據的理論假設；或（2）影響和激發領域行動的價值觀。制訂這些原則的人希望能描繪出大家普遍同意的社區心理學基本原理，但他們也指出這些原則是期待的理想。

壹、尊重多樣性

心理學曾經一度欲追尋能超越文化或族群的普遍性原則。然而，建立這些普遍性原則所採用的樣本往往是白人及中產階級的大學生。諷刺的是，不論是 1960 年代或今天的心理學家仍然無法跳脫這個框架（Gutherie, 2003; Pedersen,

2008; Rappaport, 1977; Trimble, 2001）。承認和尊重人們、他們的文化及祖先傳承上的各種差異，對社區心理學非常重要。Trickett、Watts 與 Birman（1994）和 Hays（2008）都指出，多樣性是超越文化、族群和種族，也包括性別、身心失能／障礙、性傾向以及被邊緣化和被壓迫的人。Hays（2008）在她標示多樣性的 ADDRESSING 系統中包含了 10 個類別（表 1.2）。Okazaki 與 Saw（2011）則將移民身分加到這個清單的第 11 個類別。

表 1.2　多樣性的 ADDRESSING 架構

Age 年齡

Developmental and acquired **D**isabilities 發展性或後天的失能

Religion 宗教

Ethnicity 種族

Socioeconomic status 社會經濟地位

Sexual orientation 性傾向

Indigenous heritage 原住民族傳承

National origin 國籍

Gender 性別

資料來源：改編自 Hays, P. A. (2008). *Addressing cultural complexities in practice: Assessment, diagnosis, and therapy* (2nd ed.). Washington, DC: American Psychological Association.

　　Rappaport（1977）呼籲應該要接受「多樣性的價值和人們有選擇自己目標和生活方式的權利」（p. 3）。如果多樣性受到尊重，這會如何影響我們的思維呢？當然，差異就不會是意味著較差（更低）或是缺陷（缺乏）。早期心理異常模式這樣的立場就必須被摒棄，而欣賞社會和文化因素貢獻的新模式將會被納入我們對健康和病理的見解中（Sue, Sue, Sue, & Sue, 2013）。對於優點和成就的假設，連同資源分配和分配的標準也都需要重新被考慮。隨著對多樣性信念而來的是，大家對獨特的生活風格、世界觀和社會安排的接受，這些不是主流或既定傳統社會知覺的一部分，但卻能真確的反映我們社會的多樣性。此外，對這些獨特性的肯認可以讓多樣化的群體不被拿來與主流文化的標準做比

較，並被標籤為「缺陷」或「偏差」（Snowden, 1987）。這種對多樣性的肯認可以提升我們設計文化適切之處遇方案的能力，而方案也會因此更為有效（例如 Dumas, Rollock, Prinz, Hops, & Blechman, 1999; Marin, 1993）。

　　Sue（1977）在社區心理衛生運動的早期，就已指出系統中少數族群當事人遭遇到差別待遇和結果。他呼籲為這些人提供有回應的服務。這樣的服務要求我們在處遇中有更多的文化素養，以及在介入時強調對關係和脈絡理解的重要性，這樣的要求已持續了數十年（Sue, 2003）。Sue 相信這些文化能力的變項，即便沒有比特定的治療技術更為重要，但至少也是一樣重要。Padilla、Ruiz 與 Alvarez（1975）也提醒人們注意，由於地理、階級、語言和文化的障礙，導致心理衛生系統中缺乏講西班牙語及西班牙裔的人。有人建議以社區為基礎的服務應該採用以鄰里及家庭為中心的服務模式。特別的是，在設計處遇時焦點仍然要放在尊重文化脈絡上。當介入失敗時，並不一定是當事人或病人的錯，系統及其假設也可能是該被怪罪或需要被檢視的。Bernal 與 Sáez-Santiago（2006）從 Pederson（1997）的「以文化為中心」的觀點描繪了一個社區介入的架構（表 1.3）。美國心理學會也已經採納了〈心理學家多元文化教育、培訓、研究、實踐和組織變革指南〉（Guidelines on Multicultural Education, Training, Research, Practice and Organizational Change for Psychologists）（APA, 2003），以彰顯心理學中多樣性的重要性。

表 1.3　文化中心的介入架構

語言（母語技能）	文化和意義的載體
個人關係	特別可能受族群和種族間的相似或差異之影響
隱喻	意義和概念傳達的方式
文化知識	傳統、習俗和價值觀
介入的理論模式	行動的心理學基礎
介入目標	對要達成目標有共識的需求
介入方法	文化敏感並尊重社區
對脈絡的考量	歷史、社會、政治和經濟的脈絡被認為對個人、場域及介入來說都很重要

資料來源：改編自 Bernal, G., & Sáez-Santiago, E. (2006). Culturally centered psychosocial interventions. *Journal of Community Psychology, 34,* 121-132.

　　就研究而言，對人口多樣性的認可正在緩慢但穩定地成長中。在較早幾期的社區心理學期刊中，僅約 11%的文章針對少數族群人口（Loo, Fong, & Iwamasa, 1988）。Martin、Lounsbury 與 Davidson（2004）發現，在 1993 到 1998 年間，這個比率增加了一倍以上，《美國社區心理學期刊》（*American Journal of Community Psychology*）中約 25%的文章探討了多樣性的議題。

　　研究少數民族事實上就是**好的科學**（good science）實踐（Sue & Sue, 2003）。根據我們對母群體（我們感興趣的人）和樣本（這些人的一個子集合）的理解，準確的抽樣需要知道母群是哪些人。少數族群的文化變異使得他們成為研究中的不同「母群體」。對於文化和社區的考量是彼此緊密關聯的（Kral et al., 2011; O'Donnell, 2006），O'Donnell 提出了「**文化─社區心理學**」（cultural-community psychology）一詞，因為所有的社區都是在特定的文化脈絡下才能被充分理解的。Trickett（1996）描述了文化和脈絡在理解，以及在多樣化的社區中工作時的重要性，O'Donnell 根據此觀點提出評論，認為在所有的社區現象和介入的前面都應該加上「視情況而定」這個詞。

　　鑑於對多樣性的重視以及對文化和族群因素的欣賞，社區行動和研究學會中有約 23%的會員自我認定為少數族裔（Toro, 2005）也就不足為奇了。相比之下，只有約 6%的美國心理學會會員自我認定為少數族裔。

　　值得注意的是，某些被邊緣化的群體繼續被忽視或欠缺服務，例如同性戀者、身心障礙者和女性（Bond, Hill, Mulvey, & Terenzio, 2000）。Bond 與 Harrell（2006）提醒，目前有關處理社區內各種多樣性所產生的微妙、矛盾和兩難的研究仍然很少。除了種族間競爭這樣顯而易見的議題外，性別與種族的交織、性傾向與階級的結合，或所有這些因素合起來，對社區心理的實踐帶來了實際的挑戰。儘管多樣性在這個領域的歷史上一直是被承認的，但是它的影響仍然在持續被解決和理解中。

　　對在各種團體和社區中工作的社區心理學家來說，欣賞多樣性是非常重要的。然而，研究發現社區最容易在同質性的人口中形成。因此，社區心理學家需要對多樣性和同質性之間的緊張關係做更深入的探討（Townley, Kloos, Green, & Franco, 2011）。

　　Toro（2005）提到社區心理學這個領域如何變得差異性如此大。這種多樣

性延伸到許多理論、問題解決的取向、關注的議題,以及被服務的群體等。雖然有些人可能會說這樣欠缺焦點,但 Toro 卻認為這正顯示了這個領域在擴大它的範疇,並在接受新挑戰時顯現健康和活力。

本書中你將會看到許多關於特定族群的研究。也有愈來愈多的研究側重於多樣性的其他層面。我們不會另成一章來討論多樣性這個主題。這是因為多樣性已經是這個領域內所有考量因素中不可分割的一部分。這與 1960 年代的情況截然不同,當時社區心理學只是心理學的一個領域,在主流領域中主張將多樣性納入其中。

貳、脈絡與環境的重要性

我們的行為是受到特定情況的期待和要求所支配。例如,學生在課堂中的行為與他們在舞會中的行為不同。即使我們的音量也會受到我們所處地方的影響。在一場球賽或體育比賽中,我們的聲音比較大;在葬禮、教堂或寺廟裡,我們則較為安靜。當我們養育孩子時,我們會告訴他們使用「室內」的聲音,當情境許可時則會允許他們使用「室外」的聲音。

Kurt Lewin(1936)提出一個公式,說明行為是人與環境相互作用的結果 $[B = f(P \times E)]$。Lewin 是一位社會─完形心理學家,他想要同時捕捉個人及其脈絡的重要性。只單獨考慮個人,無法對影響行為的因素提供完整和豐富的描述。這就好像只有形象而沒有背景。因此,任何對行為的研究都必須包括對個人性格及其所處情況的了解。

Lewin 的學生 Roger Barker(1965)研究了「行為情境」(behavior settings)在影響情境中居民活動的力量。在特定情境中的人們會按照規定的方式行事,違反環境中的這些特定模式會受到懲罰。因此,這些模式會持續被維持下去。Barker 觀察和分析了這些情境的社會和心理性質。例如,在餐廳,我們會吃飯,而不會在那裡踢足球,或至少會被告知不要那麼做。如果我們走向一個人,但不是去握他的手,而是去拍他的肩膀,別人就會用很奇怪的眼光看著我們。如果我們進入電梯,不是面對外面而是面對裡面,別人也會感到緊張。這些行為情境對我們的行事有著強大的影響力。

　　在 Barker 研究情境中的一個層面就是維持這個情境所需要的人數。經營超市需要一定數量的人員，例如收銀員、倉儲人員及點收貨物的人員。我們都曾遇過要結帳時，櫃台沒有足夠的結帳員。我們都被要求要更賣力的工作，因此所有人都會覺得沒有足夠的人去做需要做的事情。當顧客多的時候，更多的結帳員會被呼叫到櫃台。所需人力是有彈性的，超市也會根據需求改變對增加或減少人力做出準備。

　　每個情境都有一個最佳的人力配置水準。當員工太多時，對誰來執行這些任務的篩選就會比較嚴格，填補職位的競爭也會比較激烈。Barker（1965）稱這種情形為**人力過剩**（overmanning），亦即場域中有太多的人。此時，新員工不太可能受到歡迎，因為他們會加入成為競爭的一員。但另一方面，如果沒有足夠的人來完成任務，對所有可用人力的要求及招募新人員的需求就會提高。當工作量很大且沒有足夠人力時，對職位的競爭就會降低。我們可以猜到，此時新員工將會受到歡迎。這是一個**人力短缺**（undermanning）的情況，或是說欠缺足夠的人力來完成所需的任務。在這種情況下，社會環境對新人會更開放及歡迎。

　　你可能會注意到，在經濟困難時期，由於工作機會稀少，競爭很激烈，社會對外來者及新移民的態度通常是負面的。但當需要更多的工人時，大家接納新來者的意願就比較高。然而，這種對新來者的正面或負面態度，是可以透過對人力過剩或人力短缺的看法來加以操弄的。例如，注入一種「人已經過多」的信念，可以讓大家對新來者的態度變得比較負向，即便這些新來者所從事的工作是其他人所不願意做的。

　　Barker 與 Lewin 的研究強調環境因素對行為傾向影響的重要性。行為的規律性不是只由性格和遺傳決定的，它也是環境中特定的規範和個人壓力下的產物。不同的環境帶來不同的行為，改變了環境，行為也會跟著改變。

　　行為社區心理學從學習理論的觀點強化了脈絡的重要性。**區辨性刺激**（discriminative stimulus）和**情境控制**（setting control）是脈絡的術語。在行為學派的語彙中，「脈絡」可以被解釋為一種情境中的區辨性刺激，個體或群體學習到根據線索（即區辨性刺激）做出導致預期或不被預期的行為。對行為預期的增強或懲罰是社區學習的基礎。某些行為在特定的情境下會被增強，這些

行為出現的機率就會增加；如果其他的行為在情境中會被懲罰，那些行為出現的機率就會減少（圖1.1）。「禁菸」標誌通常會抑制吸菸行為。有人喝酒通常會增加情境中其他人飲酒的可能性。當在都市鄰里溜狗時撿拾狗糞便的行為被增強，這個鄰里的人們就會撿拾狗糞便（Jason & Zolik, 1980）。這是對於情境控制所做的 Skinner 式解釋（Skinner, 1974）。

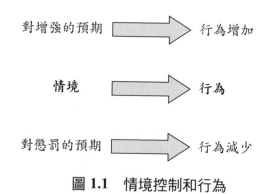

對增強的預期 ➡ 行為增加

情境 ➡ 行為

對懲罰的預期 ➡ 行為減少

圖 1.1　情境控制和行為

除了對脈絡做嚴格的行為學派解釋之外，Mischel（1968）認為情境在決定行為上與性格是同等重要的。也就是說，某些行為傾向可能會在特定情境下顯得較強烈，在其他情況下則顯得較微弱。例如，我們可能在一個情境（期末考試）中看不到友好的行為，但在另一個情境（派對）中卻看到友善洋溢。行為取向的社區方案多年來一直是社區心理學傳統的一部分，有助於理解脈絡和學習理論在設計介入上的力量（Bogat & Jason, 1997, 2000; Fawcett, 1990; Glenwick & Jason, 1980）。對明確目標、情境重要性以及後果影響等的重視，在今日的社區心理學中都依然可見。

從歷程與系統來概念化脈絡是較為典型的作法（Seidman & Tseng, 2011; Tseng & Seidman, 2007）。在這裡，我們會考慮特定環境中的「資源」、「資源的組織」和「社會歷程」。資源被定義為對個人或團體有幫助的物質、個人或社會「資產」（http://oxforddictionaries.com/definition/resource），例子包括人員、專業知識、用品和金錢。資源的組織則是探討誰擁有資源、資源如何被分配，以及如何在系統內累積和管理資源。最後，社會歷程則是系統成員之間的互動（來回）和交易（交換）。例如，在一個特定的組織中，我們會考量系統

中金錢的數量（資源）、如何和何時支配金錢分配的規則（資源的組織），以及圍繞在這些問題上的討論（歷程）。儘管心理學家通常關注於系統內的歷程（誰與誰交談、人們如何彼此溝通、溝通的清晰程度），但透過資源（擁有更多或較少金錢）或組織資源（誰擁有它、誰決定誰可以得到它）的改變，脈絡也會有劇烈的改變。

　　如前述，脈絡可以像情境中的刺激控制一樣單純，也可能像特定環境中的手段、規則和參與模式一樣複雜；脈絡也會支配被接受或被拒絕新成員的行為模式並影響其動機。一個運用脈絡架構來理解事情的例子是，我們描繪了導致 Swampscott 鎮會議之心理健康和社會運動中的歷史事件。這些導致 Swampscott 鎮會議的社會、政治和歷史事件，幫助界定了這些由社區心理學創始人所帶來改變的時代精神和地方精神（Kelly, 2006）。

　　無論理論架構為何，脈絡或情境的重要性都是社區心理學的一個核心部分（Trickett, 2009）。個體只會出現由他的情境所決定的行動。反過來說，那些行動必須從脈絡的架構中來看才能被充分理解。

參、賦權

　　賦權（empowerment）是社區心理學的另一個基本概念。這是一個價值、一個歷程，也是一個結果（Zimmerman, 2000）。作為一種價值，賦權被認為是好的。它假定個人和社區具有優勢、能力和資源，並且本質上是非病態的。作為一個歷程，賦權是一種讓個人和社區感到他們對於生命中的事件、塑造他們生活的結構、規範這些結構的政策，擁有一定的發言權和控制權的一種方式。社區心理學強調民主過程的價值。作為民主的一個結果，人們會感受到被賦權。用心理學的語言來說，是一種有效能的感覺，相信一個人有力量可以掌握自己命運的信念，這是無助的反面。Bandura（2000, 2006）稱之為能動性（agency）（作為自己世界中的一個行動者，而不只是一個被動的觀察者）、自我效能（self-efficacy）（一種個人能夠帶來改變的信念）和集體效能（collective efficacy）（一種團體或社區可以一起帶來改變的信念）。除了這些認知成分外，賦權還包括為自己採取行動。

賦權被視為一個過程：一種人們、組織和社區對自己生命掌控的機制。（Rappaport, 1984, p. 3）

在社區層次的分析中，賦權指的是改善社區生活品質的集體行動，以及社區組織和機構之間的連結。（Zimmerman, 2000, p. 44）

賦權是一種構念，它將個體的優勢與能力、自然助人系統及主動行為，連結到社會政策和社會改變。賦權理論、研究和介入則將個人的幸福與更大範圍的社會和政治環境連結起來。（Perkins & Zimmerman, 1995, p. 569）

Perkins 和同事（2007）指出，透過學習和參與機會來賦權個人，最終會帶來更高層次之組織和社區的轉化。

在工作情境中有許多讓人們感到被賦權的方式（Foster-Fishman, Salem, Chibnall, Legler, & Yapchai, 1998）。工作自主性（對於工作情境細節之掌控和影響）、獲得與工作有關的知識、在組織中感受到被信任和尊重、在工作上有發揮創意的空間、參與決策等，都是在工作場所透過訪談和觀察得到的賦權實例。探討賦權組織的研究發現，鼓舞人心的**領導力**（leadership）、成為權力角色的**機會**（opportunities）、社會**支持的環境**（supportive environment），以及相信成員力量的**團體信念**（group belief），都促成了社區組織的賦權感（Maton, 2008; Wilke & Speer, 2011）。

然而，賦權歷程並不是僅僅給予人們主動性和控制權。我們被提醒，過去有不同形式的青年賦權，其成效也不一。Wong、Zimmerman 與 Parker（2010）回顧了相關的青年方案指出，賦權的形式從青年人完全控制到成年人全面控制都有，介於兩者之間的是一種由青年人和成年人一起做決策和行動的共享控制模式。賦權被認為是一個交流的過程，成人和青年都對結果做出貢獻（Cargo, Grams, Ottoson, Ward, & Green, 2004）。成人藉由創造一個歡迎和使能的情境而做出貢獻，青年人則是透過以正向及有建設性的改變與他人互動而做出貢獻。成年人和青年人的行動都是必要的。他們的貢獻是建立在彼此的行為之上，共同營造出一個賦權和具生產力的環境。

作為賦權結果的一個例子，Zeldin（2004）發現當青少年參與社區決策，

他們的能動性知覺、知識和技能都會提升。這提醒我們，能動性或是一個人能夠影響情境的感覺與自我效能有關，而自我效能此一認知態度，已經被證實可以提高個體處理困難情況時的恆毅力及努力，以及最終獲得的成功（Bandura, 1989, 2006）。賦權的情況可以導致自我或團體的效能感。

　　Maton 和 Brodsky（2011）區分不同形式的賦權，**心理賦權**（psychological empowerment）是指個人獲得掌控感；**社會賦權**（social empowerment）是指個人地位的提高；**公民賦權**（civic empowerment）則是指獲得權利和特權。儘管相互有關聯，但這些賦權形式是不同的。在檢視過程和結果時，我們需要考量這些區別。

　　賦權的概念並非沒有受到批評。賦權往往會導致個人主義，從而帶來競爭和衝突（Riger, 1993）。賦權在傳統上是男性陽剛的，它涉及權力和控制，而不是傳統上比較女性化的價值觀，以共融與合作為目標。Riger（1993）挑戰社區心理學家應該要發展出一種賦權的概念，它可以把賦權和社區結合起來。你會在本書各章節探討社區應用時看到賦權的各種嘗試。有趣的是賦權的目的到底是什麼？而它的結果又是什麼？

肆、生態觀點／多重層次介入

　　在發展心理學的文獻中，Urie Bronfenbrenner（1977）描述了影響兒童生活的四層生態系統。示意圖的中心是個人，在不斷擴展的圈子裡，有各種與他們互動並影響他們的系統。「直接系統」包含個人及構成個人的特定身體特徵、活動和角色，這被稱為**微系統**（microsystem）。微系統的例子包括遊戲室、住家、後院、房子前面的街道或教室；微系統也可以包括學校或家庭。這些微系統直接影響個人，而個人也可以直接影響微系統。

　　下一個層次是**中系統**（mesosystem），它聯繫了各個微系統及微系統之間的互動。例如，一個微系統（學校）會和另一個微系統（家庭）有聯繫。中系統是一個「微系統的系統」（Bronfenbrenner, 1977, p. 515）。請注意，兒童／個人是中系統中的積極成員。研究顯示，學校和家庭之間明確的聯繫，有利於兒童的學校適應和學業成績，這個結果直接呼籲學校和社區應該要有更好的合作

關係（Adelman & Taylor, 2003, 2007; Warren, 2005）。有研究就發現當學校是社區一份子時，學校比較可能獲得支持，也較不會成為被破壞的目標。當兒童感受到自己與家庭、學校和鄰里有所連結時，他們會感到身為社區一員的責任，以及來自這個社會和心理融合之環境的支持。因此，這個「系統」決定了微系統之間的連結或非連結的感覺；決定了社會、物質和政治資源的募集；或者是決定了各種成分彼此間的疏離。

再往外一圈是**外系統**（exosystem），它是中系統的延伸，並不直接包含兒童或個人在內。外系統會影響中系統。例如，影響中系統和微系統的政府機構（教育局、市議會或州議會，它們會影響學校和家庭，但家庭與學校並非此系統的成員）或家庭成員的工作環境（反過來，是這些家庭成員構成了微系統與中系統）。

在最外層的是**鉅系統**（macrosystem），它並不包含特定的情境。鉅系統包含支配或引導低層系統的法律、文化、價值或宗教信仰。在美國西南部的某些文化和法律假設，就可能與加拿大溫哥華、西班牙巴塞隆那、紐西蘭奧克蘭，或中國香港有很大的不同。Bronfenbrenner（1977）提出，對兒童發展的任何概念化，都需要對所有這些系統進行全面檢視，以充分理解影響兒童的過程。要探討這些進展的介入策略，應該有一個全面的概念基礎來評估多重的層次。任何的不足都會對個人或一群人生活中真正發生的事情提供一個虛假的視角。Bronfenbrenner 生態模型的圖形顯示一個個圓圈是嵌在更大的圓圈中，這描述了系統是鑲嵌在較大系統之中的特性。

Kelly（2006）將生態模式視為有別於化約論企圖描述現象的一種替代方法。如果這個世界是複雜和動態的，那麼它就需要能夠捕捉到這些特質的概念和過程。生態模式的原則是**相互依存**（interdependence）、**資源循環**（cycling of resources）、**適應能力**（adaptive capacity）和**延續**（succession）。

在**相互依存**方面，一個生態系統的元素被認為是彼此有關聯的。更改一個元素會以某種方式影響所有元素。Kelly（1980）用棒球比賽來說明相互依存就是一個很好的例子。紐約洋基隊的前經理 Billy Martin 曾說，每場比賽所投的每一顆球都不一樣（Angell, 1980）。每投出一顆球都需要計算諸如天氣、風、一天中的時間、球場、人員、定位、棒次、投手和投球數等因素。你可以看到內

野和外野的守備布陣、給出的信號類型、揮棒的類型，以及其他策略和戰術的變化。一切都是相互依存的。對於不知情或沒有參與的人來說，棒球似乎是一種安靜、悠閒的運動，人們可以斷斷續續地參與其中。但對於那些了解的人來說，它的複雜性是永無止境的，這也是它持續令人著迷的地方。社區中的行動需要對相互作用的各部分做類似的計算。資源、參與者、活動、傳統、價值觀、歷史和文化是社區心理學中相互依存的一些要素。

　　Kelly 生態模式的第二個原則是**資源循環**。它遵循熱力學的第一定律，即一個系統中的能量是維持恆定的：當一個地方支出能量，它一定是從其他地方轉移過來的結果。在生態模式中，若要將資源投入在某個地方，它就必須來自另一個地方。因此，社區就必須選擇要關注的點在哪裡，以及能源或資源要用在哪裡。如果我們要提供更多的教育經費，有些道路就可能無法修復；但如果要提供更多的經費來修復道路，學校就可能需要以較少的錢來維持。這在經濟貧困的時期尤其明顯。

　　第三個生態原則涉及在特定環境中的**適應能力**。那些能夠更好地因應環境的人更有可能生存下來，而那些能夠因應各種環境的人，應該會找到更多可以生活的情境。重要的不僅僅只是對一個環境的適應，而是適應的廣度，它使有機體能夠在更多的情況下生存下來。你可能會猜到，對社會和文化變異的彈性和開放性，會讓一個人在更多的社會和物理情境中都有出色的表現。那些可以讓我們在廣泛情境中學習、生活和改變的社區文化，能幫助我們對改變做更成功的調適。如果天氣發生變化，我們對於要改變的事有多開放？本書之一的作者從夏威夷到紐約上州。冬天來了，天氣變冷。有一天，冬天的天空變得很晴朗。在夏威夷，晴朗的天空意味著溫暖的天氣，但在紐約上州，冬天蔚藍的天空則剛好完全相反，它變得更冷，非常寒冷。一旦犯了這個錯誤，事後仍能談論此事的人很快就會學到教訓，否則就會冒著死亡的風險。一個注意到變暖或降溫的社區，會改變經濟機會或調整人口需求以適應這些變化，否則注定會失敗。那些適應得更好的人才能生存並茁壯。

　　Kelly 最後的生態原則是**延續**。每件事情是以可預測的方式接著另一件事情。想想英國女王，當她離開後誰將接替她。接下來是哪一位王子或公主呢？而在他之後，又會是誰呢？他們都將這些處理好了，哪一個人繼任，當他們離

世後，下一位、下下一位是誰，如此接續下去。美國總統也有類似的考慮，如果他在位時無法執行任務，由副總統接任，如果副總統不能勝任，則眾議院議長是下一個續位者。當然，也可以在選舉之後接續新的總統：從一個總統到另一個總統的過程，從 11 月的選舉到 1 月的就職典禮，是以可預測的方式安排好的。所有這一切都是隨著時間推移，改變就從而發生。這些變化遵循一個可預測的順序，正如英國女王不會永遠都是女王，或一位總統會接著另一位總統。隨著時間的過去，會有新人接替。情境和組織也一樣會改變，正如大學生從大一到大四、冬天過後春天會來到、一個行業的衰退導致了新興產業的機會、一個領域中特定群體的人口減少，其他群體的人口就會增加。延續的原則讓社區心理學家必須關注到這些變化。我們可以在表 1.4 看到關於這些生態原則的摘要。

表 1.4　生態學原則

1. 相互依存——環境中的要素相互影響。
2. 適應——一個有機體必須能夠隨著環境的變化而改變。
3. 資源循環——資源在系統中會交換，例如用金錢換取貨物。
4. 延續——改變會發生；沒有什麼事是靜止不動的。

資料來源：改編自 Kelly, J. (2006). *Becoming ecological.* New York, NY: Oxford University Press.

　　生態模式也提醒人們注意人與環境的適配。當面對環境的期望和要求時，一個人是否具備成功的特質？在一個所有重要物件都放在離地面七英尺的地方，一個矮個子的人會表現得好嗎？或者（本書一位作者觀察到此點），在一個天花板只有六英尺高的地下室中，一個高個子的人會舒適嗎？人與環境的適配也適用心理學的詞彙，在適當的時候保持安靜、適當的時候大聲說話。人與環境適配的概念已深植在社區心理學中（Pargament, 1986; Trickett, 2009）。早年，Rappaport（1977）就解說生態學的觀點是需要檢視人與環境（社會和物理）之間的關係。建立人與環境之間的最佳適配，可以導致個體成功地適應他的情境。

Moos 根據「社會氛圍量表」（Social Climate Scales）（Moos, 1973, 2003），藉由評估個體對環境的知覺及個體所期望的環境，來測量**人與環境的適配度**（person-environment fit）。我們可以比較真實與理想之間的差異，當差距不大（適配良好）時，我們會預期這個人比較快樂；反之，大部分的心理評估都將會聚焦在個體的身上。這個假設是人們是自身幸福最重要的貢獻者。這種純粹聚焦在特質類型的方式，亦即個人及其所擁有的特質是成功或失敗的唯一決定因素，已經被社會行為人格理論家 Mischel（1968, 2004）和 Bandura（2001）所批評。比較近期的社會行為人格理論則是傾向互動主義或交流主義。

將那些與環境不適配的人標記為「格格不合」（misfit），並將問題歸咎於個人是毫無幫助且不切實際的。相反地，生態學觀點體認到人與環境的影響是相互的，個體會改變他們所處的情境，而情境也會反過來影響他們（Bandura, 1978, 2001; Kelly, 1968, 2006; Kuo, Sullivan, Coley, & Brunson, 1998; Peterson, 1998; Seidman, 1990）。如果個人或環境出了問題，兩者都可以被檢驗，兩者也都可以被改變。一項針對居住在美國西南部城市的墨裔美國家庭所做有關人與環境適配的研究，得到的幾項發現都支持情境和家庭的重要性。經濟困難的家庭在低收入社區適應的比較好，成功的涵化家庭在不適配的社區則適應的較差。儘管單親家庭通常處於風險之中，而雙親家庭通常較適應環境，但他們與社區之間的適配會影響他們的適應能力（Roosa et al., 2009）。

在生態架構下，社區心理學的研究和行動必須做超出個體的考量，它必須包括個體所在的環境。環境或脈絡需要擴大到包括影響行為的各種情況。當生態能被理解得愈為完整，介入措施的設計和實施就會愈為有效。社區在本質上是複雜且互惠的系統，所以也必須以這種方式來處理社區的問題。近期對生態思維的描述包括：（1）**相互依存**的思考（如前所述）；（2）**文化脈絡**（鉅系統）的理解；（3）確保研究人員與社區**信任**關係的發展；（4）了解研究者在發現過程中的**轉化**，就如同他所探討或介入的社區一樣（Kelly, 2010）。

我們以系統及生態學的方式思考，並欣賞我們為社會環境所帶來的差異。除了這裡列舉的原則之外，還有幾個概念在這個領域裡也很受到重視。我們接下來將會檢視它們。請注意，臨床心理學和社區心理學之間的差異將會在焦點1.1 中詳述。

焦點 1.1

臨床心理學與社區心理學的差異

　　臨床心理學和社區心理學的出發動機都是相同的，同樣都是運用心理科學來幫助其他人。傳統上臨床心理學的取向是放在個人及影響他們生活的內在變項上。這些內在變項包括情緒、認知、神經結構和行為傾向。臨床實務工作者傾向談論性格及什麼影響了個人的特質。考量到當個人的問題被發現時會需要召喚臨床心理學家服務的這項假設，臨床技能便包括了測驗與衡鑑、診斷和心理治療（Plante, 2011）。基本上，一位臨床工作者是被訓練來處理心理病理的。

　　臨床心理學家的工作情境包括醫院、健康診所、團體或私人執業辦公室、大學或研究機構。你可能已注意到這些地點多半具有醫療性質。美國臨床心理學的起源可追溯至 19 世紀末。Lightner Witmer 被許多人譽為美國臨床心理學之父。他在 20 世紀上半葉的工作主要集中在心理診所中對學童以及他們學習與行為問題的治療。

　　與臨床心理學相較，社區心理學是針對群體以及外部社會和物理環境對這些群體（即社區）的影響。這些外部變項包括可能會影響個人或群體的社會支持、同儕和家庭環境、鄰里社區，以及正式和非正式的社會系統。社區心理學對社會生態和公共政策感興趣，目標則是預防問題及促進福祉。社區心理學所需要的技能包括社區研究的技巧；能從整體的角度理解社區問題的能力；能以有意義和尊重的方式與社區成員連結的技能；能關注於現有常規、系統的維護和改變；能欣賞脈絡／環境影響行為的多樣方式；能將資源集中和聚焦在解決社區的問題上；能具備讓思維超出世界既定常規的訓練。針對下面三本社區心理學教科書所做的回顧，均支持了以上的描述。在最早關於社區心理學的教科書中，Rappaport（1977）即將許多章節致力於社會介入和系統介入的討論。幾年前，Kofkin Rudkin（2003）的書中也包括「超越個人」、「擁抱社會改變」、「預防」、「賦權」和「壓力」等章節。Kloos 等人（2011）的書則包括「社區實踐」、「社區研究」、「了解環境中的個人」、「了解多樣性」、「壓力與因應」、「預防與促進」及「社會改變」等章節。這些書都沒有任何一章是關於心理病理學、衡鑑或心理治療的。

　　社區心理學家可能為城市規劃者、政府部門、公共衛生部門、社區中心、學校或私人方案評估機構，以及大學和研究中心工作。他們通常不在醫療機構中進行治

焦點 1.1（續）

療，但可能會在那裡檢視服務輸送系統，以及社區所提供的一些計畫。

臨床和社區心理學的主題也有明顯的區別。它們共同的興趣包括了為人類利益提供有效的介入，以及從心理學的觀點理解現象。許多社區心理學家一開始是被訓練成為臨床心理學家的，Swampscott鎮會議中的與會者即都是臨床實務工作者。臨床心理學在病理預防與健康促進的主題上著墨甚深。有關傳統一對一臨床心理學的侷限性，仍然持續被臨床實務工作者所討論（Kazden, 2010）。這些問題仍然相同：我們如何能以更有效率且有效的方式來提升更多人的心理和身體健康？社區心理學認為是不同的取向帶來了新的觀點，幫助我們回答了這個問題。

第四節　其他核心概念

除了已被確認的社區心理學基礎原則之外，這個領域中還有幾個核心概念，包括預防、以優勢為焦點、社會改變和行動研究、社區一體感和跨學科觀點。

壹、預防重於治療

Swampscott 鎮會議把焦點放在**預防**而非治療，是受到公共衛生（Heller et al., 1984; Kelly, 2005）及兒童和社會精神醫學成果（Caplan, 1964）的啟發。用最簡單的話來說，預防可以被理解為「現在做一些事情來防止（或阻止）一些不愉快或令人不想要的事情在未來發生」（Albee & Ryan, 1998, p. 441）。當然，一個人具體要做些什麼是受到他想要預防什麼來決定，但這裡的潛在前提是不變的。

預防的主要理由是，傳統的心理介入在疾病發展過程中往往來得太晚，通常是在個人已經出現問題很久以後才被提供這項服務。Emory Cowen（1980）指出：

我們愈來愈震驚地意識到：（1）一旦過了某個關鍵點，要試圖修補心理傷害是令人挫折且悲觀的；〔及〕（2）心理健康的基本方法在本質上是費用昂貴、耗時且受限於特定文化的，以及它對社會上有強烈需要的廣大民眾來說，是難以獲得且成效有限的。（p. 259）

這種擔憂一直持續到今天（Vera & Polanin, 2012）。

另一方面，預防可以在創傷開始之前就去制衡它，從而使個人甚至整個社區不會出現問題。從此觀點，如同前述，社區心理學是採取積極主動而不是被動反應的角色。例如，社區心理學家認為，在青少年時期之前提供性教育並搭配新的社會政策，可以降低青少年的懷孕率。Kirby（2007）提供了以研究為基礎的預防懷孕方案的明確指引。在下面的章節中，你將會讀到有關預防的各種技術：教育、改變環境、發展替代介入策略、公共政策的改變等。

社區心理學家認識到，不同層次的預防性介入存在著顯著差異。初級預防（primary prevention）試圖在問題還沒開始前就預防它發生（Heller, Wyman, & Allen, 2000）。Levine（1998）將初級預防比作接種，正如施打疫苗可以預防目標疾病，初級預防策略可以幫助個體完全避免出現問題。一般而言，初級預防指的是健康人群為維持或增強身體和情緒健康可以從事的活動（Bloom & Hodges, 1988），換句話說，「讓健康的人們維持健康」（Scileppi, Teed, & Torres, 2000, p. 58）。至於哪種預防策略最好（或同樣有效）是當前社區心理學討論的一部分（Albee, 1998）。

Cowen（1996）認為，一個方案要被認為是真正的初級預防，必須滿足以下標準：

- 該方案必須是大眾或團體導向的。
- 它必須發生在適應失調之前。
- 它必須是有意圖的，意指將主要焦點放在強化尚未受影響群體的適應上。

Levine（1998, 1999）增加了更多的特徵。初級預防介入應該做到以下幾點：

- 評估和促進協同效應，並考慮如何調整反作用力量。

- 要以具結構的方式去影響複雜的社會結構，包括重複訊息。這些應該要具持續性。
- 研究體制和社會問題，而不僅僅只是個人因素。
- 認識到無論是什麼方案，它只是更大文化力量的一部分。
- 了解到由於高風險行為傾向於共同發生，故應該同時鎖定數種行為。

之後，一旦問題開始出現一些跡象（例如浮現出風險因素或問題被識別出來），**二級預防**（secondary prevention）試圖在最早的可能時間點防止問題成為嚴重或持續性的問題。換句話說，因為這些人發生問題的可能性提高了，故我們會找出高風險的人並提供介入。這與初級預防是不同的，初級預防是針對所有人，無論他們是否處於風險之中。例如，一所特定高中的學生，他們的父母是藥物濫用或成癮者，這些學生可能會接受二級預防的協助，以防止他們成為習慣的藥物使用者。

三級預防（tertiary prevention）試圖降低既有問題的嚴重程度，並防止對個人造成持久性的負面影響。它被視為與治療相似，因為它試圖幫助已患病的人避免復發（Heller et al., 2000）。三級預防的例子包括設計一個方案幫助精神疾病住院患者盡快回到社區，並讓他們的症狀得到控制（Scileppi, Teed, & Torres, 2000），或是設計一個方案幫助少女媽媽降低在青少年時期生更多孩子的可能性。許多人認為，這並不是一種真正的預防形式，因為它在概念上與初級預防不同，所使用的方法也可能與初級預防截然不同。心理教育或是針對某個特定問題教導技巧或資訊，可能對那些沒有涉入高風險活動的個人有效，但對那些已經出現特定問題的個人可能就是無效的。

Mrazek 與 Haggerty（1994）的醫學研究院（Institute of Medicine, IOM）報告提供了第二種定義預防的方法。他們根據目標人群描述了三種類型的預防。首先是針對一般大眾的**普及性**（universal）預防方案，就像大多數的初級預防一樣，它是為了要幫助全體的人們。其次是**選擇性**（selective）預防方案，它是針對那些被認為未來會發生問題的高風險者，如同大多數的二級預防。這些風險因素可能是生物的、社會的或是心理的。最後，是針對那些開始出現疾病症狀者的**特定**（indicated）預防方案。然而，這個類別不等同於三級預防。醫學研

究院對於預防的定義是明確的，也就是一旦問題已經很明顯，介入就不再被認為是預防；因此，復發預防在此模式中被視為治療。這些定義還區分了疾病預防方案和健康促進方案。作者指出兩者的差異在於預防的焦點是放在避免症狀，或是放在發展個人潛能和幸福感上。當問題現象（例如，一個症狀）沒有再出現時，第一類方案是成功的；當好的現象（例如，建立一套新技巧）出現時，第二類方案就是成功的。Cowen（2000）、Romano 與 Hage（2000）以及 Weissberg、Kumpfer 與 Seligman（2003）主張整合預防和健康促進的成分。他們指出，提升幸福對防止疾病是有正向效果的。例如 Romano 與 Hage（2000）將預防的定義擴大到包括以下的內容：（1）阻止問題行為讓它完全不發生；（2）延後問題行為的開始；（3）減少問題行為的影響；（4）增強促進情緒和身體健康的知識、態度和行為；（5）推動機構、社區和政府的政策，進一步提升生理、社會和情緒的福祉。這種更具包容性的預防定義，仿效了這個領域中關於預防不同層面之概念化的演進。

一項文獻回顧的研究（見焦點1.2）對初級預防方案的效能進行了檢視，得到初級預防是有效的結論。這些回顧同時指出預防文獻中的重要區別，亦即個人中心預防和環境中心預防的差異。個人中心是那些直接與可能有發展疾病風險的個人一起工作，並運用典型預防策略（例如，技巧建立和心理教育等）的一些介入（Conyne, 2004）。環境中心的介入則是間接地透過影響個人所在的系統來使個人受益。比喻來說，這個過程就像是讓土壤肥沃，使得植物得以茁壯成長。環境中心介入的目標系統可能是家庭、社區或組織。根據你剛讀到的 Bronfenbrenner 生態系統理論（Bronfenbrenner, 1979），環境中心的介入可能針對參與者的微系統，包括同儕、學校、家庭、兒童照護和鄰里；也可能針對包含微系統中實體之間關係的中系統；亦可能針對包括企業和工商場所、聯邦和州政府、社交媒體、衛生和社會服務機構、學校組織、延伸家庭成員等的外系統；或最後針對鉅系統，其中包括文化價值觀、態度和意識型態，以及主流信仰體系。儘管社區心理學家偏好環境中心的預防更勝於個人中心的預防，但在後面的章節中，你會讀到這兩種類型的預防。

在整本書中，你還會讀到心理學家在他們的工作中，不論是工商場所、執法機構、心理衛生機構，或是社區體育計畫，各種有關預防方案的應用。不論

焦點 1.2

初級預防有效嗎？

　　社區心理學家尊重預防工作，尤其是針對初級預防。但是，有人能證明初級預防有效嗎？如前所述，要顯示尚未存在的問題已經成功地受到預防方案所影響是很複雜的。初級預防方案已經存在很長的一段時間。雖然有些方案已經被個別評估過，但直到 1990 年代，研究人員才開始確定，整體來說初級預防是否有效。幸運的是，在過去的 20 年裡，有幾篇主要針對文獻的統計回顧，稱作**後設分析**（meta-analyses）。每一組研究者都得出同樣的結論：初級預防確實奏效！去了解為何結論趨於一致令人如此震驚，會對我們有所幫助。

　　在 1990 年代初，應美國國會的要求，醫學研究院（Mrazek & Haggerty, 1994）對心理健康文獻進行了統計回顧。醫學研究院以「精神疾患新病例的減少」（p. 9）作為他們對於初級預防的定義，他們蒐集了 1,900 篇關於心理健康問題初級預防的期刊引文。總體而言，該研究院發現，在前述的定義下，初級預防確實是有效的。最終報告中的一段引述透露出他們的結論：「關於初級預防介入的研究……過去十年帶來令人鼓舞的進展。目前許多介入方案是建立在完整的概念和實徵的基礎之上，相當數量的介入方案經過嚴謹的設計和評估」（p. 215）。

　　Durlak 與 Wells（1997）完成了一項關於精神疾病初級預防文獻的統計回顧。在這個例子中，研究人員只檢視了針對兒童和青少年的方案。他們使用了 177 個旨在預防行為和社會問題的方案，比如對父母離婚的憂鬱反應，他們同樣為初級預防找到了實徵研究的支持。例如，初級預防方案中的一般參與者超過對照組中 59% 至 82% 兒童的表現，此數字視個別研究而定。在他們的期刊文章中，Durlak 和 Wells 總結了他們的研究結果，支持初級預防至少對精神疾患來說是有效的：「結果數據顯示，針對兒童和青少年，大多數類型的初級預防方案都產生了顯著的效果。這些發現為進一步的初級預防研究和實踐提供了實徵的支持」（p. 142）。

　　心理學家 Emory Cowen（1997a）比較這兩份統計文獻回顧並得出結論，他認為，儘管每組研究人員引文重疊的部分令人驚訝的少，但其中關於初級預防的概念都是完整的。他還提出的另一個觀點是，每個後設分析對於初級預防都使用了不同的定義。還記得醫學研究院的定義是「精神疾患新病例的減少」，而 Durlak 和 Wells

焦點 1.2（續）

對初級預防的定義則是預防方案參與者之心理健康問題風險的降低（與醫學研究院類似）及能力（或幸福感）的提升。在這一項比較之後，Cowen 總結說，初級預防的研究對未來是正向且令人振奮的。

在 2010 和 2011 年，Durlak 和同事更新了關於提升兒童和青少年特定能力的方案是否有效的文獻回顧。其中一項研究（Durlak, Weissberg, & Pachan, 2010）檢視了那些旨在促進兒童和青少年個人和社交技能的課後計畫是否成功。後設分析包括了對 75 份報告的 69 個不同方案（大多數是在 2000 年後執行的）的評估。整體來說，與對照組相比，課後計畫對參與者產生了正面的影響。此外，研究人員發現，包含以下所有特徵的方案比那些不具備特徵的方案來得有效。序列：方案是否使用相互連結且協調的一系列活動來達成技能發展的目標？積極：方案是否使用積極的學習形式來幫助青年學習新技能？聚焦：方案是否至少有一個部分致力於發展個人或社交的技能？明確：方案是否鎖定特定的個人或社交技能？具有這些特徵的課後計畫與顯著提升參與者對自己和學校的正面感受和態度〔兒童自我知覺（效果量 = .37）、學校連結（效果量 = .25）〕，以及正向社會行為（效果量 = .29）有關。另外，問題行為也顯著減少（效果量 = .30）。最後，學生在成就測驗上的表現（.20）和學校的成績（.22）也都有顯著的提升。2011 年，Durlak、Weissberg、Dymnicki、Taylor 與 Schellinger 針對 213 項以學校為基礎，涉及 270,034 位從幼兒園到高中學生的普及性社會和情緒學習（social and emotional learning, SEL）方案，進行了後設分析。與控制組相比，SEL 參與者在社交和情緒技能、態度與行為，以及學業表現上都有顯著的改善，其中學業表現提升了 11 個百分位數。是此，這些最近的研究顯示，決策者、教育者和社會大眾，可以透過對將具證據依據的 SEL 方案納入標準教育實務中，以及對課後計畫普及化的支持，來促進兒童的健康發展。

他們在哪裡工作，心理學家都有責任對適切的介入和預防技術儲備淵博的知識（Price, Cowen, Lorion, & Ramos-McKay, 1988）。正如 Felner（2000b）對我們的提醒，真正的預防方案在理論基礎、了解因果路徑，以及有目的地規劃和執行方案來切入路徑以達到有益結果等，是帶有意圖的。

貳、社會正義

社區心理的另一個核心價值是社會正義的目標。理解社會正義是一種價值或抱負的最好方式，是將它與社會不公正做對比。在我們的社會和世界中存在著許多社會不公正的例子。教育機會的不均等、許多類別的健康和福祉中種族的不平等，特定族群、性別或宗教團體成員所遭受到的歧視，以及男同志、女同志及雙性戀者所面臨的恐同，這些都是你在本書中將會讀到的社會不公正的例子。儘管社會制定了許多法律來保護人們不會受到不公正的傷害，但不幸的是，我們還未能生活在一個讓所有人都能發揮潛能的合法「平等機會」的世界裡。換句話說，我們還沒有一個公平競爭的社會。

那麼社會正義要如何定義呢？一方面可以認為，當資源分配均等且所有公民都有公平競爭機會時，社會正義就實現了。這是共產主義背後的哲學。然而，其他人則認為，真正的社會正義不僅僅是檢視資源最終如何分配，而應該要建立決定資源分配的公平合理過程（Vera & Speight, 2003）。在社會正義是聚焦於過程或結果的定義中，有些群體可能暫時比其他群體得到較多的資源，但這是因為作為一個整體，基於某種特定的理由，這個整體決定應如是做。

各種社會正義的定義在神學、政治學和教育學中都有出現，但是為了本書的目的，社會正義的整體目標是：「所有群體充分且平等地參與在一個為滿足大家需求所共同形成的社會。社會正義包括了一個社會願景，在其中**資源分配是公平的**（distribution of resources is equitable），且所有成員是身心安全且受到保障的」（Bell, 1997, p. 3）。注意在這個定義中，當談論到資源時是使用公平（equitable）而不是均等（equal）一詞。資源應該是**公平地被分配**（fairly distributed），但也許不是均等的。這就說明了在某些情況下，有可能我們希望某些群體**獲得較多**（greater access）的資源，例如平權法案（affirmative action）的例子。一個社區可能會決定鼓勵更多的女性在科技領域中發展職涯，因此決定為有興趣的女性設立大學獎學金，這是一種資源的公平分配。重點是，如果社會這個整體認為這是一個好的政策（即：一直到有更多的女性進入科技領域中），那麼這個政策就會被認為是社會正義的決定。

　　那麼社區心理學家如何為這個目標做出貢獻呢？Vera 與 Speight（2003）認為，心理學家可以透過參與那個造成不正義的**社會過程**（societal processes），對社會正義做出最有意義的貢獻。例如，Young（1990）在概念化社會正義時，藉由社會結構和過程的評估來闡述宰制、特權和壓迫的行動。因此，不公平無法僅僅透過重新分配財富或資源來解決。那個一開始就助長不公平結果的過程必須被仔細的審視和**轉化**。通常，**邊緣化**（marginalization），亦即排除（exclusion）是社會不公正得以持續的主要歷程。Young 認為在美國，有很大比例的人口被排除而無法完全參與社會和政治生活，其中包括了有色人種、老年人、身心障礙者、婦女、男同志、女同志、雙性戀者、跨性別者及非自願失業者。因此，社會正義的議題不僅是對少數族群很重要，它對統計上的大多數人口而言也是很重要的。在這樣概念化下的正義，邏輯上是與多元文化主義和多樣性的議題有關聯。

　　許多社區心理學家對於心理學領域中有關社會正義的討論有所貢獻。Prilleltensky（1997）認為，若欠缺正義和平等的觀念，人類多樣性是不可能蓬勃發展的。近年來，其他一些著名的社區心理學家闡述了社會正義、缺乏服務的人口和整個心理學專業之間的關係（Albee, 2000; Martin-Baró, 1994; Nelson & Prilleltensky, 2010; Ramirez, 1999）。Martin-Baró（1994）討論了一種稱為解放心理學（liberation psychology）的心理學形式，特別關注於抵抗不公正。他指出解放心理學聚焦於「不是那些已經〔為人們〕做的事情，而是那些需要去做的事情」（p. 6）。這與行動導向的社區心理學家有關，他們不僅是想了解這個世界，而是試圖去改變這個世界。在本書各處都將描述從事這種轉變下所做的各種努力。

參、強調優勢與能力

　　與賦權（見第三節的基礎原則）和預防的觀念密切相關的是能力和優勢的概念。從歷史的角度來看，臨床心理學領域在過去一直關注於個人的弱點和問題。Freud 種下了以病理學為焦點的種子，之後的臨床工作者則繼續培養它。

　　Marie Jahoda（1958）在對臨床研究進行回顧之後，帶領將焦點轉向心理健康。她強調檢視我們優勢的好處，並特別指出，**沒有出現精神疾病並不等於一個人是心理健康的**。健康被定義為出現正向的屬性，例如健康的自我感，同時健康是成長與發展導向的（表 1.5）。不久之後，Robert White（1959）寫到**能力**（competence）的重要性，這是指在與環境互動時所展現的自我掌控感。Jahoda 和 White 的想法為關心臨床心理學如何深陷於聚焦在負面行為上的心理學家，提供了一個概念性的改變。

表 1.5　Jahoda 的正向心理健康屬性

正向且實際的自我感

以成長與發展為導向

統整且連貫的自我

繫根於現實

自主和獨立

成功地適應環境（大致來說在愛情、關係和問題解決等方面）

資料來源：改編自 Jahoda, M. (1958). *Current concepts of positive mental health*. New York, NY: Basic Books.

　　Ryan（1971）聲稱，我們對問題的一般反應是「責備受害者」。它可能是公然的，比如宣稱他懶惰、缺乏智慧、錯誤的優先順序，或者是「自找的」；它也可能是隱晦的，例如較差的文化機會、缺乏足夠的指導，或需要更多的服務。這些都是把個別的受害者置於一個劣等低下的位置。如果這個人的問題不被視為「被剝奪、缺陷或弱點」的結果呢？如果這些人口有優勢，並且有足夠的資源來擺脫他們的限制呢？Ryan 認為，造成這種種問題的原因是缺乏權力。

　　對於精神醫學和心理學中聚焦在病理學領域的歷史性挑戰，近期已與正向心理學運動（Seligman, 2007; Seligman & Csikszentmihalyi, 2000）結合。正向心理學主要關注在個體的優勢上（Seligman & Csikszentmihalyi, 2000），此與社區心理學以康健（wellness）為焦點的轉向不謀而合（Cowen, 1994），其相似之處雖然顯而易見，但卻未被明確的描述出來（Schueller, 2009）。正向心理學的研究一直是針對個人，因此欠缺對正向環境的考量。社區心理學家則是對高功

能環境的必要成分進行了研究（Moos, 2003）。三個環境因素共同促進了福祉和生產力：堅強的社會聯繫、強調個人成長及清楚的結構。正如 Keyes（2007）所指出的，「心理興盛」（mental flourishing）是一個比沒有精神疾病更好的幸福指標。

優勢和能力，這是從 Swampscott 鎮會議一開始的幾天就成為與會者的焦點（Bennett et al., 1966）。這個導向與賦權和生態原則有關。關注於社區及其成員的正向特質，將研究和介入轉向人們成功的一些方式。這些優勢可以輕易地被找到，也可以隨時被動員，這兩者對社區來說既有效也具有吸引力（Masten, 2009）。當我們在第三章探討壓力與心理韌性時，會看到導致此結論的一些研究例子。

肆、社會改變與行動研究

社區心理學從一開始就呼籲社會改變（Bennett et al., 1966; Hill, Bond, Mulvey, & Terenzio, 2000; Rappaport, 1977; Seidman, 1988），並持續將社會改變納入它的操作性架構中（Revenson et al., 2002; Tseng & Seidman, 2007）。社會改變可以被定義為是為了轉移社區價值觀、態度、期望及「機會結構」所做的努力，來幫助實現群體內所有人的既有優勢。社區心理學的前景就在於社會改變（Prilleltensky, 2008, 2009）。

紮根於理論並且針對解決社會問題的研究被稱為行動研究（action research）。在社區心理學中，許多行動研究是參與式的，受影響的個人在研究中不僅僅是「受試者」，他們也共同參與，一起形塑研究議程（Nelson, Ochocka, Griffin, & Lord, 1998; Rappaport, 2000）。研究者和參與者之間的積極合作關係為常態（Hill et al., 2000; Nelson, Prilleltensky, & McGillivary, 2001）。Ryerson Espino 與 Trickett（2008）提出了一個生態探究的架構，將被研究者的意見納入了過程中。

第二章會介紹和討論如何進行行動研究。重要的是，要記住社會問題是很難解決的，且社區環境中的研究也是很複雜的。例如，如果我們想要改變一個助人服務機構，讓它能更好地解決社區的需求，我們就可能需要探討整個機構

和所有相關的人員，這當中包括了機構中的當事人和員工，以及他們之間的所有相互關係和歷程。《美國社區心理學家》（American Community Psychologist）有一期專刊，當中許多文章檢視了社區行動研究在整合科學─實務上達到的現況。儘管社區心理學已經成功地影響了心理學學科中各個不同的領域，但是在尋求實徵驗證和需要具脈絡關聯這兩者之間，仍然持續存在著創造性的張力。Linney（2005）指出由科學─實務議題所引起的四個主題：

1. 可以用來連結科學與實務的有效策略，以強化在社區內從事科學與實務的能力。
2. 改變由誰來決定什麼是重要的，也就是讓社區有權力決定什麼是重要的和有用的；改變做決策的方向，從科學引導的實務轉向為社區是決策全面合作夥伴的模式。
3. 跳脫「狹義的」實驗室中的實驗設計，從更寬廣的角度來定義好的科學。
4. 考慮到心理學家工作中的各種狀況，處理在實踐價值與理想時所面臨的困境。例如，不發表就滅亡（譯者註：學術界中強調快速發表）、對真實驗設計的重視，以及對準實驗或非實驗設計的貶抑。

　　正如你將會在本書中所看到的，社區心理學視社會改變和行動研究，為整體概念和介入架構中，重要且不可或缺的一部分。

伍、跨學科觀點

　　社區心理學家相信，透過與其他學科的合作可以更佳理解和促進社會改變（Kelly, 2010）。多元學科觀點是一個可以讓我們對改變過程獲得更徹底、更完整及更理性思考的手段（Maton, 2000; Strother, 1987）。社區心理學家長期以來一直享受著與其他學術領域，如政治學、人類學、社會學，以及其他心理學領域，如社會心理學的同儕，進行知識上和研究上的交流（Altman, 1987; Jason, Hess, Felner, & Moritsugu, 1987a）。目前許多學者也再次呼籲應與其他社區專業人士（如藥物濫用諮商師、執法人員、學校心理學家、人群服務專業人員等）

共同進行跨學科的努力（Kelly, 2010; Linney, 1990; Wardlaw, 2000）。

Kelly（1990）相信，與其他學科的合作可使我們對其他學科如何經歷一個現象有新的體悟。向歷史學家、經濟學家、環保主義者、生物學家、社會學家、人類學家和政策科學家等進行諮詢的好處是，可以擴展我們原有的觀點並採納新的觀點。Kelly 認為這種跨學科的觀點有助於維持在領域中發現新事物的熱情（Kelly, 2010）。在同一篇文章中，他也提到了哲學、人類學、社會精神醫學和詩歌對他工作的影響。

Stokols（2006）指出研究人員在進行強而有力的跨學科研究時所需要的三個要素：（1）有共同的目標與良好的領導能力，以便能處理可能出現的衝突；（2）對有利於合作的脈絡性支持（機構支持、先前合作經驗、合作者的接近性、電子連結能力）做積極主動的安排；（3）為合作做出「準備、實施和修正」。Stokols 也警告，研究人員和社區之間的合作有可能增加潛在的誤解。如果研究人員和社區成員在計畫開發的所有階段都能共同參與，將有助於降低對位階差異的強調，並能建立明確的目標和預期的成果。

焦點 1.3 展示了社會心理學和社區心理學理論的整合，焦點 1.4 則提供一個以人類學的概念和方法協助社區心理學介入的範例。

陸、社區心理感

在社區心理學的早期探討中曾指出，社區和心理學這兩個詞彙似乎有些矛盾。社區與群體有關，而心理學則與個人經驗有關。Sarason（1974）提出了一個可能的答案給那些不熟悉這個領域的人，他建議進行「社區心理感」（psychological sense of community, PSC）的研究。PSC 已經成為社區心理學中最流行的概念之一：它是個人對於身為團體一份子的知覺。

如果環境與個人適配，就可以創造出一個有社區精神及「我們一體感」的社區。研究顯示，社區一體感，或者有時被稱為社區精神或社區歸屬感，與主觀幸福感有正相關（Davidson & Cotter, 1991）。

在一個最理想的社區裡，成員們可能會對改變持較開放的態度，而這種態度可以進一步改善他們的社區。反過來說，社區或鄰里的社會瓦解往往會導致

焦點 1.3

社會心理學、社區心理學與遊民

在本章中，你已知道社區心理學家提出呼籲要與心理學領域內、外的其他學科共同合作。在回應這項呼籲上，我們同意社區心理學家和社會心理學家有很多可以相互學習之處（Serrano-Garcia, Lopez, & Rivera-Medena, 1987）。在某些國家，社區心理學是從社會心理演變而來的，紐西蘭和澳大利亞就是如此（Fisher, Gridley, Thomas, & Bishop, 2008）。

社會心理學家（social psycologists）研究社會現象，因為它們會影響個人。對於為什麼媒體、社會大眾和其他心理學家，把個人的無家可歸歸咎於個人因素，社會心學家已有自己的答案。社會心理學家所發展的**歸因理論**（attribution theory）乃是用來解釋人們如何推斷他人行為的原因，或對其行為做歸因的一套理論（Kelly, 1973）。有關歸因的研究顯示，人們通常會著重於個體特徵的解釋，或者以特質來解釋另一個人的缺點（Jones & Nisbett, 1971）。也就是說，當解釋別人的行為，尤其是別人的問題時，人們比較不會關注情境，反而傾向責怪個人。

這個理論適用於遊民嗎？這個理論能否解釋為什麼媒體和公眾經常把受害者，也就是無家可歸者的問題歸責於他們身上呢？指責受害者（victim blaming）（Ryan, 1971）一詞是用來描述將造成個人問題的原因歸因於個人，而非其所處情境的這種傾向。換句話說，受害者因為發生在他身上的事情而被指責。社會心理學家認為，指責受害者是一種自我防衛的手段（例如，如果一件壞事會發生在他身上乃純屬偶然，那麼這件事也可能會發生在我身上；但另一方面，如果這個人因為發生在他身上的事情而被責怪，那麼這件事就不會發生在我身上，因為我跟他不一樣）。在遊民的例子中，是他們的人格特質造成他們無家可歸嗎？還是他們的環境也有影響呢？指責受害者的人傾向把無家可歸的現象怪罪於遊民本身。

著名的社區心理學家 Shinn 回顧了有關遊民的研究，並就這個問題進行了一個很重要且設計良好的研究（Shinn & Gillespie, 1993）。她的結論是，以個人為中心的遊民解釋雖然很受歡迎，但卻不如將無家可歸做情境式和結構性的解釋來得有效。比較特別的是，Shinn 建議以雙向的方式來解釋無家可歸的現象——即同時以個人為中心和以環境為中心。她逐一回顧相關文獻後所得到的結論是，對遊民現象做個人為

焦點 1.3（續）

主或缺陷的解釋，比做環境或情境的解釋更不適當。

　　Shinn 發現，許多研究都顯示結構性問題可對遊民現象提供最合理的解釋。例如，Rossi（1989）發現，從 1969 到 1987 年，年收入低於 4,000 美元的單身成人（有些人有子女）人數從 310 萬人增加到 720 萬人。同樣地，Leonard、Dolbeare 與 Lazere（1989）發現，根據美國住房和城市發展部的標準，540 萬低收入租戶中只有 210 萬戶租得起房子。以貧困和無法負擔租屋來解釋現今的無家可歸的現象，似乎是比以個人為中心的解釋更為適合。Solarz 與 Bogat（1990）在無家可歸者的環境解釋上，又增加遊民缺乏朋友和家人的社會支持這兩個因素。

　　Shinn 回顧的重要性並不在於它展現了社會大眾和媒體確實會受到**基本歸因謬誤**（fundamental attribution error）的影響，亦即傾向於責怪個人而不是情境，而 Shinn 提供了這些數據，讓社區心理學家可以採取行動。公共政策制定者必須了解造成無家可歸現象的是情境和結構性的問題。心理學家和社區領袖需要被說服，有些暫時性的解決方法，例如免費供餐的慈善廚房，只是在遊民問題的傷口上纏上繃帶。此外，庇護所的管理人員和其他人必須明白，將無家可歸者從一個庇護所移到另一個庇護所對他們來說並沒有什麼幫助。今日的遊民，不僅是大家刻板印象中的老男性酒鬼，家庭和孩子也是遊民的一部分（Rossi, 1990）。當兒童在不同的庇護所間遷移時，他們也必須轉換到不同的學校系統，這對兒童的學業成績和自尊都有負面的影響（Rafferty & Shinn, 1991）；無家可歸的孩子會因為無家可歸而失去童年（Landers, 1989）。

　　這個國家必須對永久性的住房情況做更多的努力。在這一點上，社區和社會心理學家都一致同意。

對犯罪和破壞行為的高度恐懼（Ross & Jang, 2000）、兒童心理健康的下滑（Caspi, Taylor, Moffitt, & Plomin, 2000）、學校問題行為的增加（Hadley-Ives, Stiffman, Elze, Johnson, & Dore, 2000）、孤寂感（Prezza, Amici, Tiziana, & Tedeschi, 2001）以及其他許多問題的出現。社區混亂可能強化個人資源的有利層面（如與鄰居的聯繫），但也可能加劇個人風險因素的負面效應（Cutrona,

焦點 1.4

地方的重要性

　　人類學研究方法曾被用在加拿大英屬哥倫比亞省森林大火的一項社區重建研究中（Cox & Perry, 2011）。為了解群體或文化行為的「意義」，他們進行了一些個案研究，採用自然情境中的密集和長期訪談、觀察及文件，提出了民族誌的資料。此外，這項研究也使用參與者—觀察者取向的方法，也就是資料蒐集者同時也成為被研究群體中積極參與的一份子（Genzuk, 2003）。與土地的地方感有關的社會資本（一種社會學概念），似乎在社區面對火災所帶來改變的適應能力上，扮演了調節的角色。社會資本被定義為一個群體或個人因其在系統中的社會地位，而獲得的支持、資產或資源。這個研究的發現說明了個人與他們的社區在迷失方向後，又重新尋找方向的過程。在這個研究中，有關家的假設及其意義被重新檢驗，其中有些被強化，有些則被棄置。社會資本的假設也被重新審視和調整。以社會及物理角度所定義的地方認同與地方感，也因為遭挑戰而需要被重新再界定。研究指出，過去重建工作的焦點都是以物質和個人為目標——人的生存和財產的修復。而社區所擁有的社會資本，亦即自然的居住資源網絡，在過去的修復工作中是被忽略的。同樣地，對於社區成員的「地方感」的復原也很少受到關注。這個研究的建議提到，在政策層面和直接介入中都應該多加關注這些內容。

Russell, Hessling, Brown, & Murry, 2000）。

　　有趣的是，研究顯示，快樂和對社區的滿意感並不是只有在郊區才會出現。居住在郊區的居民對他們鄰里的滿意程度，並沒有比居住在城市中的居民（Adams, 1992）或小城鎮（Prezza et al., 2001）的人來得高。許多民眾和心理學家都認為，貧民區的居民面臨著各式問題的風險。然而，研究卻發現在我們城市最有壓力的地方有著一些極具心理韌性的人（Work, Cowen, Parker, & Wyman, 1990）。

　　傳統上，社區（community）意味著一個地區或地方，如鄰里。它通常也是一種把人們聚集在一起的關係性互動或社會聯繫（Heller, 1989b）。除此之

外，社區還可以是一種集體的政治權力。Brodsky（2009）也指出，每個人都可能有多個他所效忠的社區。

如果這些是有關社區的定義，那麼社區一體感是什麼？社區一體感（sense of community）是指個人對自己與社區之間所擁有關係的一種感受（Heller et al., 1984），或是個人對自身歸屬於一個群體的認知（Newbrough & Chavis, 1986）。更具體地說，它是：

> 與他人有共同處的知覺、與他人有相互依存關係的認知、一種藉由給予或做他人所期盼的事情，來維持這種相互依存關係的意願，以及自己是屬於一個可信賴且穩定的更大結構中一份子的感覺。（Sarason, 1974, p. 157）

如果人們在鄰里中有社區感，他們就會覺得自己歸屬於或是融入這個鄰里。社區成員通常會感到他們對於社區所發生的事情是有影響力的、與鄰里有共同的價值觀，並感到情感上的連結（Heller et al., 1984）。

具體而言，社區一體感包括四個要素——成員資格、影響力、整合和情緒連結感（McMillan & Chavis, 1986）：

1. 成員資格是指人們在他們的社區中感受到歸屬感。
2. 影響力是指人們覺得自己可以在社區中發揮作用。
3. 整合或需求的滿足，是指社區成員相信他們的需求可以藉由社區中的可用資源來獲得滿足。
4. 情緒連結是指社區成員不僅共同擁有，並願意彼此分享歷史、時間、地點和經驗。

雖然已經有許多對社區心理感概念的批評及替代概念的出現（Long & Perkins, 2003; Tartaglia, 2006），但 McMillan 與 Chavis（1986）所提出的操作型定義仍然是這個概念最佳的模式。Long 與 Perkins（2003）從他們的數據得到了一個三因素的結構：社會連結、相互關心和社區價值。Tartaglia（2006）以義大利人為樣本，也得到一個三因素的量表，包括對地方的依附、需求滿足與影響、社會聯繫。在近期的發展中，Peterson、Speer 與 McMillan（2008）發展出

一個八題的〈社區一體感簡版量表〉（Brief Sense of Community Scale），得到和 McMillan 與 Chavis（1986）相同的四項要素，且皆具顯著的統計效度。

Buckner（1988）發展另一個測量鄰里凝聚力或夥伴關係的量表。Wilkinson（2007）採用加拿大樣本，對 Buckner 鄰里凝聚力的概念進行驗證，得到一個三因子的結構。在 Wilkinson 的研究中，「凝聚力」包含社區心理感、鄰里關係（拜訪他人和被訪問）及社區吸引力（「我喜歡在這裡」）。

許多曾被探討過社區心理感的群體，包括澳洲原住民（Bishop, Colquhoun, & Johnson, 2006）、美國原住民青年（Kenyon & Carter, 2011）、阿富汗婦女（Brodsky, 2009）、德國海軍軍校學生（Wombacher, Tagg, Bürgi, & MacBryde, 2010）、男同志（Proescholdbell, Roosa, & Nemeroff, 2006）、教會（Miers & Fisher, 2002）、大學生（Yasuda, 2009）、嚴重精神疾病患者（Townley & Kloos, 2011）。正如 Peterson 及其同儕（2008）所說，社區感是社區心理學的一個「關鍵理論構念」。

與社區感相關但卻又分立的是**鄰里**（neighborhoods）這個概念。鄰里被定義為空間上被綑綁在一起的地方社區，這裡的居民會有社會凝聚和互動感、同質感（或同一性）、地方認同感（Coulton, Korbin, & Su, 1996）。研究顯示，將「社區感」與「鄰里」分開加以概念化雖然很實用（Prezza et al., 2001），但兩者卻是有關聯的。雖然鄰里主要是以地理界限為基礎，但它們是一種心理上的界定，故最好由居民自己來定義，且並不一定要符合政治或正式的地圖。從表1.6 中的描述可以看出，這些都是與個人知覺有關的問題。

表 1.6

Peterson、Speer 與 Hughey（2006）的〈社區一體感簡版量表〉詢問的資訊：

　關係／社會連結——我會與他人交談；我認識這裡的人。

　相互關注——我們想要的東西是一樣的。

　聯繫／社區價值觀——這裡對我來說就像一個社區；我喜歡這裡。

資料來源：Peterson, N. A., Speer, P., & Hughey, J. (2006). Measuring sense of community: A methodological interpretation of a factor structure debate. *Journal of Community Psychology, 34,* 453-469.

柒、社區心理學的訓練

　　目前已有許多訓練課程提供給有興趣學習社區心理學的人士。學生會被訓練從一套社區心理學的理論和價值來進行研究及介入。正如社區心理的實踐是多樣的，它所提供的觀點也是如此，可參見所附的四個表格中列出的研究所課程（表 1.7 至 1.10）。

表 1.7　社區心理學博士課程

- DePaul University, Department of Psychology—Chicago, IL
- Edith Cowan University, School of Psychology and Social Science—Joondalup, Australia
- Georgia State University, Department of Psychology—Atlanta, GA
- Instituto Superior de PsicologiaAplicada, (ISPA), Department of Psychology—Lisbon, Portugal
- Michigan State University, Department of Psychology—East Lansing, MI
- National-Louis University, Department of Psychology—Chicago, IL
- Pacifica Graduate Institute, Department of Psychology—Carpinteria, CA
- Portland State University, Department of Psychology—Portland, OR
- University of Hawaii, Department of Psychology—Honolulu, HI
- University of Illinois at Chicago, Department of Psychology—Chicago, IL
- Université Laval, Department of Psychology—Québec City, Canada
- University of Maryland, Baltimore County, Department of Psychology—Baltimore, MD
- University of Quebec, Department of Psychology—Montreal, Canada
- University of Virginia, Department of Psychology—Charlottesville, VA
- University of Waikato, School of Arts and Social Sciences—Hamilton, New Zealand
- Wichita State University, Department of Psychology—Wichita, KS
- Wilfrid Laurier University, Department of Psychology—Waterloo, Canada

資料來源：www.scra27.org/resources/educationc/academicpr.

表 1.8　臨床—社區心理學博士課程

- Arizona State University, Department of Psychology—Tempe, AZ
- Bowling Green State University, Department of Psychology—Bowling Green, OH
- California School of Professional Psychology, School of Professional Psychology—Los Angeles, CA
- DePaul University, Department of Psychology—Chicago, IL
- George Washington University, Department of Psychology—Washington, DC
- Georgia State University, Department of Psychology—Atlanta, GA
- Michigan State University, Department of Psychology—East Lansing, MI
- Rutgers University, Graduate School of Applied & Professional Psychology—Piscataway, NJ
- University of Alaska, Department of Psychology—Anchorage or Fairbanks, AK
- University of Illinois, Champaign-Urbana, Department of Psychology—Urbana-Champaign, IL
- University of La Verne, Department of Psychology—La Verne, CA
- University of Maryland, Baltimore County, Department of Psychology—Baltimore, MD
- University of South Carolina, Department of Psychology—Columbia, SC
- Wayne State University, Department of Psychology—Detroit, MI
- Wichita State University, Department of Psychology—Wichita, KS

資料來源：www.scra27.org/resources/educationc/academicpr.

表 1.9　跨學科的社區與預防博士課程

- Clemson University, "International Family and Community Studies," Institute on Family and Neighborhood Life—Clemson, SC
- Georgetown University, "Psychology and Public Policy," Department of Psychology—Washington, DC
- North Carolina State University, "Psychology in the Public Interest," Department of Psychology—Raleigh, NC
- Penn State University, "Human Developmental and Family Studies," Dept. of Human Development and Family Studies—University Park, PA
- University of California—Santa Cruz, "Social Psychology with a Social Justice Focus," Department of Psychology—Santa Cruz, CA
- University of Guelph, Ontario, "Applied Social Psychology," Department of Psychology—Ontario, Canada
- University of Kansas, "Applied Behavioral Science," KU Workgroup for Community and Health Development—Lawrence, KS
- University of Michigan, "Health Behavior and Health Education," Department of Health Behavior and Health Education—Ann Arbor, MI
- University of North Carolina, Charlotte, "Community Health Psychology," Department of Psychology—Charlotte, NC
- University of North Carolina, Greensboro, "Community Health," Department of Psychology— Greensboro, NC
- University of Wisconsin-Madison, "Human Development and Family Studies," School of Human Ecology—Madison, WI
- Vanderbilt University, "Community Research and Action," Department of Human and Organizational Development—Nashville, TN

資料來源：www.scra27.org/resources/educationc/academicpr.

表 1.10　社區心理學碩士課程

- The Adler School of Professional Psychology—Vancouver, Canada
- The American University in Cairo, Psychology Unit—Cairo, Egypt
- Antioch University, Department of Psychology—Los Angeles, CA
- University of Brighton, School of Applied Social Science—Brighton, UK
- Central Connecticut State University, Department of Psychology—New Britain, CA
- Edith Cowan University, School of Psychology and Social Science—Joondalup, Australia
- Manchester Metropolitan University, Faculty of Health, Psychology, and Social Care—Manchester, England
- University of Massachusetts Lowell, Psychology Department—Lowell, MA
- Metropolitan State University, College of Professional Studies—St. Paul, MN
- University of New Haven, Department of Psychology and Sociology—West Haven, CT
- Pacifica Graduate Institute, Department of Psychology—Carpinteria, CA
- Penn State Harrisburg, School of Behavioral Sciences and Education—Harrisburg, PA
- Portland State University, Psychology Department—Portland, OR
- The Sage Colleges, Department of Psychology—Albany, NY
- Instituto Superior de Psicologia Aplicada, Department of Psychology—Lisbon, Portugal
- The University of the Incarnate Word, Psychology Department—San Antonio, TX
- Victoria University of Technology, School of Psychology—Melbourne, Australia
- University of Waikato, School of Arts and Social Sciences—Hamilton, New Zealand
- Wilfrid Laurier University, Department of Psychology—Waterloo, Ontario, Canada

資料來源：www.scra27.org/resources/educationc/academicpr.

　　你們可能已經注意到，這些學位來自全世界各地。博士課程包括社區心理學和臨床─社區的專長。也有一類跨學科的博士課程，所跨的學科包括了公共衛生、家庭研究和應用社會心理學等專長領域。

　　臨床—社區課程的訓練既包括了傳統的心理測驗與治療等臨床的技術，也包括了預防性社區介入的社區取向技能。獨立的社區心理學課程則強調生態和系統取向的評估與介入。研究所層級的課程可能包括了方案評估、社會行動研究、應用社會心理學、諮詢、經費計畫撰寫和社區實地工作等。

　　O'Donnell 與 Ferrari（2000）蒐集了有關社區心理學家在世界各地就業的文章。他們發現社區心理學家的培育為他們接受多樣的工作機會做好了準備。雖然大學教職是其中一項，但還有許多其他類型的工作，例如：諮詢顧問、評估人員、經費計畫撰寫者、全人導向的助人中心（people's center）主任、研究人員和政策制定者。

第五節　本書計畫

　　現在你已經踏在認識社區心理學的道路上，你可能會想知道本書接下來的旅程會是什麼樣子。本書的第一部分是導論，除了本章外，其餘章節會介紹研究過程（第二章）及壓力和心理韌性模式（第三章），它們為在社區情境中的工作提供了一個方向。社區心理學的研究人員除了會採用一些其他心理學家所推崇的方法外，也會使用一些相當獨特和創新的技術。接下來，你會認識一些壓力與心理韌性的模式，以了解社會環境中的調適與適應。

　　第二部分包括社會改變（第四章）和介入（第五章）兩章。第四章概述為何需要社會改變的一些原因。第五章則介紹社區介入的一些策略。

　　第三部分（第六章至第十二章）檢視了可應用社區心理學的一些系統。從心理衛生的情境與議題出發，社區心理學家很輕易地轉入社會和助人服務、學校系統、犯罪司法、醫療保健和工商組織等。

　　第四部分是本書的最後一章，展望社區心理學領域的前景。

摘要

　　社區心理學是從社會科學發展而來的，它試圖了解人類的狀況並有效地改善它。Lewin 和 Lindeman 的傳承在社會改變和社區研究的主題中顯而易見。透過相信多樣化的力量，理解情境對個人行動的影響，體認多層次生態學觀點具有了解不同行為模式，以及它們可以如何被有效改變的優勢，堅信被賦權的個體可以是更健康的個體等，社區心理學著眼於病理的預防和健康的促進。在這些原則背後的假設是，我們所有的人都在尋求並且也需要社區。沒有社區，我們孤單且疏離；有了它，我們紮實且安全。這個領域已經從一組想法成長為心理研究和介入的一種有組織且持續發展的方法。對有興趣攻讀這個領域研究所的人來說，有著各式各樣的選擇。最後，本章概述了整本書的組織，為接下來的內容提供了一個認知地圖。

2

科學研究方法

譯者：張麗麗／審閱者：郭郡羽

科學的根本在於它既不是複雜的數學公式，也不是儀式化的實驗。
科學的核心在於以敏銳忠實的態度，殷切尋求理解周遭的事物！
——Saul-Paul Sirag

因與果的連結，沒有起點，也沒有終點。
——Leo Tolstoy,《戰爭與和平》（*War and Peace*）

預測，尤其是對未來的預測，是一件艱難的事。
——Yogi Berra

　　每天早上 Larry 喜歡在住家附近散步。人行道上的人們熙來攘往，即便在晚上也是如此。但最讓 Larry 不舒服的是他必須避開行道磚上的狗大便。有時他會想，就在他住處附近，每天到底堆積了多少狗大便，而他有沒有可能做些什麼來減少這些排泄物。當他上班聊到這個話題時，發現早在多年前就已有研究探討過這個問題。這些研究發現，在狗排泄物被允許的地方，狗飼主會將大部分的狗大便留下來。深入一些去看，Larry 發現只要一個相當簡單的示範與激勵方案，就可以大幅減緩這個問題。

　　Arun 和家人已經規劃買房子好多年了。當到了要做住家環境調查的時候，他不僅詢問交通，也詢問有哪些學校可供選擇。這些是什麼樣的學校？有哪些優點及缺點？有哪些計畫可供他的小孩選擇？在數學、閱讀及寫作這些基礎學科之外，學校教育有多成功？學校畢業生是否繼續接受高等教育？就讀哪些學校？對 Arun 而言，他們的房子不僅僅只是安頓家人的一個建築物而已，這些都是一些合理該問的問題。住家的街坊及社區是可以用在地機構的成功來評估。社區在教育孩童上做得如何？Arun 想要知道這些，才可能在充分了解後選擇他想要的社區。關於他即將帶著家人遷入的社會環境，Arun 蒐集了一些他認為可以回答這些基本問題的資訊。

第一節　科學研究的本質

壹、為何從事科學研究？

　　科學是為了滿足好奇心。我們追求有關這個世界的知識，並根據知識對如何行動做出決定。我們因此假定生活中的經驗會幫助我們判斷什麼是真實（true）以及什麼是現實（real）。經驗是我們通往現實之窗，這個假說被稱為實徵主義（empiricism）。這個從周遭的世界，對可以相信的事物找尋證據的傳統，可以追溯至希臘的哲學家、中東的天文學家，以及後期文藝復興的觀察研究。我們接受這個傳統並視其為科學，並在此基礎上打造現代世界。然而我們如何理解周遭的世界呢？我們觀察它、記錄它的規律及型態、考驗它的可能

性，並判斷特定事件在預測或造成其他事件發生的可能性上有多大。我們可能的問題包括：社區由什麼所組成？哪些原因使它成為一個健康與快樂的社區？

在社區心理學的領域中，一項主要的介入策略即是創造並從事某種形式的社會改造，使得個人及社區因此受益。為了區分有效及效果不佳的改變，心理學家需要一個能夠理解及評估改變的方法。科學研究為此提供了機制，從社區心理學的誕生到後續的發展，科學研究都是它核心的一部分（Anderson et al., 1966; Lorion, 1983; Price, 1983; Tolan, Keys, Chertak, & Jason, 1990）。

舉例來說，研究者要如何確定一些危險行為（例如不安全的性行為）的降低，是因為人們參與了某種形式的預防方案？雖然我們可能發現，那些參加預防方案的男女從事不安全性行為的可能性，要低過那些未參加方案的男女，但進一步的分析卻可能顯示，方案只對那些伴侶願意使用保險套的人有幫助。也就是說，對許多人而言，參加預防方案並不足以降低不安全的性行為，除非他們能夠回到有支持環境的家庭或社區（生態觀點）。方案成效的效度需要受到更密切的檢視，來判斷是哪些因素發揮了功能。

Price（1983）指出社區心理學家需要探討的幾個範疇。第一，必須確認並描述所關注的問題或範圍。第二，清楚敘述與所關注問題有關的因素。再根據所述，建立及考驗可能的介入方案或解決辦法。一旦確定方案有效，我們仍需決定介入是否能在特定的社區脈絡下被成功的實施。如果實施成功，則需要研究如何能成功地大規模推動這個方案。若方案成功，研究者就要再檢視社區的狀態以及社區其他的需求。這個研究循環提供了從確認社區問題開始，直到方案在社區全面普及化的一個指引。此歷程是社區心理學中不可或缺的一部分。

研究歷程應該帶領行動，這樣的觀點看起來合理且實際。如果我們能知道且能預測這個世界，那麼我們對自己的行動無疑就占有優勢。近期社區心理學的關注大多放在如何能以最佳的方式了解資料；實徵研究是我們了解此領域的可貴指引，相信沒有人會對實徵研究的這項優勢發出反對的聲音（Aber, Maton, & Seidman, 2011; Jason & Glenwick, 2012; Jason, Keys, Suarez- Balcazar, Taylor, & Davis, 2004）。若仍有未盡之處，那就是我們關注的焦點應該放在如何蒐集更好——亦即更具生態意義的資料上。

貳、何謂科學研究？

人們在日常生活中，會觀察許多事物並加以歸因。舉個例子，你可能對為何有些男性使用或不使用保險套，或為何有些人濫用酒精藥物，有一些直覺的看法。科學家視研究為超越直覺的方法。換句話說，當科學家進行研究時，他們會採用一系列相關的假設及活動，來有效認識周遭的世界。圖2.1描述科學研究的歷程。

理論和理論依據的研究是所有科學學科中不可或缺的一部分（Kuhn, 1962/1996），當然社區心理學也不例外。早期的應用社會心理學家 Kurt Lewin 曾說：「沒有什麼比有一個好理論來得更實際。」我們同意這一點。理論為何如此強而有力？那是因為理論引導我們的研究，幫助我們在進行科學探究時避免犯一些常見的錯誤。

理論　你可能會聽到人們使用理論（theory）、模式（model）及典範（paradigm）這些名詞。這些名詞雖然常被交替使用，但它們卻不是同義字。理論指的是有系統地企圖去解釋一些與議題有關（如街友或酗酒），可被觀察或可被測量的事件。更精確的說，理論是「一組相互關聯的構念（或概念）、定義及命題，它們藉由界定變項之間的關係，對現象提出系統化的觀點，其目的在解釋或預測現象」（Kerlinger, 1973, p. 9）。理論的目的是讓研究者可以**描述**、**預測**及**控制**一個或多個與問題有關的變項，它們為什麼以及如何與可觀察或可測量事件連結在一起。

圖 2.1　科學研究的歷程

　　請記住社會科學的理論最多僅能作為探討可觀察或可測量事件的指引。換句話說，描述、預測及控制事件是基於一些建議性的規則，而非像物理科學中的那些絕對定理。

模式與典範　模式與典範能夠影響研究，是因為它們為研究提供了一個研究架構。在正式科學中，根據先前研究得到的推測或假定，有助於引導目前的研究。因此科學並不是從零開始的，它並非對研究該如何進行毫無概念，也非對所要探究的世界一無所知。事實上，先前的研究幫助我們形成問題及提供解決問題的作法。這好比孩童探索世界。凡是對孩童生活有影響的先人、社群和他人的經驗，都成為孩童探索歷程的指引。

　　模式（model）是理論如何運作的執行藍圖。典範（paradigm）是模式中較小的部分，用來引導研究者概念化特定事件的順序。圖 2.2 描述它們的關係。〔在 Kuhn, 1962/1996 有關科學及科學演進的經典但具爭議性的論文中，典範有兩層意義。第一層是用來描述在社會學中具共識的一組想法、價值和理論，用來引導科學探究的方向與執行。第二層是針對給定問題之「難題的具體解答」（concrete puzzle solution）〕。我們將典範一詞用於描述從理論至模式再至典範的這個進程。在此情形下，我們傾向將典範視為「難題的具體解答」。但是，當我們說到心理學的「典範轉移」，典範又是使用第一層的意義——以社會學為底之聚合或群體導向的名詞定義。大家最初對 Kuhn 的回應是批評他將不同的定義混為一談，造成混淆。他在再版的致歉後記中試圖釐清及更正此點。

　　一個理論可以建構出不只一個模式。這些模式帶領研究者了解各式各樣所觀察到的事件。但在理論尚未建立前，觀察到的事件可以用不只一個模式來解釋。當然，這會令人感到混淆。

可反證性　根據 Popper（1957/1990）的說法，科學的特徵是可以持續考驗既有的主張或理論。考驗的基本假定是理論或主張總是有可能是錯的。這個可反證性（falsifiability）呼籲我們必須仰賴觀察到的事件，去支持或推翻所提出的任何概念。

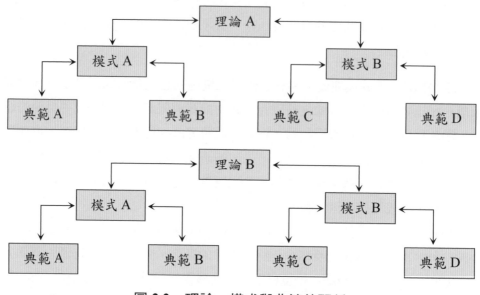

圖 2.2 理論、模式與典範的關係

範例 數十年來，研究者在探討酒精成癮或酒精濫用時，都是根據醫學上酒精成癮是一種疾病（理論觀點）的解釋方式，將酗酒概念化為「遺傳預設傾向性」（genetic predisposition）。這個理論幫助建立了有關酒精濫用的各種模式，然而所有的模式都是將個體的這種傾向，描述為完全超出個體所能控制的範圍。

近年來，有些研究開始挑戰酒精成癮是遺傳疾病的理論。他們提出某些酗酒（此為可觀察或可測量事件）可能是環境事件造成的後果，例如：失去家園的壓力、流浪困頓的生活、長期失業、一些創傷生命事件等。因此，新的理論浮現出來──酒精使用疾患理論（distress or disorder theory of alcoholism）。這個社會學的典範轉移，或是從遺傳重新聚焦或概念化至環境，帶動了新模式的建立。其中一個模式提出社經地位可能影響酗酒，另一個模式提出社會壓力扮演了重要的角色。換句話說，這個理論允許預測及描述不同環境下不同個體的酒精使用狀態。而第一個理論──疾病理論則提供以遺傳為基礎之個別差異的預測及描述。

科學變革　上述範例說明了科學理論的動態本質。Kuhn（1962/1996）認為主要的科學發展不是線性的，也不是一步一步累積出來的事實。這正是社區心理學發展的例子，它是心理衛生及心理疾病發展下的另一種理論。在一個科學學門中，危機可能引發思維的轉變；這樣一個社會學典範的轉移可能塑造新理論的發展。還記得也就是這樣的危機（對傳統處理及概念化心理疾病的方法感到挫折）讓社區心理學領域誕生了。我們可以預期在探討人類現象的心理學領域中，會持續發展出新的理論、模式及方法。

　　在本書其他章節中，你會讀到許多當今社區心理學的理論、模式及典範。我們也會向你介紹與各個理論有關的研究，我們藉由研究對理論做出判斷。焦點 2.1 介紹一個藥物濫用的整合理論。

焦點 2.1

融合社區心理學原則的藥物濫用及 HIV/STDs 理論

　　探討藥物濫用的理論已超過四十餘種（Lettieri, Sayers, & Pearson, 1984）。有些是以個人為中心，例如醫學或遺傳學的酗酒理論；有些則是以環境為中心，例如壓力或疾患理論。

　　Flay 與 Petraitis（1991）根據 24 篇研究，找出藥物濫用的一些決定性因子。他們推斷這些因子是由下列部分因子所組成的：社會環境；個人與家庭、同儕及社區組織（如學校）的社會連結（social bonding）；社會學習及向他人學習；內在心理因素，如自尊；個人對酒精及藥物的知識、態度及行為。Flay 與 Petraitis 指出大部分的藥物濫用理論只處理上述的單一範疇。要讓這個領域持續發展，我們必須盡力整合這些範疇為一個統整性的理論。社區心理學家必定由衷同意這點。

　　為回應此一挑戰，Wong 與 Bouey（2001）提出了一個整合性的理論，探討美國印第安人及阿拉斯加原住民（AI/ANs）的藥物濫用、HIV 及性傳染疾病（STDs）。特別選定此族群，是因為與美國其他種族或族群相比，不少 AI/ANs 有較嚴重的藥物濫用問題（National Household Survey on Drug Abuse, 1999, in substance Abuse and Mental Health Services Administration, 2000; Improving HIV Surveillance, 2013），使他們成為 STDs（包含 HIV）的高風險族群。

焦點 2.1（續）

　　大部分藥物濫用及 HIV 的預防及介入方案，都有根據一些個體行為的心理社會模式。惟這些模式都傾向將個體獨立出來，假定個體會遵循一般及理性的決策歷程（e.g., DiClemente & Peterson, 1994; Leviton, 1989; Valdiserri, West, Moore, Darrow, & Hinman, 1992），這個立場與健康相關方案之主流醫學模式的思維是一致的（Singer et al., 1990）。雖然個體無可否認的是方案的關鍵核心，但個體的行為是發生在一個複雜的社會及文化脈絡下，若分析時將個體行為從一個廣泛的情境中排除，就忽視了根本的決定元素（Auerbach, Wypijewska, & Brodie, 1994）。事實上，個體的行為舉止可能是理性的，但卻是侷限在他們自己的社會文化環境下。企圖處理涵蓋性這麼廣泛的諸多因子，使我們體認到個體對於典型知識、態度及行為的回應，實際上是個別行動者在政治、經濟、社會及文化互動下所建構出來的（Bouey et al., 1997; Nemoto et al., 1998; 圖 2.3）。這些力量為個體製造了機會，但也造成了障礙，同時也界定了運作的參數（Connors & McGrath, 1997）。Bouey 等人（1997）和 Nemoto 等人（1998）主張我們需要了解，儘管這些範疇通常是分開的不同概念實體，但他們的面向多元，且相互重疊。如果我們想要了解並找出解決藥物—HIV 風險的一些作法，我們就必須將個案視為這個系統脈絡下的參與者。同樣地，這個脈絡也是動態的，它與所構成的元素本身及所處的環境都在快速的演變。因此，歷史歷程對我們了解個體所做的選擇有很大的幫助。扼要的說，將 AI/ANs 的藥物濫用、高風險性行為，以及 HIV/STDs 視為歷程運作的結果會是有幫助的。這個歷程至少涉及或經過五個範疇。這樣的研究幫助我們發展能解決特定問題的預防模式（圖 2.3）。

　　在這個理論範疇內，所有群體都受到權力與資源分配因素的影響（Connors & McGrath, 1997）。上至較大規模政經體系內的所有個體，下至較小規模內這些個體的個人關係都是如此（Connors & McGrath, 1997）。都市邊緣化的貧民族群對這樣關係提供了極端的例子。失業、遊民、營養不良、暴力、藥物濫用、欠缺健康照護資源、壓力、階級、種族、性別關係、家庭、社區組織、支持網絡、性伴侶網絡、文化及都市貧民生活的其他特徵，都造成了這個失衡的狀態（Connors & McGrath, 1997; Singer, 1994a; Singer et al., 1990; Weeks, Schensul, Williams, Singer, & Grier, 1995）。

　　由於都市貧民的這些極端特徵，使得它成為國際上將 AIDS 歸類為貧窮所帶來疾病的一個例子，然而 AIDS 也僅是諸多社區問題中的一項（Singer & Weeks, 1996）。

焦點 2.1（續）

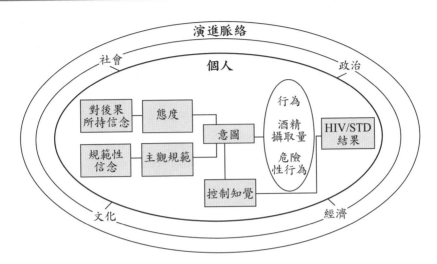

圖 2.3　HIV/STD 預防的概念模式

這些狀態本身也有極大的結構變異，故支持 AIDS 流行病較適合被描述為屬於眾多流行病之一種的說法（Mann, Tarantola, & Netter, 1992）。探索性模式需要透過這些獨特的狀況來討論個體及社區，而模式也必須要能針對每一種「微流行病」（micro-epidemic）以及它的特定傳染路徑、高風險的次群體及社會─行為脈絡，進而做出調整（Singer & Weeks, 1996, p. 490；亦見 Singer, 1994b）。

　　都市貧民也構成一個「隱藏族群」階層（Lambert, 1990; Watters & Biernacki, 1989），這些非主流群體在他們的界限之外是鮮為人知的一群。由於他們難以被界定、了解且特別複雜，這些社區對研究及方案的發展都帶來特殊的挑戰。要達到方案目標，第一步就是要讓社區參與這個歷程，開啟需求及訂定優先順序的對話（Wallerstein & Bernstein, 1998; Weeks, Singer, Grier, Hunte-Marrow, & Haughton, 1991）。藉由這種形式的參與，我們得以知道人們如何賦予周遭網絡及社區意義、如何覺察風險及弱點、如何出現特定行為，以及可能如何回應預防及介入工作。這些模式也必須要能反映「微傳染病」並且以具文化素養的方式利用這些文化訊息（Singer & Borrero, 1984; Trotter, 1995; Weeks, 1990）。

　　雖然情境對個體有可觀的影響，但單單只有情境並無法解釋模式的所有相關面向。個體本身，不僅在危險行為的持續上，也在這些行為構成的參數及決定上，扮

焦點 2.1（續）

演了很重要的角色。不同的心理社會學習及行為理論皆能應用在這些狀態上，雖然所使用的特定名稱及類別可能不同，但基本元素是相同的。舉例來說，健康信念模式（health belief model）（如 Becker, 1974; Becker & Maiman, 1980; Janz & Becker, 1984）及計畫行為理論（theory of planned behavior）（如 Ajzen, 1985, 1991; Ajzen & Fishbein, 1980），皆融入了個人觀點、社會或規範觀點、個體想要的行事方式，以及個體實際的行為等多個面向。這兩種模式的不同版本，也皆納入了自我效能（self-efficacy）（Bandura, 1986, 1994）或控制知覺（perceived control）（Ajzen, 1985; 亦見 Jemmott & Jemmott, 1984）這些關鍵性元素，並也包括影響模式核心「個體」的非特定性外在因素。

這些學習／行為模式已成功的被應用了數十年，將來也會持續的被用來描述、解釋及改變與健康有關的行為。Wong 與 Bouey（2001）將計畫行為理論整合為一個政治─經濟模式，企圖提升對藥物濫用、危險性行為及 HIV/ STDs 的了解（見圖 2.3）。計畫行為理論的立論是 HIV/STD 的感染取決於行為，而行為又可由意圖來預測。意圖是個體態度及主觀規範的產物，兩者皆是個體知覺社會群體期望及行為後果的結果。我們會選擇這個特定的模式，不僅是因為它的發展歷史悠久，也因為它在一般健康、危險性行為及藥物濫用的預防與介入上相當成功。針對個人焦點取向的介入，此模式引導我們注意特定行為中重要的態度及規範的成分。同時，以這個具廣泛觀點的政治─經濟模式，我們可以將能夠預測與行為有關之信念／態度及規範的情境與結構因素獨立出來。除了個人歷史外，個體也會整合這些因素，建構他們自己的行為與規範知覺。這些因素交互影響，衍生出個體的態度及主觀規範，最後界定其意圖及相對應的行為。這個架構可直接應用至藥物濫用、危險性行為及 HIV/STDs 的實務上，協助確認與這些行為有關的各項關聯。

參、科學研究的真實性

在論及研究真實性（fidelity）時，信度、內部效度及外部效度是三組相互關聯的議題。以下將較詳盡的說明各個議題。

信度（reliability）係指理論中可被測量特質的可信賴度或可靠性程度。兩個觀察者評定或描述所觀察到或聽到的結果是否一致？若是一致，我們會傾向相信他們的描述。此稱為評分者間（inter-rater）或觀察者信度。當問題被問了兩次，是否會得到相同或相近的答案？若是，則我們相信答案能維持一致性。若同一組題項中的問題被問了兩次，我們稱此為內部信度（internal reliability）。若問題在跨時間的兩個情形下被問了兩次，我們稱此為再測信度（test-retest reliability）。

內部效度（internal validity）係指研究結果真實描述特定情境中所發生現象的程度——在實驗中，依變項被觀察到的任何改變確實都是由自變項所帶來的（Campbell & Stanley, 1963）。換言之，當混淆效應被控制在一個最低水準時，研究具有高度的內部效度。**混淆效應**（confounding effects）係指無關變項（extraneous variables）影響依變項，使得根據研究所做的結論無效。以 Wong 與 Bouey（2001）藥物濫用的理論為例，如果懷孕狀態（一項個人特性）與參與初級及二級藥物濫用預防或處遇方案婦女的清醒天數（結果）有關，那麼研究就具有高度的內部效度。但如果是其他因素（如：腦尺寸或身邊有朋友使用藥物），而不是懷孕狀態與清醒天數有關，研究者就會知道懷孕狀態並不具內部效度。

外部效度（external validity）係指研究結果可以推論至其他情境或實驗室以外的情境。我們能否將研究發現推論至真實世界中的人們？能否將研究結果應用至更大範圍的社區情境？Sue（1999）認為當多元樣本不能代表多元母群時，外部效度的議題並未得到它應有的優先考量。當研究變項的多元性很重要時，研究方法就應該考量到此點。許多心理學的研究都採用大學一年級的學生。他們無法代表美國大學生的母群體，更不用說代表全世界的大學生了。以 Wong 與 Bouey（2001）藥物濫用的研究為例，結果發現參與藥物濫用預防或處遇方案的紐約市婦女（城市居民），在懷孕階段濫用藥物的可能性低過長島（郊區或鄉下居民）的婦女，兩地婦女濫用藥物的型態並不相同。除非這個結果可以被複製到其他城市及情境相近的樣本，否則此研究結果的解釋仍然僅適用於紐約市的婦女。

還有一些因素也可能影響研究的真實性。在假定樣本為母群體的代表性樣

本時，多數研究都希望能將結果推論至特定的母群體。要達到樣本具代表性的經典作法是透過**隨機抽樣**（random sampling），隨機抽樣中所有潛在參與者都有相同的機率被抽中。當樣本成員的比例無法反映母群體時，樣本即為**偏差樣本**（biased sample）。若我們對一所學校裡男、女的意見感興趣，但得到的樣本卻是以男性居多，此時我們就無法說這個研究是合理的。

偏差取樣的一項後果是**處理擴散**（diffusion of treatment）。當一組的處理效應擴散至其他組時，處理本身已不再單純，我們就很難對方案的效率及有效性做出明確的結論。參與者在這樣的方案中，除了藥物濫用，還有其他可能的問題（如：遊民）使得他們容易退出研究，此稱為**實驗流失**（experimental mortality）。報名參加這樣的方案，並不保證參與者後續的自我節制或戒除完全是由方案所造成的。隨著時間過去，個案的一些特質（如：對藥物的生理容忍度低）可能讓自我節制或戒除自然發生。換句話說，這個令人滿意的結果可能是由某種形式的**成熟**（maturation）造成的。一些特定的歷史事件也可能影響結果（如：恐怖攻擊的事件影響人們對隱私權的態度）。

第二節　傳統科學研究的方法

有一些傳統的研究策略是所有的心理學家，包括社區心理學家都會使用到的。通常規劃研究的第一步是進行文獻探討。接下來研究者根據所閱讀的文獻，做出合乎邏輯的結論。針對研究的預期結果所做出的陳述稱為**假設**（hypothesis）。（取自 Merriam-Webster 線上字典的定義，假設是一個用來考驗邏輯或實徵後果的暫時性假定。）研究者在相關或實驗設計這兩種方法中擇其一來考驗假設。**設計**（design）就是考驗假設的系統性規劃。

研究者以這些設計作為指引，決定要從一群個體中蒐集什麼樣的數據，以及該如何蒐集。這裡需要對數據所代表的群體做出假定，這就涉及母群體與樣本的定義。

讓我們先看看這些定義，再探討兩種傳統的研究設計，以及被稱作準實驗設計（quasi-experimental design）的第三類設計。準實驗設計企圖保有實驗設計

具有解釋力的這項優勢，但同時又能解決研究者所面臨的一些情境限制（見表 2.1）。之後，我們也會探討社區心理學家會用到的一些其他研究方法。

表 2.1　三種科學研究設計的特性

	相關研究	準實驗研究	實驗研究
問題類型	研究者感興趣的變項之間是否有關聯？	在研究者無法完全控制自變項的情形下，自變項是否會影響依變項或研究結果？	自變項與依變項是否有因果關係？
使用時機	當研究者無法操弄自變項。有時應用在解釋型研究中。	當研究者想評估真實生活中的介入，對社區或其他地方所造成的影響。	研究者能操弄自變項，並能將研究中混淆變項的個數降至最低。
優點	資料蒐集方便。可避免特定倫理及／或實務上的問題。	對因果關係提供部分訊息。允許對更多真實世界中的介入做評估。	能證實因果關係。可以控制混淆變項，並排除其他可能的解釋。
缺點	無法建立因果關係。	缺乏對混淆變項的控制。無法做出強有力的因果推論。	基於實務或倫理上的理由，有些問題無法以實驗方法探討。可能導致虛假的程序。

資料來源：改編自 Wong, Blakely, & Worsham (1991). Copyright 1991 by Guilford Press. Used with permission.

壹、母群體與抽樣

社會研究企圖了解人類的行為。**母群體**（population）被界定為研究企圖去了解的一群人。若我們想知道紐西蘭人是如何思考與行動的，「紐西蘭的所有

人」即是母群體。若我們對西雅圖的男性感興趣,那麼母群體就是「西雅圖的所有男性」。心理學企圖去了解所有的人類,故母群體即是所有的人類。然而這僅是我們的企圖,要從整個母群體去蒐集數據是一件很困難的事。因此,我們僅能從感興趣的母群體中選取樣本。

　　樣本(sample)是能夠代表母群體的一個子集合。**隨機樣本**(random sample)指的是母群體中的每一個成員均有相同的機率被抽中。**方便樣本**(convenience sample)被選取的唯一理由是它方便、容易取得。大學生經常是方便樣本,因為大學的心理學系,很容易能找到可以參與研究的大學生。**分層樣本**(stratified sample)是盡量依據母群特性而取得的樣本;例如,若我們知道母群體中有 40%是男性,我們就抽取男性占 40%的樣本。**立意樣本**(purposive sample)是基於特定原因而選取的樣本。在測試懷孕婦女的藥物使用,我們只會選取懷孕婦女進行評估,她們就是一種立意樣本。隨機樣本是心理學領域中最備受推崇的一種抽樣方式。

貳、相關研究

　　相關方法(correlational methods)包括了一組的設計(如:調查)、測量方法及技術(如:自陳式),它允許我們在自然狀態下,探討兩個或兩個以上變項之間的關聯或關係。換言之,相關方法不涉及主動操弄研究中的變項,它們通常屬於描述性的方法。例如,以 Wong 與 Bouey(2001)藥物濫用的理論為例,研究者可能想探討婦女懷孕的月分與藥物濫用嚴重程度之間的關係,在這裡變項是無法被操弄的。無法控制變項的這項事實顯示,自變項與依變項的區分並不是那麼固定不變的,它們的關係有賴理論來決定。

　　因果關係無法透過相關研究來決定,因為觀察到的效果很可能是由中介或其他未被納入研究的變項所造成的。當變項間的關聯是由中介或混淆變項所造成時,這個關聯可能是**虛假的**(spurious)(表面上看起來有關係,但卻是虛假的)。在實驗研究中,混淆變項是透過將參與者隨機分派至不同組別、控制各種狀態處於恆定,以及操弄自變項等方法來控制。相關研究的方法,甚少符合實驗研究的這些條件。

　　量化兩個或兩個以上變項之間的簡單形式關聯，所採用的統計量數稱為**皮爾遜相關係數**（Pearson correlation coefficient），它介於 +1.00 至 -1.00 之間。符號（+ 或 -）表示了關聯的方向。例如：若符號為正（+）表示兩個變項是以相同的方向一起改變，當一個變項的值變小，另一個變項的值也變小。正相關也表示當一個變項的值增加，另一個變項的值亦增加；負相關表示兩個變項變化的方向正好相反，當一個變項的值增加，另一個變項的值則降低。數值（例如：.35）表示關聯的大小或強度，1.00（或-1.00）表示最強的相關，.00 則表示無相關。

　　以 Wong 與 Bouey（2001）懷孕婦女濫用藥物的研究為例，懷孕月分與藥物濫用的皮爾遜相關係數為-.80，表示婦女在懷孕較後期的階段濫用藥物的可能性較低（高度的負相關）。但是我們無法論斷懷孕的後期階段是造成藥物濫用降低的原因。如果我們有理由相信，婦女在懷孕後期知覺到來自配偶的支持，才是藥物濫用降低的主因，而不是懷孕本身降低了藥物的濫用，那麼這個關聯就可能只是假象的。Box 2.1 對跨時性研究的議題有進一步的說明。

Box 2.1

跨時性研究（research across time）

Lorion（1990）強調時間向度在分析人類行為上的重要性。從發展的角度，我們知道經由時間的過去，事情會改變、兒童會成長並成熟，介入所帶來的細微改變也可能會導致顯著的差異。雖然相關無法顯示因果關係，但它卻能顯示預測。跨時間的相關表示時間點 1 的事件與時間點 2 的事件有關聯——亦即若相關是正的就表示當事件 1 發生，事件 2 也可能會發生。相關雖然無法建立因果關係，但它有助於預測。

跨時性研究

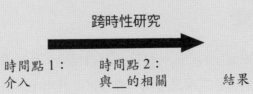

時間點 1：　　時間點 2：
介入　　　　　與＿的相關　　　　結果

參、實驗研究

實驗設計（experimental design）被許多人視為研究的「黃金標準」。實驗研究包括了一系列的設計（如：各組接受不同實驗處理的「受試者間設計」）及測量程序，它允許我們操弄自變項，並觀察自變項對依變項造成的影響。自變項（independent variable）是組別間不同的狀態（如：一組接受實驗處理、另一組則未接受處理）。依變項（dependent variable）是科學家測量自變項所帶來的效果（如：以正向社交接觸的次數表示較佳的表現）。「前測—後測控制組設計」（pretest-posttest control group design）是常見的一種設計（Campbell & Stanley, 1963; Cook, Shadish, & Campbell, 2002），它針對實驗組，在實驗操縱（處理）的前、後，測量依變項；也針對控制組，在沒有操弄狀態下的前、後，測量依變項。亦即一組參與者接受自變項的實驗處理、一組則未接受。

真實驗設計（true experimental design）中，除了自變項的操弄之外，參與者是被隨機分派至實驗組或控制組——參與者有相同的機率被分派至實驗組或控制組。若分派為隨機，兩組在各方面可視為相近或「相等」。若兩組在實驗結束後有差異，由於兩組僅在自變項上不同，故可以說改變是由自變項所造成的。

若實驗操弄如理論所預期，那麼依變項在操弄前、後的改變應該僅在實驗組被觀察到，它不會發生在控制組。換句話說，控制組前、後測的分數應相對穩定，除非參與者在過程中自然成熟，或是一開始的前測讓所有參與者對評量的特性變得敏感。

肆、準實驗研究

基於一些實務或倫理的原因，社區心理學領域中的許多變項是無法被實驗性操弄的（例如：學校氣氛或讓未成年者曝露於菸酒中）。同樣地，研究對象也不是都能隨機分派至不同組別。舉例來說，若參與者懷孕，我們即不可能隨機將她分派至非懷孕組。在懷孕的研究中，我們最終可能會使用既定群體（intact groups）。因此，折衷之道是採用**準實驗設計**（quasi-experimental design），它雖然接近實驗狀態和隨機分派，但仍無法完全符合真實驗設計的所有必要條件（Campbell & Stanley, 1963; Cook et al., 2002）。常見的一種準實驗設計為「**不等組前測—後測控制組設計**」（nonequivalent pretest-posttest control design），此設計涉及比較一組在實驗操弄或處理前、後的不同，另一組則比較未接受實驗操弄前、後的不同。如前所述，此設計與前面討論過的前測—後測設計不同的地方在於參與者並未隨機分派至實驗或控制的情境。

準實驗設計允許較為自然或真實的研究，惟實驗組與對照組的起始差異可能無法保持平衡。以 Wong 與 Bouey（2001）的研究為例，自願參與初級及二級預防或處遇方案的懷孕婦女，他們的教育程度就可能高過有較多婦女成員是高中中輟生的對照組。因此，兩組在研究開始前，差異就已經存在。針對兩組研究後的差異做推論宜特別小心，因為差異在一開始即存在，故我們無法排除研究差異是由其他因素所造成的可能性。雖然有統計方法可以讓接受與未接受實驗處理的兩組變得更「相等」，但我們仍然應對準實驗設計的結果抱持著謹慎的態度。

第三節　社區心理學中的另類研究方法

人們從事研究是想對生活周遭的世界有更多的認識。雖然心理學領域會持續偏向使用傳統的設計與方法，但一些另類的方法已逐漸占有一席之地。這些另類方法的使用者希望能對現實有更清楚的認識，並能了解及克服傳統方法的一些限制。雖然我們體認到傳統方法在發現過程中的力量，但仍然有其他的方法同樣能了解我們的世界。有些方法來自其他學科，例如人類學或公共衛生；另外還有一些則來自我們對真實世界理解的演進（哲學或統計模式）。接下來，我們要檢視社區心理學家（而非實驗依據的心理學家）所使用的幾種研究方法。

壹、民族誌

你有沒有想要說故事，但卻發現自己受到敘說上的限制，而無法說出故事？由於社區心理學的一些議題具迫切性，故常常會用到一些多元的方法或取向。其中之一為**民族誌**（ethnography），它係指一個廣泛系列的設計及測量程序，其中研究者直接和參與者對話。民族誌的主要目的是讓我們了解人們是如何看待自己的經驗。我們要做的就是從他們的觀點來看這個世界。

民族誌允許個別研究參與者敘說他的個人經驗，而不需要將這些經驗轉換為研究者使用的語言。換言之，報導者（informants）或參與者以自己的語言描述他們自己的經驗。民族誌的訪談者也會解釋他提出特定問題的理由，讓報導者能充分了解。相對於傳統科學方法盡量保持研究者的客觀或中立，我們知道在民族誌的研究中，研究者的價值體系會影響研究者與報導者之間的社會互動。研究者應盡可能的對報導者的經驗持無知（ignorance）的立場，並應以開放的態度去了解參與者的個人現實。

當社會現實與研究模式變得更為複雜，且受到後現代哲學世界觀影響時（挑戰客觀的假定，並強調詮釋的重要性），此類研究開始在社區心理的領域中受到更多青睞（Bond & Mulvey, 2000; Campbell & Wasco, 2000; Campbell, Gregory, Patterson, & Bybee, 2012; Riger, 1990; Speer et al., 1992; Tebbs, 2012; Trickett, 2009）。當研究問題沒有很強的理論架構時，民族誌的助益可能最大，它留給研究者探索的空間。因此，從民族誌研究蒐集到的**質性資料**（qualitative information）可提供研究者未來的研究方向（Campbell, 1974）。質性資料公認是比較主觀且多軼事的，它的優勢是想法及主題（themes）會從參與者自身浮現出來。檢視《美國社區心理學期刊》（*American Journal of Community Psychology*）中的論文，發現質性資料取向的論文從 1981 至 1983 年僅占 4%，提高到 2001 至 2003 年的 17%（Luke, 2005）。質性資料一般會與**量化資料**（quantitative data）相比，量化資料顧名思義是數量的，被認為是客觀的，為傳統研究方法與設計中典型的資料類型。

根據 Cauce（1990）的說法，以質量混合的技術探討社區現象，具有強化

社區研究的潛能。其他研究也提升了這種混合方法（hybrid methodology）的價值（Campbell et al., 2012; Tebbs, 2012）。質性資料為量化研究指出可能的進行方向，並賦予量化數據意義（Banyard & Miller, 1998）。混合方法取向能同時賦權並轉化被研究者，就某種觀點而言，它是一種自我介入（Stein & Mankowski, 2004）。質性方法要求對研究者與參與者的關係，以及雙方對另一方的潛在影響有更多的覺察（Brodsky et al., 2004）。質性資料在研究者與參與者之間擔起一個互動性的角色。質性研究已逐漸被接受為一種研究模式，特別是當它屬於混合研究一部分的時候（Marchel & Owens, 2007）。焦點 2.2 為混合研究的一個例子。

　　從女性主義心理學的觀點，質性資料讓我們捕捉到對社會現象更豐富且更具意義的描述（Brodsky et al., 2004; Campbell & Wasco, 2000; Campbell et al., 2012; Hill et al., 2000）。這裡再一次強調，我們追求對社會現實有更多的認識，並進而對這個現實有更佳的理解。

　　參與者觀察（participant observation）是一種特殊型態的民族誌技巧。雖然研究者經常擔任觀察者的角色，但一般均假定觀察是以分離中立的方式進行。在參與者觀察中，研究者於情境中積極參與這個動態歷程。研究者與參與者之間必然有持續不斷的對話。舉個例子，若某位研究者對少年幫派感興趣，他就需要經常與幫派「廝混」一段時日。同時也需要學習幫派分子使用的語言，以利他去調查幫派的社會網絡特徵，並且取得他們的信任。但研究者與幫派成員間的經常性互動也可能同時影響他們對對方的感受，以及雙方的關係，他們可能成為朋友。這樣的後果是角色模糊不清，幫派成員無法知道研究者的角色為何，研究者是幫派的一份子、研究者，或者兩者兼具？一方面，研究者因為過著幫派細緻入微的生活，而得到更豐厚且有憑有據的數據。但另一方面，關於這個方法的知情參與（informed participation）及界限模糊等倫理困境的議題也特別被提出來討論（Gone, 2006; Trimble & Fisher, 2006）。研究者真的屬於這個團體（幫派）嗎？有關知情同意呢？有哪些是需要將研究發現歸功於參與者的責任？研究收穫有哪些？它們如何被認可？針對多數的社區研究，這些都是可被提出來討論的問題，此點將在本章後面參與式行動研究的地方再次討論。

焦點 2.2

消費者經營機構的個案研究

Felton（2005）探討一個消費者經營的心理健康服務機構。她採用多重方法去找出這個社區機構的特性。這些方法包括參與者觀察、事後訪談、行為觀察，以及標準化的「工作環境量表」（Work Environment Scale）（Moos, 1994），她在現場待了兩年，互動了一段時間，之後退出進行數據分析。

她針對質性訪談資料進行內容分析，產生多個源自員工（staff-generated）的主題：以機構自豪、體恤且富同情心的地方、家的感受。量化的量表測量驗證了這幾個主要的主題，數據顯示員工參與、任務導向和凝聚力等量表的分數相當高（高過兩個標準差）。表示員工具高度的「關係」導向。「工作任務明確」同樣也有很高的分數。這些分數與質性數據的三角校正（triangulation）一致。這個機構在提供服務上做得不錯，員工在這裡感到投入與認同。

三角校正的概念源自人類學術語的一個譬喻，它將社會科學對現象理解的努力，比喻成地質測繪。要找到一個站點，我們需要從不同的角度／站點讀取兩個讀數，聚焦在要定義的站點上。這兩個站點與被檢測的站點形成一個三角形，就可以對這個要檢測的站點有較佳的了解。這是某種形式的社會幾何學。同樣地，訪談的質性數據是這個被檢視社會現象的第一個「站點」，量化的量表分數是這個社區機構面貌的第二個「站點」。給予這兩組數據，得到的圖像就更全面，對個體細微的差異更敏感；同時，可驗證性也被提高。

貳、地理資訊系統

「房地產界三件最重要的事：地點、地點、地點。」

「每件事都與其他所有事有連結，但距離近的事要比距離遠的事連結來得強。」這是地理學的第一定律（Tobler, 1970, p. 236）。電腦為我們提供了非常多的方法來蒐集和說明社區的數據。延續「生活所在地很重要」的這個邏輯，研究人員可以結合並繪製社區資料，捕捉社會現象及它們所在的位置。從特定

區域的地圖開始，一些結構特徵，如道路、房地產分界、政府邊界，以及社會數據（收入、婚姻狀態、家庭大小）和心理數據（快樂、幸福、心理健康、心理疾病）皆可以載入分析中。數據可以來自檔案資料（學校、警局、縣市紀錄、美國人口普查），也可由研究人員藉由自己的調查產生（Morton, Peterson, Speer, Reid, & Hughey, 2012）。

參、流行病學

John Snow 博士 1854 年的倫敦幽靈地圖（Johnson, 2007）顯示區內發生霍亂死亡的模式。Snow 博士使用這個模式，說服官員們某些飲用水源的顧客有很高的死亡風險。水井封閉後止住了流行病。這是在細菌理論或霍亂原因被發現前的事。

這是流行病學（epidemiology）的一個例子，也是公共衛生領域所使用的一種研究方法。這個研究帶動了「人口疾病和其他健康相關狀況發生及分布的研究」（Kelsey, Thompson, & Evans, 1986, p. 3）。它包括了一組廣泛的設計（如：前瞻性或「未來」研究及回顧或「歷史」研究）和測量的程序與技術（如：記錄、隨機電話樣本或社區調查）。

社區疾病率有兩種測量：盛行率和發病率。盛行率（prevalence）是特定母群體中罹患疾病或與健康有關症狀的總人數。發病率（incidence）是指在一個特定時間內，如一週、一個月或一年，特定母群體中感染症狀的人數。

發病率可以透過前瞻性設計（prospective design）或調查新病例來確定。計算特定時間內的所有新病例，可以得到疾病的發病率。發病率上升告訴我們問題愈來愈嚴重，發病率下降則表示問題在減緩中。我們可以想像一下流感季節，當流感病例增加時，流行病學家就會持續測量發病率，來觀察流感季節何時結束。

盛行率可以透過回顧性設計（retrospective design）或檢查所有已確認的病例來建立。在這個設計中，我們計算所有的舊病例和所有的新病例。以憂鬱症為例，我們會計算所有的舊病例，扣除已痊癒的病例，然後再加上所有的新病例。這種方式告訴我們在特定時間內母群體罹病的總人數。

　　盛行率是一種比發生率涵蓋更廣泛的測量，它也比較容易計算。但是盛行率也有它的缺點，因為它必須同時考量疾病的發生率及它持續的時間，故在解釋上較為困難。

　　取決於流行病學研究的目的，它採用的測量方法與技術很廣泛，從家庭晤談至電話隨機撥號都有，其他尚包括檔案資料，如出生證明、死亡證明、普查紀錄或之前蒐集到的數據等。

肆、需求評估與方案評估

　　需求評估（needs assessment）係指以一組方法來決定方案或介入是否對特定的群體有幫助。需求評估還可以用來檢視預防或其他介入方案可以降低哪些問題的風險。

　　需求評估可以藉由檢查社區內與問題和資源有關的現有數據來進行，它還可以納入訪談、調查，以及其他觀察或描述性的資料。每種方法都有其優缺點。一方面，人們可能不願意在面對面的晤談中提供訊息，但卻願意在匿名調查中揭露所知；另一方面，在晤談過程中，訪談者（或報導者）也可能因為改變了晤談方向，而揭露出書面調查中沒有發現的訊息。焦點2.3提供了一個從需求評估進而發展成為社區方案的範例。

　　當需求或問題得到確認，並針對特定問題發展或修訂出方案後，就需要對方案的有效性或效率進行評估，這個過程稱為方案評估。**方案評估**（program evaluation）指的是以一組廣泛的設計、方法和測量程序及技術，讓人們來檢視「社會方案……及方案背後所依據的政策，〔及〕旨在改善個人、機構和社會的福祉」（Shadish, Cook, & Leviton, 1991, p. 19）。

　　對典型社會方案的評估歷程做廣泛的討論已超出本章的範圍。我們注意到除了需求評估，評估一般分為兩類：歷程和結果。歷程評估（process evaluation）檢視方案做了什麼、是否按照規劃執行、方案介入是否即時？方案的日常運作是什麼樣子？實施和執行哪裡出了問題？一份好的歷程評估應該對方案哪裡做得好、哪裡做得不好提出報告。之後才可能依據歷程評估的發現調整歷程。

焦點 2.3

一個苗族社區的需求評估

　　苗族（Hmong）是寮國（老撾）山區的一個少數族群部落。在越戰期間，他們與美國同一戰線，一起對抗共產黨的老撾人民軍。當美國從東南亞撤出後，苗族因之前參與盟軍而遭受迫害，其後一些難民被救出並被安置到美國。美國最大的苗族難民社區之一在威斯康辛州。

　　苗族的教育水準低，青少年自殺和藥物濫用情形嚴重（Secrist, 2006），他們同時也有過高的殘障率（Pfeifer, 2005）。在一份威斯康辛州先前的報告中，接受訪談的苗族人表示，語言和文盲是他們接受社會服務最大的障礙（Wisconsin Department of Health, 2001）。

　　威斯康辛州 Eau Claire 地區一些有心的資源提供者聚在一起，討論該如何更好的解決這個族群的問題。他們首先採取的行動是讓苗族社區參與自己的需求評估。他們先針對「關鍵知情人士」，也就是社區內了解社區需要的人進行個別訪談；同時也針對苗族社區的特定群體，進行數次的團體晤談。這些團體包括專業人員、男性、女性及年輕人。團體經確認後，就邀請他們討論社區的需求，訪談內容依據主題編碼。接著，舉行團體會議，簡報所發現的主題，並請與會者針對發現提供回饋。結果發現下列幾項需求（Collier, Munger, & Moua, 2012）：

- 跨世代溝通困難。
- 婚姻不和諧。
- 家庭暴力。
- 兒童虐待。
- 欠缺心理健康的知識。
- 心理疾患被汙名化。
- 高齡問題。

結果評估（outcome evaluation）則是探討方案的成效。當方案介入結束後完成了什麼？方案所做的是否如原本的預期？大多數的方案評估看重立即的結果，但社區方案則需要做長期的結果評估。目前許多處遇評估檢視介入結束後一至兩年的結果，這是想要了解在密集關注期結束之後，結果是否仍能持續，或是環境中的現有資源是否足夠去維持已經累積起來的成效。

一個良好的評估通常包含四個具關聯的成分：（1）目的；（2）目標；（3）活動；（4）里程碑。**目的**（goal）指的是評估要達到的終極目的。好的評估通常是由理論驅動的；也就是說，目的針對的問題是：評估想要達到什麼？（或為什麼要進行評估？）**目標**（objective）指的是計畫；換言之，目標針對的問題是：要如何達到目的？**活動**（activity）指的是具體任務；也就是說，活動針對的問題是：計畫是由什麼組成的？**里程碑**（milestone）指的是結果；也就是評估是否達到了預期的目的？

以 Wong 與 Bouey（2001）藥物濫用的研究為例，人們可能想探討主流和本土取向的預防及處遇方案應用在美國印第安人／阿拉斯加的原住民成年人身上，它們的成效是否不同（目的）。因此，針對這兩類方案分別檢視紀錄，並訪談個案及工作人員（目標或設計）。在這麼大量的紀錄和眾多報導者或受訪者中，將只會選取隨機分層的樣本（活動，包含分析在內的活動）。合理的假設是，本土取向方案的註冊率會高過主流方案，因為它提供具文化素養的服務。但兩者的輟學率可能並沒有不同，因為就如大家所知，方案介入的結果會受到除方案類型以外各種因素的影響（里程碑）。

這個例子無疑只是一個過度簡化的方案評估範例。方案評估雖然看起來很客觀，但角色模糊仍然可能發生。角色模糊最可能發生在內部評估中，也就是說，評估者同時也是機構成員之一，他不僅要擔任評估者的角色，同時也是對未來將評估結果應用於開發新方案或改進方案感興趣的人。為了防範這個問題，機構通常會設立一個諮詢小組，方案的開發或修正是由一組人，而不是單單由內部評估者來執行。另一個解決方法是聘請外部評估者，如社區諮詢者。在評估任何社會方案時，社會動力都非常關鍵。人們都不喜歡被評斷，尤其是當評估會帶來負面後果時。許多非營利的社會方案對資金及公眾監督的議題都很敏感。如果方案被發現成效不佳，就很可能被淘汰；如果它們有效但效率偏

低（如維護成本高），仍然有可能被取消。因此傾向保留現有方案的潛在偏見是很明顯的。

如果評估只有採用「客觀」評量或回饋，而沒有方案成員積極或直接的參與，方案評估者和被評估的方案之間通常會存在緊張關係。Wandersman 及同僚（1998）認為：

> 愈來愈多討論關於評估者新且演變的角色……**賦權評估者**（empo-werment evaluators）與傳統取向評估不同的地方在於他們與社區成員合作……決定方案目的和實施策略、作為促發者……不是外部專家……持續改進方案。（p. 4）

最後關於方案績效責任的部分。針對此，以下八個問題（及相對應的策略）可作為方案績效責任評估的指引：

1. 有無方案的需求？（需求評估）
2. 方案的科學知識或最佳實務的基礎是什麼？（查詢科學文獻與成功的方案實例）
3. 如何整合新方案與現有方案？（有關方案全面性及適配方面的回饋）
4. 如何以最好的方式實施方案？（規劃）
5. 方案實施的有效程度如何？（歷程評估）
6. 方案的成效如何？（結果及影響評估）
7. 可以如何改進方案？（汲取到的經驗）
8. 如何將有效的方案機構化？〔複製或分拆（spin-off）〕

Fetterman（2005）強調賦權評估超越傳統評估的地方，在於它的目的之一是將控制權放置到被評估者的那一方。這不僅只是大家在一起工作，感受到被賦權是一項可能的附加價值。如果賦權評估的運作如預期，它的一項主要成效就是機構與個人對工作有掌控權。評估者只是扮演促發者的角色，協助影響歷程，而不是去掌控。這種形式的評估，它的原則包含社區擁有權、融入、民主式參與、社區知識、組織學習，以及社會公義等。

方案評估被視為某種形式的介入（Kaufman, Ross, Quan, O'Reilly, & Crusto,

2004; Patton, 1997）。評估不是一個被動的歷程，評估者協助機構界定並客觀化被評估方案的目的及方向。除了界定工作任務外，評估者也界定哪些是重要的資料、要關注在哪些資料上、誰有發聲權（管理者、工作成員、個案、社區）、要如何聽到這些聲音（調查、訪談、焦點團體、量化方法，或個人證詞）。評估者對數據進行詮釋、決定它的權重，並做總結。這是很大的權力，對標的體系的方向和功能都具有顯著的影響。

Kaufman 與同僚（2006）提出一個評估歷程的絕佳範例，深具社區改革的潛能。他們致力於提高評估結果作為下列用途的可行性：建立一套符合方案需求的邏輯及策略；讓各方關係人能積極參與規劃、實施及評估的歷程；使用多重來源的質性與量化資料，讓大家都感受到被尊重且被聽見；以科學嚴謹的方式產生資料；努力提升社區自我評估的能力；在大家有機會對評估初稿表示意見後（提高大家對資料的擁有權，且確保不至於有意外發生），務必與他們分享評估結果。他們另一項讓社區接受評估的作法是決定成為社區的常客，或以Kelly（2006）的說法，在社區「露臉」。評估者也要保持開放，隨時在需要的時候提供協助，即便這已超出他們合約的範圍。大家會產生評估者是社區一份子的印象。因此評估意見並不是來自一個對被評估的人與事不清楚且未參與社區的冷漠團隊。相反地，評估要能帶動社區及服務體系內的各項改革。

我們現在要討論一種與上述歷程很相似的研究類型。Kaufman 和同僚的焦點雖然在評估，但他們的目的是為了社區改革。參與式研究就更明確的將社區參與者納入研究及介入方案的規劃中。

伍、參與式行動研究

如果你想要對社區有所了解，就問社區內的一份子。如果你希望他們前來參與，就讓他們覺得在研究中有發言權，也讓他們了解自己的發言最終會具有影響力。參與式行動研究（participatory action research, PAR）就納入了上述的觀點。在尋求與被研究者建立合作夥伴的關係上，參與式研究與前面的賦權評估很像，但 PAR 的基本意圖仍是研究。行動研究的傳統（Lewin, 1946）一直是將對象納入研究歷程中，參與式行動研究延續了這個傳統，在這個模式中，被研

究的社區協助界定研究範疇、研究方法，以及研究結果的使用。Kidd 與 Kral
（2005）將參與式研究界定為**與參與者共享權力**，並強調它著重在態度上的改
變更甚於作為一種特定的方法論。它可以同時納入質性─軼事、量化─數量的
資料。參與式研究：

> 包含與參與者建立關係和友誼，與被視為客觀與冷漠的傳統典範
> 相反。它是一種真誠的連結、具動機的「真實參與」，協助個人成長
> 及降低人與人之間的屏障。（p. 192）

Jason、Keys 與同僚（2004）詳述了參與式研究的傳統及其在社區心理學中
的地位。研究者和參與者之間的夥伴關係營造出一種尊重的結構，這個研究過
程可被視為是某種介入。與其說是與陌生人一起從事研究，它倒像是與相互去
認識的一群人一起工作。它與先有一套理論和假設的研究相反，這裡是以夥伴
關係來分析社區中需要被探討的重要面向，以及研究該如何進行。

我們被提醒 PAR 是一個必須處理社區自身權力結構的過程（Dworski-Riggs
& Langhout, 2010; Greenwood, Whyte, & Harkavy, 1993）。權力的分布是不均衡
的，它是由結構勢力來決定。在特定的社區內工作，明智的作法是先去了解這
個地方的權力結構。同樣地，我們也要特別注意，參與者可能並不相信參與是
他們能夠被賦權的一種途徑（Dworski-Riggs & Langhout, 2010; Foster-Fishman,
Salem, Chibnall, Legler, & Yapchai, 1998）。

Kelly 與同僚（2004）提供了一個與芝加哥南區非裔美國人社區有十年合作
關係的範例，其間社區領導被建立起來，同時也被研究。社區發展方案（De-
veloping Communities Project, DCP）希望採取社區組織的方式來預防藥物濫用。
在與 DCP 的密切合作下，研究人員與社區建立起關係並發展出團體機制，共同
界定和描述非裔美國人以教會為基礎的組織及領導。由於缺乏這個主題的相關
文獻，研究人員透過公民領袖小組來建立資訊。仰賴社區的知識和回饋來設計
適切的資料蒐集方法，是整體過程的一部分。個人關係的建立（對爵士樂有共
同興趣）和以社區為基礎的隱喻（如「領導如煮湯；製作時需要許多食材」）
都是方案的根本要素。蒐集資料、呈報給社區，然後將它修訂得更為有用（使
用口述歷史的錄影來溝通研究發現）。

另外還有一些關於 PAR 需要注意的地方。Isenberg、Loomis、Humphreys 與 Maton（2004）回顧研究者和社區自助團體在 PAR 歷程中的經驗，對這個方法的一些假設有若干保留。其中，他們認為 PAR 並不必然是為了更好的科學研究，它們應該是基於社會公義考量下的決策。他們也發現合作的結果可以得到較高的回收率以及更有意義的問題（Klaw & Humphreys, 2006），但這並不是採用這個方法的理由。他們進一步表示「合作必然帶來衝突，但不是所有衝突都能輕易被化解」（Isenberg et al., 2004, p. 126）。

雖然參與式研究被認為是複雜且耗時的，而且在某些主流學術環境下也較不受到尊重，但它對幫助我們了解社區的意義深具潛能（Kidd & Kral, 2005）。參與式研究被強力推薦的第二個理由是它具有賦權社區的潛能（Kelly et al., 2004; Jason et al., 2003）。探討 PAR 成效的研究已開始發現這種方法會對社區參與者產生影響，這些影響包括從控制感的提升到發展成為自我改變的主體（Foster-Fishman, Nowell, Deacon, Nievar, & McCann, 2005）。

第四節　社區研究的注意事項及考量

社區心理學領域的研究往往是在迫切感下進行的，這鮮少發生在其他心理學領域中。社區關注是立即且持續的，延後研究會對所關注的群體造成現實生活上的後果（見焦點2.4的例子）。但在研究進行及執行方式的考量上，還是有一些需要特別注意的地方，以下是其中的一些議題。

壹、科學的政治與政治的科學

我們多數人都假定，社會政策和方案是建立在對社會現象及人類行為的理性科學知識的基礎上。也就是說，我們假定當採用了科學原則，以系統化且嚴謹的方式探討問題時，方案就會有理想的結果或影響。然而，就如同我們在現實生活中看到的社區方案，它們都必須要與體制交涉，也需要克服權力的問題。這個議題在社區（Kelly, 2006）、學校制度（Foster-Fishman et al., 2005）及

焦點 2.4

HIV 介入試驗與安慰劑的使用

美國疾病控制和預防中心及國家衛生研究院（National Institutes of Health, NIH）與聯合國愛滋病規劃署（United Nations Program on Acquired Immunodeficiency Syndrom, UNAIDS）根據一項在泰國的試驗發現，宣布安慰劑不應該用在愛滋病毒傳染的臨床試驗上。一些研究人員在發現一個預防性方案有效後，主張使用等效試驗（equivalency trials）（即新治療 vs. 標準治療）來替代使用非治療的安慰劑組，但這項請求被拒絕了。

對一些研究者而言，例如 George Annas 和 Michael Grodin（Global Lowyers and Physicians 的共同創始人）及已過世的 Jonathan Mann（前世衛組織全球愛滋病計畫主任，以及公共衛生實踐的著名人權倡議者），問題是在於普世人權。Annas 與 Grodin（1998）認為「除非正在測試的介入會實際提供給那些臨時作為受試者的群體，否則開發中國家只是被剝削，用來快速取得開發中試驗的臨床測試知識」（p. 561）。此外，他們也提出類似 Karim 與同僚（1998）所提出對知情同意的關注。但幾乎確定的是，對這些開發中國家的許多參與者而言，加入這種試驗會保證他們可以取得醫療或健康照護，而不是完全沒有醫療。這是否意味著我們不應該進行全球性研究？針對此，並沒有簡單的答案。這個爭辯顯示了科學研究的正直（integrity）與社會力量（文化規範、經濟、種族主義、性別歧視、階級主義等）之間的相互依存關係。Bayer（1998）曾說：

最近試驗（HIV）的悲劇是他們帶著一個很深的道德汙點，這不是因為研究設計具惡意，而是因為世界經濟秩序的緣故，雖然能夠讓阻斷母親—胎兒愛滋病毒感染的有效預防問世，但卻讓許多人無法負擔，這對於愛滋病和其他疾病的治療都是如此。在一個公義的世界中，這不會發生，研究也不會因此遭受到不必要的攻擊。這是在財富和資源分配不均的社會背景下，要求進行這些研究，同時也帶來如此多的困擾。（p. 570）

最高聯邦政策層級（Jason, 2012）的研究中都已有相當篇幅的討論。回顧這些文獻提醒我們，雖然可能很難去接近及影響這些體制，但我們也能從科學的政治中學到一些經驗。特別的是，我們應該覺察現有的權力結構，以及會因權力結構改變而受到影響的人（利害相關人）、尋求可能的盟友和聯盟、記得社區內的「專家」可以很有幫助、了解並樂於利用自然轉移的權力與結構等（Foster-Fishman, Nowell, & Yang, 2007; Jason, 2012; Kelly, 2006）。

貳、倫理：文化相對論或普世人權？

科學研究的一個主要原則是必須確保研究參與者的福祉（American Psychological Association, 1985）。參與研究不應受到生理、心理或社會任一種形式的危害。所有參與者都應盡可能的**被告知**（informed）研究的目的（同時不破壞研究的完整性），研究欺瞞也必須降至最低。不同於這些的作法皆不符合倫理要求（見 Christensen, 1988）。在大部分的研究機構和大學中，都必須先取得**機構審查**（institutional review）委員會的核准，說明研究在開始前已符合所有的道德準則（例如，參與者必須被充分告知研究目的）。

這些一般性的原則看起來易懂且客觀（即研究是中立的），但這些原則是歷經數十年建立起來的。回顧歷史，欠缺這樣的準則放任了研究暴行。最糟糕的例子是在 20 世紀中葉，針對 399 名非裔美國人進行的 Tuskegee 梅毒研究（由美國政府於 1932 至 1972 年間執行），為了記錄梅毒的自然發展，這些男人被刻意拒絕有效的梅毒治療方法。數十年後，柯林頓總統表達了他的遺憾：「Tuskegee 研究的影響既深且遠，破壞我們的進步並分裂我們的國家。當我們國家中有一部分不再信任美國時，我們無法成為一個完整的美國」（May 16, 1997）。然而，對於許多非裔美國人及其他種族和少數族群，以及被壓迫的族群來說，這種不公義（例如強迫所謂的弱智者絕育）會繼續盛行──他們只是變得更為隱晦（打著科學之名）。這些暴行和辯論在 AIDS 流行病上，發展出新的面向、偽裝和重要性（見 *American Journal of Public Health, 88,* 1998），並將其疆域擴展至國際的科學研究。這些都是極度複雜的問題，下面僅探討兩組有關的看法：知情同意和實驗控制（安慰劑）設計。

知情同意（informed consent）是科學研究的主要原則，它確保有一個清楚且明確的程序和過程，讓參與者了解研究的性質，其中包括不因拒絕參與而受到任何影響的權利。換言之，知情同意的過程包括兩個元素：對材料的**理解**及自願參與。Karim、Karim、Coovadia 與 Susser（1998）在一項於南非一家醫院所進行 HIV 檢測的研究中發現，雖然參與者了解知情同意的過程（即理解材料），但許多人感到在參與研究上，他們幾乎沒有選擇的權利（即自願參與），原因是加入研究是他們唯一能獲得所需醫療及服務的機會。Karim 和同僚做出結論：「被招募參加醫療機構研究計畫的病人，在他們的知覺（實際或想像）中有一些微妙且非預期的強制性元素……倫理學家和機構審查委員會應進一步的探討這個問題」（p. 640）。

除了這些擔憂，在一個更基礎的層次上，社區研究者愈來愈意識到有關研究參與的隱含意義。下面是一些被提出的問題：對參與者而言，同意參與、同意所提供的資料及其分析，它的意義到底是什麼？對個人和群體的好處及代價又是什麼？對被招募者而言，這是研究還是社會服務？這些問題已在探討醫療與心理的全球及社區研究中被提出（Barata, Gucciardi, Ahmad, & Stewart, 2006; Bhutta, 2004; Dixon-Woods et al., 2007; Gone, 2008; Jenkins, 2011; Kral, Garcia, Aber, Masood, Dutta, & Todd, 2011; Levy et al., 2010; Yick, 2006）。

一旦參與者同意參加研究，他們可能被分派到實驗組或控制組（或對照組）。如前面實驗設計的說明，真正的控制組是不接受任何介入或處置的（但可能接受安慰劑）。如果研究人員知道控制組的參與者可能因為沒有介入或處置而處於危險中，那他們該怎麼辦？

一項針對南加州多元族群所進行的一系列團體訪談，發現不同族群對「參與」一項兒童研究的了解有差異（Lakes et al., 2012）。這些差異在廣泛的假設和決策過程中都被發現（見表 2.2）。雖然仍然有許多共通的主題，但這些差異已大到足以讓我們警惕在多元文化社區中進行研究，對信念和期望所抱持的一些假設。白人、拉丁美洲裔和亞裔美國人的樣本在理解「參與的意義」上是不同的。表 2.2 對差異做了摘要整理。

表 2.2　對研究參與的理解

主題	群體		
	白人	拉丁裔	亞裔
對風險的預期	影響情緒	被他人評論	可能的衝突
知覺到的研究負擔	需要準備好	來訪時間的長短	義務
待釐清的地方	有哪些要求	是研究而不是服務	資訊如何幫助他們
參與決策權	雙親	家庭	家庭與長輩

資料來源：改編自 material found in Lakes, D., Vaughan, E., Jones, M., Burke, W., Baker, D., & Swansen, J. (2012). Diverse perceptions of the informed consent process: Implications for the recruitment and participation of diverse communities in the National Children's study. *American Journal of Community Psychology, 49,* 215-232.

參、研究的連續性：多元測量的價值

　　Speer 與同僚（1992）發現社區心理學領域已逐漸從實驗研究轉向使用相關研究的設計。這種轉變來自我們企圖去解決更廣泛的社會問題。即便在準實驗或實驗設計適用的情況下，我們仍然需要面對許多方法學上的問題或困境。其中一類就與研究計畫實施的後勤問題有關。例如，研究人員要如何找到有使用藥物的懷孕婦女來調查藥物的使用？這些婦女不僅不容易被找到，尤其是當她們沒有尋求醫療協助時，她們也很可能經常無家可歸或是成為遊民。

　　研究人員要如何提高懷孕青少年在回答自陳式量表時說出真相的機率？另外一種檢驗自陳酒精使用的方式是計算懷孕婦女拋棄空酒瓶的數量。像這種非反應式測量（nonreactive measure），由於人們並沒有面對面的接觸，被稱為非干擾測量（unobtrusive measure）。雖然非干擾測量在取得交叉驗證的資料上不失為一種有效且具創意的方法，但往往因為沒有取得參與者的同意，被許多人認為有倫理上的問題。

　　在處理複雜的社會問題時，如青少年懷孕，我們應盡量使用**多元的方法**。例如，使用自陳式報告、非反應式或非干擾測量、臍帶血樣品等，來判斷孕婦

是否使用藥物或酒精。當這些來自不同類別的數據彼此一致時，研究發現就更為可信。但使用多元方法要比使用單一方法來得費時，而且在同一問題上可能會得到不同的結論。

肆、文化敏感的重要性

　　雖然看起來顯而易見，但我們仍然要指出不同文化下的思維及行動有可能不同。如果我們相信文化的定義，那麼不同文化背景的人在某些情況下，對於世界的假定及價值取向都有可能不同（O'Donnell, 2006; Pederson, Carter, & Ponterotto, 1996; Reich & Reich, 2006）。從這個認識衍生出另一類方法學上的問題或困境，它關係到文化敏感性（cultural sensitivity），或是對群體內和群體間差異的覺察與欣賞。本書作者選擇以自由派的觀點來界定文化敏感性。人們屬於多個類別，也具多重期望與認同。舉個例子，一個人可能是非裔美國人（種族或族群認同），同時也是大學畢業生（教育背景）和白領工人（社經地位）。這個人與白人大學畢業生（相近教育背景）同時也是白領工人（相近社經地位）之間的共通處，可能高過與非裔美國人但卻是高中中輟生（不同教育背景）及接受政府津貼（不同社經地位）的人之間的共通處。

　　換句話說，文化敏感性強調我們的背景和經驗，是以多元的方式影響著我們對世界的看法及做法。反過來說，如果我們不了解和欣賞這個多元性，它就可能帶來誤解。舉一個歐洲朋友被提供免費電視的例子，來說明多元文化可能帶來的困擾。這位朋友出於禮貌拒絕了這個提議，他告訴我們他應該要被詢問三次，而這位美國人只詢問了他一次，我們的歐洲朋友當然就沒有拿到電視。他從中學了一課，在美國（或至少他當時所處的美國某地），不要等待被多次詢問。在前面第一章有關多元文化章節的地方，已說明了在所有研究或介入中，了解多元文化重要性是社區心理學的原則。要注意文化差異可能導致誤解（在某些文化中，「是」並不表示「是」，而是「我尊重你」）。在研究中，如果想要了解我們所處的世界，就必須先了解這些差異變化。具生態效度的研究，其關鍵就在於文化覺知（Gone, 2011; Kelly, 2010; Kral et al., 2011; Trimble, Trickett, Fisher, & Goodyear, 2012）。

伍、社區研究人員擔任諮詢者

當社區心理學家進行研究，他們通常以諮詢者的角色從事研究。**諮詢者**（consultant）是從事與一人或多人（**尋求諮詢者**）（consultees）協同解決問題的人，尋求諮詢者通常又有責任對第三者（**當事人**）（client）提供某種形式的協助（Mowbray, 1979）。由於諮詢者與尋求諮詢者合作，故參與研究的人員，包括尋求諮詢者及當事人，並不像其他心理學研究中被稱作受試者，而是被稱為參與者。

諮詢者在各種社區環境中工作：教育、工商業、助人工作（特別是與心理健康有關）、政府及其他。有一些諮詢者為政府部門進行研究。不少大學已成立或正在成立公共政策研究實驗室，以協助公共和私營部門的研究。其他諮詢者評估方案或進行需求評估，還有些諮詢者藉由提供專業知識，設計預防性的教育方案，或協助改變機構和社區的各個面向，來解決社會問題。換言之，諮詢者出現在不同的環境中，解決大部分與研究有關的問題。

大多數社區諮詢者要面對各種複雜的問題。諮詢者經常需要面對一個不曉得真正問題出在哪裡，但卻又被要求去協助解決問題的狀況。例如，在商業環境中，管理階層可能因為生產率低而聘請諮詢者，但真正的問題可能出自管理風格，這才是讓員工反感到生產力下降的原因。你希望是向聘用你的管理團隊告知管理才是問題核心的那位諮詢者嗎？根據他們被要求介入問題的性質，擔任諮詢者的社區心理學家需要權衡他們是對誰負責以及負責什麼的倫理考量（O'Neill, 1989）。諮詢過程在第五章中被描述為一種介入的方法。

諮詢者還要問，他所使用的方法和研究，當事人是否負擔得起、是否可行，以及是否充分了解？此外，倫理諮詢者是與聘用他的人一起工作（work with them），而不是為他們工作（work for them）（Benviente, 1989; Christensen & Robinson, 1989）。事實上，所有諮詢者都要確保**組成者效度**（constituent validity），亦即要視參與研究與改革的人為參與者，而不是視他們為被研究或被改革的對象，諮詢者在規劃及進行各項活動時，必須納入這些參與者的觀點，如此活動才會具有效度（Keys & Frank, 1987）。諮詢者需要賦權他所共事的團

體，去創造並延續由諮詢者所發起的改變。這意味著諮詢者需要找到一個好方法來「斷絕」當事人或參與者，以免他們變得太依賴專家。

專業改革代理人或諮詢者，同時也需要評估特定環境的盛行文化，以及大家對他們的信任和尊重。這樣的評估有助諮詢者決定他們該有的能見度。諮詢者在諮詢或研究開始前，還需要評估並公開溝通他們個人的價值觀，以避免合作過程開始後可能產生的倫理問題（Heller, 1989a）。最後，諮詢者必須與當事人一起評估他的工作，他需要問：「社區是否因我的出現而有所改進？」這個問題最好藉由研究來回答。缺少評估，改革代理人如何知道改革是否有效，以及它是否應該被複製？

上一節提到 Kaufman 等人（2006）的研究及先前 Kelly 等人（2004）對諮詢—研究持續關係的討論，在這裡似乎特別重要。諮詢是一個過程，其中體系內的個人面是很重要的。在諮詢過程中愈來愈明確的是，我們有需要去了解這個大體系為了自身的生存與改變，有它自己既定的議程及關心的議題。Kaufman 和 Kelly 的研究都談到工作關係的建立，關係中的當事人／機構／社區都逐漸了解自己是研究／諮詢過程中的夥伴。諮詢者是否只需要在有重要事情時到場，或是在長期的基礎下定期到場，或提供超出一般預期的資源與時間，以及知覺到諮詢者是否投入社區成為一份子，或僅只是疏離冷漠的第三者，這些都將使研究、數據、結論或建議置於完全不同的位置。Brodsky 等人（2004）特別強調這種關係在社區研究脈絡下的角色。社區心理學家帶入研究諮詢過程中的一套技巧，不僅只是好的科學知識，同樣也是可用的科學知識。

摘要

社區心理學致力於找出及了解有助於創造健康人群的社會環境，之後再去協助創造出這個環境。在這兩項上，研究都扮演了關鍵性的角色，它對理論及介入方案的發展提供了實徵的基礎。

社區心理學家使用傳統的相關、實驗和準實驗等設計，以及更膽大的另類研究設計和方法。這些更膽大的方法包括質性及民族誌的研究。實務上，需求評估和方案評估對找出問題及提供介入有效性的回饋極具價值。一些新的科

技，如全球資訊系統，在連結社區現象與地理位置的應用上也愈來愈廣泛。也有愈來愈多的人覺察到研究中社區夥伴關係的價值，如參與式行動研究模式的發現。

其他針對社區的一些科學努力，包括在多元文化社區進行研究的倫理，特別是要確保參與者了解研究可能的影響，並取得知情同意書。當我們冒險進入一個世界觀及價值觀都與大學運作模式很不同的領域時，文化議題在研究與介入上就顯得格外重要。

如果你好奇社區在心理學的觀點下是如何運作的，或是一些嘗試改善社區的作法為何，以及它們是否成功，那麼社區心理學就能帶給你不同的研究取向與考量。

我們在第三章所描述的縱貫性研究，如 Werner 與 Smith（2001）的研究告訴我們，被關愛成年人所圍繞的小孩，長大後比較可能成功。在持續超過 30 至 40 年的長時間架構下，可以看出關愛成年人和小孩成長後成功之間的相關。我們雖然無法做出因果推論，但卻可以建立其中的關聯性。

在後面第八章有關啟蒙方案長期效果的第二組研究，我們將研究（Garces, Thomas, & Currie, 2002）視為一種類型的介入（自變項）對兒童群體成功的影響（依變項）；後者以高中畢業與否及有無入獄／觸法來測量。雖然早期研究顯示研究結果並不一致，且學業僅在有持續的教育資源下才得以繼續，但 Garces 等人（2002）的長期成效研究顯示啟蒙方案對參與者後期的人生有正向的成效。

在 Werner 與 Smith 以及 Garces 與同僚的研究中，更長期的數據比較才允許我們看到生活模式的浮現。

3

壓力與心理韌性

譯者：陳品華／審閱者：張麗麗

有一種藝術，是以能夠有效解決問題的方式來面對困難。
　　　　　　　　　　　　　　　　　——Jon Kabat-Zinn

　　Linda是家中第一個上大學的人，她在高中時期表現良好，成績大部分是 A，偶爾才出現 B。在學校諮商師的鼓勵之下，她申請了一些大學，並拿到其中幾所大學的獎學金。

　　到了大學，她感到迷惘，因為同學不一樣，班級也不同了。宿舍顯得很陌生，她住在一間雙人寢室，同寢室友是個完全不相識的人，這個女生齊全配戴了 Nordstrom 這個不知道是什麼高級品牌的大學飾品。大家都以特有的方式穿著打扮，像是彼此早已事先連絡，說好要穿戴什麼，似乎每個人都知道，除了她之外。宿舍裡其他的學生，似乎對於環境都感到很自在，他們的父母早就和他們談論過大學生活。他們似乎都知道要使用什麼樣的語言和說話節奏，這些都在在顯示他們是圈內人。每個人似乎都知道該做什麼和何時去做，但對 Linda 來說，連食物她都覺得陌生，她所面臨的困境是該做什麼。

　　一位社區心理學家在分析這個案例時，可能會植基於一個壓力模式和一個心理韌性模式，從中找出對於 Linda 以及在大學中和她有相同境遇的學生會有幫助的系統，進而做出特定的建議。我們現在就來探討這些相關模式，看看可以如何協助 Linda 以及那些和她有相同境遇的學生。

第一節　壓力模式與社區心理學的定義

　　壓力的成因與影響，與社區心理學有著密不可分的關係，這起源於 Barbara Dohrenwend 於 1977 年在美國心理學會社區心理學分會中所發表的會長演說，當中她提出了一個壓力模式，將一個新的社區心理學具有的許多不同活動連結起來（Dohrenwend, 1978）。這個模式描述了一個心理社會歷程，引領了心理病態學的發展。在這個模式中，一個特定事件或一組事件可能會引發壓力反應，但壓力事件本身只是許多可能影響個體是否會有負向反應的因素之一。在這個歷程中，個體的**個人心理特性**（personal psychological characteristics）是需要被考量的因素，有關的心理特質如個人的氣質或智力程度；也需要考量**情境特性**（situational characteristics），如壓力事件何時發生、發生的物理環境以及是否

有其他人在場。此外，也需要考量事件與它對個體所產生影響之間的中介因素（發生在事件及個體反應之間），包括情境中介因子（situational mediators），如社會或財務支持，以及心理中介因子（psychological mediators），如因應技能或痛苦忍受力。壓力事件為個人所帶來的後果，取決於壓力事件、個人與情境特性以及中介因子的組合。Dohrenwend 指出，經由這些因素的組合，壓力事件可能會導致正向或負向的後果。根據這個模式，Dohrenwend 注意到社區心理學家是在兩個層次上介入，一個是在特性的層次上（透過教育來改善心理特性，或透過政治行動來改變情境特性），另一個是在中介因子的層次上（透過改善社區組織來增強情境中介因子，或提供技能訓練來正向影響心理中介因子）。此一壓力模式，可以作為社區介入的引導，也可以用來區分社區心理學與臨床心理學的不同，臨床心理學主要著眼於個人層次，介入是發生在心理病態反應已經發展成形之後，而社區心理學家則著眼於個人與情境兩者，是在嚴重及慢性問題發生之前的早期歷程中即做介入。

在一篇後來的社區心理學文章當中，George Albee（1982）重申了此一壓力模式及其要素的重要性。他相信心理失調的發生，需要考量器質性因素、壓力、因應技能、支持與自尊。愈少的壓力和愈多的因應技能與支持，可以減少失調發生，增進健康；愈多的壓力和愈少的因應技能與支持，會增加失調，減損健康。壓力可能來自各種不同來源——經濟的、社會的或心理的，但其歷程都是相同的。因此，除了心理病態學的預防方式之外，Albee 也概述了人類潛能可以被提升的方法。

正如我們從上述兩段所看到的，此一壓力模式一直是社區心理學發展過程中的重要部分，並被一些重要的學者所使用。不過，它也不是沒有爭議。Rappaport（1977, 1981）認為這些壓力的考量，過於聚焦於個人，本質上是臨床的，將其稱為「新瓶中的舊酒」，並提倡要有一個更寬廣的，即更為團體性、系統性或政策性的介入焦點。但 Cowen（1985）卻認為，對於那些在社區中進行個人中心介入的人來說，理解壓力歷程可提供有價值的訊息：「我們稱之為心理健康的一個重要部分，是源自於人們有效適應壓力事件和環境的能力」（pp. 22-23）。情境焦點取向（situation-focused approaches）檢視特定的壓力事件並予以介入；增能取向（competency enhancement approaches）檢視個人因應

壓力的技能並予以增進。在這兩種取向中,都重視對於壓力模式的理解,並將一些能夠在危難處境中保護個人,以及提升個人一般幸福感的因子納入。

本章將呈現壓力概念的發展,探索面對壓力的因應方式,並回顧一些探討社會支持作為中介因子的研究。而後,將檢視心理韌性的研究,探討個人如何在危難處境中振作起來。儘管心理韌性需要考量壓力及其成分,但它不同於壓力模式。壓力模式和心理韌性模式兩者都為社區心理學研究和社區心理學家的介入,提供了很多訊息。在第四章和第五章中,我們再來看社會變革和社區介入,在此,我們先檢視壓力和心理韌性的模式。

第二節　壓力

壓力(stress)這個名詞,以往曾被用以指述三項事物的發生:一個是刺激事件、一個是歷程,以及一個是反應。為了避免模稜兩可的混淆,我們稱刺激事件為**壓力源**(stressor)、稱歷程為**壓力歷程**(stress process)、稱反應為**壓力反應**(stress reaction)。

壹、壓力源事件

帶來苦惱的刺激事件稱為壓力源。在 1960 年代,有學者列出生活改變壓力源,稱為「近期經驗表」(Rahe, Meyer, Smith, Kjaer, & Holmes, 1964),該表伴隨一個加權計分系統,可測量壓力事件對應的壓力程度(Holmes & Rahe, 1967)。在這項測量上,計有 42 個特定的生活事件,從「配偶死亡」、「工作被解僱」到「輕微違法」。這個事件列表加上其權重分數,稱作「社會再適應評估量表」(Social Readjustment Rating Scale, SRRS)。SRRS 是目前最被廣泛使用的壓力源測量工具之一,量表得分與許多壓力反應測量工具的得分皆具關聯(Scully, Tosi, & Banning, 2000)。

SRRS 中的事件,被認為是典型的重大生活改變。Kanner、Coyne、Shaefer 與 Lazarus(1981),以及 Delongis、Coyne、Dakof、Folkman 與 Lazarus(1982),

則提出了第二種檢視壓力源的方式，在他們的研究中發現，日常的小麻煩要比重大的生活改變更能夠成為壓力的指標，這些麻煩可能包括像是擔憂自己的體重、只有很少的時間卻要做很多的工作、忘記事情以及煩惱家中的修繕需求等。

　　雖然持平而言，我們都經歷過日常的小麻煩，但重要的是，要記住社區環境可能會影響我們最常遇到的特定麻煩類型。例如，Vera 與同僚（2012）對城市少數種族的青少年所經歷的麻煩進行了研究，他們發現，在鄰里中感到不安全，是這群青少年最常見的麻煩。不過，假使這項研究的樣本改換成中產階級的郊區青少年，就不太可能會有這樣的發現。

急性與慢性壓力　在壓力事件文獻中，會區別可能出現的急性、急迫性的問題，以及長期、持續性對個人造成壓迫的問題（Gottlieb, 1997; Wheaton, 1997）。但對於哪些問題是長期的、哪些是急性的，並不是很清楚。Wheaton（1997）定義**急性壓力源**（acute stressor）為「分立的、可觀察的事件……有明確的起始和結束」（pp. 52-53），**慢性壓力源**（chronic stressor）為「本質上較少自我限制，通常是開放式的，需要耗盡我們的資源來因應，但不保證能解決」（p. 53）。這些持續性的問題似乎「存在於社會環境的結構中」（p. 57）。不同類型的壓力，導致不同的歷程和因應策略（Gottlieb, 1997），以及不同的生理結果。一個急性壓力源（如：手機被偷）會引起神經內分泌系統的激活，以及腎上腺素和皮質醇水準的升高，個人的身體系統已準備好「戰或逃」。而長時間的壓力，如生活貧困，研究發現最終會導致神經受損（Compas, 2006; Romeo & McEwan, 2006）。慢性壓力已被證實，對 DNA 具有破壞性作用，並會造成老化（Epel et al., 2004）。慢性壓力源可能直接影響個人或群體，使其在身體和心理上出現衰退。值得注意的是，針對非裔美國人心理壓力模式的研究支持這樣的觀點，像是種族主義這樣長期有社會基礎的壓力源，其存在可能是導致非裔美國人身體機能紊亂程度加劇的重要原因（Clark, Anderson, Clark, & Williams, 1999）。而針對那些受到其他形式慢性壓力所影響的人，也可能有類似的主張會被提出。

種族主義與少數族群地位：一個有壓力社會環境的例子　過去數十年來有許多研究者描述，少數族群地位對有色人種造成的負面影響，其中也包含了

Moritsugu 與 Sue（1983）的研究。最近的兩項統合分析研究，指出了亞裔及亞裔美國人（Lee & Ahn, 2011）、拉丁裔美國人（Lee & Ahn, 2011）和非裔美國人（Pieterse, Todd, Neville, & Carter, 2012），在個人所知覺到的種族主義經驗，與其心理健康的下滑情形，兩者之間具有關聯。從學業成就到身體健康問題，由於長期曝露於種族主義的壓力源之下，少數族群的身分可能讓他們有較高的風險得到較差的結果。Mays、Cochran 與 Barnes（2007）提出了壓力生理測量的資料，支持種族主義知覺是少數族群長期社會壓力源的論點。這種起因於種族主義文化的壓力（Jones, 1997），可以作為一項可信的解釋，說明美國許多少數族群生活品質上的一些問題。

Dovidio 與同僚（Gomez, Dovidio, Huici, Gaertner, & Cuadrado, 2008）發現，更微妙、隱蔽的種族主義形式可能與明顯的種族主義形式一樣有害。相較於過去幾十年，現今公然的種族主義言論已不常見，取而代之的是，人們可能會表現出反映種族主義者情緒的無意識非口語行為。換句話說，人們的非口語行為常會和他們的口語行為不一致，儘管這種不一致可以被加以改變，但許多人並不知道他們的行為與他們的口語是多麼的不一致。這項研究的詳細內容，請參見焦點 3.1。

近來 Sue、Bucceri、Lin、Nadal 與 Torino（2007）及其他學者們發現了其他人際種族主義的類型。這些類型可充分說明種族關係不斷改變的本質，稱作**微侵略**（microaggressions）。微侵略是「短暫的、普通的、日常的……侮辱……傳達負向或貶損的輕蔑」（p. 271）。微侵略的例子，包括告訴亞裔美國人他們的英文說得真好，或是當一個黑人迎面走來時你選擇穿越街道避開他。這些微侵略，可能既是無意識也是無意的，且不限於種族主義的表達，最近的研究已經發現，也有性別和性傾向微侵略的存在（Sue, 2010）。微侵略的例子請見表3.1。

目前已指出有三種微侵略：**微侵犯**（microassault）（明確的種族貶低言論或行動，例如展示納粹黨徽或講種族笑話）、**微侮辱**（microinsult）（種族侮辱或貶低，例如在一個有色人種沒有獲得工作時說，只有最具資格的人才能獲得這份工作），以及**微否定**（microinvalidation）（排除或否定他人的經驗，例如「我不相信今天還有種族主義存在」——說某人的種族主義報告是不正確

焦點 3.1

現代種族主義

內隱與外顯偏見

在當今世界，種族偏見和歧視在社會上是不被接受的。事實上，大多數人都明確地表達了他們的非種族主義態度。也就是說，我們持續生活在一個「主流」文化中，亦即生活在反映著白人、中產階級、基督教和異性戀者，這些多數人的價值觀和傳統的世界中。這種偏見導致了與少數群體（如少數族群）有關的一些負面意涵的出現。雖然我們可能沒有意識到這些隱含意義，但它們確實造成我們在對待不同群體成員上的差異（Devine, 1989）。研究發現，人們如何在不同種族之間進行口語溝通，是可以藉由他們對偏見的明確、可陳述的態度所預測，也就是說，偏見愈少，人們彼此的互動愈好。然而，人們非口語溝通的方式，可以由他們對種族群體的內隱（即無意識的）聯想所預測。在不同種族的情境下，較負面的聯想會導致較不友善的非口語行為。這些不友善的非口語行為，會同時被互動中不同種族的雙方，以及另一位獨立觀察者所共同注意到（Dovidio, Gaertner, & Kawakami, 2002）。

對許多少數群體而言，問題在於要如何處理雙重訊息，即當他人表現出不友善的非口語行為之同時，又有著友善的口語行為，並否認他們有任何的偏見行為。也就是說，在一個明確和有意識的層面上，許多人認為他們不是種族主義者，儘管他們的非口語行為可能剛好相反。

的）。因此，研究像種族主義這樣的壓力源，可以讓我們了解到，慢性和急性壓力是如何持續地影響著現今社會中人們的心理健康。

貳、壓力是一個歷程

Lazarus 與 Folkman（1984）定義心理壓力為：「一種人與環境之間的特殊關係，被個人評估為課取或超收他的資源，並危及到其幸福」（p. 19），他們將壓力視為一種歷程，當中受到許多變項的影響，並且強調，對一個特定情境

	種族	性別	性取向
微侮辱	說：「你英文說得真好」	以為那位女醫生是一位護理師	問一位男生他是不是有女朋友（假定他是異性戀）
微侵犯	種族誹謗／笑話	發出噓聲或口哨聲（帶有情色意味）	取笑同儕：「你好gay」
微否定	我看不到顏色	使用男性代名詞作為通用名詞	說婚姻只能是一個男人和一個女人（捍衛婚姻法案）

表 3.1　種族、性別及性取向微侵略的例子

資料來源：改編自 Sue（2010）.

的評估是這個歷程的第一步。**初級評估**是決定事件是否為一個具有威脅的情境；**次級評估**則取決於個人處理境情的期望因素，在次級評估階段中，個人的因應技能和其他資源，會被評估是否有助於應付情境。因此，壓力歷程是由個人處理環境要求的能力所決定，而個人所經驗到的苦惱，會受到個人使用現有資源的成功程度之影響。因此，在這個模式中，一個人可能對一個事件感到極有壓力，但另一個人相對地不受同一個事件的影響，這取決於他們對於情境所做的評估，以及對事件做出反應的機智。

參、壓力反應

　　過去研究已檢視了幾十年來人們在面對壓力事件時會有的種種因應方式。Hans Selye（1936）率先指出在面對各種有害或有害刺激時，身體會有特定的生理反應，他將這個反應過程稱作一般適應症候群（General Adaptation Syndrome, GAS）。這當中涉及了最初的警報反應，而後是抗拒，若抗拒失敗，就會耗盡。他採用生理學的取向，記錄個體內部平衡的「恆定狀態」被打亂時的變化。Selye 認為，這種症候群會被任何一個對身體系統的擾亂所激發。自此以後，壓力反應被以生理學術語，如疾病，或以心理學術語，如憂鬱、焦慮，或以其他多種症狀的測量，如「症狀檢查表」（Symptom Check List），進行測量

（Derogatis & Coons, 1993）。例 如，Gaylord-Harden、Elmore、Campbell 與 Wethington（2011）研究非裔美國青年的壓力與焦慮和憂鬱症狀之間的關係，發現壓力與同儕關係有關聯，而這個關係與女孩的憂鬱有正向關聯，和男孩的焦慮有正向關聯。這項研究顯示，性別可能是決定壓力如何影響個人的重要因素。

然而，無論性別如何，壓力歷程都有明確的生理結果，而這種結果可能因人們對壓力源的反應而有所不同。Kuehner、Huffziger 與 Liebsch（2009）研究反芻、分散注意力和用心的情緒自我專注，對於大學生參與者的情緒、功能失調態度及皮質醇反應之影響。研究中的學生先接受一項誘發負向情緒的作業，而後被告知要反芻自己的感受、參與一項分心任務，或用心專注於情緒，結果發現，反芻對最憂鬱的學生之皮質醇水準有最負面的影響，有趣的是，分散注意力對焦慮情緒有明顯助益，但情緒自我專注並沒有影響。這項研究顯示，我們的壓力反應，會因我們在曝置於壓力源後做的事所影響。這也支持了 Dandeneau、Baldwin、Baccus、Sakellaropoulo 與 Pruessner（2007）的研究結果，他們發現，若把注意力從社會壓力源轉移開來，在壓力生理測量（皮質醇）和自陳壓力上都會減低。諸如此類的研究，說明了在理解壓力歷程中，因應所扮演的關鍵角色。

肆、因應

Compas（2006）定義了對壓力源做出反應的兩個特定歷程：第一個是自動化的，大多數不受意識所控制；第二個是對壓力源的自發反應，包括「對壓力事件或環境的情緒、認知、行為、生理和環境之調節」（Compas, Connor-Smith, Saltzman, Thomsen, & Wadsworth, 2001, p. 89）。正如 Compas 等人（2001）所提出的概念，因應是處理環境要求時自我調整過程的一部分，目前因應研究已經發現了種種面對壓力會有的反應，現在讓我們來檢視其中的一些反應。

情緒焦點與問題解決焦點的因應 Lazarus 與 Folkman（1984）指出在研究文獻中所出現的兩種不同類型的因應方式：情緒焦點和問題解決焦點。**情緒焦**

點因應（emotion-focused）致力於減輕或加強事件的情緒影響，包括認知活動，如自我距離、選擇性注意、重新詮釋或自我分心。**問題解決焦點因應**（problem-solving focused）則是試圖改變環境，個人設法透過檢視情境來處理困擾他們的事情，然後權衡自身（例如：降低自己的期望、尋求其他朋友的支持）和環境（例如：改換工作、找到一個新的男朋友或女朋友）中可能帶來改變的方式。

Lazarus 與 Folkman（1984）指出，這兩種因應方式，與個人感受自己能否控制環境要素有關，他們相信，當感到不論做什麼都無法改變環境時，人們典型地會使用情緒焦點因應，而當個人相信事件是可以加以改變時，較會使用問題解決焦點因應。

主動因應與逃避因應　Carver、Scheier 與 Weintraub（1989）提出了區別因應方式的第二個系統，他們建構了一個廣泛的、根基於理論的因應測量，其中在**主動因應**（active coping）的面向上，個人會做些什麼以試圖解決壓力情境，而在**逃避因應**（avoidant coping）的面向上，「所做反應會潛在地阻礙或干擾主動因應」（p. 280）。主動因應的例子，包括了計畫、尋求社會支持、尋求宗教、克制自己和接受現實；逃避因應的典型表現，有自我分心、否認、使用酒精和從情境中退縮。

許多研究都重視這些區別，並指出它們的不同效益。大多數研究結果顯示，主動或問題解決焦點的因應，要比逃避／被動的因應方式更能帶來好的結果（Compas et al., 2001）。然而，若總結主動因應一定是最好的因應策略，也非真確，例如 Rasmussen、Aber 與 Arvinkumar（2004）調查了非裔美國人和拉丁裔的青少年，如何因應在城市中遭遇到的各種麻煩，以及是否有任何特定的因應方式可關聯到其正向的心理健康結果。結果顯示，主動因應方式與安全感的增加有關，但在某些環境下，卻也增加了在鄰里中曝露於進一步暴力的風險。Clarke（2006）認為，在確定哪種因應方式可能更有利之前，重要的是考慮壓力源是否可加以控制。當情境可加以控制時，主動因應可能是有意義的，但在壓力源無法控制的情況下，迴避策略可能是適當的。Vera 等人（2011）在一個都市有色人種的青少年樣本中發現，自我分心是遭遇城市中各種麻煩和消

極情緒這兩者關係中的顯著中介因子。換句話說，青少年愈使用自我分心作為因應方式，城市壓力源會帶來負向情緒後果的可能性就愈小。從這些研究所學到的是，不同的問題需要不同的解決方式。

情緒趨近因應　一項情緒趨近因應（emotional approach coping）的研究顯示，在壓力歷程中，情緒扮演著健康和具效果的角色（Stanton, Kirk, Cameron, & Danoff-Burg, 2000; Stanton & Low, 2012）。例如，承認自己的感受並加以表達，被認為與更好的適應有關。除了表達自己感受的宣洩效果之外，情緒可以為問題解決提供有用的訊息。研究人員指出，情緒趨近行為的恰當性，取決於行為者、情境以及聽者對於這種行為的接受度。當一個人與自己的情緒保持一致時，在這樣一種平靜情境下，可促進情緒的分享，並與能夠了解自己感受的人進行交流，這樣的交流可能是因應壓力的有效方式。另一方面，如果一個人處於一個不適當的環境，或與一個不穩定的人進行交流，這種交流可能會使情境惡化。

因應的三個向度　對於因應的區別，還有 Hobfoil 與 Vaux（1993）所提出的因應系統，指出因應可以從**主動─被動、利社會─反社會、直接─間接**三個向度加以區分。他們認為，這樣的多向度考量可以解釋因應的文化差異，並強調需要考量問題和反應的背景脈絡。此一系統突顯了文化和社區／社會，對於因應以及關於主動 vs.迴避因應、問題解決 vs.情緒因應的研究文獻的貢獻。Gaylord-Hardin 與 Cunningham（2009）研究文化關聯的因應時發現，非裔美國青少年可以從文化認可的一些因應機制中受惠，如面對種族壓力時篤信宗教。

集體主義的因應　根據在台灣進行的研究，Heppner 等人（2006）發展了一個五因子的工具，測量**集體主義的因應**（collectivist coping），其中的因應活動少見於一般的因應工具中，例如：我試著接受它所帶給我的創傷、我相信我會從倖存中成長、我會和我的家人分享我的感受、為了面子不告訴任何人。Hamid、Yue 與 Leung（2003）提出了一種可以反映中國人價值觀的青少年因應方式，研究工具反映的概念如：「順其自然（讓它自然發展）、以不變應萬變（堅持以一個不變的方式因應不斷變化的事件）、看開（看透事物）」，這些

概念衍生自道家哲學，例如不作為不被視為迴避，而是對事物本質的理解和承認。

一個因應的架構　我們很難用一個簡潔的方式來表達過去研究所指出的諸多因應方式。Skinner、Edge、Altman 與 Sherwood（2003）回顧有關因應測量的文獻，敘述了以典型作法將因應行為歸類時會碰到的一些問題。他們在回顧中，指出了 13 種因應方式（表 3.2），發現要把這些基本類別組織成因應類型是困難的。他們相信，一個功能性的定義，也就是問題解決 vs.情緒焦點因應方式，是行不通的，因為行為可以執行不只一種功能。一個行為可能同時聚焦於情緒和問題，正如我們在前面介紹過的「正向情緒焦點取向」中所看到的，若基於過去的研究來定義因應，例如趨近與迴避的區別，會是混亂的，因為行為有多個面向，一個因應反應可能同時需要先迴避一段時間，在掌握得較為全面後，才能趨近直接對抗問題。

表 3.2　因應方式家族
1. 問題解決
2. 尋求支持
3. 逃避
4. 分散注意力
5. 正向認知重構
6. 反芻
7. 無助
8. 社會退縮
9. 情緒調節
10.尋求資訊
11.協商
12.反抗
13.授權

資料來源：取自 Skinner et al. (2003, pp. 240-241).

　　Skinner 與同僚（2003）認為，可以從適應歷程的觀點，把組織特定因應方式家族的方法概念化得更好。他們指出三個適應歷程：（1）環境中**行動和意外事件**的協調；（2）**社會和個人資源**的協調；（3）**偏好和選擇**的協調。請注意，重點是協調，或更確切地說，個人努力了解環境和自己，以便能更好地適應當前的情境。Skinner 和同事認為，這三個歷程可能最能夠描述一般的因應歷程，這些區別可以引導未來的因應研究。我們從這項研究所得出的結論是，因應是一個獨特的歷程，沒有一個「放諸四海皆準」的方法可以被推薦。雖然本小節所討論的許多因應方式是個人化的，但有一些因應方式較為人際化，如運用社會支持。

伍、社會支持

　　社會支持的概念似乎是社區心理學中理所當然的一個領域。那些在我們身旁周遭的人，通常就是一種資源。Lazarus 和 Folkman 將尋求社會支持列入因應方式之中，其中就假設會有一個社會支持系統，而個人可以從中接受援助。

　　　　社會支持可能可以重新概念化為因應協助，或是重要他人積極參
　　與個人的壓力管理工作。因此，社會支持可能可以像因應一樣有用，
　　透過幫助人們改變情境、改變情境的意義、改變對情境的情緒反應，
　　或是改變這三者。（Thoits, 1986, p. 417）

　　研究顯示，良好的社會支持系統對於個人的健康具有好處（Barrera, 2000; Davidson & Demaray, 2007; Stadler, Feifel, Rohrmann, Vermeiren, & Poustka, 2010）。一些早期的研究發現，社會支持要比壓力源的測量，更能夠解釋社區樣本在精神病理學上的變異（Lin, Simonre, Ensel, & Kuo, 1979）。這樣的關係也持續在有著不同問題的各種群體中被發現，而這種關係並非總是直接的，或是不證自明的（Barrera, 2000）。知覺的和實際獲得的支持，是有所不同的（Haber, Cohen, Lucas, & Baltes, 2007）。Keinan（1997）指出將支持性行為轉化為支持性認知評估的幾個中介變項，她發現對於有分娩經驗（不是第一胎）的低焦慮母親而言，生產過程中有支持性的丈夫在場，反而會導致母親更加緊

張；不過對於初次體驗的母親而言，丈夫的在場是很有幫助的。Keinan 認為，情境和人格變項，都會影響社會支持的效果。

儘管如此，研究上運用日益精密的壓力反應生理測量，不斷證實了社會支持對於適應具有正向影響（Gallagher, Phillips, Ferraro, Drayson, & Carroll, 2008）。

社會支持的類型 支持行為通常分為三個領域：情緒性、訊息性和工具性（Helgeson & Cohen, 1996; Thoits, 1985）。情緒性支持的形式，是藉由表達對這個人的同情，這種支持的目的在讓人感到被同理和關心。在訊息性支持中，會提供被支持的人有用的事實或指導，這些傳授的知識可以幫助個人掌握必要的任務。第三種形式的支持是工具性的，個人可從中得到材料、交通或物質上的幫助。

父母的支持在童年時期尤為重要，特別是當孩子與同儕出現問題時，它可能是一個重要的因應機制。Poteat、Mereish、DiGiovanni 與 Koenig（2011）檢視被同儕霸凌的兒童，以了解父母支持所扮演的角色。他們發現，雖然父母支持與受霸凌兒童有較低的自殺感有關，但卻不能保護兒童不會感受到較低的學校歸屬感。最後，他們發現，父母支持不太可能緩解男同性戀、女同性戀、雙性戀和變性青年被戲弄的情形。像這樣的研究顯示，社會支持對於一般人來說，可能是一個有用的因應機制，但並非對所有壓力源所造成的有害影響皆有效用，且對某些人來說，它可能是一個效用不大的因應策略。

緩衝和添加效應 那麼社會支持如何影響我們的幸福呢？有些人認為，無論環境中的壓力源如何，支持都能提高個人的幸福感（Thoits, 1984, 1985）。因為我們有朋友，所以更快樂。另一種解釋是「緩衝」理論（Dean & Lin, 1977; Wilcox, 1981），社會支持幫助我們處理出現的壓力源，當面對一個問題時，最好有人幫忙，這樣可以分擔問題的負擔，通常情況下，解決問題時「兩個腦袋會勝過只有一個」。顯然地，這兩種解釋都獲得研究支持。不過，在確定特定情況下什麼類型的社會支持最有價值時，必須考慮到個別差異。

Brissette、Scheier 與 Carver（2002）探討為何社會支持和樂觀會與良好心理調適之間有關聯的原因，他們檢視一年級大學生的經歷，測量其樂觀、社會支持系統、朋友數量、壓力和憂鬱，發現樂觀與幸福感（低憂鬱和低壓力）之間

的相關，實際上是受到因應與社會支持所中介。樂觀與能解決更多的問題和積極的重新解釋因應有關，也與知覺高品質的社會支持系統以及網絡中的朋友數量有關。這些因應方式和對社會支持的看法，與更好的整體調適有關。樂觀透過因應及社會支持這兩種中介機制，為個人帶來正向的結果。這些例子說明了因應和社會支持在中介人格對憂鬱影響上的重要性。

　　社會支持一直被證明是預測健康結果的有力因素（Richmond, Ross, & Egeland, 2007）。在一個加拿大原住民的樣本中，具有高度的正向人際互動、情緒支持和實質支持的婦女，較可能具有良好的健康狀況。但對男性而言，情緒支持是唯一與良好健康狀況有關的社會支持變項。不過，儘管在特定的社會支持組成上存在有性別差異，但整體的社會支持影響趨勢是清楚的。

焦點 3.2

墨西哥裔美國大學生文化適應壓力、社會支持與因應

　　相較於過去，拉丁裔學生進入大學的人數增加了75%，但令人遺憾的是，這群學生的畢業率無法跟上入學率的增長速度。一項統合分析研究把這個留存率問題，歸因於高水準的財務和學業準備度，以及文化適應壓力（Quintana, Vogel, & Ybarra, 1991）。然而，縱向研究已經指出，在個人、家庭、學校和社區之中，皆存在著許多風險因素（Prevatt & Kelly, 2003）。Crockett 與同僚（2007）研究拉丁裔大學生團體——墨西哥裔美國人的文化適應壓力。他們採用來自德州的一所大學和加州兩所大學的資料，Crockett 的研究小組探討文化適應壓力、父母和同儕的社會支持、因應（主動或迴避方式）和心理困擾之間的關係，發現對於社會支持水準較低的學生，文化適應壓力與焦慮和憂鬱有正相關存在，但對於社會支持水準較高的學生，文化適應壓力對其心理症狀的發展並不是那麼重要。該研究也發現，迴避與趨近的因應方式，有顯著的交互作用。這項研究率先發現，社會支持和因應方式對拉丁裔大學生的文化適應壓力具有緩衝的效果。此一壓力模式與其元素，提供了研究這個高風險群體一個明確的架構。

檢視本章最初所提到大一學生 Linda 的例子，我們看到她因為進入大學，在生活改變的壓力源上有很高的分數，我們預期她會因為這些變化而碰到更多的麻煩。而她的社會支持，取決於她與父母、家人和朋友的關係，以及她在大學裡尋找新朋友和良師的能力。如果這些支持系統是好的，她可以在需要的時候得到好的建議和物質上的支持，或是當事情變得令人沮喪的時候，她有一個「哭泣時可以倚靠的肩膀」。至於她對壓力源的因應，根據目前的研究，會建議當問題可以解決時，採用主動、積極的方式來處理環境中的問題，但若問題不容易解決，則可以採用其他的因應方式。如果 Linda 可以找到有效的方法來處理她的生活變化，例如結識新朋友、尋求建設性的建議、建立一個具有社會支持力量的支持團體，那麼，她可能會發現，生活改變而來的壓力不是這麼大，反倒更像是一些可加以管理的挑戰。

心理韌性研究檢視了人們如何在危難中生存和發展，而壓力模式是許多心理韌性研究的核心。心理韌性是我們接下來要探討的主題，在下一節中，我們會提到一些壓力概念。

第三節　心理韌性

為什麼同樣處於艱困時期，有些人會成功，而有些人不會？有的兒童即便出生在高風險的情境，例如貧窮，在面對種種不利的情形下，仍可茁壯成長並且成功。值得慶幸的是，並非所有處於危難情境中的人都註定要失敗，心理韌性的研究人員已經深入了解，哪些人會在危難情境中表現良好，以及為何會如此。

壹、從危難中振作

一項關於心理韌性的有趣事實，心理韌性是研究人員在找尋哪些因素會將人們置於失敗和病理症狀風險時所「發現」的（Garmezy, 1974; Garmezy & Streitman, 1974; Rutter, 1981）。Garmezy 研究至少有一名精神分裂症父母的家

庭，Rutter 比較來自貧窮城市社區的孩子以及來自農村的孩子，他們都發現，有許多兒童，不論他們的環境有多不好，仍可有出色的表現（Garmezy, Masten, & Tellegen, 1984; Rutter, 1985, 1987）。Rutter（1987）強調，心理韌性不是人們的特性，而是一個受到許多變項影響的歷程。他指出，性別（表達不滿意的期望和方式）、氣質（可愛與不可愛）、配偶對於撫育子女的支持、計畫能力和學校成功，會影響兒童的心理韌性或脆弱性；也指出在高風險兒童生活中，「轉折點」或重要關口的重要性，在這些關鍵點上所採取的方向，對於個人的生活會有長遠的影響。Garmezy 和能力方案小組則探索正向適應環境的意涵，並指出能適用於各種不同任務及不同發展階段的影響因素（Masten & Obradovic, 2006）。

　　早期針對高風險群體的研究之一是由 Sandler（1980）所進行，他發現有力的社會支持與都市貧民區高風險兒童的低失調有關。這是一個運用了先前描述過的壓力模式，來檢驗心理韌性歷程的好例子。

貳、Kauai 縱向研究

　　在 1950 年代，研究人員開始進行一系列的縱向研究，以了解那些即使被置於「有風險的環境」之中，最終仍可表現良好的兒童所具有的特性。在這些縱向研究之中，有一項卓越的研究，是由 Werner 和 Smith 在夏威夷州的 Kauai 島上所進行，長達數十年的研究。Werner 與 Smith（2001）在報告中指出，在這項縱向研究中的個人，因為家族性精神病理症狀、貧窮、缺乏教育或家族性酗酒歷史，身處於危難之中。Werner 和 Smith 追蹤這些處於危難中的受試者，一直到他們中年（五十幾歲），發現心理韌性與個人處理適齡發展挑戰的能力有關。由於研究在島上進行，人口相對穩定，島外因素的影響能夠被控制。自 1955 年起，研究人員開始追蹤被確認為高風險的嬰兒，至其完全進入成年期的發展進程。他們發現，雖然這個高風險群體中大約有三分之二的人在發展上出現問題，但另外三分之一的人，是以適齡或適合發展階段的方式涉入周遭的環境，而養育他們的父母或代理父母則為他們提供了正向的榜樣。這些「脆弱但無敵」的兒童，也在各種社區環境中找到了家庭以外的支持：學校、社區、非

正式朋友網絡、教堂或青年組織。到了青少年後期，這些兒童已經發展了內化的資源，幫助他們掌握自己的環境（高自尊、內在制握、生命有意義感、有效的支持系統）。風險因子愈多，就需要愈多處理這些風險的保護因子。家庭保護因子，與家長在關鍵時刻養育兒童的能力有關。而最重要的社區保護因子，是周遭出現關愛的成年人，他們可能是教師或認輔者，或者後來成為朋友、同事或上司。環境中的保護因子，則包括整個生命週期中的情感支持，和較少的壓力生活事件。到了30歲時，相較於不具有心理韌性的人或全國性常模，這些具有心理韌性的男性和女性，在教育和事業兩方面都更有成就，也更可能已經結婚。到了40歲時，他們很可能已經在社區中定居下來，也可能成為對社區有貢獻的一員。像這樣的研究，可作為社區介入的藍圖，因為它指出了在兒童的經歷中能夠預測後期生命成功的一些面向。

參、一個有用模式

Masten（2001）指出，這些針對高風險群體所做的心理韌性和能力之自然研究，是很有用處的。從 Kauai 研究、Garmezy 和 Rutter 的研究中，發現了生命發展歷程中的一些重要保護因子，它們後來也都被應用在介入設計之中。尤其是，預防方案會強調家長的能力、為兒童的學校成功所做的早期準備、兒童特定技能的習得，以及擴大提供社區中有經驗良師帶領的機會，這些預防方案的設計都是來自於心理韌性研究的發現。Masten 表示：「心理韌性並非來自於稀有、特殊的品質，而是來自於一般的、常見的人力資源……兒童本身、家庭和人際關係，以及所處的社區……之平常魔法。」這些有助於建立個人能力和優勢的自然能力，以及其對於因應歷程的重要性，已將社區預防介入從預防轉向推廣。表 3.3 列出了心理韌性因子的例子。

Rutter（2006）提醒我們，心理韌性不僅是社交能力或正向心理健康的發展，也是當個人處於危難情況下仍然可以蓬勃發展的能力。但他也提出警告，人們可以做到多好是有個別差異的，儘管有些人可以蓬勃發展，但有一大部分人並無法有良好的表現，而會屈服於負向的環境。無論如何，對一些人而言，成功應對壓力情境的經驗，會使他們更為堅強。

表 3.3　心理韌性因子的短清單（涉及人類適應系統）

- 與照顧者的正向依附連結（依附；家庭）
- 與其他具培育和能力的成人之正向關係（依附）
- 智力技能（以一種好的運作秩序整合人腦的認知系統）
- 自律技能（自我控制系統及人腦的相關執行功能）
- 正向自我知覺；自我效能（精熟動機系統）
- 信仰、希望和生活的意義感（信仰的意義製造系統）
- 支持性和利社會的朋友或浪漫伴侶（依附）
- 與有效能學校和其他利社會組織的連結（社會文化系統）
- 為家庭和兒童提供正向服務和支持的社區（社會文化）
- 提供正向準則、儀式、關係和支持的文化（社會文化）

資料來源：改編自 Masten, A. (2009). Ordinary magic: Lessons from research on resilience in human development. *Education Canada, 49*(3), 28-32. Retrieved from www. cea-ace.ca.

肆、第四波

　　Masten 與 Obradovic（2006）描述了心理韌性研究的四個研究浪潮。第一波始於精神病理症狀的成因研究，以及危難環境中健康成功兒童之發現，研究主要集中在指出哪些因素與失敗、疾病，或是成功和健康有關。第二波檢視了心理韌性的發展歷程。第三波將描述性研究中所發現的東西加以應用，發展並檢驗介入方案的成效。這三波研究浪潮所浮現的是，「發現」了重要的適應系統——家庭、學校、社區關係、靈性實踐，以及重要的技能——自我控制、目標導向行為、情感處理、成功動機和壓力處理。

　　第四波心理韌性研究，開始整合多元層次（神經、人格、社會、社區）和多元學科（心理學、社會學、生物學、神經學）。例如，Davis 與 Cummings（2006）發現，父母衝突與兒童適應問題的風險增加有關。Davis、Sturge-Apple、Cicchetti 與 Cummings（2007）在研究中假設面對父母衝突的兒童，在神經生物系統上會有磨損，經由檢視衝突家庭兒童的壓力反應水準，發現曝置於父母的衝突事件時，有高衝突父母的兒童腎上腺皮質反應較少。腎上腺皮質反

應，關聯於對壓力源的典型生理反應，是與壓力有關的下視丘─腦下垂腺─腎上腺皮質系統的一部分。而這種抑制反應，也被發現與升高的行動傾向和攻擊行為有關。神經生理學的反應性研究結果，以及其與問題行為之間的關聯，是了解兒童行為風險的第一步。這些兒童在看到父母衝突時，有學會不要激動嗎？這是否使得他們對於攻擊不那麼敏感？或者，是否意味著在他們的世界中會需要更多的攻擊刺激？我們需要進一步研究，探討降低的腎上腺皮質反應與攻擊行為之間的關聯，未來這些研究發現，將有助於引導建置可能的早期介入，以降低兒童攻擊的可能性。

第二個多元層次的分析例子，是 Greenberg、Riggs 與 Blair（2007）所進行的研究，他們對於腦部可塑性（開放於被塑造、被改變的能力），以及兒童和青少年的經驗對於神經發展的影響，做了多層次的分析。研究中 Greenberg 與同僚提出「促進另類思維策略計畫」（Promoting Alternative Thinking Strategies, PATHS），並詳細闡述計畫的神經學背景，包括這項計畫著重於社會和情意學習。過去已有明確證據顯示，神經發展是遺傳與環境交互作用的產物，神經元的產生、突觸的形成、修剪與密度，都是神經系統的發展，隨著時間推展，形成大腦前葉皮質成熟的基礎，並增進行為縝密思考控制的力量。此外，證據也顯示，在左、右大腦之間的交流，以及決定行動的語言使用上，都愈來愈複雜化。

Greenberg 與同僚（2007）發現，在他們發展這項計畫之前，Moffitt（1993）曾對終生持續型（life course-persistent）和青少年暫時型（adolescent-limited, AL）這兩種反社會行為做出區別。終生持續型的反社會行為，發生在很小的年紀，之後會在個人生命全程中經常出現，且嚴重偏離可接受的行為。青少年暫時型行為則是在青春期開始才會出現，但並不頻繁，也不會嚴重違反社會規範，在青春期結束之後，青少年暫時型行為會趨於停止，實際上它可能是發展階段的常態，想想看「青春期叛逆」和犯罪傾向的不同。在上述區別之下，對問題行為做早期介入的重要性，似乎就很清楚了。

Greenberg 與同僚的 PATHS 計畫研究，指出介入對於年幼兒童（一年級和二年級學生）抑制不正確反應和排序相關訊息的能力，可能會有很大的影響。這些能力已被發現與教師和家長所報告的兒童問題有關。能夠控制自己的行為並避免表現出不適當的行為，是非常重要的能力。衝動行為向來被視為不成熟

的行為，接受 PATHS 介入計畫的兒童，更能夠控制好自己的行為。而能夠談論事情並透過口語來解決問題，也是非常重要的，PATHS 介入計畫也正向影響了這項技能，進而減少了問題行為。

覺察到歷程存在於多元層次中，且不同歷程之間具有交互作用，研究者從這個覺察中發展出新的理論和介入措施。就整體觀點而言，心理韌性的文獻為以社區為主的計畫提供了方向，其中融合了生物學與社會學，不但符應社區心理學的多學科傳統，也能同步於目前心理學中受到重視的生物心理社會模式。

摘要

壓力、因應、社會支持和心理韌性的文獻，為社區計畫提供了理論和研究的基礎。這些模式假定人們是面對一個不斷變化和嚴苛的世界，而其中充滿了挑戰，需要個人加以因應。而社會支持的存在，以及獲得這些支持的能力，是個人在因應歷程中的重要資源。檢視那些在威脅和風險環境中成功的人——即具有心理韌性的人們——更可突顯出個人和社會資源對於成功的重要性。

我們已經了解到，人類可以成功地應付各種逆境。從 Linda 處理大學第一年的壓力來看，此例有助於指出在高風險群體（例如處於轉換期的人們）中，有些人會失敗，而有些人會成功。心理韌性文獻提出成功所需的特性，是特定於發展任務的，從生命的一個點到另一個點，並不是一個平穩、連續的過程，而是一系列的挑戰。成功者和失敗者的區別，在於自我調節及面對眼前挑戰的能力。對此，有良師的支持是有幫助的，這種支持來自於個人特性與情境特性的互動，協助個人「建造」所需要的機會。詢問就讀大學的學生，大多數學生會告訴你，他們的世界是令人怯步的，如同一位大學畢業生把它比作「進入一個黑暗隧道」（Candice Hughes, commencement speech, Pacific Lutheran University, Tacoma, WA, May, 2008），至於你在隧道裡會發現什麼，以及你如何因應隧道中的發現，則取決於你的資源，當中也包括你能夠在需要時帶來援助的能力。在社區裡面，這是一個規範性歷程，或者說，是「平常魔法」的結果（Masten, 2001）。

4

社會改變的重要性

譯者：陸怡琮／審閱者：羅素貞

我們一直在等待的那個人其實就是自己。

——June Jordan

——Alice Walker

——Barack Obama

　　一位知名的美國非裔心理學家曾經述說他童年時與家人一起旅行的故事。當他們要進行長途汽車旅行前，會先把所有需要的東西打包，並仔細的規劃路線。他們需要有足夠的食物和水，也要規劃在哪裡停車、上廁所和加油，所有旅行的細節都必須事前計畫。需要這麼詳細計畫的原因是，並不是所有的地方他們都可以任意停留。如果沒有足夠的飲水，他們不能隨意去一家店買，他們無法隨心的使用廁所，或到任一家餐廳用餐。在那個年代，每個地方都會清楚標示出「白人專用」、「黑人專用」，他們不能自由的任意越界。這個故事是一位在知名研究型大學工作的朋友告訴我的。

　　在 19 世紀後期，美國高等法院將「分離但平等」訂為美國的法律。《Plessy 對 Ferguson》案確認，路易斯安那州法律規定黑人與白人使用不同設施是合法的，因為這些設施是相同的。當時的最高法院相信，這個法律並沒有使得一個群體比另一個群體更低下。這個解釋允許隔離的學校、隔離的廁所、隔離的入口，也成為隔離社會的基礎。1954 年最高法院在《Brown 對堪薩斯州 Topeka 市教育局》案中判定，隔離的學校會造成特定群體有較差的設備。這個判決創造了打破種族隔離的今日社會。隔離的入口、廁所和學校這樣的概念對現今的人們是那麼陌生，因此很多人都覺得這個故事不可思議。1954 年高等法院這個劃時代的判例，為社會帶來了直到今日仍存在的改變。我們現在視隔離的入口、隔離的餐廳、隔離的設施是荒誕的想法，社會改變確實發生了。在《Brown 對教育局》案中，心理學影響了最後裁決。心理學家 Kenneth Clark 和 Mamie Phipps Clark 的證詞與研究，在判決中扮演重要角色，改變了美國社會與美國心理學（Benjamin & Crouse, 2002; Keppel, 2002; Lal, 2002; Pickren & Tomes, 2002）。社會改變使我們重新思考目前的狀況，對改善有所想像，並展望更美好的生活。

　　Trickett（2009）指出，社區心理學自始就有兩個目標：「在社會脈絡中了解人們，以及嘗試改變那些妨礙人們控制自己生活與改善社區的各種可能社區因素」（p. 396）。不論是計畫性或非計畫性的改變，似乎都是現代普遍存在的情況，特別是當社會的經濟鴻溝加大時。積極參與並形塑社會改變是許多社區心理學家的重要工作（Maton, 2000）。社會改變正是本章的焦點。

　　從心理學家的觀點如何定義改變？Watzlawick、Weakland 與 Fisch（1974）
認為改變有兩種：「一種發生在系統裡，但系統本身維持不變，另一種的出現
則改變了系統」（p. 10）。這兩種改變分別被稱為**第一序改變**（first order
change）和**第二序改變**（second order change）。第一序改變是指個人改變了他
在系統（如家庭）中的典型行為。例如，媽媽選擇忽略兩歲的兒子，因為他在
媽媽拒絕買他想要吃的糖果時大發脾氣。如果這對親子的典型互動方式是小孩
發脾氣就會得到糖果，因為他的哭聲讓媽媽感到丟臉，希望他趕快停止，那麼
媽媽忽略他的哭聲就是一種行為改變。但若這行為模式已穩固建立，媽媽新出
現的忽略行為（也就是第一序改變），很可能是這互動中唯一改變的部分，因
為當兒子被忽略時，他可能哭鬧得更劇烈。換言之，雖然媽媽的行為已改變，
但整個系統尚未改變。例子中的媽媽如果持續忽略（或負增強）兒子藉由發脾
氣達到目的的行為，最後，兒子會學到他的哭鬧行為是無效的，因而改採較正
面的新方法來達到目的。當系統不再是由兒子哭鬧和媽媽投降所組成，我們可
以說第二序改變已經發生了。Watzlawick 等人（1974）指出，第二序改變的達
成需要改變的創造者跨出他原來所熟悉的世界，並以創新的方式思考與行動。
在第二序改變中，改變的創造者也需要有足夠的觀點取替能力，才能對問題有
完整的覺知，並找到解決方法。

　　圖 4.1 中的九點問題正是一個第二序思考的例子。請你試著解決此問題，
看你是否能設計出一個第二序的解決方法。

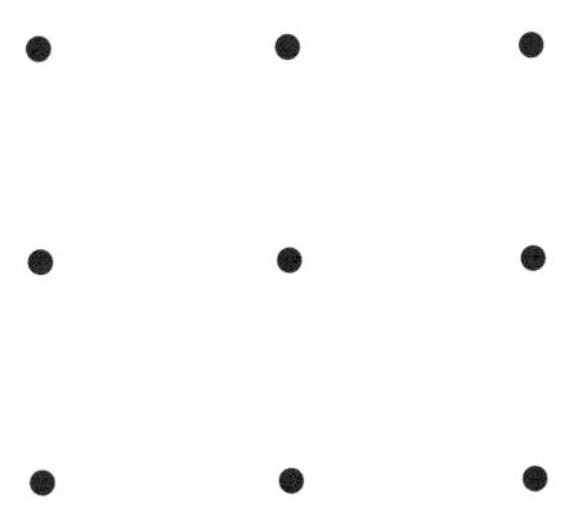

圖 4.1　九點問題

說明：請以四條直線連接上圖中的九個點，畫線時筆不可抬離紙上。這個問題的解法
　　　在本章最後的圖 4.3 中。

在 Rappaport 1977 年的論文及後續其他界定社區心理學的論文中，都指出社區心理學的「革命性」本質（Trickett, 2009）。革命性是指社區心理學的重點從心理健康的治療轉換到心理健康的預防，介入方式從個人為中心轉換到系統為中心，工作的焦點從病理轉換到福祉。社會改變是這個轉換中不可或缺的一環。

對社區心理學家而言，社會改變的相關問題是複雜且環環相扣的。社會科學家想知道造成改變的是什麼，如何預測改變，如何因應改變，還有最重要的，如何創造與引導出可以提升社區成員生活狀況的改變。

本章乃欲檢視究竟是什麼造成了這個複雜世界的改變，不論是否為計畫性改變。我們的討論將涵蓋心理學、人類學、醫學、公共衛生、政治學、社會學及其他領域（Maton et al., 2006; Wandersman, Hallman, & Berman, 1989）。事實上，以跨領域的方式檢驗並介入社會改變通常是適當的（Maton, 2000; Seidman, 1983），尤其是，當我們體認到社會人口的多元性（U.S. Department of Labor, 2006）與其所帶來的挑戰（Maton, 2000; Trickett et al., 2011）。

什麼現象促使社會改變？社會改變原因的清單中排在較前面的因素包括：人口的多元性、社會不公義、資源減少、績效責任的要求、知識擴展或科技改變（Kettner, Daley, & Nichols, 1985）、經濟改變、社區衝突（Christensen & Robinson, 1989）、對解決社會問題的傳統方法之不滿、期望有不同選擇或多元的解決社會問題方法（Heller, Price, Reinharz, Riger, & Wandersman, 1984）等。這個清單並不完整，其中有些因素需要仔細討論，以幫助你了解它們在塑造社會改變中的角色。

第一節　社會改變的理由

壹、人口的多元化

中世紀的人們很少期待自己會長壽，但今天美國和其他各國的平均餘命都在提高中。老年、殘障與失業人口的逐漸增加，以及不斷湧入的新移民，這種

現象提供了一個範例，讓我們可以看到人口的多元化，如何創造出對社會大幅改變以及對創新的社區介入之需求。

舉例來說，在民主國家，公共政策與政府應該要反映所有公民的需求與期望，然而有些公民並沒有參與投票，例如，街友因為沒有固定的戶籍地址而失去投票的權利，很多老人和殘障人士因為交通費用太高或其他的原因而沒有投票（Schur & Kruse, 2000）。這些族群應該表達他們在營養、健康照顧、住宅與其他議題的政治意見，但他們沒有去投票。若能提供老人或殘障人士投票接送服務或其他投票方式，就能讓他們對與其直接相關的議題表達意見。將服務提供給最需要的人，就能賦予他們參與社會改變的權力。

因此，特殊群體（Fairweather & Davidson, 1986）會造成社會中的一些改變，並藉由他們在社會中人數的增加或特殊狀況，進而創造更多的改變。以人數超過百萬的嬰兒潮世代為例，他們現在已近老年，這代表社會需要提供比過去更多的資源給老年人。我們不應低估人口趨勢在社會改變中的重要性（Duffy & Atwater, 2008; Light & Keller, 1985）。如果官方機構對人口多元性這個特殊議題不夠敏感，這些群體自己就能，而且也會創造出改變（Kettner et al., 1985; Maton, 2000）。本書的下一章會討論創造或處理社會改變的草根力量。

本章一開始所討論的社會改變是數十年的努力所達到的成果。《Brown 對教育局》這個訴訟案件是由有色人種權利促進會（NAACP）所提出的。如先前所述，此案的判決非常重要，因為它為過去被排除在主流社會之外的許多群體開啟了各種機會之門。

貳、社會正義：社會改變的道德必要性

社區心理學家之所以投入前述那些協助社會適應人口改變的工作，主要是因為這個領域對社會正義的承諾。如第一章中所述，社會正義是引導社區心理學的價值，一個公平的社會是社區心理學家的整體目標。

人口趨勢的改變，例如移民人口的增加，不應只是被看成人口統計上的改變，而是應將這些群體的需求與價值整合進民主內涵中。這在美國的歷史上確實曾發生過，雖然是經過很大的衝突後才發生，如《Brown 對教育局》案。這

樣的例子可以清楚說明，如果要有公義的社會與真正的民主，反覆檢討「現況」和「一直以來都是怎麼做」是必要的。

Albee（2000）這位心理學家因質疑心理學所重視的價值（或缺乏明顯價值）與其在社會正義上的立場而聞名。雖然社區心理學的發展是由社會正義的價值所引導，但其他心理學領域則對這個議題態度模糊。心理學與其他社會科學一樣，仿效科學以客觀為基礎。然而，客觀地研究礦石顯然要比客觀或中立地研究人類或人類行為的面向要來得容易。因此，像 Albee 這些心理學家認為，把心理學視為「不帶價值」（values-free）的學門，在驗證社會現況時會產生誤導，甚至會帶來更多問題。

Young（1990）指出，美國和許多其他國家的現況是以邊緣化的方式剝奪某些群體的權利，因而導致不民主的決策。因此，若心理學界不願意對邊緣化表達立場，就會成了支持它存在的共犯。這是Albee（2000）對這個領域的主要批判。其他社區心理學家如 Prilleltensky 也呼應此觀點（Fox & Prilleltensky, 2007），他指出，雖然有些人希望心理學能不涉政治或是政治中立，但不表示這是對的（或是應該的）。

因此，社區心理學家參與社會改變的一個理由是為了社會正義這個價值。重視社會正義，讓我們必須對造成社會不公義或不平等的歷程或政策進行改造。如果有些兒童因為社經背景而可以接受比別人更好的教育，社會改變是必要的；如果某些種族團體因為得到的健康照顧較差而出現比較高的癌症死亡率，社會改變是必要的；如果女性在管理階層的比例偏低是因為僱用或升遷上的歧視，社會改變是必要的。換言之，當我們重視社會正義，不平等本身就是社會改變的理由。

就如同垂死金絲雀的出現顯示受汙染的礦井飄出了有毒物質，不平等意味著社會不公義的存在與社會改變的必要性。要維持社會正義就必須提倡並保護社會正義的政策和歷程。若社區心理學是由社會正義的價值所引導，那麼參與社會政策的檢驗與參與社會改變就是社區心理學家的主要工作之一。此一觀點在下面有關資源匱乏的討論中會再做說明。

參、資源減少或匱乏的知覺

　　當資源減少，人們就會有相對匱乏的知覺。經費預算的基準逐年下降中，匱乏導致社會動力的改變，增加人們對資源的競爭（Foundation Center, 2008; Smart Growth, 2008）。這個議題不只影響個人和家庭，也影響社區中心、國民教育、免費的診所，以及其他由政府預算、私人捐款或企業認捐等外在經費所提供的服務。由於很少有社區服務方案能自給自足，絕大多數都高度倚賴外在經費支持（Kettner et al., 1985），因此，許多帶來社會改變的努力都會因為經費與資源的缺乏而受限制（Maton, 2000）。社區服務的外來經費，不論是來自政府立法補助或是公共或私人捐助，通常都只補助一段時間，且由於經費所能支持的團體數遠遠少於爭取經費的團體數，經費的取得必須透過競爭，因此，新方案也必須跟原有方案競爭有限的經費（Levine, Perkins, & Perkins, 2004; Sarason, 1972/1999）。另外，聯邦政府和地方政府在公眾服務上的經費也在減少，因此製造了「反向羅賓漢」（Robin Hood in reverse）效應（Delgado, 1986）（譯註：搶奪已經很窮的人）。

　　因為政府減少社區服務的經費，造成其他贊助機構（如私人基金會）的壓力變大。Ford 基金會、Charles Stewart Mott 基金會、Henry J. Kaiser 基金會、Robert Wood Johnson 基金會、MacArthur 基金會、Carnegie 基金會（Chavis, Florin, & Felix, 1992），以及新近的 Bill and Melinda Gates 基金會都是這類私人基金會的例子。由於提案申請這些有限經費的方案與社福機構愈來愈多，因此，爭取政府經費與基金會經費的競爭都很激烈。

　　雖然有些機構會向案主收費作為經費來源之一，但大多數機構都不願意倚靠案主繳交的費用，因為這些費用會隨個案量和案主本身資源的多寡等因素而不穩定。即使是採取**浮動收費**（sliding scale）（根據案主收入或撫養親屬人數決定收費）的機構，也不願意對經濟最困難的案主提高收費。這種重新分配使得窮人無法取得資源的趨勢（Delgado, 1986），造成了資源在減少的知覺。當經費問題變得嚴重（或即使還不很嚴重），案主和機構管理者就會為了增加經費，要求改革或社會改變。然而納稅人通常對為了補助改變而加稅並不贊同。

　　由於要納稅人同意增加政府對某些社區方案的補助並不容易，機構經常必須要透過慈善捐款募集經費。這些社會大眾的主動捐獻也會因經濟和其他不可控制的因素而變動，因此社區機構負責人也都不願意太依賴慈善捐款。社區服務的經費議題一直都是，未來也持續會是棘手與不穩定的問題（Frumkin, 2000）。

　　焦點 4.1 詳細討論了非營利組織在經費上所面對的兩難。

焦點 4.1

非營利組織在經費上的兩難

　　非營利或慈善組織的數目和會提供愛心捐助給慈善組織的基金會數目，在過去幾十年中都有成長（Foundation Center, 2008; Smart Growth, 2008）。但這兩者成長速度相同嗎？換言之，當爭取經費的機構數目在增加，機構拿到經費的機會是否在減少？還是這兩者同步成長？

　　在 1950 年代，基金會的數目以每年約新增 195 個的速度開始成長。到 1980 年代，每年平均新增 348 個基金會。在 1980 到 1995 年間美國的基金會總數增加了將近一倍，從 22,088 增加到 40,140（Siska, 1998）。到今日有 57,000 個基金會或企業捐助單位，提供超過 246,000 種經費補助（Smart Growth, 2008）。這些補助涵蓋社會服務、藝術與科學、民主保護、對弱勢且需要協助群體的補助、天然災害災民的照顧、健康照顧、教育等領域（Independent Sector, 2006）。近年來，成長最多的補助領域是有關和平與國際事務方面議題，大幅成長了 72.5%（Foundation Center, 2008）。

　　依賴這些基金會經費補助的非營利組織數目是否也有成長呢？是的。美國財政部認定的非營利組織超過 190 萬個（Independent Sector, 2006），它們必須彼此競爭經費。有些機構很小，收到的補助低於 5,000 美元，有些則收到上百萬美元的補助。表面上看來，雖然捐助經費的機構數目增加，但慈善經費的競爭卻是非常激烈的。

　　然而，這些統計數字可能因為經濟和其他因素的變化而有所誤導。其他因素例如天然災害，像是襲擊路易斯安那海岸的颶風（Center on Philanthropy, 2001; Foundation Center, 2008）。仔細檢視可以發現，經費並不是平均分配給所有非營利組織。有

焦點 4.1（續）

些組織收到超過百萬美元的大筆捐款。事實上，捐給非營利機構超過五百萬美元的捐款筆數有大幅的成長。一個小型的社福機構（例如教會的免費兒童照顧中心）能跟一個大型的全國性組織（例如美國癌症協會）競爭這麼大筆的經費嗎？DeVita（1997）的研究發現，雖然小型的非營利機構占絕大多數，但是那些少數的最大型的組織卻取得了大部分的經費。更具體的說，花費少於十萬美元的小型組織占所有非營利組織的 42%，花費超過一千萬美元的組織只占整個非營利體系的 4%。小型慈善機構只獲得 3% 的贊助，而大型組織則取得了一半的補助經費。這個研究也顯示，教育或健康相關的非營利組織得到很高比例的經費。此外，位在美國東北部的組織拿到了大部分的贊助。它們約占慈善組織的四分之一，但拿到了三分之一的補助。

　　針對一開始提出的問題，機構得到經費補助的機會在減少嗎？答案可能同時是「是」和「否」。「是」是因為提供經費補助的基金會數目在成長（但不夠快），「否」則是因為經費的分配並不均等。

肆、績效責任

　　績效責任和它的相關詞成本效益幾乎已是時下的流行用語。**績效責任**（accountability）是指對說明經費用途的義務與責任。在經費匱乏的時候，對新的和持續執行的社區方案要求績效責任是非常公平與合理的（Wandersman et al., 1998）。表 4.1 提供了一系列與績效責任有關的問題，這些問題對方案設計與評估是很重要的。

　　成本效益（cost effectiveness）是指要精明的運用經費，也就是花的錢應該要有報酬或獲利。成本效益通常針對金錢，績效責任則是指花費的時間和決策的品質。

　　經費支出一直都是個重要議題，但今天的公民比起過去更在意此議題。誰會要求績效責任？在今天幾乎每個人都會：案主、工作人員、行政主管、納稅人、民選官員、頒發執照的委員會等。選民都想知道以下這些問題的答案：我

表 4.1　針對績效責任的計畫與評估策略
1. 此介入為何有必要？
2. 此方案如何採納科學與「最佳的作法」？
3. 此新方案如何與其他既有方案整合？
4. 此方案要如何實施？
5. 此方案實施的狀況如何？
6. 此方案的效果如何？
7. 如何改進此方案？
8. 做什麼才能讓此方案制度化？

資料來源：改編自 Wandersman, A., Morrissey, E., Davino, K., Seybolt, D., Crusto, C., Nation, M., et al. (1998). Comprehensive quality programming and accountability: Eight essential strategies for implementing successful prevention programs. *Journal of Primary Prevention, 19,* 3-30. With kind permission of Springer Science and Business Media.

的錢花到哪去了？目標群體是否因此獲益？目標達成了嗎？若沒有，為什麼？

　　當問題的答案還不可得或不是預期中的，提出疑問的一方就可能要求改變。有些人可能要求更換新的行政主管，其他人可能要求新的經費使用準則。要求變更的清單可能會長到讓沒有準備好說明績效責任的組織就此消失。因此，最後的結果極可能是某種持續不斷的改變。

伍、知識為基礎的和科技的改變

　　以網際網路溝通系統為主的科技改變，在企業界和社福界都創造了新的要求。有些組織和個人對科技進展適應良好。其他則因為各種理由，例如不願使用新科技或缺乏經費，而無法良好適應或快速適應。

　　現今人們可能認為自己經歷了過去從未有過的快速科技改變。不論何時發生的科技改變，都必然造成進一步的改變（Frank, 1983; Kling, 2000）。例如，許多年輕人和他們的父母間存在的科技差異（Kaiser Family Foundation, 2010）。你可能在網路上完成期末報告、記帳、記錄行事曆，甚至消磨無聊時間。但對

你的父母而言，曾有一段時間網路並不存在，而且當時電腦也只在企業中使用，不在家裡使用。電腦已經改變了人們做生意、完成作業和社交的方式。

若是這種「跳躍式的科技改變」（Frank, 1983）還不夠看，美國主流社會還經歷了知識大爆發。從心理治療到景觀建築的新方法、人力資源管理的新準則、控制人們生活各方面的法規，乃至於其他各種創新與應用，這些全都需要新的知識與技能，而這些也可能會壓垮社會成員，創造進一步的改變，也可能同時引發焦慮。

雖然科技已普及於我們的工作、教育和休閒生活中（Brosnan & Thorpe, 2006），很多人對它還是很恐懼，特別是並非在網路時代成長的年長者。在心理學文獻中，將這種對科技的一般性恐懼稱為**科技恐懼症**（technophobia）（Brosnan & Thorpe, 2006），對電腦的特定恐懼稱為**電腦恐懼症**（computer-phobia）（Hudiburg, 1990），或近來被稱為**電腦焦慮**（computer anxiety）（Thorpe & Brosnan, 2007）。有些學者還指出，此種恐懼或害怕已經強烈到可以被診斷出來的程度（Thorpe & Brosnan, 2007），且為了成功適應現代世界，它是需要被治療的（Brosnan & Thorpe, 2006）。

這種數位落差（digital divide）現象已延伸到許多不同的群體與國家（Cooper, 2006）。研究發現老年人會出現電腦焦慮（Laguna & Babcock, 1997）。未受過良好教育、貧窮、年長、殘障和少數族裔等邊緣化個體，比一般人有更多的科技恐懼（Duffy & Atwater, 2008; Karavidas, Lim, & Katsikas, 2005; National Science Foundation, 2003）。但文獻對於電腦焦慮和科技恐懼是否真的存在性別差異仍有爭議（e.g., Cooper, 2006; Popovich, Gullekson, Morris, & Morse, 2008）。當科技改變持續進展，這些個體可能只會更害怕。傳統的社區系統（如衛生部門）幾乎沒有提供因應科技災難方面的協助（Webb, 1989），這情形對恐懼的減緩毫無幫助。一個可能的解決方法是透過社區教育和資訊傳播。這些策略在下一章會討論。

往好處看，Wittig 與 Schmitz（1996）及 Kreisler、Snider 與 Kiernan（1997）發現社區的組織主要是透過數位化方式達成。這種科技化的組織方式似乎能模糊社會界限，轉變對被汙名化群體的看法，促進先前不參與公民活動的人們參與，並賦予人們行動的能力。

陸、社區衝突

有些社區經歷了衝突,例如,有些 1960 年代的示威與暴動是因為白人與黑人衝突所引起的。這些衝突的發生通常是由一個社區要「贏」,另一個社區就必須要「輸」的知覺所造成。然而,衝突並不必然造成負向改變(Worchel & Lundgren, 1991),社區衝突的一個正向結果是社會改變。**社區衝突**牽涉到兩個以上的團體,他們有著不相容的目標,這些目標帶有特定的價值(正向或負向)。社區衝突因為牽涉到強烈的價值、權力鬥爭與團體間的不同利益,通常都很難解決或處理(Checkoway, 2009)。但是,不論衝突是否解決,衝突通常都會帶來社會改變,因為只有善意並不足以消除導致衝突的因素(Fairweather & Davidson, 1986)。正如在第一章中所討論的社會正義概念,在衝突處理過程中,如果所有團體都有代表出席,即使最後結果的分配並不平均,衝突的結果也可能是公平的。當衝突能帶來對話和共同決策,衝突就帶來了正向的社會改變。

柒、對傳統服務的不滿意

大概沒有其他因素比顧客對社區服務不滿意,特別是對由外部專家主導的服務不滿意,更能帶來社會改變(Maton, 2000)。第一章中提過,心理學家在 Swampscott 鎮研討會議表達了對傳統形式心理治療的灰心,這個對傳統心理衛生服務的不滿意帶來了社區心理學的誕生與發展。

本章一開始的故事正是不滿意可以創造社區改變的一個例子。非裔美國人社區很清楚知道社會中存在著偏見與歧視。這種不利的狀態已系統性地根深蒂固,並普遍存在他們的社交世界:這是一個制度化的社會不正義的良好例子。

針對心理介入的議題,檢視另一個對服務不滿意而導致改變的例子是重要的。你也許已從心理學或相關領域的訓練知道,最早的一種心理治療形式〔或稱「言談治療」(the talking cure)〕是 Sigmund Freud 提出的精神分析論。Freud 的門徒如 Carl Jung 和 Alfred Adler 不再對 Freud 的治療方法著迷,並就他

們的了解修正了精神分析論（Phares & Chaplin, 1997）。現代治療師因為不贊同
Freud 理論的泛性論（pansexuality）和潛意識概念，發展了一系列的治療方法，
如行為改變技術、認知行為治療、存在人本諮商等。現在的案主有一長串的治
療方法可以選擇，這正是對當時「現況」不滿意所做的回應而帶來的改變。

　　因為對傳統以病理為基礎，強調個人取向的臨床心理學不滿意，導致社區
心理學的誕生。如第一章所述，在 1960 年代 Swampscott 鎮研討會議因為各種原
因而提出以能力為基礎，強調社區取向的介入。同樣地，對於欠缺以少數族裔
為對象的服務感到不滿，因而引發的行動，產生了文化知情心理治療（cultural-
ly informed psychotherapy）（Pedersen, Draguns, Lonner, & Trimble, 2008; Sue &
Sue, 2008）。以男性為核心的心理學理論的不恰當，促成了女性理論的發展
（Gilligan, 2011）。在心理學中可以找到許多例子說明不滿意如何帶來改變，
焦點 4.2 是其中的一個例子。

焦點 4.2

社區衝突：化逆境為轉機

　　1960 年代在紐約州 Rochester 市發生了一個不幸但有趣的社區衝突案例。令人驚
奇的是，從這個逆境中產生了機會。一個非裔美國人社區決定辦社區派對。這個派
對辦在一個炎熱的夏夜，許多年輕人都來參加。半夜時一群年輕白人出現在派對
上，他們被視為侵入者。兩邊用粗暴無禮的語言對罵，最後演變成暴力衝突。Ro-
chester 市就像其他的城市一樣，很快爆發了種族衝突。

　　因為不希望這樣的暴力衝突再度發生，數個社區團體聚集起來嘗試找到解決問
題的方法。他們決定請美國仲裁協會（American Arbitration Association）協助設計一
個社區方案來處理各種衝突。**社區調解**（community mediation）方案因此誕生。這個
方案用和平的方式處理個人間或團體間的衝突，作法是指定一個中立的第三方——
調解者——來促進爭執雙方的討論與問題解決（Duffy, Grosch, & Olczak, 1991）。這個
方案也監督社區機構的選舉、都更新市住宅的抽籤、《檸檬法》（lemon law）（譯
註：美國保障汽車買主權益的一種消費者保護法）對於汽車買主與製造者間的調

解，還有其他需要中立第三方的社區計畫。一開始的社區衝突、種族間的緊張，通常都是大型全國公民權益運動的一部分，這種公民權益運動造成的社會巨大改變直到今天都還未完成。

Rochester 市的衝突帶來更大的改變是《社區爭端解決中心法案》（Community Dispute Resolutions Center Act）的成立（Christian, 1986）。這個法案確立了紐約州的每個郡都要仿效 Rochester 市設立調解中心，後來其他州也跟進。今天在美國有上百個調解或社區正義中心，有些是附屬於法院，其他則是由宗教或其他慈善團體管理（McGillis, 1997）。這些中心都希望能促成以和平方式解決衝突。因此，社會衝突能創造雪球式的社會改革與社會改變，Rochester 市的經驗只是其中一個例子。在第九章會對社區調解有更多討論。

捌、對多元解決方法的渴望

走進美國任一間商店，商品展示的種類是很驚人的。美國人已習慣於在多種品牌中做選擇，他們不只要求商品的多樣性，也期待服務的多樣化選擇。尋求心理治療的案主希望能選擇不同訓練背景的治療師、治療類型、付款方式和治療長度。同樣地，美國人也希望能選擇小孩上公立還是私立學校，或在要求損害賠償或完成土地交易時，能選擇律師事務所和律師。在 19 世紀的美國，每個鎮上只有一個醫生、一間學校、一間藥局為所有家庭服務，至今已有很大的改變。當人們覺得機構漠不關心或是他們擁有的選項不多，甚至對現有選擇不滿意時，人們就會要求並創造改變。

下面這個在司法系統發生的例子可以說明，對更多選擇的渴求如何創造改變。看過法庭審判實況錄影的人都知道，有時法官的判決會讓原告和被告雙方都不滿意，甚至讓勝訴的一方不覺得自己贏了。為解決這樣的不滿，並提供更多元方式來使用法院系統，於是發展了**多元爭議解決法**（multidoor approach），如同在華盛頓特區所建立的（Ostermeyer, 1991）。這是一個協調系統，用來幫助

使用法律系統的市民找到最適合他們的選擇：不同的法庭（小額索賠、市級、州級、聯邦級）；調解方案；法律扶助單位；公設、私人和義務律師；其他的機構，如心理衛生的協助。多元爭議解決法幫助市民與機構避免了不斷與重複轉介所造成的挫折，讓人們不再將司法系統看成是一個像迷宮般令人困惑的官僚體系（Ostermeyer, 1991）。

　　前述社會改變的理由，摘要在表4.2。表中的理由並不完備，但它有助我們熟悉社會改變的一些原因。本章一開始提到的《Brown 對教育局》案就有多重原因與多重解決。美國的社會與經濟發展歷史讓它成為多元社會，我們相信機會平等和自由是所有人的基本人權，但我們至今仍在努力讓社會上所有內團體和外團體成員都能享有此權力（Gaertner & Dovidio, 2005）。雖然我們想要做到公平，但資源是有限的。我們自然地、下意識地將人們分類或分群的傾向，與讓所有人都平等及自由的渴求是背道而馳的（Devine, 1989, 2005）。我們將人分類的原因有其歷史、經濟、政治、社會與心理的根源（Jones, 2003），而要解決這種將人們分類及形成偏見的傾向，以及伴隨而來的歧視性後果的方法也

表 4.2　社會改變的理由與例子

改變的理由	社會改變的例子
人口多元化	愛滋病患者渴望得到其他愛滋病患的情緒支持，他們
資源減少	國家經濟低迷，私人基金會提供的補助減少。
績效責任	一個納稅人團體參與了公聽會，要求說明加稅如何可以改善社區服務。
科技進展	一家公司為了訓練中階經理而買新的軟體。
社區衝突	一家機構要在一個住宅區設立中途之家。兩個居民團體，一個支持，一個反對，在公聽會上發生衝突。
對傳統服務不滿意	地區的私人心理診所收取高額費用，而保險並不給付這些費用。市民開始探討是否能透過補助心理診所，而使診所改為依收入收取費用。
不同解決方法的渴望	法院的多元爭議解決方案，對社區中鄰里衝突事件的解決方法提供多重選擇。

是多重的。政治與法律的解決可以回溯到美國憲法架構、美國內戰、憲法第 14 修正案（法律之下平等保護）等。《Brown 對教育局》案正是藉由法律判決，來促進所有人都能在美國得到平等對待的一個例子。此案例主要是解決教育的問題，但它也為以更多方法來解決公平相關議題開啟了一扇大門。透過這些不同的法律、社會、機構或個人的解決方法，增加了不同團體間的接觸、互動、互相依賴的機會，而這些情境有助於建立同理心，並將外團體成員轉變為內團體成員（Allport, 1954/1979; Dovidio, Gliek, & Budman, 2005）。我們現在已可以了解種族其實是政治下所衍生的一個類別，與膚色、臉型、智力、社交技巧及抱負都無關。因此，以這種獨斷的類別作為區隔人們的理由並不成立。最高法院的判決有助族群融合，我們才有今天的社會。目前，我們在提供機會給所有人（包括非裔美國人、其他少數族裔、女性、心理障礙者、經濟困難者、肢體障礙者，以及其他曾被歸類為外團體的各種團體成員）這件事上，已有很大的進步。

接下來，我們將檢視計畫性和非計畫性的社會改變方式。

第二節　社會改變的類型

預測社會趨勢和社會改變也許很棘手，但對設計介入方案卻很有幫助。例如，美國人口調查局曾預期 2000 年的調查會顯現人口結構的變化和人口數的增加。人口調查局能夠預測某些改變，但所預測的變化未必都會成真，有時實際的改變比預測來得更劇烈或更輕微。如果 2000 年的人口統計數據正確，則當時美國人口增加了 3,270 萬，是歷史上最大的人口成長。另一個例子是，教育當局隨著嬰兒潮世代的出生，在美國郊區蓋了許多學校和設備。今天，這些學校同樣面臨的卻是由疏離青少年所製造的暴力問題。社運人士可以向人口統計專家和其他預測專家學習，以便預測改變可能在哪裡發生，特別是自發性的或是非計畫性的改變。

壹、自發的或非計畫性的社會改變

自然發生的改變稱為**非計畫性**或**自發性的改變**。大部分的災難不是事前計畫的，例如，1871 年的芝加哥大火不是事前計畫的，而近年來發生的校園暴力事件，也沒有人能事先預測。

自然災害帶來痛苦與社會改變（Ginexi, Weihs, Simmens, & Hoyt, 2000）。旱災、地震、洪水、火災和其他天然災害，迫使社區成員離開了他們的房子和工作。雖然這些災害未必都讓人痛苦（Bravo, Rubio-Stipec, Canino, Woodbury, & Ribera, 1990; Prince-Embury & Rooney, 1995），但通常都會導致大幅度的改變。

非計畫性的人口大幅改變也會導致社會改變（Rosenberg, 2006）和社會不滿與分裂（Katz, 1983）。例如，隨著嬰兒潮世代的成長，他們的需求也跟著改變。他們現在是中年或老年（Rosenberg, 2006），很多人需要照顧年邁的父母（Carbonell, 2003; Naisbett & Aburdene, 1990）。他們發現提供老年照顧的社區服務如此匱乏，這對他們形成很大壓力（Duffy & Atwater, 2008）。另有些人則有幼兒，需要托育服務，但也發現僧多粥少。同時要照顧孩子和老人的這些人被稱為**三明治世代**（Spillman & Pezzin, 2000）。當嬰兒潮世代（出生於 1946 到 1965 年間）的年齡達到請領社會保險退休與聯邦醫療保險時，將會造成更多的社會改變。

其他人口結構的改變更進一步造成生活型態的改變。例如，雙薪家庭數目的增加（Cromartie, 2007; 見圖 4.2）提高了托兒的需求（Naisbett & Aburdene, 1990）。一個社會改變不可避免的會創造另一個改變。

非計畫性改變之所以讓人覺得有壓力，是因為它通常不可控制，也無法預測。不可控制的事件會讓人感到壓力，無法預測的事件更是如此。當個人覺得命運是自己控制的，感受到的壓力較小，但當覺得失去控制時，就會感到焦慮（Boggiano & Katz, 1991; Duffy & Atwater, 2008; Taylor, Helgeson, Reed, & Skokan, 1991）。

非裔美國人在民權運動中可能感覺自己的生命非自己所能控制，而是由社會中的多數——白人——所決定。在《Brown 對教育局》案的判決幾年後所進

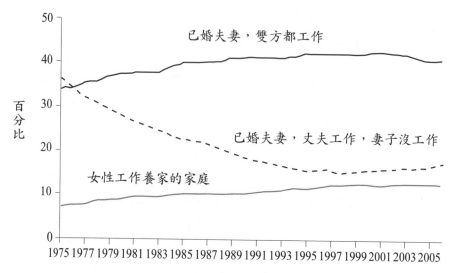

1975 年 3 月至 2006 年不同家庭型態和家庭成員工作情形的家庭百分比

圖 4.2　家庭的工作型態隨時間改變

資料來源：Cromartie, S. P. (July/August 2007). Labor force status of families. A visual essay. *Monthly Labor Review,* 35-41.

行的一些研究顯示，非裔美國人有外控（external locus of control）的傾向（Bruce & Thornton, 2004）。針對控制源（locus of control）的研究發現，當非裔美國人有較成熟、精緻且正向的種族認同時，他們的控制來源就會從外在控制轉成內在或自我控制（Martin & Hall, 1992）。然而，Ruggiero 與 Taylor（1997）發現，被歧視的知覺會威脅個體的自我概念和自我控制覺知。而非裔美國社區在透過組織和計畫性的行動下，已從感覺不可控制轉變為可控制的覺知了。

非計畫性改變經常侷限於特定的生態情境，而這些情境通常是個人無法選擇的。例如，犯罪和自然災害通常侷限在特定環境（Taylor & Shumaker, 1990），因此當個體發現他們正處在這些環境中時，可能會感到壓力。同樣地，晚上走在一個充滿社會分裂徵兆（塗鴉和滿地垃圾）的社區，也會讓人感受到壓力。

除了協助社區服務的設計和發展，社區心理學家也可以透過預測，來協助社區因應非計畫性的改變。前面提過，社區心理學的一個宗旨就是介入。這並

不表示社區心理學家可以預防改變，他們顯然無法預防洪水，但了解如何預測非計畫性改變，可以協助社區在改變發生時或甚至發生前做好準備。準備可以預防改變太過猛烈和過度痛苦。

　　預測的科學是很複雜的，有些科學家就是專精於做預測。例如，人口資料有助於對人口變化的預測。舉例來說，當嬰兒潮世代年紀大了，他們將會是美國有史以來最大的老年族群。這表示如果目前的老年照護供給已不足，現在如不趕快準備，20 年後的供需會更加失衡。**社會指標**（social indicators）是對社會某些層面的測量，它們是根據整合、修正或調整過的社會統計所建立（Johnston, 1980），這些指標可以用來做社會預測。使用複雜的統計技術，我們可以預測社會趨勢，也可對預防方法有所準備（Kellam, Koretz, & Moscicki, 1999a, 1999b）。焦點 4.3 是研究並處理非計畫性改變的一個例子。

焦點 4.3

與原住民族合作體驗改變

　　以下介紹一個非計畫性與非控制性改變的深刻例子。世界各地的原住民都有這個例子中的類似經驗。這是由 Kral、Idlout、Minore、Dyck 和 Kirmayer（2011）對加拿大北極圈的因紐特族（The Inuit）所進行的一個研究。作者追溯了這個原住民的四千年歷史與源流（McGee, 2004; Purich, 1992），他們描述這個原住民文化強調「親屬關係、互相依賴、跨代的教導與支持」（Kral et al., p. 427）。在 1950 到 1960 年代，加拿大政府將他們從傳統家庭營地遷到了集居地和寄宿學校。這些改變發生的很快，而且不是原住民自己可以事先計畫或控制的。

　　現在，因紐特族的嬰兒死亡率是加拿大全國平均的 3.5 倍，失業率是 15%到 72%，平均壽命比全國平均少 12 年，青年自殺率幾乎是世界最高（Kral et al., 2011）。這些數字不言自明。

　　在一個大型的自殺防治計畫中，社區心理學家聚焦於幸福、快樂、不快樂、和療癒的本土概念。他們也嘗試探討社區的改變對居民幸福感經驗的影響。

焦點 4.3（續）

在一次區域自殺防治會議之後，組成了因紐特指導委員會。這個委員會由年輕人、成人和老人各個世代的代表組成。

心理學家與委員會合作設計了一份開放式的訪談問卷，訪問了從 14 到 94 歲的參與者。在離開每個社區前，研究團隊把訪談資料的摘要分享給部落的領導者，最後，研究團隊與委員會成員開會討論研究結果。最後的報告中只呈現跨村落皆一致的發現。

第一個也是最一致的發現是家庭對生活的重要性。對受訪者而言，與家人在一起、交談、分享食物和一起旅行對都是重要的經驗。在討論到快樂時，家庭被提到的次數是其他項目的四倍（不快樂最常被連結到愛情關係）。與快樂的關聯性第二高的是溝通。他們「強烈地相信與別人交談對個人的幸福感很重要」（Kral et al., 2011, p. 430）。第三個與幸福感相關的主題是與傳統的連結，像是如何打獵、到領地工作、製作工具和衣服、建冰屋，和了解自己的文化。

他們覺察到的改變包括人口增加、家庭成員間的距離變大（交談與拜訪都減少）、文化習俗的流失、還有家長對子女控制的減少。這些改變都影響家庭與家人間的互動。「拜訪」和「被愛的感覺」都減少了。

Chandler & Proulx（2006）指出，文化和自我認同的中斷都會提高自殺的風險。受訪者所提到的這些生活上改變，確實將他們置於風險中。

這些發現促成了新的原住民自決政策（Baffin Mandate, Government of Nunavut, 1999）以及一些新計畫的提出，例如「老年社會的構成」（Formation of an Elder's Society）方案、成立以傳統為核心的社區健康中心、以及「原住民青年自殺防治策略」（National Aboriginal Youth Suicide Prevention Strategy）方案等。

貳、計畫性社會改變

若人們不想如非計畫性或非意圖性改變那樣，靜待改變的發生（McGrath, 1983），而是想要創造改變，那就是「計畫性」或是「引發的」改變（Glidewell, 1976）。人們如何著手進行這個龐大的工作？社區心理學文獻中建議了一些很

好的策略：自助〔包括草根行動（grassroots activism）〕、建立服務與社會支持網絡、使用外在改變機構或顧問、教育或資訊方案、投入公共政策制定。這些議題在下一章會詳細討論。這些方法都不容易，且各有其優缺點，不過，計畫性改變比起非計畫性或自主的改變，更可能得到期待的結果。

　　到底什麼是計畫性改變？Kettner 和其同事（1985）為此下了一個還不錯的定義。**計畫性改變**是有意圖的或刻意的介入，以改變一個情況或是改變社會的一部分或全部。計畫性改變與非計畫性改變在四個特徵上有所不同。首先，計畫性改變的範圍是限定的，也就是說改變的目標在事前就設定好了。第二，計畫性改變是為了要提升社區成員的生活品質，這是社區計畫性改變的主要目標。第三，受改變所影響的人們在計畫性改變中扮演主要角色。社區心理學家不應該將改變強加在社區成員身上。相反地，他們的角色應該是將可行的選擇告知民眾，幫助他們做適當的選擇，與他們一起參與改變的設計與執行。最後，計畫性改變通常是（但未必一定）由一位擔任變革促進者角色的人負責引導。**變革促進者**（change agent）（Lippett, Watson, & Westley, 1958; Oskamp, 1984）經常是受過訓練的專業人士，但也可以是案主團體的倡議者或是成員、政治運動者、教育專家，或其他對造成改變有興趣的人士（Ford, Ford, & D'Amelio, 2008）。心理學家大多擔任顧問或是變革促進者的角色，顧問的角色在下一章會詳細說明。本章開頭故事中提到的 NAACP 這個組織和 Clark 與 Clark 兩位心理學家的角色，正是計畫性改變的絕佳例子。他們以特定學區為目標，讓法律發生了預設的改變，教育機會的增加帶來了生活品質的改善，而非裔美國人社區顯然是決定目標和介入做法的主導者。

參、計畫性改變的相關議題

　　計畫性改變的一個主要議題是誰來決定改變要發生，以及何時、如何和什麼改變要發生。在民權運動之前，白人決定社會要改變什麼，黑人率先爭取能創造計畫性社會改變的平等機會（後來其他弱勢群體也跟進），最後也確實獲得此平等機會。但試問，不管是什麼樣的計畫性改變，到底應該由誰來決定要做什麼？任何年齡的公民？只有當地居民？還是所有受到影響的選民？只有納

稅人？還是民選的官員？

　　社區心理學家倡議，與社區相關的所有人員都應該對社區發展有發言權（Fawcett et al., 1996; Fetterman, 1996; Maton, Aber, & Seidman, 2011）。社區賦權是社區心理學的基本概念（Rappaport, 1977; Zimmerman, 2000）。

　　合作是許多社區工作的特點（Bond, 1990; Fawcett, 1990; Maton, 2000; Rappaport, 1990; Rappaport et al., 1985; Serrano-Garcia, 1990; Wolff, 2010）。合作（collaboration）是指社會科學家和案主一起檢視社會問題並創造解決方法（Rappaport, 1990）。合作也被稱為**參與式決策**（participatory decision making）、**合作式問題解決**（collaborative problem solving）（Chavis et al., 1992; Kelly, 1986a）或**賦權評估**（empowerment evaluation）（Fetterman & Wandersman, 2005）。Christensen 與 Robinson（1989）建議，自決對實際解決問題的用處是，身處問題中的人最知道如何解決，因此對改變的接受度會比強加的改變來得好。此外，合作式決策有助於建立較強的社區一體感，且由於合作是個交互影響的歷程，因此可避免案主與諮詢者在努力方向上的衝突與重疊。合作的關鍵是賦權與建立網絡，這些都能增進自決的可能性。

　　想要著手進行計畫性社會改變的人需要為改變做詳細的計畫（Maton, 2000）。周密且能持續進行的計畫性改變，需要在時間、能力、金錢與其他資源上大量投資，這些資源原本是可以使用在其他地方的（Kettner et al., 1985）。變革促進者也必須讓參與者有心理準備，知道改變是要花很長時間的（Fairweather & Davidson, 1986; Seidman, 1990），因為有些人會抗拒改變（Ford et al., 2008）。同樣地，問題愈是重要，要解決它可能就愈困難（Shadish, 1990），介入所需要處理的層級就愈多（Maton, 2000）。

　　改變的計畫者還必須考慮改變是否真的可能（例如：所有涉及的各方是否都會合作？有經費嗎？）還有期待的結果到最後是否真的能達成。例如，雖然全國有上千個社區方案和組織，但多是失敗的（Florin, 1989）。Prestby 與 Wandersman（1985）發現 50%的社區志工組織在成立一年後已不再運作，其中許多是為創造和支持社會改變而設立的，這類組織似乎特別容易結束或失敗（Chavis et al., 1992）。

　　Fairweather 與 Davidson（1986）解釋，針對某個社會問題的單一次處理行

動不會造成實質性的改變，多管齊下且持續的作法一般而言比較可能成功。一勞永逸的解決方法可能也不會有效（Levine & Perkins, 1987）。Fairweather 與 Davidson 也提醒，雖然有些舊有作法可能運作良好，但任何無效的作法都應該要拋棄。還要記得，並不是所有情況都需要進行徹底的改變。

除了前述的層面外，改變計畫者也需要考慮幾個與正向改變有關的因素（Fairweather & Davidson, 1986）。改變必須是**人道的**，也就是說改變必須對社會負責，表現出強調提升人類潛能的人道價值。改變技巧也應該是**問題導向的**，應該針對問題的解決，而非只針對理論。同樣地，改變的策略應該針對**多重社會階層**，而非只針對特定個人。技巧可能需要創意與創新，**創意**是社區工作者的「朋友與夥伴」。改變的計畫也需要**有彈性**，才能散播到其他群體或情境。並非所有技巧都適用所有群體，但總有些社區可以採用其他社區試過的方法。

脈絡或環境是社區心理學生態傳統中的一個重要概念（Trickett, 2009）。例如，環境的社會氛圍會影響計畫性改變的執行。研究發現，學校的環境可預測反霸凌方案中教案呈現的層次（Gregory, Henry, & Schoeny, 2007）；**行政領導**（如「學校裡的訊息流通管道順暢」）和**支持氣氛**（如「即使是低成就學生在學校也會被尊重」和「學校老師對身為老師感到很驕傲」）也對這個為期三年的方案帶來較佳成效。

變革促進者也需要重視社會實驗與行動研究。從這個角度來看，改變的計畫者不能畏懼創新，也不能害怕他人對其創新的評估。社會實驗與評估是攜手並進的（Fairweather & Davidson, 1986）。任何用來創造社區改變的介入和方案都需要誠實地被評估，根據評估的結果做修正，然後再次評估。只有透過這麼做，變革促進者與社區才能知道最佳的方法是否已經到位。

最後，改變計畫者或變革促進者必須是現實主義者，特別是對普遍的政治氣氛和深層的系統結構（Light & Keller, 1985; Foster-Fishman & Long, 2009）。改變總會讓有些地方不一樣，不然改變就沒有發生（Benviente, 1989）。有些人喜歡改變，有些人不喜歡。因此，只要一建議要改變，相關的權力鬥爭就會開始（Alinsky, 1971/1989）。

第三節　改變帶來的困難

　　為什麼為了創造社會改變或提供替代服務而設計的方案會失敗？為什麼出於好意的努力會出錯？若民眾對該怎麼做的意見分歧，該怎麼辦？有很多可能的理由，但此處我們只提出其中幾個。

　　計畫性改變失敗的最重要原因是抗拒（Ford et al., 2008; Glidewell, 1976; Levine & Perkins, 1987）。抗拒可能來自許多不同來源，包括：行政人員、實務工作者、案主或任何其他社區成員。抗拒為何會發生？許多社會對於改變傾向有內建的抗拒（Ford et al., 2008）；團體成員被訓練成遵循自己的方法——老方法——他們將它視為較**安全**或較佳的方法（Glidewell, 1976）。新團體或新想法會讓團體覺得他們的存在受到**威脅**。Ellam 與 Shamir（2005）相信對改變的接受度與改變是否和組織成員的**自我概念**一致有關。如果改變被視為是自己決定的、吻合自己的獨特性、可以提升自我，或是與現存的自我概念有**一致性**，改變就比較容易達成。最後，也可能是變革促進者自己做了某些事，造成了社區疏離或對改變的抗拒（Ford et al., 2008）。

　　還有許多其他理由造成社會改變努力的失敗。心理學家早就指出內團體與外團體效應，人們偏愛自己所屬的團體（**內團體**），且會詆毀團體外的人（**外團體**）或對他們賦予刻板印象（Allport, 1954/1979; Brewer, 1999）。例如，營利企業尤其是大型私人企業，通常會抗拒由小型非營利企業，或是政府的新政策所創造的社會改變，因為營利企業認為他們的獲利會受到影響。內團體優勢和外團體危害的假設有助維持內團體的團結，但也會增加對接受外團體訊息或特性的抗拒。無法同理並理解外團體成員所處狀況，會阻礙內團體成員接受訊息和根據這些訊息做出改變的能力（Batson et al., 1995）。為了「對方」提供協助雖不是完全不可能，但是非常困難的（Strumer, Snyder, & Omoto, 2005）。

　　有些對改變的抗拒是來自於可能因改變而受益的人，因為他們被教導改變是不可能的，現況是他們唯一能擁有的。南美洲解放教育者 Paulo Freire（1970）提出，受壓迫者通常無法察覺他們生活所受到的限制，由於成長的社

會結構條件，他們無法看見任何改變的希望。當受壓迫者開始察覺自己所受到的壓迫，**意識覺醒**（conscientization）就發生了。Freire（1994）相信當個體對於自決有所覺醒且「發現有獲得希望的機會」（p. 9），意識覺醒就會發生。他提出以「多元一體」（unity in diversity）的價值來創造權力基礎，並把功能不良的責任從「被壓迫」的個人，轉移到「壓迫」的結構（pp. 157-158）。這些概念似乎預見了後面將會討論的心理學研究與理論，包括 Bandura 提出的「集體自我效能」（collective self-efficacy）和第一章中 Rappaport 提出的「賦權之路」（empowerment effort）。大致而言，本章第一部分提到的第二序改變就需要意識覺醒（Watzlawick et al., 1974）。

改變通常不只是不受團體歡迎，也不受個體歡迎（Kettner et al., 1985）。社會知覺心理學家指出個人特質會導致對改變的抗拒。所謂的**認知吝嗇鬼**（cognitive misers）會只根據對團體的刻板印象，以少量的資訊就做決定（Fiske & Taylor, 2013; Spears & Haslam, 1997）。這是由「歸屬感、理解、控制、自我提升和信任」等社會需求所啟動（Fiske, 2004, p. 117）。個人抗拒訊息或改變的原因和團體相同——因為他們覺得改變會威脅所屬的團體、自己的名聲、工作保障或幸福。此外，Kuhn（1962/1996）解釋典範轉換（或看世界的方式）的困難，他認為社會改變就和改變世界觀一樣，需要人們拋棄他們原先學會的「真實」，以新的方式思考。雖然這可以做到，也確實有人做到，但需要先累積大量的證據。觀點的轉換是很劇烈的，因此不會輕易地被採納。Vygotsky 提出的近側發展（proximal development）概念認為，超過我們現在所能理解的一個層級以上的新學習，就會極其困難並充滿抗拒（Hedegaard, 1996）。Watzlawick 與其同事（1974）也支持此看法，認為改變是很困難的。正如 Foster-Fishman 與 Behrens（2007）所建議的，改變不只需要技能的轉換，也需要心態（mindset）的轉換。所以我們可以了解，任何社會改變要概念化都很困難了，更何況是執行及找到可被接受的作法。

通常，變革促進者和他們的方案會失敗（Ford et al., 2008），是因為他們的策略是對抗式的，讓人不舒服的，且可能違反了「有禮貌規則」（politeness norms）。Alinsky（1971）、Kettner 與其同事（1985）和 Wolff（2010）認為冒險是改變的一部分，包含冒著改變會不受歡迎的風險。然而，現實是，如果計

畫改變者只得到負面曝光（如在媒體），或是對自己抗議的問題無法提出解決方法，他們的抗議就會被視為是空洞的、破壞性的，而非建設性的。當受到現有系統負面影響的人知覺到彼此有共同目標與共同性（commonalities）（Gaertner & Dovidio, 1992; Gaertner, Rust, Dovidio, & Bachman, 1994），以及能建立**同理連結**（Batson, Ahmad, & Lisher, 2009; Dovidio et al., 2010）時，改變就會發生了。此外的其他動機則是比較自利型的，圖利自己或所屬團體，以及迴避嫌惡事件。

　　Saul Alinsky（1971）在 1940、1950 和 1960 年代在芝加哥與稍後擴及全國的社區工作，至今仍被視為改變的另一種模式。Alinsky 指出，沒有經過鬥爭，不會帶來權力改變。特別是，創造性權力鬥爭的參與者可以使用現有的規則，而對現況帶來壓力。表 4.3 摘要了 Alinsky 提出的基進作法。

表 4.3　給基進者的十個規則[註]

1. 用盡資源來吸引注意力。
2. 不要超出你的群眾的經驗。
3. 盡可能超出敵人的經驗。
4. 要求敵人履行他自己的規則。
5. 嘲笑是強大的武器，它會讓反對者做出對你有利的反應。
6. 你的群眾會喜歡的就是好策略——如果他們不喜歡，一定是哪裡有問題。
7. 一個策略若拖延太久，就成了拖累。
8. 威脅通常比事物本身更讓人害怕。
9. 權力是你擁有的以及敵人以為你擁有的。
10.持續緊逼，給予壓力。

註：這些是一般性準則。根據 Saul Alinsky，這些準則需視特定情況的特殊性調整。
資料來源：改編自 Alinsky（1971）.

　　集體式的計畫性改變被認為是好的，但這只在特定範圍內才為真。如果組織或個人計畫性改變的結構太鬆散、沒有穩固的領導，或是決策者在計畫時顯得毫無紀律，那麼就會失敗。Delgado（1986）回顧了幾個組織，他們雖有很好的企圖心，但最後卻因為組織的基礎結構不恰當而消失了。Maton（1988）發

現當組織有愈高的角色分化、有愈好的秩序與組織和有能力佳的領導者，就有愈正向的幸福感和團體評價。許多社區心理學家現在都專注在將「能力建置」視為提升社區組織能量的方法，在現有文獻中有非常多的例子（Miao, Umemoto, Gonda, & Hishinuma, 2011; Nowell & Foster-Fishman, 2011; Vivolo, Matjasko, & Massetti, 2011; Wilke & Speer, 2011）。

　　Foster-Fishman 與 Behrens（2007）提醒社會系統改變的概念化常被過度簡化。當選定一個特定改變，卻未詳加考慮它可能造成的多層次影響的話，改變的努力可能會失敗或無法持續。變革促進者在擬定計畫時必須具整體性與通盤性才能看到問題的全貌，而不只是零碎的片段。多重的（Freedman, 1989）或是多層次計畫（Maton, 2000）比較能確保成功，因為在這樣的計畫下，要發生改變的脈絡或環境才比較可能被考慮進來（Kelly, 2006; Trickett, 2009）。

　　要預防失敗最好的解決方法（畢竟預防是所有社區心理學的重要成分）是要得到社區對這個改變背書，並建立需要改變原因的實徵證據，這樣就能為改變打下良好基礎。社區心理學家視研究與實務為交互依賴的（Kelly, 1986b）。行動研究是以理論為基礎的科學工作，用來解釋從社區輸入到研究與介入歷程，最後導向問題解決（Lewin, 1948; Jason, Keys, Suarez-Balcazar, Taylor, & Davis, 2004; Primavera & Brodsky, 2004）。社區的行動研究有其缺點（Price, 1990; Tolan, Keys, Chertak, & Jason, 1990），問題包括社區成員對研究者缺乏信任，方案與社區行政官員的協商破裂，無法依照實驗設計隨機分派受試者，以及未能選擇適切的測量工具（Fairweather & Davidson, 1986）。雖然有這些可能問題，「透過合作，我們也見到許多成功的案例，社區成員獲得了自覺，建立重要的網絡連結，達成了社區改變」（Jason, Davis, et al., 2004, p. 241）。

摘要

　　我們期待今天的世界會改變。改變發生的原因有許多。多元的人口，如持續增加的老年人口，造成許多必須解決但社會可能還未準備好的問題。資源或經費的減少，可能是因為經濟低迷或政府政策的改變所造成。科技的持續進步則會使得個人或社會需要改變。電腦和通訊方式的改變，造成我們日常生活與

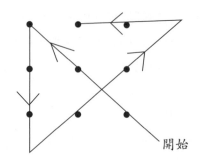

開始

圖 4.3　九點問題的解決

在思考此問題的解法時需要超出這九個點。若能跳脫這些點所限定的框架，就可能找到解決方法。若你能解決此問題，你就是在進行第二序思考。

資料來源：取自 Watzlawick, P., Weakland, J., Risch, R., & Erickson, M. (1974). Change: Principles of Problem Formation and Problem Resolution. New York, NY: Norton.

做生意方式的改變。另一方面，很多人害怕科技的進展（科技恐懼），而傳統的社區服務卻很少幫助個體因應這些恐懼。

責任績效的要求也會創造改變。民眾期待經費應該要有效的使用，他們對於無法清楚說明的經費花費非常在意。與責任績效有關的是成本效益，它是指經費如何有效的使用（亦即是否有利潤）。

社區衝突是另一個改變的理由。社區中的團體經歷種族或宗教的衝突、資源的衝突，如土地等的使用，以及其他等等，因而創造了改變。人們對以傳統方法處理現今問題（例如對心理疾病的處置）的不滿日漸升高，對問題的解決也希望有多元的選擇。

改變有兩種：計畫性的（引發的）改變和非計畫性的（自發的）改變。當改變是刻意的，計畫性改變就發生了。計畫性改變的範圍有限，通常可提升社區成員的生活品質，為受影響團體提供參與的角色，且經常是由一位專業變革促進者或諮詢者負責引導。在非計畫或自發的改變中，改變是非預期的，有時是災難性的（就像洪水等自然災害），且規模經常是很大的（例如有一部分的人口快速成長，像嬰兒潮世代）。

　　社區心理學家對於讓社區服務變得更好的社會改變的研究與實施很有興趣。他們帶到此歷程中的一些工具會在下一章討論。不論改變是計畫性的或非計畫性的，都可以運用社區資源來解決問題。

社區介入策略

譯者：邱珍琬／審閱者：王大維

> 我在伯明翰，因為不公義就在這裡……
> 我了解所有社區和州之間的相互關係……
> 任何地方的不公義都是對各地正義的威脅……
> ——馬丁路德金〈來自伯明翰監獄的信〉

在過去的十年裡，這個社區變得愈來愈糟。犯罪率上升，寄宿臨時工增多。鄰居不再認識彼此——不管是出自於習慣，還是因為缺乏興趣、時間壓力或恐懼。然後毒販搬進來了，該地區以古柯鹼屋、安非他命的生產使用與銷售，以及隨之而來的暴力而聞名。這是一個可以將水上美景一覽無遺的地方，但是沒有人想入住。

然而這是一個老社區，許多居民經歷了衰退期，或因為考慮自己的負擔能力、對社區固有的忠誠，或對社區有願景而選擇遷入。那裡曾經有過一些企業、醫院，也有為人期待的所有便利與服務。這些在那裡已經存在很久了，儘管經濟環境出現了幾次轉變，它們依然屹立不搖。然而，大多數人會談到該地區的生意困難和風險。

然後事情就這樣發生了。附近發生了一起非常暴力的事件轟動了全州。記者談到那些守法居民的困境，他們現在陷入困難，幾乎無法賣屋或搬家。沒有人想買房子住在那裡。為了因應所有這些的不利因素，一群公民聚集在一起。有人說，是從一個街區派對／烤肉會開始。鄰居們聚在一起，找出問題所在及合作的好處。他們組織了街區巡守來監視眾所皆知的「毒品屋」；他們交換電話號碼，同意彼此幫助；他們也造訪警方，警方因此受到鼓勵，並樂於盡可能協助。

毒品遷出了鄰近社區，因為毒品的運作需要祕密進行。鄰居們在這個過程中找到了彼此的共同點與連結，他們拯救了自己的家園和鄰里。這是「安全街道」及後來全國性的「守夜」行動的起點——鄰居們聚在一起聊天、吃飯，熟悉彼此。

本章回顧了社區心理學家促進社會變革的一些方式，這些是有計畫的努力成果。他們持續在描述與預測性上進行研究，從社區心理學的角度來看，我們可能會更了解這些過程。從這些理解當中，我們可以設計出更好的介入措施來協助這些轉變。

第一節 創造計畫性改變

Sarason（1972/1999）詳細考慮了促成「創造環境」之改變的重要性，以及這些創造的意義。有人會說，社會從來沒有比現在更需要改變。許多報告和委員會已得出結論——我們是一個酗酒、吸毒、青少年懷孕和暴力等眾多社會風險指標的國家（Wandersman et al., 1998）。創造和維持社會變革並不容易，但社區心理學家在研究如何創造與維持正向社會變革的最佳方式中，是處於最前線的位置。Cook 與 Shadish（1994）認為社會改變有三種方式：第一個（是他們相信最成功的）是透過慢慢改進的方式來改變系統；其次是測試創新方案，讓它們可被接受；第三個也是最激進的，是從有問題的系統結構開始。

參與社會變革是社區心理學的根本價值（Jason, 1991; Maton, 2000），也是社會現實的基本（Keys & Frank, 1987）。本章檢視了造成小規模和大規模社會變革的既定方式，對每種技術的使用方式、優劣及相關研究進行討論。當改變被認為是刻意且是預先計畫的時候，就稱為「**有計畫的改變**」。

第二節 公民參與

在本文開始所描述的安全街道計畫，讓居民參與解決方案，他們了解這個問題的所有細節，因為他們是環境與居民的日常觀察者。他們知道「毒品屋」在哪裡以及販毒者進出毒品屋的模式；他們可以識別毒品製造者、毒販以及他們的客戶。也就是說，他們是長期居住在那個環境中的人，根本無需特別花時間來回應，因為他們早已經在那裡了。透過報告他們所看到的，他們可以獲得更好的警力介入。公民是改變鄰里事物的關鍵變數。

也許沒有其他創造社會變革的方法，像參與者發起的改革那樣受到同等的關注，而對於這種改革的興趣持續增加中（Linney, 1990）。許多作者對於這樣的改革給予不同的名稱，像是公民參與（Levi & Litwin, 1986; Wandersman &

Florin, 2000）、賦權（Rappaport, Swift, & Hess, 1984）、草根性行動（Alinsky, 1971）和自助（Christensen & Robinson, 1989）。**公民參與**（citizen participation）可以被廣義地定義為——參與任何有組織的活動，在這種活動中，無給職的個人參與是為了實現共同的目標（Zimmerman & Rappaport, 1988）。這種改革方式的根源是：人們相信他們可以、也應該合作，來共同解決常見的問題（Joseph & Ogletree, 1998）。事實上，有些人認為「自助」是最有希望的社會變革機制（Florin & Wandersman, 1990）。公民參與的一個例子就是**草根性行動**（grassroots activism），這種行動發生在：個人定義自己的問題，同時推動社會變革來解決這些問題——是以由下而上的方式（而不是由上而下）。例如，當公民厭倦於生命被高速公路無情地奪走時，就督促政策制定者通過對酒駕更嚴厲懲罰的法律，這就是公民執行的草根性行動。焦點5.1會更進一步討論，在介紹社區發展協會介入後，公民參與社區變革的情況。

　　這種改革的另一個例子，且更個人化的是**自助團體**（self-help groups）（Levy, 2000），像是匿名戒酒協會，在這裡有共同問題的人聚在一起彼此協助、給予情緒上的支持。由於自助團體經常由專業人士監督，有些心理學家更喜歡用**互助團體**（mutual assistance groups）這個詞，表示純粹由非專業人士組成的團體（Levine, 1988）。然而，Shepherd 和同事（1999）指出，將專業領導和同伴領導的團體做區分是人為的：專業人員參與這種團體的程度不一——從些微到極多，這些團體的成功來自於成員間的通力合作。通常，這些小組中的人從彼此身上學習應對策略。在個人層面上，社區成員（如朋友、家人和鄰居）可以透過提供**社會支持**，扶持彼此度過艱困時期（Barrera, 2000）。社會支持是兩人彼此交換資源（像是情緒安撫或物質），提供者希望用所提供的資源來增進接受者的幸福感（Shumaker & Brownell, 1984, 1985）。社會支持可以成為社會變革發生的另一種手段。

　　公民參與的一般場域是工作地點、醫療保健計畫、建築環境、鄰里協會、公共政策舞台、教育計畫，以及應用科學（特別是社會科學）和技術的情境。這種類型的參與可以透過選舉參與（投票或為特定的候選人或議題工作）、基層努力（當公民創立一個團體，並確定其目標和方法），或政府授權的公民參與，在那裡公民被指定為監督委員會或出席公開聽證會。表5.1提供了更多公民

焦點 5.1

社區發展協會

　　社區變革和公民參與已經成為美國日常生活中被接受的事實。基於這個和其他理由，社區發展協會（Community Development Society, CDS）因此成立。CDS 承認公民有能力在複雜多變的世界中，建立與採取民主行動，這也是成功的關鍵。社區發展是一個在整個社區的積極參與下，盡可能靠社區自發主動，去創造經濟和社會發展條件的過程（Bradshaw, 1999; Levine, Perkins, & Perkins, 2004; Rothman, 1974）。

　　CDS 成員來自教育、醫療保健、社會服務、政府和公民團體等多個領域。成員們認為社區是社會的基石（Bradshaw, 1999），此外，他們了解社區可以是複雜的，而成長和發展是人類的一部分，透過提升個人、組織能力和解決問題的知識，可以促進每個社區的發展。CDS 成員熱切地相信，良好的運作可以引導良好的社區發展及社會變革。

　　為了響應這些信念，CDS 為社區發展的專家們（無論他們是公民還是專業人士）打造了一些良好的實踐原則：

- 需要促進公民參與，以便社區成員能夠左右那些影響他們生活的決定。
- 公民應該參與問題診斷，以便受影響的人能夠了解情況的原因。
- 社區領導者需要了解與社區問題和議題相關的各種解決方案，對社區的經濟、社會、政治及心理影響。
- 社區成員應該設計和執行自己的計畫，以解決取得共識的問題（儘管可能需要一些專家協助）。此外，在過程中，共同領導和積極參與是必要的。
- 最後，社區領導者需要在社區中具有影響力的技能、信心與動力。

　　根據 Maton（2000）的觀點，這些優良的實踐策略可建構能力或造成有價值基礎的改變。這些原理聽起來很熟悉嗎？許多原則是被社區心理學家所接受的。重點是有許多社區公民和領導者在沒有研究過社區心理學的情況下，採用了社區心理學的原則和目標。

表 5.1　公民參與的例子
表決
簽署請願書
為一個目標貢獻金錢或時間
閱讀關於社區需求或改變的媒體文章
杯葛或抵制對環境不利的產品
為社區調查而受訪
參與自助團體
參加問答會議或辯論
在特設委員會或工作組任職
參加靜坐和遊行
在社區帶領草根性運動團體
在社區擔任義工
為社區服務籌款
提供諮詢服務
擔任公職或支持特定候選人

參與機制的例子，這些機制在努力和承諾面向上有所不同。

壹、社區參與和預防

　　正如同第一章所討論的，「預防」是社區心理學的一個定義原則。在「安全街道／全國守夜」的案例中，公民看到了一個嚴重的社區問題，並聯合起來監視他們的鄰居，讓該社區對每個人來說，成為更安全的地方。這種行動可以歸類為三級預防方案，也就是問題早已存在，行動是為了預防未來發生的事件。然而，在某些方面，用於預防未來事件的策略也可以成功地防範事件初發的社區，這些社區即便尚未經歷暴力或毒品問題，但在將來可能會有面臨此類問題的危險（即二級預防）。當社區裡都是對居住地關切與重視彼此聯繫的人時，毒販或幫派成員就很難找到一個可以開展業務及製造危險的利基。

　　因此，像這樣的故事讓我們得到一個結論：「好」公民需要聯合起來消除

鄰近地區的「壞」分子？曾經一度參與「壞」行為的社區成員，是否可以成為預防性基層行動計畫的寶貴資產？在本書的幾個章節中，我們將會看到一個預防方法，它是將社區成員作為準專業參與者，這是公民參與模式中更堅定的一種。其中一個例子就是讓正在勒戒者去接觸目前的吸毒者，或者讓前幫派成員試圖防範當前幫派成員間的社區暴力。這些類型的預防方法是成功的，因為正在參與的社區成員，是他們想要接觸的人所信任的對象。對目前的幫派成員伸出援手的前幫派成員，可以被視為有能力了解幫派實際情況的人——以一種專業社工或其他專業人員不能夠理解的方式。在這種情況下，預防方案的成功可能取決於社區成員的參與。對於我們的目的來說，幸運的是，已經有一個方案證明了這種暴力預防的優勢。

　　跨領域，現在是國際性的合作，我們所說的暴力預防計畫是所謂的「療癒暴力」（http://cureviolence.org）。「療癒暴力」被視為是一種預防暴力的計畫（也就是在特定的社區提供），將以人為中心和以環境為中心的處理措施合併起來，由伊利諾州芝加哥大學的流行病學家 Gary Slutkin 博士所發展的「停火」計畫，「停火」原先以環境為中心的策略是：遴選前罪犯、前幫派成員，也是現在目標社區的成員，擔任「暴力阻斷者」。這些人擔任中立的一方，來調解個人及幫派對手之間的衝突，這樣做是為了打斷在槍戰之後經常發生的報復性暴力循環。含括在「停火」裡以人為中心的策略，包括派遣外展工作者擔任設定青年族群的諮詢顧問，並在必要時，為他們與其他心理衛生服務做連結。「停火」不是以主要或普遍的預防為目標，而是針對根據警方數據庫顯示以暴力活動中心聞名的特定社區。該計畫的目標是減少未來的暴力行為發生，最終目標是要改變受到暴力環繞的社區規範。有些人可能會懷疑，前幫派成員或前科犯是否真的可以改變，成為社區安全的真正資產。這個問題的答案在於「停火」的成功（http://cureviolence.org/effectiveness/）。在 2012 年，「停火」已變成「療癒暴力」，因為該計畫涉及的不僅僅是槍支，而是一個更廣泛的社區行動——將暴力視為公共衛生的問題。

　　在美國所做的評估，美國司法部調查了七個城市停火／療癒暴力的效率。七個城市中，六個槍擊「熱區」的規模和強度都有下降。那項評估（見 Skogan, Hartnett, Bump, & Dubois, 2008）也指出，與控制組相形之下，進行停火／療癒

暴力的四個地區發生的整體暴力事件減少了。為了報復早期事件的相互殺戮，在方案進行區域比參照組地區減少更多。此外，在三個進行停火／療癒暴力的地區，涉及幫派殺人案件的平均值也下降了。在某些案例中，謀殺率甚至下降高達 73%。因此，司法部的報告證實了「停火」模式是一種以證據為基礎的介入措施，可減少槍殺事件，最後創造了更安全的社區。

　　停火／療癒暴力計畫有許多令人印象深刻的面向。其一，這是一個預防方案，是仿效其他基層、社區人員、公共衛生方案——那些已被證明對於預防重大公共衛生問題是有效的方案，包括針對全球性的結核病和人類免疫缺陷病毒（HIV）的預防。國際上存在的停火／療癒暴力計畫已經發展出來，包括在伊拉克、倫敦、南非、特立尼達和多巴哥的社區所進行的計畫。這個計畫可以在不同區域獲得成功，因為它仰賴當地社區成員、獲得當地社區資源，也孕育出「社區有能力解決自身問題」的訊息，這是社區心理學家肯認的觀點。然而，植基於社區成員深度參與的預防方案，顯然只有在社區成員受到感動，進而實際參與的情況下，才能發揮作用。因此，我們必須提出一個問題：誰參與？

貳、誰參與？

　　不是每個人都希望參與社會變革，或認為自己可以有效地造成社會變革，這就稱之為**無力感**（Zimmerman, Ramírez-Valles, & Maton, 1999）。O'Neill、Duffy、Enman、Blackman 與 Goodwin（1988）的研究，檢視了什麼類型的人會積極試圖造成社會改變。研究人員發下修正過的 I-E 量表及不公平量表給修讀「心理學入門」的學生和單身母親們（兩組人都被認為是「非社會運動人員組」）、日托中心的董事會成員（中度社會運動人員組），以及家暴受害者中途之家的董事會成員（高度社會運動人員組）。I-E 量表（Rotter, 1966）測量內控與外控信念。有內控信念者認為，他們控制著自己的增強物；而外控信念者相信其他人或命運（個人外部的東西）控制著增強物。研究人員修改了量表來評估個人的權力，或是個人掌控自己命運的感受，不公義量表評估個人對世界是否公平的看法（例如：法院是否允許有罪的人自由及讓無辜的人入罪？）。O'Neill 及其同事發現：不管是個人權力還是不公正的感受，都無法單獨預測誰

是社會運動家。個人的力量感結合了對社會不公平的信念，造成了社會激進主義。圖 5.1 以圖表的形式再現這些結果。

「參與」似乎與人們在鄰里植根的感覺有關，也就是在此區停留時間的長短、計畫留在這個地區，以及生兒育女（Wandersman, Florin, Friedman, & Meier, 1987）。毫不意外地，Chavis 與 Wandersman（1990）的研究發現，社區意識對參與街弄的協會似乎很重要。Perkins、Florin、Rich、Wandersman 與 Chavis（1990）提出了了解「參與」的生態架構：覺察到聚在一起的需要、一系列「有利條件」（如睦鄰行為），讓這個團體可以做到「參與」。Corning 與 Myers（2002）發展了一個參與社會行動的量表，已被用於後來這種性質的研究。Sampson 與 Raudenbush（1999）的研究指出，強大的社會凝聚力與犯罪之間的負向關係。看起來在本章剛開始的「安全街」故事中，居民們認為藉由像鄰居一樣聚集在一起，就會改變他們居住地區的犯罪氛圍。「強大的鄰里」就

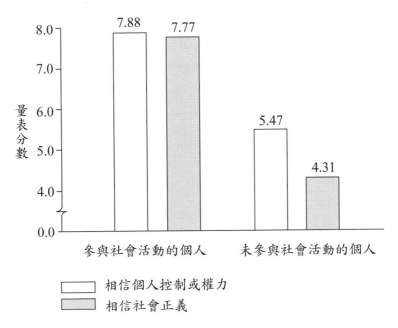

圖 5.1　社會行動研究的結果

註：相信個人控制（或權力）及社會不公義的公民可能是社會運動家。
資料來源：取自 O'Neill et al. (1988).

等於是「減少犯罪」。

Kelly 與 Breinlinger（1996）認為，從事社區運動者會認同與他們有關的團體。他們還提出：個人需要有自己是社區運動者的形象來參與社會變革計畫。最後，Perkins、Brown 與 Taylor（1996）發現：社區聚焦的思維（如公民責任感或與社區貼近感）以及聚焦在社區的行為（如社區志工），可以一致且正向地預測在社區內參與社會行動的努力。Zimmerman 及其同事（1999）發現，那些感受到高度社會政治控制的非裔美國青年，不太會有無助感（感覺無法控制或控制不佳）和沮喪。社會政治控制（sociopolitical control）可以定義為：「相信在社會和政治領域的行動，可以導致預期的結果。」Zimmerman 及其同事相信，社會政治控制有助於自尊和自信的提升，使個人更有可能在其他生活領域出現挑戰時採取行動。

評估公民參與的影響不容易，但如果要了解這個過程，並確定它是否有效，那麼評估就是有必要的（Kelly, 1986b）。公民（即所謂的利益相關者）可能需要有力的證據，證明他們的努力是值得的，但這種直接的證據往往很難取得。涉入的個人也不一定同意什麼是可靠的證據：節約成本、增加利潤、提高客戶滿意度、減輕壓力、改善社區關係等等。

有些公民可能想參與，但缺乏適當的技能。例如，幾乎沒有外行人知道該如何進行遊說以改變政策，或如何進行有意義的科學研究。Chavis 和同事（1992）指出，公民團體也可能需要與協助團體動力有關的技能。他們的領導者可能需要在策略規劃、談判或激勵管理方面的訓練（Prestby, Wandersman, Florin, Rich, & Chavis, 1990）。

Speer 與 Hughey（1995）指出，組織和個人權力的發展是並進的，其中一個的改變可能會帶動另一個的改變。Speer 和 Hughey 確認了四個社區組織的階段：首先是「評估」，可確定影響社區的關鍵問題，這也讓組織、社區和其成員可以聚焦在其他三個階段。第二個階段是「研究」，在這個階段，參與者檢視評估階段中對議題原因的確認。一個重要的訊息就是社區資源分配的方式，以及主要參與者如何行使社會權力。

第三階段的「行動」代表了行使社會權力的共同企圖。「行動」包括了展現組織或公民權力的公開活動，或許會吸引外界的關注。最後，成員的「反

思」是很重要的,探討行動策略的有效性、討論學習到的經驗、考慮如何展現權力,以及發展未來計畫。然後,這個過程就可以重新開始,同時評估社區其他相關的關鍵問題。值得注意的是,這個過程反映了 Lewin(1946)所描述的行動研究和 Price(1983)所擁護的預防研究循環。社區的參與過程是介入處置和研究的一部分。

Peterson 與 Reid(2003)發現,**個人參與**(個人)、**社區意識**(地點)和**對社區議題的覺察**(環境)都對公民賦權(結合政治效能)有貢獻(Zimmerman & Zahniser, 1991)。當人們參與、感受到彼此有聯繫,並對問題有所了解時,他們似乎願意採取行動。賦權和行動的三個元素,在諮商志工對同志與異性戀青年的研究中也再度被發現(Valenti & Campbell, 2009)。

參、公民參與的利弊

積極參與變革的努力往往令人極為振奮(Chavis et al., 1992; Yates & Youniss, 1998),人們也更容易接受他們自己所發動的改變(Duffy, 1991)。參與者更清楚需要解決的問題,因為他們已經與問題共存一段時間了。基於同樣的理由,這種類型的社區參與往往有助於建立社區意識(Levi & Litwin, 1986)或社會共識與凝聚力(Heller, Price, Reinharz, Riger, & Wandersman, 1984),社區意識也增加了對在地工作的參與(Chavis & Wandersman, 1990)。接觸訊息、在討論中被公平對待,且成為訊息蒐集過程的一部分,這些增加了公民的政治參與感(Eggins, Reynolds, Oakes, & Mavor, 2007)。

公民參與的另一個好處是:一般公民經常參與無給職的變革,但卻充滿熱情和責任感(Selznick, 2000)。例如,很多社區組織都依賴志工,已是昭然若揭的事實。Beacon Hill 公共政策研究所(1997)對私立慈善機構的執行董事進行一項調查,結果如下:

- 90%的董事表示,志工對提高效率至關重要,因為他們節省了組織的資金。
- 73%表示,花在志工培訓上的時間和金錢是非常值得的。
- 77%表示他們可以仰賴志工。

　　儘管這種參與是很棒的，但並非沒有缺陷（Barrera, 2000）。Christensen 與 Robinson（1989）報告，並不是每個公民都想要參與。儘管對非參與者來說，採取冷漠態度是很容易的，但對那些不願參與者的權利也需要尊重。當被詢及是否願意參與未來不明確的主題時，義大利公民的答覆是以付出的成本和回收利益及任務的愉悅性為基礎，而不是基於社區意識。若沒有一個清楚的、個人感興趣的主題，民眾本身並不想參與（Eggins et al., 2007）。

　　最後，由於他們往往不是由社區的所有成員組成，而是相當少數的人所組成，所以公民組織可能會失敗。如果這些人並不能代表那些受影響的族群或大部分民眾，那麼解決方案可能就不可行或不被所有人接受。回顧一下我們在第一章中討論的社會正義問題，尋求改變的過程可能會決定了結果是否公正。因此，如果這少數的運動分子不能代表較多數的選民，那麼這些多數族群可能會不信任或拒絕較少的族群（Worchel, Cooper, & Goethals, 1991），也會導致失敗。參與社區處置的人需要了解各方衝突的目標與利益的政治學（Riger, 1989）。同樣地，如果努力的成本高於可能產生的任何收益，個人可能就不會積極參與（Prestby et al., 1990; Wandersman & Florin, 2000）。公民參與發生的時機包括：當行動的**益處**是明顯的，以及參與行動的預期益處大於**成本**的時候。我們在表 5.2 中看到了成功參與巷弄協會事務的種類。

表 5.2　持續進行的巷弄協會特色摘要

1. 居民參與比例較高。
2. 更多的活動和參與機會。
3. 更多的官員和委員會。
4. 更多的溝通方式，更個人化的外展服務，更積極的招聘和領導人培訓，使用共識和正式的決策。
5. 建立與外部資源的聯繫。
6. 祭出更多的誘因給會員。

資料來源：取自 Wandersman, A., & Florin, P. (2000). Citizen participation and community organizations. In J. Rappaport & E. Seidman (Eds.), *Handbook of community psychology*. New York: Plenum, p. 259 .

第三節 網絡建立／合作

促進社區發展或社區變革的一個手段是開發增能的系統（Chavis et al., 1992）。增能的系統（enabling systems）是藉由在社會成員間發展出特定的連結（Chavis et al., 1992），讓許多社區行動可以同時動員、獲得支持和維持高效能的方式。Chavis（1993）提供了一個很好的例子，他教導他們設計、進行和分析研究，讓許多社區團體和組織有能力進行自己計畫的評估。因此，他讓他們在未來不需仰賴專業人士來滿足他們的研究需求。

網絡（Chavis et al., 1992; Fischer, Jackson, Stueve, Gerson, & McAllister-Jones, 1977; Sarason, Carroll, Maton, Cohen, & Lorentz, 1977）是相關社區組織或個人的聯盟或結盟。網絡成員定期分享資金資源、訊息和想法，因為他們連結了訊息或有時是他們的客戶，讓他們的未來更有保障。另一個好處是，客戶在服務系統中不太會被中斷。Granovetter（1973, 1983）認為，這些優勢甚至會讓那些與網絡聯繫不緊密的人也獲益。強大的網絡優勢在於提供成員持久性與實用性的資源（他們會互相分享食物和照顧孩子）。然而，微弱的網絡可作為其他網絡的橋樑，從而將訊息和影響力擴展到一般有緊密聯繫的關係之中。如果網絡的功能之一就是能夠獲得新的訊息，並且能夠在一般的活動領域之外造成影響，那麼微弱網絡在擴展社區的創意中也占有一席之地。

從社會學那裡來的社會資本（social capital）的概念（資源提供給個人是因為他們在社會結構中的地位）。「就像其他形式的資本一樣，社會資本是具有產能的，它使得某些目標變得可達成，若缺少它則是不可能的」（Coleman, 1999, p. 16）。透過關係，個人能夠做更多。這個概念是可具體操作，並用來展現社會連結／網絡對社區組織的建立與發展的重要性（Saegert & Winkel, 2004）。Saegert 和 Winkel 的數據指出：即使接觸是短暫的，但是頻繁的面對面接觸有其優勢。即使接觸次數不是很頻繁，連結依然很重要。網絡的概念是將個人與更大的社會系統聯繫起來的一種方式，因此，網絡的創建和理解似乎是社區心理學家特別關注的領域。

在較高的系統層面，會創建傘形組織（umbrella organization）來實現機構或系統之間的聯繫。這個總體組織監督著組織成員的健康，它們再次成為成員分享資訊的交流中心。一個具體的範例可以證實其效用：「美國聯合之路」（United Way of America）或許是美國最有名的傘形組織之一。透過慈善捐助，「聯合之路」以其對社區機構的財務支持而聞名（要不然這些機構就會深陷危機）；此外，它還為社區服務機構提供辦公用品、家具，以及其他迫切需要的物品。除此之外，「聯合之路」還提供有關資金籌募、員工培訓、出版品發展，以及其他攸關社區機構生存議題的專家諮詢。

網絡已經被用於建立歐盟國家的合作能力（García-Ramírez, Paloma, Suarez-Balcazar, & Balcazar, 2009）。根據 Fetterman（2001）擬出的草案，來自三個歐洲國家（西班牙、比利時、義大利）的參與者，一起努力提高其內部的合作能力（即與其他網絡成員進行交流與合作），以及與外界合作的能力（和非歐盟成員的人溝通與工作），並使用 Foster-Fishman、Berkowitz、Lounsbury、Jacobson 與 Allen（2001）的架構來指導他們的工作。

他們首先建立了良好的關係，然後建立合作能力。最後，他們評估了所做的努力，並討論這個計畫的未來方向。你可以閱讀焦點 5.2 中的另一個良好網絡設立的實例。

壹、網絡相關議題

網絡和傘形協會提供了參與者持續的支持，使彼此分享想法和資源、彼此提供角色楷模，並為參與者提供可用的資源（Sarason et al., 1977）。例如，這些系統允許小社區機構分享關於獎助、員工培訓機會和圖書館資源的訊息；交換成功的宣導想法；轉介客戶給彼此；建立遊說聯盟。因此，每個小型服務的健康與成功都獲得協助或被啟動。跨機構以及社區內的合作努力，是一個有所憑據的社區層級干預措施（Foster-Fishman et al., 2001）。Wolff（2010）要求從業者理解、尊重和使用他們工作社區的政治及靈性資源。

有效的系統和網絡代表了社會變革的一種形式，因為新的系統和網絡建立在現有資源基礎上，並在既有的服務之間發展出更具產能與創意的關係。換句

焦點 5.2

少數民族議題的線上網絡

許多少數民族心理學家的抱怨是：他們人數不多，且分布在不同的地理位置。除紐約、芝加哥、舊金山和洛杉磯等大型城市中心外，僅有極少數的有色人種心理學家。如果對與種族或種族歧視有關的特定研究或臨床議題存有疑問，美國許多地區要在一天之內找到某人的可能性是非常小的。有時會因此感到孤獨，但必然是孤立的。

隨著少數民族心理學會（亞裔美國心理學會、非裔心理學家協會、拉丁美洲心理學會、印度心理學家協會）和少數民族議題心理學研究組織的發展〔美國心理學會（APA）第 45 分支〕，對這類議題有興趣的心理學家可以加入線上討論群組，彼此聯繫。一旦進入這些協會族群，要接近心理學家和研究生的網絡，只要靠一封電子郵件。這些網絡積極地發送關於重要事件、資助機會、個人光榮成就和悲傷場合的訊息。針對那些對少數民族議題感興趣的工作公告，可以立即發送到整個網絡中。反之，在討論時也可以問問題以及回答問題。誰知道專長於微侵略（microaggressions）的好演說者？一般說來，一本多元議題的好書應該是怎麼樣？人們對特定的心理測試有什麼看法？這就像可以接觸網絡中的所有人，通常新聞傳播快速。雖然有色心理學家分散各處的情況依然存在，但互聯網提供的連結提供了種種優勢（已在社區心理學做了討論）。

話說，這樣的系統重新建構了社會結構，以防造成更破碎的社區與磨損的服務，因此確保其服務的生存與持續成長。

貳、網絡的利弊

除了提高許多服務的可行性之外，網絡是有其優勢的，因為它們確保重要的系統彼此間有更好的了解，找到有效的方式來共同合作，學會以合作而不是

競爭的方式來規劃或倡議改變（Wolff, 1987）。同樣地，有效的系統也更能確保資源公平分配（Biegel, 1984），有助於減少社區衝突（Christensen & Robinson, 1989），同時將集體的壓力聚焦在公共決策制定者和其他決策者身上（Delgado, 1986; Seekins & Fawcett, 1987）。網絡也讓相關服務能夠檢測服務系統中的裂縫。**裂縫**（cracks）被定義為服務系統中的結構性缺陷，例如缺失或無法到位的服務，以及漏失的訊息（Tausig, 1987）。Granovetter（1973, 1983）描述了一些網絡問題，因為網路太強大，以至於不會在結構上鼓勵與其他網絡做連結。如果網絡與其他網路沒有連結，它們就排除了其他網絡，也喪失其他可能提供的資訊和可用資源。

　　儘管存有一些缺點，但很少有作者提到傘式組織的其他弊處。像是私人經營的企業可能會感到威脅，也許會成功地攻擊社區組織運動者的集體權力（Delgado, 1986）。同樣地，當傘狀組織發展壯大時，它們在官僚主義、衝突和開支方面也會出現自己的問題。

　　另一個缺點是：當一個傘狀組織成為一個控制型的母公司時，會員機構可能會不滿意。例如，作者們知道，儘管方案已經不穩定，但一個農村家庭暴力方案的人員和資金，是從國內強大的教會聯盟裡挪出來的。較小規模的家庭暴力方案與較大的上級組織之間的不良感受，導致在同一地理區域建立了第二個多餘的家庭暴力方案。

　　社區聯盟的另一個可能的缺點是：不同的社區服務以及整個社區，可能處於不同的發展或準備改變的階段（Edwards, Jumper-Thurman, Plested, Oetting, & Swanson, 2001）。新的服務項目需要先培訓員工，舊的服務項目則可能正在尋求擴展客戶源。協調成員組織的不同發展需求，對母公司來說並不容易。最後，如果協會因為成員組織在其他地區設立衛星組織，使其成長範圍超出了一個特定的社區範圍，鄰近社區的既存協會可能會感受到威脅，可能就毀壞了彼此的目標。在個人層面上，那些在網絡中的人比沒有網絡的人有明顯的優勢。有鑑於社會資本方面的考量，「鄰里」的原有居民更有可能成為參與者，從定義上講，更能獲得網絡的優勢。

第四節　諮詢

　　在本章的開場白中，有一個處於危機中的鄰里，犯罪率非常高，短暫居留的比例也高，居民之間有一種普遍的疏離感。一位鄰人或一小群鄰居，可能已經考慮是否要找一位顧問來幫助他們解決問題。有些社區申請補助金、獲得資助，並聘請社區組織者或專業人士，提供社區功能和介入方面的專業知識。Sarason（1976b）認為，社區心理學家勝過其他人的優勢之一就是資訊的獲得。

　　專業的變革推動者或專家顧問，試圖透過評估、修正和改善，來創造社會變革。諮詢是社區心理學家在社區提供的基本服務之一（Lavoie & Brunson, 2010）。

　　顧問（consultant）或**專業變革促進者**（professional change agent）是與一個或多個人（**被諮詢者**）合作解決問題的人，他們經常負責向另一個人（**客戶**）提供某種形式的援助（Sears, Rudisill, & Mason-Sears, 2006）。顧問往往是精通科學研究的專業人士，他們通常被要求對社區組織進行的計畫（方案）做評量和需求評估。傳統的諮詢顧問領導那些有興趣展現他們的努力成果，或改善服務品質的組織。

　　但是，社區模式是一種階級較少的專家領銜模式，這個過程讓人有更多的合作和賦權感（Maton, Seidma, & Aber, 2011; Serrano-Garcia, 2011; Zimmerman, 2000）。關係的發展（Kelly, 2006）或與「顧問」一同「加入」社區（Lorion, 2011）的型態，是大多數社區心理諮詢的特色。這種定位引領了該採取哪些諮詢行動的類型。

　　社區心理學家看起來具有獨特的資格作為社區團體的顧問，因為他們擁有社區需求評估、社區組織、團隊問題解決和行動研究方面的技能。社區心理學家也可能將重點放在社區裡的社會系統和機構，而不是個人向度上（Nelson & Prilleltensky, 2010）。社區心理學家帶來了「更有意識、熟練運用」的操作現象，因為他們熟悉過去的研究和之前試圖讓社區更好的努力（Sarason, 1976b, p.

328）。這為社區心理顧問提供了令人振奮的機會，來與社區成員合作，以帶來具建設性的、以社區為指標的變革。

壹、與諮詢有關的議題

社區必須考慮的一個重要問題是成本。如果付錢給顧問，是否將有限資源做了最好的運用？要回答與顧問費用有關問題的方式之一，就是評估他們是否真的幫助了客戶。早期 Medway 與 Updyke（1985）進行了一項關於聘用顧問的研究，他們回顧了有關諮詢結果的文獻。在設計較好的研究中，研究人員發現，與對照組（沒有顧問的客戶）相較之下，介入組（使用顧問）的被諮詢者和客戶，在解決問題或促進改變的提升上（透過態度量表、行為觀察和標準化分數等）是有收穫的，而在對照組（沒有使用顧問）中，這些改進較少。因此這篇文獻回顧提供了顧問價值的統計證據。Hylander（2004）利用混合的研究方式，提供了瑞典顧問影響的最新研究，其中包括評估 Medway 和 Updyke 研究中所提到的改變，還以焦點團體方式進行（讓顧問和尋求諮詢者能夠談論改變與顧問工作有關的方式），她的研究提供了有關顧問好處的額外數據。諸如此類的研究提供了證據，證明諮詢是社區心理學家能夠在社區變革努力中，成功合作的一種可行的方式。

Weed（1990）確定了社區心理學家作為初級預防計畫顧問的幾個步驟。這些初級預防計畫幾乎適用於所有變革推動者，不論是否為專家。Homan（2010）在討論促進社區變革的方法時，也呼應了這裡的許多步驟。第一步是確定要完成的目標；第二步是提高在諮詢場域的個人覺察，然後介紹新的計畫或研究。在這一點上，其他相關的組織或社區可以互相聯繫，來進行合作、支持以及學習新技術和資金來源。顧問也需要就評估改變的有效方式進行合作，有利的評估證明了花費的金錢、時間和精力的正當性，如果有必要，評估也會引導修正和微調。不幸的是，評估在許多改變的情況下，有時是被遺忘的一個步驟。沒有評估，人們如何知道這個改變是否有效、是否應該持續？

Sears 和同事們（2006）討論了一個與諮詢有關的重要問題──信任。顧問往往不是他們工作社區的成員，需要一段時間才能取得擔任顧問所需的信任。

實際上，在顧問的想法較被信任之前，可能需要幾年的時間才能被社區成員接受。身為門外漢，社區成員經常質疑顧問是否真正了解他們的社區和目標，以及他們所建議的方法是否能反映出這樣的理解。Serrano-Garcia（1994）解釋說：社區成員和外來的專業顧問之間常常是一種不平等的權力關係，專業人士因為擁有專業知識和其他資源之故，而擁有更多的權力。她向那些擔任社區顧問的專業人士提出挑戰，透過合作和賦權的方式「建立更公平的專業與客戶關係」（p. 17）。

　　這個討論說明了一個事實，也就是顧問必須贏得社區的信任，特別是當他們並非所諮詢社區的成員時，不能假定信任是早就存在的。這個議題將在下一節做進一步討論。

貳、諮詢的利弊

　　專家諮詢有幾個好處。第一個很明顯的是，專業人士對於他所做的事很專業。專業的變革促進者經過專門培訓，並有知識基礎，據以做出明智的決定。一個不那麼明顯的好處是，顧問是一個中立的，被認為是更「客觀」的人。由於顧問沒有捲入所呈現的問題，應該對社區、特定成員或組織本身沒有既得利益，因此可以做出不受限制、不偏不倚的判斷與建議。

　　顧問通常也採取長期的方法來解決問題。社區或組織中的個人，經常關注在短期的問題上，因為這是他們的日常生活。為了社區或組織的永續健康，長期的作法可能是最好的。如前所述，太多的社區團體很快就失敗，講求快速、無效的修復可能是原因之一。基於這個原因，大多數顧問試著評估他們所諮詢組織的整體健康狀況，而不是只關注在要求他們解決的問題（Dougherty, 2000）。

　　最後，如果顧問經驗豐富，由於過去相似的經驗，他會有許多的想法，包括過去的成功經歷及相關想法。顧問既不應該背叛以前的客戶，也不會與過去的客戶產生利益衝突，但是以往的經驗可以協助他們找到與類似社區或組織有用的共同點。

　　儘管有這些明顯的優勢，專業的變革代理並非沒有缺點（Maton, 2000），其中一個是成本。成本可能是一個重大的負擔，可能會阻礙需要專家協助的任

何社區或組織的最佳布局計畫。在理想的情況下，一些擔任變革推動者的社區心理學家會考慮無償或自願諮詢者。美國心理學會（APA）鼓勵心理學家擔任無償的工作。社區心理學家可以擔任組織的顧問，為自己的工作撰寫獨立的經費資助計畫，提供對研究過程的文獻和知識的了解（Suarez-Balcazar et al., 2004），或基於自己的專業知識，協助重新規劃任務或問題（Kelly et al., 2004）。在這個過程中，當顧問和社區被視為是平等互惠的合作夥伴時，社區和顧問彼此有更佳的了解，可更有效地解決問題。

但是，讓參與諮詢的所有人發展合作關係是有挑戰性的，而主要取決於社區成員對諮詢顧問的信任程度。外來的顧問有時會引起對改變的恐懼（失業或批評）、防禦和抗拒，通常這是因為該組織的領導階層聘請顧問來解決特定的問題。組織的員工可能會、也可能不知道有問題，或者將顧問視為管理階層的「爪牙」或「走狗」；因為如此，經常鼓勵顧問在評估組織的整體福祉時，要找出可能與原來問題有關或無關的問題。此外，顧問可能會考慮使用較不直接或間接的評估技術，以避免這些問題（Sears et al., 2006）。

此外，諮詢顧問必須事先說明社區成員在諮詢過程中，可能涉及何種類型的機密。如果一個社區組織的領導要求顧問解決組織內部員工之間的衝突，那麼重要的是要清楚領導是否知道，顧問與工作人員進行實況調查談話中所蒐集的訊息。如果工作人員假設他們的談話受到保護，然後得知顧問與領導人分享了評估的細節，這就可能損害顧問和工作人員在往後時間的工作關係。影響諮詢工作的另一個問題是，顧問與客戶的聯繫時間往往有限，他們需要快速評估問題、協助解決方案的開發和實行，並在短時間內製定維持的策略。通常與包括時間在內的可用資源相比，諮詢顧問的問題往往是複雜的。例如，許多社區及組織不是按著既定方式而是隨意發展的，因此，改變不是不可能、就是很困難。有些問題無法解決，或至少需要整個系統結構的重組（Sarason, 1978）。有時也會有公司要求顧問協助他們解決超過顧問能力的問題，如果顧問仔細將他們的技能和專業知識與客戶情況相匹配，就可以避免這樣的情況（Dougherty, 2000）。

最後，客戶有時會對顧問所能做的抱持太高且不切實際的期望。其他客戶可能會將顧問用在自己誤導的目的上，特別是當公司對於應該做什麼有衝突的

觀點時。在這些情況下，有道德的顧問可能會讓客戶感到失望。重申一次，由顧問仔細做初次晤談，以確保他的專業知識符合客戶的問題，這樣的作法會有幫助。顧問很清楚地知道被聘用的目的，以及在工作中是否存在著多樣且相互競爭的利益。在表 5.3 中 Bloom 的經典原則，為社區整合提供了有用的觀點。

表 5.3　Bloom 指導社區計畫發展的原則

1. 不管誰付你工資，都要想像自己為社區工作。
2. 如果你想了解一個社區的心理健康需求，就請教社區。
3. 當你得知社區心理健康的需求時，你有責任告訴社區你學到什麼。
4. 幫助社區建立自己的優先事項。
5. 你可以幫助社區決定採取不同的行動方式來解決問題。
6. 如果所服務的社區毫無章法，也找不到社區的代表，你就有責任去找到這些代表。

資料來源：取自 Bloom, B. L. (1984). *Community mental health: A general introduction.* Monterey, CA: Brooks/Cole, pp. 429-431.

第五節　社區教育與資訊傳播

　　從本章剛開始的例子來看，在鄰里內飽受驚嚇的居民，可以從警方溝通程序和回應規則的訊息中受益。他們很快就明白了執法者對於缺乏有意願做證的人，而導致起訴無效的挫敗感。在警方的支持下，社區可以及時了解他們需要知道的情況，以及如何與警方聯繫，這種類型訊息的分享是為了建立更有效的社區—警察夥伴關係。

　　資訊傳播和社區教育依然是社會變革努力中的重要部分。事實上，一些社區心理學家已經挑戰他們的同事，要來重新努力、傳播有用的訊息及創新的教育計畫，以作為解決社會問題的一種方法（Nelson & Prilleltensky, 2010）。我們依次地討論這兩個相關的主題。

壹、資訊傳播

在社區心理學中，**資訊傳播**（information dissemination）（Mayer & Davidson, 2000）是指什麼？正如你現在所知道的那樣，社區心理學家試圖用一般的創新方案，來預防、介入和治療（如果有必要）社區問題。通常，資訊傳播是指分享那些已被用來解決新進人口社區問題的成功方案或有益的訊息。例如，在本章前面所討論的停火／療癒暴力計畫，是從事疾病傳播預防計畫工作的研究人員，採用了關於這些計畫的「有效」資訊，然後依據其成功元素，仿製在停火／療癒暴力計畫中。如果針對創新的預防計畫做研究並發現是成功的，但是其結果不被其他社區共享或採用，則其結果的使用是有限的（Nelson & Prilleltensky, 2010）。此外，不要再度改變方向是有道理的，如果研究人員能夠確定預防暴力、危險性行為或其他社區問題的最佳實施方式，則應該將這些訊息傳遞給其他正試圖遏制類似問題的社區。訊息的傳播可以節省時間、金錢和精力。然而，在文獻中，有很多關於在一個社區中開發的成功計畫，是否可以有效地轉移到其他不同的社區，這樣的爭論一直存在。採用社區心理學創新做法的人在進行移轉時要小心謹慎，雖然有人可能會認為忠於初始計畫是重要的，尤其是對那些會造成改變的機制，但並非所有場域都是一樣的，因此也可能需要將計畫做一些重新設計或修改，以符合要使用該計畫社區的特殊需求（Trickett et al., 2011）。我們在「資訊傳播議題」部分會更詳細地討論。

貳、社區教育

社區教育（community education）是一個與資訊傳播有關的概念。然而，社區教育往往是一種將心理治療和教育因素整合起來的介入方式（Lukens & McFarlane, 2006; Lucksted, McFarlane, Downing, Dixon, & Adams, 2012），它可以用在治療和預防上。社區教育可以是一些計畫的重點，這些計畫被認為是成功的，而且被傳播到其他社區中。但是，並不是所有的社區計畫都包括社區教育，而在你閱讀本書後續章節時，這一點會更明顯。例如，一些主要目標在減

少交通事故的成功計畫中，涉及了強制實施安全帶等政策的改變，而另一些則可能強調關於安全駕駛習慣的教育。

　　有些社區教育計畫會延攬心理學家擔任顧問，其目的是教導有關預防特定疾病相關的技能或知識，通常這些方案被稱為「心理教育」（psychoeducation）計畫。心理教育體現了賦權與合作的典範，強調培養能力和因應方式，並奠基在社區的優勢上——社區心理學取向的所有重要元素。心理教育不是僅僅關注症狀的改善或預防，而是關注於健康促進，將客戶視為學習者，而心理學家為教師（Morgan & Vera, 2012）。

　　心理教育已成為治療各種心理問題的普遍方法。例如，最近出版的一些文獻回顧與後設分析的研究，針對使用心理教育在治療或預防飲食失調（Fingeret, Warren, Cepeda-Benito, & Gleaves, 2006）、躁鬱症（Rouget & Aubry, 2006）、青少年自殺（Portzky & van Heeringen, 2006）和霸凌（Newman-Carlson & Horne, 2004）等議題上。由於有愈來愈多的證據，心理教育現在被視為治療各種醫療問題的重要元素，用來提升遵從醫囑和預防疾病惡化。

　　一個能夠證明減少自殺行為的成功心理教育方案是「自殺跡象」（signs of suicide, SOS）（Aseltine & DeMartino, 2004），其重點放在同儕教育和介入。同儕介入是防範青少年自殺計畫的重點，主要是奠基於研究發現，也就是青少年較容易對朋友（比對家庭成員或其他有關係的成年人）表達自己的挫折（Kalafat & Elias, 1995）。SOS 的內容包括：提供有關自殺企圖及自殺發生率的訊息、提供危險和保護因子的教育，以及描述所謂的「自殺過程」。自殺過程涉及自殺的進程——從自殺想法（即思考自殺）、企圖自殺（即結束個人生命的努力）到完成（van Heeringen, 2001）。該模式被用於心理教育上，因為它意味著在過程中的許多關鍵點，做介入與協助的可能性。

　　同儕介入計畫的內容是教導參與者辨識自殺意念和行為的警示徵兆，並教導適當的介入策略（即積極傾聽，鼓勵其尋求協助），該計畫也確認了學校和社區的資源，像是學校諮商師或自殺熱線。這個計畫的目的是協助青少年可以對自己的朋友和同儕的自殺意念（或企圖自殺）之徵兆做更好的監控，以及提升將這些徵兆提報給有能力協助之成年人的機會。

雖然心理教育的自殺防治計畫可能不是急性自殺青少年會採用的最佳選項，但這樣的計畫似乎對改變同儕的覺察和能力——認出可能有自殺風險的同儕——是適當的處理方式（Portzky & van Heeringen, 2006）。

每次將社區心理學的訊息與社區成員分享時，無論是經由資訊傳播或社區教育的方式，其主要目的應該是改善社區、促進預防，以及賦權社區成員，共同開創自己的命運（Fairweather & Davidson, 1986）。這些努力也可以用來引導社區的行動，同時知會那些掌權者（守門人）有關改變的需求與分享行動計畫的想法（Levine, Perkins, & Perkins, 2004）。隨著科技的進步（如遠距教育），多元和地理上相距遙遠的社區都可以獲得教育和賦權，訊息也較以往更容易傳播（Kreisler, Snider, & Kiernan, 1997）。

參、與資訊傳播相關之議題

社區心理學家需要認真思考幾個重要問題，來讓有關創新計畫的訊息可以傳遞出去（Mayer & Davidson, 2000）。

在面對預防和處遇，像是暴力或犯罪等社區問題時，心理學主流典範的目的就是在推廣那些「最佳實踐」（best practices），或是有證據支持其成功的計畫。然而，在加強美國本土社區介入的科學家中，有一個具競爭力的典範正逐漸獲得支持（Trickett et al., 2011）。這種「最佳過程」（best process）典範，在許多方面是針對過去傳播過程中所提出的問題和批評做回應。

對現有傳播計畫訊息之努力的一個重要批評是，他們經常把所服務社區的知識視為發展介入的次要手段（Trickett et al., 2011）。換句話說，這個過程更側重於什麼條件需要到位，使計畫可以忠於原型，而不是去了解新社區的獨特需求，或將該計畫視為是社區內發生的事件。另一種觀點，也是新典範所支持的是，社區介入應被視為從社區知識來定義的系統事件（即介入的結構、過程和目標與社區本身之間複雜的交互作用）。因此，社區心理學家首先要獲取該社區的知識，然後制定出能夠反映社區獨特性的計畫。Trickett 和他的同事（2011）把這個方向稱為「最佳過程」方向，而不是心理學領域中多數社區介入所強調的「最佳實踐」。

　　社區介入的目標應該是社區能力的建設，而不是計畫參與者本身的變化（Trickett et al., 2011），這並不是說增進技能或訊息等結果不重要，而是社區介入的目標應該是發展社區解決妨礙健康功能結構或政策因素的能力。有人可能會爭辯說，如果一個計畫的成功主要是因為其與外部資源（例如補助）連結之故，那麼從另一個社區引進的計畫（已經被傳播的），從長遠的角度來看，對社區是沒有什麼幫助的。

　　將資訊傳播作為社會變革元素的最後一個問題是：將訊息從一個環境轉移到一個新社區，必須包括文化敏感度。Trickett 和同事的新典範是從文化相關性來定義的。「文化不是為介入措施所量身訂做的東西；相反地，文化是從介入流程中定義社區生活品質的基礎」（Trickett et al., 2011, p. 1412）。對一個民族有效的東西，可能不適用於另一個民族。《種族與少數民族心理學手冊》（*Handbook of Racial and Ethnic Minority Psychology*）（Bernal, Trimble, Burlew, & Leong, 2003）以及第六版的《跨文化諮商》（*Counseling across Cultures*）（Pedersen, Draguns, Lonner, & Trimble, 2008）為兩本處理這個議題的參考書。然而，社區介入主義者透過閱讀書籍來了解社區，是遠遠不足的。

　　　文化一直在變化，任何一個文化群體都有相當大的差異，而文化在社區介入過程中是不可避免的，影響了合作的本質、建構的意義、〔結果〕評估的等同性，以及介入目標的顯著與否。（Trickett et al., 2011, p. 1413）

　　這也呼應了 Pederson（2008）的觀點，他警告將「多元文化主義」過於簡化的危險性。Trickett 及其同事強調研究者沉浸在有興趣社區日常生活的重要性，以了解他們深厚的文化生活與思考方式。這種觀點強化了介入是合作的主張，如果不是這樣思考的話，就可能會失敗。文化是如何影響訊息的傳播或特定社區介入計畫的輸入？如同一個案例，在思考良師關係時，Darling、Bogat、Cavell、Murphy 與 Sánchez（2006）指出，文化和種族在確定誰被視為良師及這些關係的本質時，扮演著重要的角色。在某些情況下，父母與延伸家庭成員是很重要的；在其他情況下，家庭與非家庭成員同樣重要；在另外一些情況下，特定家庭成員是最不適合擔任良師的。社區介入計畫旨在增加社區青年接觸良

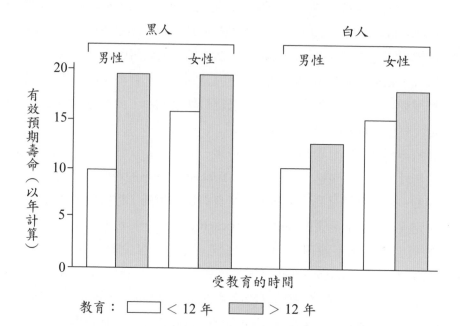

圖 5.2　教育和種族在 65 歲時的有效預期壽命

資料來源：取自 Kaplan, G. (1994). Reflections on present and future research on bio-beha-
　　　　　vioral risk factors. In S. Blumenthal, K. Matthews, & S. Weiss (Eds.), *New re-*
　　　　　search frontiers in behavioral medicine: Proceedings of the national conference.
　　　　　Washington, DC: NIH.

師，他們需要注意特定社區的青年是如何看待可能成為良師的人，在推動這些
計畫時應該要仔細考慮這種文化差異。

肆、與社區教育相關之議題

　　社區教育作為一種介入策略，可以在短時間內帶來影響大族群的許多優
勢。然而，在討論資訊傳播議題時，社區教育的努力帶來了一些挑戰，包括了
解閱聽大眾，以及如何以最有效的方式接觸到他們，並帶給他們所期望的改
變。社區心理學可以告知民眾這些努力為何，因而使它們更能有效執行。

　　為了發揮最佳的成本效益，以及讓團體動力發揮最大功能，大多數社區教育或心理教育，是在具有某些共通點的團體中進行。例如，親職團體、警務人員的壓力管理工作坊、失業者求職俱樂部、心臟病患者的生物回饋訓練等，都是有共同特點、共同需求，可以提供彼此重要支持族群的案例。許多心理教育計畫的目標往往是促進健康發展或調整，而不是單純地避開精神病理（Carlson, Watts, & Maniacci, 2006）。雖然病理預防可能是介入措施的一個額外益處，但通常不會根據這些標準進行評估。

　　例如，一個好的親職團體方案可能是建立在學習理論的基礎上，提供給在這個過程早期的父母（也就是在他們的孩子很小的時候），同時增加父母對孩子發展需求的知識，鼓勵家長使用正向的親職技術（即正向增強）（Carlson et al., 2006）。這種方案的長期效益可以減少虐兒事件，如果這個計畫是提供給可能有這種危險行為的家長，就是一個二級預防的例子。但是，也可以透過追蹤參與者的親職知識與意圖的改變，來證明這個計畫的有效性。在用來增加對醫囑遵從性的心理教育，評估也可以依據復發率、併發症和其他遵從性的衡量來進行（Morgan & Vera, 2012）。

　　然而，有效的心理教育最重要的特徵之一是與參與者的相關性（Reese & Vera, 2007）。這種看法往往是受到該方案與目標民眾，兩者的文化相關程度影響。文化相關性是指介入措施與父母（Kumpfer, Alvarado, Smith, & Bellamy, 2002; Nation et al., 2003）等特定群體，在價值觀、信仰和期望結果上一致的程度。Nation 和他的同事認為，計畫的相關性是受到選民組織規範、文化信仰，以及實務整合進入計畫內容、運作和評估程度的影響。Kumpfer 和同事認為，在心理教育計畫中納入文化相關性，可以提高人員招募、停留和成果的有效性。

　　在過去的許多社區教育工作中，膚淺的文化適應方式之一就是 Resnicow、Solar、Braithwaite、Ahluwalia與Butler（2000）所說的修正表面結構。這種作為可能包括將預先準備的介入材料翻譯成參與者使用的語言，或僱用與參與者有類似種族背景的計畫人員。這種修改可能是文化適應的一個重要面向，讓計畫參與者以主要語言與計畫工作人員進行交流，或與同一種族或性別的工作人員進行交流，可能是非常有利的。但是，如果計畫內容不能反映出參與者的實際經驗，即便是由種族或語言相似的人員進行介入，也不會使計畫有關聯，或者

更有效。

通常決定社區教育計畫文化相關性的是「修正深層結構」（Resnicow & Braithwaite, 2001）。如果教育計畫能夠調適符合其所要服務的人群，那麼他們已經達成了若干成就（Hawkins, Kreuter, Resnicow, Fishbein, & Dijkstraa, 2008）。通常計畫的調適是與文化有關的，導致計畫可能與其原型相當不同。Reese 與 Vera（2007）、Lerner（1995）以及 Reiss 與 Price（1995）等人都提出了最有效、與文化相關的方案，讓目標計畫的參與者介入計畫、實施和評估工作。如果採取這種方法，不僅計畫內容可能變得更相關，而它的結構也可能與為不同文化族群所設計的計畫有明顯不同。雖然大多數文獻說明了，與所服務族群的關係是獲得文化知識的關鍵，但仍需要進行大規模的流行病學研究，來確定風險因素為何，以及其對特定社區的影響為何。這些研究必須仔細設計，並對其結果進行縝密的檢查，才可以幫助社區教育的研究人員和從業人員，更準確地了解他們所服務的社區（Reese & Vera, 2007）。

舉一個社區教育模式的例子就是「選擇」計畫（Vera et al., 2007）。「選擇」是一個心理教育計畫，是與中西部一個大城市中的一所公立中學合作開發的，服務對象是低收入的有色族群兒童。該方案的目標是解決與有色族群青少年有關的青春期正常挑戰，並增進城市青年可能面臨風險的一系列問題的保護因子。該計畫是以正向青年發展理論（Positive Youth Development theory, PYD）（Catalano, Bergland, Ryan, Lonczak, & Hawkins, 1999）為引導，以提升能力的角度來設計。PYD 理論家認為，兒童可以從介入處置中受益，這些介入方式增進了他們的發展能力（如社交、情感、學業），而與他們所面臨的風險因素多寡無關。這種類型的方案被列為一級預防方法，因為它的範圍是很普遍的，而不是聚焦在未來可能容易有心理健康問題的特定青年（Romano & Hage, 2000）。焦點 5.3 中的例子就是這樣的一個青年計畫。

社區教育的一個限制是，許多問題的根本原因並不會直接受到影響。例如，造成工作輪班多、無法照顧子女的家長就業率不足，在上述方案中並未獲得改變。社區介入措施有必要對妨礙社區成員福祉的系統做直接的反應（Homan, 2010; Trickett et al., 2011），其中最有效的方法就是透過公共政策的參與來影響系統因素。

焦點 5.3

選擇計畫

「選擇計畫」的目標和課程主題是在 12 至 14 歲的城市有色族群青年、老師和家長的一系列分開舉辦的焦點團體的投入下，所設計而成的。在這些焦點團體中，成員要討論他們對社區青年人的期待、社區的優勢、成功的潛在阻礙等議題，並設計一個計畫來解決這些問題。由於計畫負責人和學校之間長達十年的關係，我們對於參與者投入的效率有相當高的信心。焦點團體強調社區所面對的議題（例如，輟學的誘惑、對未來無展望、在對應孩子的情緒需求時缺乏效能的教師、父母的壓力，如代間衝突或輪班多的工作）。因此，由此產生的方案元素要涉及青年、他們的老師和父母的需求。

青年方案的總體目標是提升青年的社會和學業能力。我們具體的目標是：（1）為正向身分發展創造機會，透過提升正向自我概念與文化認同，來提高社會和學業自我效能；（2）藉由聚焦在困難情緒（例如失望、憤怒、受傷）的建設性表達，來提升自我覺察和同理，並回應他人的感受；（3）提高學生因應同儕壓力的自我效能，這在脫離及避免可能損害自身福祉的情況是非常重要的。該計畫的另一個目標是教導溝通技巧，以增進青年規避與同儕及成人發生不具生產性和危險性衝突的能力。最後，我們的目標是透過檢視社會障礙，以提高學習和組織規劃技巧，增進對社區學術資源的了解等方式，來提高青年學業和職業的期待。

對於父母的計畫，目標是：（1）提供有關青少年發展的挑戰，以及親職教養壓力源的資訊；（2）討論在孩子青少年時期增進親子溝通的策略；（3）貢獻想法以提供來自家庭的學業和情感支持。對於老師，我們的目標是：（1）提供團體諮詢，協助老師們認出學生的心理議題和需求；（2）集思廣益、想方設法來幫助學生學習進步；（3）能更了解學生家長面臨的多重壓力源，這些壓力源往往會影響他們參與子女教育的能力。

該計畫在八個星期的時間內完成，在上學期間為青年進行面談，在上學前為老師們，而放學後為家長們舉辦會議。該方案進行了量化和質性評估，方案領導人和學校成員都審查了方案的內容和成果，並利用這些訊息為今後的方案進行修改。

第六節　公共政策

在我們本章開頭的例子中，如果被包圍的鄰居決定去遊說立法者，要他們通過特定的法律，這樣可以更容易逮捕附近的毒販，或者實施了解決該地區犯罪的方案。此方式會讓鄰近地區的藥頭更容易被逮捕，或是執行計畫處理該區的犯罪情況，這樣的社會改革會隨著公共政策的變革而改變。公共政策的倡導是社區介入的一個例子，它解決了社區福祉的環境障礙，而相反地，社區教育的方式往往側重於改變社區成員本身。雖然有時需要漫長的努力，但政策的轉變會讓人們生活方式有長久的變化，也成為最有力的預防形式。公共政策介入是系統層面的直接介入，需要居民願意參與立法過程。

想想：你是否在上次選舉中投票了？有多少公民（特別是大學生）不投票的情況，通常是令人驚訝的。投票、起草立法和為特殊利益遊說，是改變（通常很大的）我們國家和地方社會議程的行動。對於公民和社區心理學家來說，參與公共政策的努力為經常影響社會變化的事物開了一扇「機會之窗」（Nelson & Prilleltensky, 2010）。

公共政策（public policy）是什麼？公共政策的目的是提高社區成員的生活品質。雖然這個術語通常是用在政府授權的立法上，但特定機構、地方社區和州政府層級的政策也可以參考。公共政策也可能影響各種資源的分配問題（Levine & Perkins, 1997）。

與公共政策相關的一個概念是政策科學（policy science），它是從政府和組織相關政策的科學研究發現的具體實踐（就如同社區心理學是從社會科學裡發現的）。一個眾所周知的例子就是利用關於廢止學校歧視的實際科學研究，來塑造整合的政策（Frost & Ouellette, 2004）。根據最高法院（梅瑞蒂斯對傑佛森郡，肯塔基與家長涉入社區學校——PICS對西雅圖學區）在 2007 年 6 月的裁決指出，學校可能不再考慮將學生的種族列入廢除種族隔離計畫的設計內（Greenhouse, 2007），但是族群整合的挑戰仍然繼續。

Fox 與 Prilleltensky（2007）指出，他們希望心理學和政治毫無相關，但事

實並非如此。因此，他們認為，心理政治素養是公共政策參與的重要前提。心理政治素養注意到政治、福祉和社會正義之間的關聯；心理政治素養促進了個人、團體和社區，利用權力、能力和機會，來實現個人、關係和集體的需求事項。轉型的心理政治效度是指介入減少負面的程度，加強對健康和正義有利的正向政治與心理力量。許多的證據記錄了心理介入對技能發展等目標的限制，即使是在明確涉及集體現象的社區心理學領域也是如此（Fox & Prilleltensky, 2007）。

在你的閱讀過程中，你已經了解了可以用來造成社會改變的各種技巧。任何可靠的變革促進者都知道，多方面的作法是最好的，也就是說，一個單一的改變策略本身可能是較弱的，而使用多種改變技術更可能產生預期的結果。焦點5.4的案例描述了性侵危機中心的演變，這些中心通常採取這種多元的社會改革策略。在後面的章節中，我們將更詳細地描述改變美國教育制度的努力。有關韌力（復原力）的研究證據顯示，早期兒童課輔和家長教育的明顯優勢。「啟蒙方案」的長期結果研究現在正在進行中，他們支持與幼兒工作的正向結果（Garces, Thomas, & Currie, 2000）。你將在第八章中讀到更多有關這些的議題。

壹、與公共政策使用有關的議題

政治和社區心理學是深深交織在一起的（Fox & Prilleltensky, 2007），儘管相對地，改變社會政策是社區心理學尚未探索的領域（Phillips, 2000）。社區心理學家們一致同意，他們的科學與政治是不可分的。然而，社區心理學家並不同意科學應該影響到多少政策，或多少公共政策應該充斥著科學。有人認為，好的政策是要有科學證據的政策，換句話說，除非有堅實的科學證據，否則不應試圖去影響任何公共政策；還有人認為，愛滋病和無家可歸等社會問題迫在眉睫，沒有時間進行研究，社會不可能在極短的時間內解決這個複雜的情況。Choi 和同事（2005）呼籲那些想參與公共政策倡導的社會學家，去了解政治家所居住的世界和科學家所居住的世界之間的差異。例如，他們認為決策者通常生活在一個忙著滅火、處理政治危機，卻對各種主題缺乏了解的世界。此外，

焦點 5.4

性侵危機中心：全國的檢視

Campbell、Baker 與 Mazurek（1998）假設許多性侵危機中心自 1970 年代女權運動開始以來，已經發生了重大變化，這些研究者透過與中心主任的訪談，調查了全國 168 個隨機選擇的性侵危機中心目前的結構和功能。

首先，研究發現社會變革有很多途徑。性侵危機服務的早期目標是提供性侵倖存者服務，與此相關的還有提供 24 小時危機處理熱線，以及在法律和醫療體系進行協商的諮商及協助。許多（但不是全部）中心之後也試圖提高大眾對社區性侵犯的覺察；有些中心也積極參與公眾示威活動（像是「拿回夜晚」的遊行）。最後，有些中心也試圖透過遊說州立法改革機關進行大規模的變革。對此，大多數州在 1970 年代末和 1980 年代初期間，確實改變了性侵法。

其次，雖然研究中心的平均成立時間為 16 年，但其中有許多中心成立時間比這更長或更短。成立較久、獨立、集體式的中心，在與其他社會服務機構互動時，有較多的預算、員工及改變方向，這些中心使用參與式決策來決定內部問題。成立較久的中心也更可能參與示威活動（像是「拿回夜晚」的遊行和進行預防編列）。成立較晚的中心（特別是那些隸屬於較大的服務機構）遵循著階層組織的結構，更可能參與政治遊說，而不只是以預防教育和示威作為他們社會行動的形式。

這兩種類型的中心都是從事社會運動或社會變革，但活動類型因組織結構和成立時間而異。此外，這項研究還說明了，性侵危機組織和其他服務型組織，往往需要適應不斷變化的政治氛圍，繼續為社區提供優質的服務。

政策制定者較喜歡明確的答案，並且希望提供給他們一個問題的明確重點，但科學家則傾向於不明確，而且對於給予「底線」感到不自在。此外，科學家們對一個特定的研究問題，會執著於可用的證據品質，而政策制定者較喜歡使用非正式的證據。雖然這些差異可能對心理學家來說，公共政策的倡議更具挑戰性，但我們可以學會在這個世界上使用這種語言和功能，以確保良好的政策是由可靠的科學發展和引導而來的。

　　大多數的社區心理學家都同意：公共政策的發展應該是研究人員、受影響者，以及決策者或政策制定者之間共同努力的結果。

　　然而，政治氛圍、有不同目的的遊說團體，以及其他的變化，往往會影響公共政策中的最終產品，甚至超過科學和其他邏輯因素。這就是說，當公共政策是以研究為基礎的時候，它可以發揮幾個作用：工具性的、概念性的和具有說服力的（Shadish, 1990）。當研究確定改變或公共政策的方向時，它發揮了**工具性的目的**；研究的目標也可以是改變人們思考或概念化社會問題和解決的方式，用這個功能進行研究是一個**概念性的目的**；當研究說服政策制定者支持一個社會問題的特殊立場或解決方案時，它就是以**說服**方式運作。最後，當研究的目的是預測未來的變化，或預測變化是否會被接受時，這個功能是**預測性**的。

　　有沒有證據可以證明社會科學研究會影響立法者制定公共政策？是的，可以看到研究人員對於聯邦政府所資助之研究類型的影響。公職人員報告，他們運用社會科學來起草政策，而心理學研究被認為是所有科學中最具影響力的（Frost & Ouellette, 2004）。

　　針對美國參議院工作人員的研究中，Trudy Vincent（1990）報告，國會成員參與的活動與那些具有生態思想的社區心理學家非常相似，也就是說，立法者在制定政策之前，也需要關注該區的人民、地區、事件和歷史。心理學直接或間接地影響公共政策。

　　研究為公共政策服務，並不是解決社會改革的唯一途徑。社區心理學家和社區成員也可以進行**遊說**來做政策改革。遊說意味著向公職人員直接施壓，以促使特定的立法或政策通過。希望影響政策的個人也可以向政策制定者傳播適當的資訊，如民意測驗和實地研究的結果，以便教育他們（Homan, 2011）。教育和資訊傳播作為社會變革手段的部分已經討論過。

　　希望影響立法的公民可能會發現這個過程令人困惑，無論是在地方、州還是聯邦層面。幸運的是，一般公民可以取得一些資料，讓立法過程不是那麼神祕（Homan, 2010）。例如，APA 建立了一個公共利益董事會，其任務是推動將心理學的科學與專業應用在增進人類福祉上。董事會向州、聯邦政府和立法委員傳輸報告及其他書面資料。同樣地，APA 也制定了一個有關公共利益的宣傳

指南，其中包括有關立法程序以及與國會工作人員有效溝通方式的章節。

　　社區心理學家或社區成員也可以尋找政黨辦公室，為特定候選人競選，或投票支持某特定候選人、支持有利的社會變革計畫。設立一個重要的政黨辦事處似乎對某些人來說是陌生的，但對於一個科學家來說，這往往是一個理想的角色。為什麼？社區科學家的培訓讓他能夠為所提的計畫提供證據。科學家也最了解評估改革機制的重要性，像是針對新的或實驗性的計畫（Fairweather & Davidson, 1986）。

　　在政治上活躍的科學家的另一個角色是「專家證人」及法庭之友（amicus curiae）。心理學家在法庭上擔任法庭之友的一個案例，是使用了 Susan Fiske 的性別刻板印象研究在《Price Waterhouse 對 Hopkins》的案件中，當地、上訴法院和美國最高法院都聽取也引用了，APA 也針對此案提交了一份法庭之友簡報。關於心理學的刻板印象證詞，在每個法院層級以及為被誤解的女僱員獲得最終平反的過程中，都擔任了關鍵的角色（Fiske, Bersoff, Borgida, Deaux, & Heilman, 1991）。這些參與其中的社區心理學家在形成判例，以及建立其他案件可能依據的先例上，發揮了作用（Jacobs, 1980; Perkins, 1988）。

貳、公共政策變化的利弊

　　利用公共政策的努力（包括研究、遊說或贊助特定政策）和選舉的優勢在於，通常可以引發廣泛的社會變革（特別是在廣大聯盟的努力都朝著相同的方向前進時）。另外一個優點是，一般美國公民對法律相當尊重（Kohlberg, 1984; Lempert & Sanders, 1986），有些人可能會接受這種改變，因為這是法律。

　　通常，社會問題底下的真正問題是經濟和政治，而不是心理問題，因此政策解決可能是最合適的（Nikelly, 1990; Wolff & Swift, 2008）。最後，政策制定者往往（但並非總是）對選舉或任命他們的社區有廣泛的了解，並且可能理解看似隔離的團體與孤立的社會問題之間的關係。因此，政策形式的解決方案可以採取大方向及長遠的方式，而不是狹隘或以短期為焦點（這種更可能失敗）。

　　沒有任何社會變革的方法是毫無問題的，而政策科學和公共政策當然也是如此。例如，許多社會科學研究是由學者以「出版或滅亡」的模式完成的

（Phares, 1991），並以此來施壓同事。研究往往不會回到社區的社會變革（Vera & Speight, 2003）。同樣地，社區研究人員常被認為是歷史上壓迫傳統系統的促進者，而不被視為社區的客人或合作者（Robinson, 1990; Trimble, Scharrón-del Río, & Bernal, 2010）。因此，研究的參與、結果和傳播等努力都被排除在外，使得研究成果毫無用處。

使用公共政策途徑來創造社會變革的另一個嚴重問題是選民。債券問題、學校預算、公民投票和其他選舉只是少數人參加，與大多數受過良好教育的選民不成比例，也比一般公民要年長。因此，窮人、年輕人和少數民族的聲音，並不是透過投票而被聽見，這意味著那些可能從社會變革中受益最大的人，並沒有參與這些變革的方向（Hess, Markson, & Stein, 1991）。這是一個社會正義問題，正如第一章所討論的那樣。

也許使用公共政策努力來造成社會變革的最大不利因素是，政策的產生可能是一個緩慢、麻煩、政治化的過程。例如，一般國會從最初的起草法案到法案通過，平均需要大概一年的時間；然而，較少爭議的政策通過較快，更複雜或有爭議的問題則需要更長的時間。在此同時，受影響團體的需求可能已經發生變化。的確，這個團體本身可能已經蒸發了，或者它的需求可能變得更嚴重，以至於原來的政策解決方案是不足的。

參、實務技能組合

社區心理學家要創建更好的社區，還有一段長路要走。然而，許多社區成員並不知道如何找到他們，或了解他們究竟做什麼。為此，APA「社區研究與行動協會」（Society for Community Research and Action, SCRA）提出了一些重要的改變。在一份題為〈尋找類似社區心理學家的工作〉（Finding Work as a New Community Psychologist）的報告中，SCRA 實踐工作小組（2007）建議社區心理學家不要依賴他們的頭銜，而是描述他們可以做什麼。將這些能力羅列出來，不必處理一個定義，他們也能開拓機會。這些能力包括：

政治宣傳

評量和評估

組織能力的建立

合作和諮詢技巧

在組織內部以及對民眾的溝通

報告寫作

對多元文化的覺察和欣賞

團體過程的知識

應用科學知識的能力

組織和監督的能力

了解如何建立和維護一個正向的環境

研究技能

　　資深社區心理學實務者，也是這個工作小組的成員 Alan Ratcliffe（個人通訊，2008 年 1 月）表示，他從來沒有看過招募工作的人要找的職稱。他會描述他可以為系統、社區或組織做些什麼，他會找尋哪裡需要他帶來的技能。Tom Wolff反思了在「現實世界」中的工作生涯，他表示，他不知道誰是從事社區心理學家的工作（Wolff & Swift, 2008）。

　　Kofkin Rudkin（2003）針對社區介入的心態說得很好，就是了解矛盾之間的那個點。她對社區行動的警告包括：

- ·情況緊急，請花時間。
- ·結果是關鍵的，所以不要擔心。
- ·問題很大，所以小心思考。
- ·社會變革很複雜，因此保持簡單。
- ·社會變革是嚴肅的事情，所以玩得開心。
- ·社會變革需要堅持，因此放棄控制。（pp. 171-173）

摘要

現存有許多創新和維持社會變革的方法，各有其優缺點，期待形成社會變革的運動家們，需要去考慮哪些政策最適合他們處理的問題。有些政策組合可能會比單一的政策更好，而曾經有效的方式可能不會繼續有效，或在不同的社區或不同的問題處理上有效。

計畫性的變革（像是基層草根行動和資訊傳播），是刻意地指出且為社區的改變做準備。計畫變革的主要目的應該是改善社區，每種計畫變革的方法都有優缺點。可用來引發改革的方法包括公民參與、與其他社區資源形成網絡、使用專業顧問、教育或知識傳播，以及公民和科學家參與公共政策的努力。

在公民參與中，公民通過基層行動等機制造成了他們希望的變革，這是一種自下而上而非自上而下的改變。這種改革造成了賦權，個人覺得自己掌握了自己的生活。

當社區機構聚集在一起互相援助時，他們正在連結網絡。網絡已被證明有助於社區組織的長久存在。有時候傘形組織（如「聯合之路」）也為社區機構提供服務，或者加強其功能，因此再一次確保其成功。

專業的變革推動者或顧問也可以幫助社區發展。社區顧問需要注意，不要掌控社區，而是要賦權社區、讓社區自己做出改變。

教育和資訊傳播在產生社會變革中，仍然有更多方式。雖然這些方式有時會產生巨大的改變，但在使用對社區多元文化最適當的資訊時，必須要謹慎小心。

通過新的立法和政策或修改現有的法律及政策，是創造社會變革的其他手段，也被統稱為公共政策。公共政策的變革可以帶來全面的社會改革，但是這樣的政策往往充滿了競爭團體的政治風險，需要花時間來制定與實施。

社區實務者發現：思考他們為社會問題帶來了什麼樣的技能是很有用的。許多人不知道「社區心理學家」的頭銜，這種實用性和彈性，正是社區心理學應該是什麼的好例證。

心理健康系統

譯者：邱珍琬／審閱者：洪菁惠

個人的瘋狂是少見的，然而在團體、政黨、國家與不同時代卻屢見不鮮。
——Friedrich Wilhelm Nietzsche《善惡之外》（*Beyond Good and Evil*）

　　Min，25 歲，是一位住在美國的中國後裔。她不僅認為自己的心理醫師們不了解她的病情，也認為他們不懂她的傳統文化價值。

　　Min 常常進出醫院，因為她的醫師們說她是「思覺失調症」。每一次住院，醫師就開藥讓她的症狀緩解，尤其是她的幻覺與幻聽。在服藥的情況下，Min 可以與周遭的人有較好的接觸與聯繫，也可以更照顧到自己日常生活的需求，這樣她就可以從醫院回到家裡。她的雙親很努力地在維持家計，包括 Min 的弟弟與妹妹。Min 的手足都還在就學中，因此 Min 有大半時間都自己待在家裡，也因為家人無法監督其用藥情況，她常常忘記吃藥。最後，她就會失控，使得家人不得不再找上醫師，醫師也常在家人的懇求下，讓 Min 返回醫院做治療。

　　這就是 Min 的情況，她只會離開醫院一段短暫時間，然後又重新住院。她會服藥，症狀獲得暫時紓解，然後又忘記服藥。她只是全國眾多慢性精神病患中亟需要長期照護、合作處置的其中一員，卻不一定可以得到適當的治療。

　　這一章會檢視 Min 與其他跟她一樣的病患情況。本章會從一些重要歷史事件開始，然後敘及不在安置機構內的精神疾患，接著聚焦在討論如何評估病患出院後的成功率，以及除了住院之外的其他選項。有趣的是，許多早期的其他選項並無異於重新進入機構的處理，更新的處置計畫持續進來，問題在於這些計畫是否能夠真正達到當初所預設的目標？有沒有任何有效的第三種預防計畫可以讓病人不住院，而能夠重新成功回歸社區？首先我們先檢視有多少像 Min 一樣的人，也就是說社區裡有多少人滿意心理健康疾病的處置情況。

第一節　心理疾病的流行病學估計

　　在 1980 年代，國家心理衛生研究院（NIMH）調查五個城市超過兩萬人的心理健康狀態，這個流行病學來源區域研究〔Epidemiologic Catchment Area（ECA）Study〕試圖估計與描述符合《心理疾病診斷與統計手冊》（第三版）

（*Diagnostic and Statistical Manual of Mental Disorders*, 3rd edition, DSM-III）裡面所規範之精神疾病的發生率與普及率，例如在比較 New Haven、Baltimore 與 St. Louis 三個社區後，Robins 與同事（1984）估計 DSM-III 裡所有心理疾病的終生普及率分別為 28.8%、38.8% 與 31.0%。要注意，我們這些數據對不同城市的估計會因為其不同的特色而有變動。研究者想要從美國不同城市蒐集足夠的資料，這樣就可以取得具全國性的代表樣本來估計全國的疾病率。研究發現，男性與女性心理疾病罹病率是差不多的，這項研究引導我們去估計一年內的焦慮症普及率（在前一年有症狀者）為 13%，憂鬱症為 6.5%，思覺失調症為 1.3%，樣本中的 19% 有一些精神疾病。在 1990 年代，NIMH 依據 DSM-III-R 的標準做了多區域的調查（Kessler et al., 1994），此項研究稱之為全國共病調查（National Comorbidity Study, NCS），估計一年的普及率為：焦慮症 18.7%、憂鬱症 10%，其他心理疾病為 23.4%，心理疾病的終生普及率為 50%，而樣本數裡的 17% 被診斷為多重心理疾患（共病），為最嚴重者也是最多困擾者。第三個心理疾病流行病學的研究是在 2000 至 2002 年間進行的，稱之為「全國共病複製研究」（National Comorbidity Study, Replication, NCS-R），是依據 DSM-IV 對心理疾病的標準來估計。研究發現，一年普及率中，焦慮症者為 18%、憂鬱症者為 6.7%，其他心理疾病為 26.2%（Kessler, Chiu, Demler, & Walters, 2005），同樣地，總樣本中有少部分患者有最糟的症狀與多重疾病。在這兩項全國性的研究報告裡，少於一半的患者是沒有接受治療的。

　　從 ECA、NCS 與 NCS-R 的發現與 Midtown Manhattan 的研究（一項長期研究調查 1952 至 1960 年心理疾病的普及率）的結果一致，即便經過了幾十年，從不同城市選取樣本，使用了不同的疾病診斷標準，所發現的一致性似乎是在說明心理疾病的議題儼然是社區的一部分，它們還不只是一小部分，因為心理疾病議題在我們一生中的某些時段，應該會影響近半數的族群。

　　而顯然地，即便經過了這麼多年，最近的流行病學研究（Kessler et al., 2005）發現，一般的專科醫生已經是醫療需求成長最快的一群，這也讓我們想起早在 1960 年 Gurin、Veroff 與 Field 就已經有類似的發現：醫生是一般民眾最常諮詢有關心理疾病的對象。

第二節　心理健康與心理疾病模式

在回應這些心理疾病需求時，傳統的心理學都會提供以個人為中心的臨床心理服務，你可能會想起這些服務的效果曾經受到Eysenck（1952）後設分析的質疑，我們也注意到最近一個回顧心理治療結果的研究，這個研究檢視了許多有關治療結果的因素（Lambert & Barley, 2001），特殊的治療技術僅僅占了14%，是很小的一部分，最相關的是當事人與治療師之間的治療關係。但是我們離題一下，基本的爭議與臨床取向正好相反，也就是它對於已經確定的心理症狀是一種無效反應的治療模式。這個在第一章已經討論過，我們這裡會在某些治療模式上再多加著墨，讓讀者可以更了解目前在社區的運用，是從這些傳統體制演變而來。

壹、醫學模式

傳統的標準照護模式是醫學模式，奠基於醫學實務，其假設為病人的疾病是內在失能所致。病人是被動接受專業醫師的知識，醫師則是提供答案給病人問題的專家。病人遵從醫師指示、參與醫療（會治癒疾病或紓解身體症狀的準備或藥劑）。醫學傳統是源自於希臘與羅馬醫師處理身體症狀的情況，身體與心理健康是維持平衡的結果。對古代希臘哲學／醫學家 Hippocrates 而言，這是指我們體內四項元素（黏液、血液、黑色膽汁與黃色膽汁）的平衡狀態。一般相信這些傳統可以追溯到更久遠之前的埃及人與美索不達米亞人的信念。

當然，現代醫學已經從這個最初模式走出來好一段時間了，然而在程序上還是若合符節：病人出現一系列症狀，即其身體功能出現問題，基於這些出現的症狀，可以診斷出哪裡失衡或失能，我們也會了解病源或問題發展的源頭；一旦做出了正確的診斷，就開立適當的醫療或治療來醫治問題。下一次你到醫師那裡去看診，會注意到程序是怎麼運作的，他會問你哪裡不舒服（也就是症狀），然後就依據這些症狀搜尋符合不同疾病的標準，決定哪裡出差錯，然後

給你對於治療的一些建議（如躺在床上休息或多喝水，或減少糖分或食鹽的攝取等），或許會開一些藥方服用以減輕症狀（像是發燒、發冷或體力不濟），或是增強系統（增加體內的抗生素）或治療疾病（修正平衡狀態）。病人選擇何時去看醫生，通常是在病人感覺到很不舒服，或者是讓病人相信需要求助時。大部分的臨床心理學家使用這樣的醫學模式來檢視症狀、診斷與開立治療處方。

　　就生物或醫學模式的優勢來說，針對心理疾病有兩個具權威的參考書〔《心理疾病診斷與統計手冊》（DSM）及《國際診斷編碼》（ICD）〕已經發展出來，醫學模式至少在傳統心理學上留下了兩項重要遺產，一是診斷標籤的可靠性（如 DSM），另一個是假設專業權威與權力凌駕於病人之上。這兩項重要遺產卻是社區心理學家所規避的。

貳、精神分析模式

Freud　對那些主修心理學或是選修過變態心理學、兒童或人格心理學（或是伍迪艾倫電影的粉絲）的人而言，對 Sigmund Freud（1856-1939）一定不陌生。Freud 是精神分析之父，雖然現代許多人並不同意他的理論，但是他對於心理學與精神醫學的影響力卻不可磨滅。Freud 相信生物學在人類心靈發展的重要性，他認為大部分的心理疾病只要運用自由聯想或語言治療，是可以治療或痊癒的。精神分析治療是以個別語言治療的形式，每週進行可達五次，持續進行很多年。

　　後來精神分析就開始分裂為兩派：傳統個人語言治療的精神分析與生物精神醫學。一位與 Freud 同時期的德國人 Adolf Mayer（1866-1950）強調生物、心理學與環境三者交互作用的重要性，但是許多人依然只偏重將生物學視為心理疾病的根源，依循著嚴苛的生物—醫學模式。傳統精神分析個人語言治療模式一直未能展現其對嚴重心理疾病的有效性（Wilson, O'Leary, & Nathan, 1992）。

Adler　在 Freud 以外的其他選項中，20 世紀早期出現的 Alfred Adler，他強調個人關切的是無力感以及生命要成就的目標，為了達成此目標，Adler 的工作就

傾向協助人們在不同情境下獲得權力感。心理教育運動的有些功勞得歸功於他，也就是讓人們獲得知識以運用在生活中。

他的理論也包含了 Gemeinschaftsgefühl，可譯作社區感（community feeling）或是一般所稱的**社會興趣**（social interest）。社會興趣是指個人感受到與周遭的人有連結，若有較高的社會興趣，個人就會認為自己是家庭、鄰里與社區的一份子，反之，低社會興趣者感受到與他人疏離，只會為私利而行動，不顧慮他人。

Adler認為這些社會興趣與我們對自己的感受，受到童年經驗的重大影響，因此他的理論也聚焦在兒童教育上，強調教師—兒童的關係，鼓勵兒童及其探索世界的好奇心。

從這個描述中令人注意的是：他強調健康個體的發展，所謂的「病態」則是偏離正向的社會環境（可以同時賦權個體與設立適當界限）。這也給社區心理學的實務做了提醒。

參、行為模式：社會學習取向

在你想起心理學入門課上，利用狗為受試者，蘇俄心理學家 Ivan Pavlov（1849-1936）展示了可藉由**古典制約**（classical conditioning）的方式塑造行為，這個過程是一個刺激（自然或正常的物件或情境）引發一個反應，Pavlov一再地在非制約刺激（肉末）出現時，將他的狗曝露在一個制約刺激（鈴聲）中，雖然對肉末的非制約反應（或「自然反應」）是唾液，但最後這些狗就學會在肉末尚未出現時產生制約反應（或「習得的反應」），即分泌唾液。

因為不滿意精神分析、拒絕**內省**（introspection）或自我檢視的方式（是Wilhelm Wundt——實驗心理學之父所倡議的），兩位美國心理學家John B. Watson（1878-1985）與 B. F. Skinner（1904-1990）將 Pavlov 的理論延伸發展，以人類為受試者，他們不將制約刺激與非制約刺激做配對，Skinner 發展了**操作制約**（operant conditioning），也就是行為在受到酬賞或**增強**（reinforced）時更容易出現。通常增強與制約及非制約刺激是由外在而來、作用在有機體（organism）身上，也就是行為傳統所提供的生態環境，對個人來說是很重要的。

從學習理論延伸，或稱之為**行為模式**，Martin Seligman（1975）曾經說過憂鬱症可以解釋為**習得無助**（learned helplessness）的一種形式，或是對於環境中不可控制的事件缺乏掌控的感受。其他社會學習取向的學者，像是英國的精神醫師 Hans Eysenck 與美國心理學家 Joseph Wolpe 都發展出像是**系統減敏法**（desensitization）或按部就班的放鬆訓練，來改變恐懼或害怕的行為。

整體說來，社會學習模式對於許多心理疾病有治療功效，然而其耗時費力，因為這樣的行為治療需要加以裁剪來吻合個人需求，而且對許多批評者來說，社會學習取向顯然是用來處理症狀，而非心理疾病的成因；此外，大部分的社區心理學家注意到這個模式只能一次治療一個人，無法很有效率地促成改變。

然而，已經有許多試著將這些學習原則，運用在社區分析與行動成功的例子，Bogat 與 Jason（2000）回顧許多這樣的計畫，結論是：行為原則提供社區心理學家額外的「技術工具」，尤其是使用行為技術，可以提供系統改變過程中一些小小成功經驗。

肆、人本模式

1960 年代，我們見證了人權運動日益受重視與成長，像是《人權法案》（Civil Rights Act）在 1964 年的立法，人權運動對於心理健康與疾病的覺察或定義有深刻的影響，也就是有些心理健康照護專家，像是美國心理學家 Abraham Maslow（1908-1970）與英國精神醫師 R. D. Laing 認為不適應（maladjustment）與**標籤**（labeling）更有關，或是某人被告知他不健康或生病了，比天生的決定因素更重要。換句話說，人們有時候表現出來的是，與他被告知的內容相吻合模樣，因此需要規劃治療來協助這些人了解與反省自己的特殊感受。與這個說法一致的是美國心理學家 Carl Rogers（1902-1987），他發展了**當事人中心治療**（client-centered therapy），其中治療師的角色是催化當事人反思自己的經驗，請注意句中的**當事人**這個詞，對人本心理學家來說，當事人是沒有生病的，因此不被標籤為**病人**（patient）。

與精神分析模式相似的是，**人本模式**（humanistic model）強調語言治療的

使用,而不像精神分析模式的部分是,人本模式在個人與團體的語言治療上都是一樣的。Faith、Wong 與 Carpenter(1995)發現敏感度訓練團體(一種人本團體治療)的效果,不是因為人們獲得自我價值感所產生的效果,而是因為在治療裡學習到的社交技巧改善了他們的心理健康。

然而,至少有兩個從人本心理學所衍生的主要想法,已經被移植到社區心理學領域。其一是所有的人都是有價值的個體,也有權利去完成與發現這些價值;其二是個體最了解自己,因此需要提供有關問題解決的方式。這個直接與社區心理學的賦權原則相呼應,也和參與式行動研究的公義哲學原則相符。

這些心理健康模式引導了心理治療與臨床心理學領域的方向,然而,這些模式的觀點之間,與社區心理學的原則及實務,還是有清楚的連結。社區心理學從理論到行動,就是從社會到系統層次來做介入,同時注意到對人類行為維持與改變影響更廣的生態脈絡。模式彼此之間的交互作用,吻合對多元觀點開放、了解改變需要多層次介入的社區心理學,但它也不符合美國社區心理學中臨床與諮商心理學的一些根源。舉例來說,Swampscott 鎮會議是一個社區心理健康訓練會議,許多(不是全部)此領域的創立者都有臨床訓練的背景,儘管如此,我們應該看到這些傳統醫院、臨床心理機構與涉及更廣的社區心理學的區別。

焦點 6.1

心理健康照護專家

各種的專業服務都可以用來協助人們處理壓力,許多心理健康照護服務是由四個主要專業領域所提供的,它們是:**精神(科)醫師(psychiatrists)**是醫療專業的醫師(MDs),專攻精神醫學。他們受僱於公立(政府)或私人機構(像是私立醫院或診所),除了本身醫學的訓練之外,精神科醫師在正式執業之前,還需要通過執照考試。精神科領域還細分不同專業,像是生物精神科與社區精神科。精神科的角色通常是開立醫療處方,雖然心理疾病患者若是財力許可,常常會接受某些形式的治療,像是每週可多達五次的精神分析治療。

焦點 6.1（續）

　　許多人擁有心理學分科領域更高的學位，也將自己視為心理學家。**臨床心理學家**（clinical psychologists）是一種心理健康照護的專家，擁有臨床心理學的高階訓練（博士學位），他們的訓練包括了更嚴苛的心理病理學，通常是在醫療院所內執業。**諮商心理學家**（counseling psychologists）需要有博士學位，也受過實務訓練，但是他們的重點通常是放在與一般正常發展及職業選擇有關的議題。臨床心理學家與諮商心理學家通常都是擁有州立執照的心理學家，與精神醫師類似的是，臨床與諮商心理學家都可受僱於公立或私人機構、自己獨立執業或受僱於某機構。

　　與精神醫師不同的是，在美國大部分的州裡，心理學家不能開立處方箋。針對美國本土軍隊養成的心理學家所做的一項先驅研究，他們極少開立醫療處方給心理疾病患者（Sammons & Brown, 1997）。現在有愈來愈多受訓的心理學家在美國境內提供這些服務，雖然有一些州會提供有限的執照，讓這些心理學家開立處方箋，但這樣的議題並非沒有爭議（Fox et al., 2009; Gutierrez & Silk, 1998; Lavoie & Barone, 2006; Sammors & Brown, 1997）。

　　這些情況因為其他因素而變得更為複雜。有時候**治療師**（therapist）或**諮商師**（counselor）這些名詞是與臨床師（clinician）及心理學家（psychologist）交互使用的，雖然並非所有的臨床師、諮商師和治療師（像是那些在社工領域工作及精神科的護理人員）都接受心理領域的博士層級訓練，社區心理學家也不一定是受訓或是擁有州政府證照的臨床或諮商心理學家。

　　這些博士層級的訓練，在後來的臨床與諮商心理學的領域都做了區分。傳統上，臨床心理學家受訓都是沿用**科學家—實務者模式**（scientist-practitioner model），運用這種模式，訓練目標是培訓一個具有研究、科學與治療技能者。這些心理學家擁有哲學博士學位（PhD），就是在任何科學領域內的最高學位（Benjamin & Baker, 2004; Farreras, 2005）。現在專業心理學已經有第二種訓練模式出現，培養的人才是所謂的**實務者—學者**（practitioner-scholars），強調的是實務上的心理治療與評估，而非做研究，因此就有了不同的學位，就是心理學博士（PsyD）（Murray, 2000）。

　　第三種心理健康照護專業族群為**社工師**（social workers），協助當事人找出與使用社區的服務，但也可能提供他們治療，他們通常擁有社工碩士學位（MSW），跟精神醫師不同的是，他們不能夠開立處方箋，而與精神醫師和心理學家類似的是，

焦點 6.1（續）

社工師可以受僱於公私立機構，他們主要的角色是實務工作者（practitioner）。

精神醫師、心理學家與社工師的共通點在於，他們都是處理處於壓力情況下的個人，請注意這三個族群的專業人員所提供的服務主要是針對個體的功能，此外，這三種專業人員都是從專家的立場來運作。

最後也很重要的相關議題是，這些心理健康照護人員都是健康保險中的一環，或是由第三者支付費用。健康保險公司就像是付費的第三者，提供當事人治療或是由保險公司付費的治療（不管對方是精神醫師、心理學家或社工師）。在美國境內的大多數州，這三種專業團體都有執照，或是有保險的，目前有愈來愈多由州政府規範碩士層級的諮商師，藉由註冊或取得執照的方式，讓第三者付費給他們。

在 2008 年《心理健康團體平等方案》（Mental Health Parity Act）通過後，不同層級的生理健康與心理健康保險理賠都被視為平等的，那些細節也開始慢慢付諸行動。有些保險公司利用收費較少的服務提供者（像精神科護理師、諮商師與社工）以減少費用的支出，也顯示出一種不一致的趨勢。社區運動者也需要注意，像是做研究以確保治療成功與治療費用之間的關係。

社區心理學家通常是置身於保險議題及專業界限的爭論之外，這些心理學家相信「預防勝於治療」，認為預防是最具經濟效益的。了解精神病理的原因與進展，鼓勵建立社區支持系統，以及提供心理健康教育等，這些都需要長遠之計，一起達成預防治療的需求及健康保險的項目。

要注意預防的需求以及心理健康思維的其他劇烈改變，Kazdin 與 Blasé（2011a, 2011b）呼籲重新思考臨床心理學的領域。

第三節　心理健康系統的演變

壹、心理健康照護的簡短歷史

雖然古代世界總是被描繪成較不文明，有些古文化卻較之其他文化更強調心理健康的研究，像是對（古代與現代的）中國人來說，身體與心理健康被視為是仰賴兩股自然力量（女性的力量陰，與男性的力量陽）的平衡。此外，這兩股力量被視為調節五大元素（金、木、水、火、土）之用，這些是負責人類的日常健康。而且每一元素都對應著不同的食物群，因此，適當的飲食與固定運動，對於維持這些元素的平衡是很重要的。

根據中國的傳說，古代（大約在西元前 600 到 700 年）有一位叫作神農氏（其意是指「耕作」）的聰明皇帝，他被認為是將醫療上使用的草藥做分類的第一人。而中國的歷史書也記載著華佗是麻醉之父，將細針插入穴道（壓力點）來釋出腦中內啡肽（endorphins，天然的鎮痛劑）。華佗寫了許多醫書，這些連結心與身體的觀念對臨床心理學與行為藥物都很重要，對於社區心理學也一樣。如果 Min 是在古代中國或是現代中國，對於她疾病的治療可能會與今日美國所做的大大不同。

當我們回顧歷史，會注意到古希臘人也很重要。Hippoerates（大約在西元前460到377年間）以「西方醫療之父」而聞名，他提及四種體液（humors）或液體是用來調節人類心理健康的。特別是在很大的情緒波動時，是因為過多的血液所引起，疲憊是因為過多的痰或黏液所引起，焦慮則是由於過多的黃色膽汁或肝液所引起，而憂鬱則是因為有過多的黑色膽汁。

不管醫學與心理學在理論與實務上的進展，都在古中國、希臘及後來的羅馬人手上完成，與他們同時代的大多數人，都是以超自然的觀點來解釋心理疾病。在歐洲的羅馬帝國滅亡（西元 476 年）之後，西方世界就以超自然或宗教的信仰模式來解釋心理疾病。例如，根據教會與西方社會的當權者，心理疾病與其他被剝奪公民權的人均被視為罪人，宗教熱忱在 1480 年代達到巔峰，教宗

Innocent 八世正式准許迫害巫師，而其中有些人真的受心理疾病之苦，但是許多人只是主流文化裡政治或社會的異議分子而已。

在文藝復興時代的許多西方社會（大約是西元 1300 至 1600 年），**人道主義**（humanism）的觀念開始發展，人道主義提出我們應該聚焦在對人的關懷上（或許這就是重新點燃與發現對希臘羅馬作品興趣的結果）。心理疾病從這個觀點中受益，也就是所有人都有不可轉讓的當然權利，應該被尊嚴以待。此外，有些醫師開始挑戰「心理疾病是道德缺失」的觀念，在西元 1600 年間，所謂的**庇護所**（asylums）或「瘋人院」都是用來收容心理疾病患者，最有名的可能是設於英國倫敦的 Bethlehem 醫院，暱稱為「Bedlam」，現在是指混亂與困惑的意思。美國最早成立的庇護所出現在西元 1700 年代末，裡面所收容的是社會不接受或不容於社會的人，而裡面所收容者也大都被鎖鏈限制行動。

美國（1776）與法國（1789）革命期間，提供了更多誘因給那些心理健康照護改革運動，而更人性的發展遍及歐洲與美國境內。例如在美國有兩位先驅者在此波運動中有功，第一位是 Benjamin Rush（1745-1813），他被稱為「美國精神醫學之父」，他寫下了第一個精神醫學的論文，同時也率先設立了學院裡的課程；另一位是 Dorothea Dix（1802-1887），她的心理疾病健康照護經驗是從治療女犯人那裡獲得的，在那段期間，將心理疾患者關進監獄是常有的事。Dix 的足跡遍及國內各地，以募款方式來成立心理診療醫院。

自心理健康照護改革運動（甚至從許多貢獻生命的醫師先驅者的工作）開始，進一步發展出心理疾病的科學**分類學**，這些分類最後導致心理疾病**病源學**（病因）的研究。一位名叫 Philippe Pinal（1745-1826）的法國醫師，率先使用了**失憶症**（dementia）這個名詞來形容一種精神官能症的現象，此疾病主要特徵是判斷力退化、記憶喪失，以及人格的改變。另一位德國醫師 Emil Kraepelin（1856-1926）進一步研究這種病情，也使用了**癡呆症**（dementia praecox）這個名詞。接著瑞士醫生 Eugen Bleuler（1857-1930）則將此疾病命名為**思覺失調症**（schizophrenia），這成為今日家喻戶曉的精神醫學病名。Bleuler 還延伸了早期的研究工作，詳述了此種病症的其他亞型。

同時，一位法國人 Louis Pasteur 所倡議的**病菌理論**（germ theory），也得到醫學及科學界前所未有的重視。也就是許多疾病被認為是由細菌感染所引起，

因此精神病學的發展就定調為醫學或生物的領域。換句話說，在細菌理論的影響下，心理疾病被視為是一種疾病（disease），而非不正常（disorder）或心理失功能。

大約在同時，美國精神醫學會（American Psychiatric Association）與美國心理學會（APA）分別在 1844 年與 1892 年成立，雖然美國心理學會最初不是特別關注心理健康與疾病的相關議題，而當其底下的臨床心理分會變得愈來愈具主導性時，這些議題就成為優先考量。這種議題重點的轉換，無疑地沒有跟美國精神醫學會達成共識，因為美國精神醫學會自設立開始，一直是心理健康與疾病界的龍頭老大。在過去幾年之中，這些專業間的衝突因為許多因素而愈演愈烈，包括社會工作專業也開始嶄露頭角。

在 Rush 與 Dix 的貢獻之後，美國心理健康照護的改革可粗分為三階段：1875 至 1940 年、1940 至 1970 年以及 1970 年迄今（Grob, 1991; Shadish, Lurigio, & Lewis, 1989）。在 1875 至 1940 年間，政府被認為是承擔照顧心理疾患者的主責單位，有三分之二的病患是住在州政府所經營的精神病院裡，而這樣的系統許多是從 Dix 有關道德管理的論述所延伸出來，然而這些病患卻幾乎沒有接受任何治療。

同時，有少部分私立精神病院，像是「Menninger 基金會」與「生活機構」（Institute of Living），提供服務或治療給這些不能支付費用的人，雖然這些服務或治療以今日的標準來看有些殘酷不仁，但它們對於**社區精神疾病**（community psychiatry）發展有所貢獻。「社區精神疾病」是精神病學的一個分支，強調心理疾患者可以在最少限制的環境、採用最低限度的治療方式做診治。這些私人機構的許多病患居住在一個狹小但舒適的空間裡，他們被鼓勵去參加烹飪、縫紉與其他自我發展的課程。

在 1940 至 1970 年代間，最初的樂觀主義伴隨著道德管理開始在社會上消失，絕大部分的情況是這些精神病院就像是人類的倉庫，如果有提供治療，他們傾向於以**電擊治療**或是腦部電擊，以及**腦葉切開術**（lobotomy）或腦部手術的方式進行，更甚者，這些醫療院所的花費已經是社會的大宗，尤其是在經濟大蕭條與第二次世界大戰期間。有人懷疑病人住院是否帶來自我預期效應，這種停滯在 1970 年代間的 Rosenhan 研究特別提到（見焦點 6.2）。

焦點 6.2

Rosenhan 對住院病人汙名化的經典研究

　　研究者 Rosenhan 對於心理健康專業人員（尤其是精神科醫師）是否可以正確地診斷心理疾病（或問題）的真偽，特別有興趣，於是決定做一項研究。首先 Rosenhan（1973）訓練他的研究生與其他人假裝精神疾病的一些症狀，像是他指導那些假病人告訴醫院人員，他們聽到有重物落地的聲音或是有聲音告訴他們「用力地打下去」，Rosenhan 將這些病人送到精神病院的急診室裡。

　　讓 Rosenhan 吃驚的是，這些學生都被要求住院，一旦他們住進精神科病房，每位假病人都獲得診斷。

　　在他們住院後不久，假病人就開始恢復正常，有趣的是，其他病人都知道這些假病人是正常的，但是醫院裡的職員卻沒有意識到這個正常性，可能是因為他們很少看見的緣故。根據 Rosenhan 的報告，醫院職員並沒有花太多時間與病患在一起。

　　假病人開始要求出院，然而醫院內的職員卻一直告訴他們還不能夠出院，最後 Rosenhan 就親自出馬介入處理，因此有些假病人得以出院。然而在出院時，許多人是被標籤為「思覺失調症減緩」。這些假病人被留置在院內 7 到 52 天，平均被留置的天數是 19 天。

　　伴隨著這種心理疾病的痛苦並未減緩，Rosen-han 表示許多的心理疾病是因為標籤所致。雖然有些心理健康專業人員可能不同意，然而 Rosenhan 卻表示：一旦被標籤之後，所有對此疾病的期待與行為的解釋都隨之而來。

　　如同第一章所呈現的，在 1960 年代啟始的**時代精神**或社會氛圍也開始轉變。舉例來說，**精神藥物**（改變情緒藥物）的引進，像是 Thorazine（氯丙嗪），重新燃起精神病患是可以受到尊嚴治療的思維。

　　在 1970 年代，社區精神疾病界也因為藥物的使用，再次轉移了對心理疾病治療的方式，許多罹患心理疾病者出院回到自己的社區。本章在開場的案例裡提到，藥物讓 Min 成功地回到自己家裡，當她一旦停止使用藥物，她原先的問

題又開始出現了。造成**不住院治療**（outpatient treatment）或非醫院治療（像社區心理健康中心），與**住院治療**（inpatient treatment）或醫院治療的發展結果相反。為了要讓剛出院的病人適應其他不同選項的安置，像是**社區住宅**或團體住宅就設立了，然而並不是沒有爭議。我們現在檢視 1960 到 1970 年代的去機構化，以及如何因應它所涉及的一些努力成果。

貳、去機構化

去機構化（deinstitutionalization）定義為：爭取讓心理疾患者回歸社區的努力。記得 Min 原本是住院的，然後回到自己社區裡，事實上她是一直出院又住院（**累犯**）。有許多關於到底真正的去機構化是怎麼一回事的爭議（Grob, 1991; Shadish et al., 1989）。進一步檢視其中的一些定義與相關議題如下：John Talbott（1975）提到去機構化其實是誤植，最好使用**機構轉換**（trans-institutionalization）較佳，此詞是用來描述「慢性心理疾患的居住與照顧重心，從一個很糟的機構轉到更慘不忍睹的地方」（p. 530）。另一位精神科醫師 Mathew Dumont（1982）則道：「去機構化只是為了減少心理健康預算一個比較禮貌的用詞」（p. 368）。Min 的案例所呈現的就是這樣的現象，她不斷地出入醫療院所，在家裡與機構之間輪流住著。

在1970年代末與1980年代，去機構化的效果已經開始實現，《紐約時報》定義去機構化為：「將心理疾患從大的郊區醫院移往小的社區住宅」（"Willowbrook Plan Worked," 1982）。另一篇紐約時報社論提到去機構化就像是：「把心理疾患扔出州立醫院到地方社區，而所承諾的社區治療卻從未兌現。」去機構化與無家可歸是同義詞（"Redeinstitutionalization," 1986, p. A24）。

的確，這些定義說明了許多去機構化的不同面向。為了消弭這些歧見，有些心理健康照護專家（Bachrach, 1989; Rein & Schon, 1977; Shadish et al., 1989）就提出以語意學的方式來架構這個複雜又衝突，而似乎又與目前正在進行的這些心理照護改革無關的名詞。此外，去機構化的具體面向，像是預算限制都是心理健康改革背後的動力。

政策就像是實際考量或理念的產物（Grob, 1991; Kiesler, 1992; Warner,

1989）。然而有愈來愈多的心理健康專業人員認為社會必須要有前瞻性，要看到目前關切的實際發展計畫以外的長期結果。舉例來說，關心愈來愈多在街頭流浪的心理疾患，他們同時也是 HIV 陽性患者或已罹患愛滋。根據紐約市針對市內男性街友收容所的統計，Susser、Valencia 與 Conover（1993）發現心理疾患者，62 人中有 12 位（19.4%）是 HIV 陽性，而嚴重心理疾患者還受到三重痛苦，也就是除了心理疾病之外，還同時有藥物濫用與危險性行為（Dévieux et al., 2007）。

一個社會可以做些什麼來期待未來長遠的心理健康照護的結果呢？最後，Bachrach（1989）提供了去機構化的有意義定義：

> 逃避或閃躲傳統機構場所（尤其是州立醫院），為了慢性心理疾患者，同時發展以社區為基礎來照護這些族群的變通方式。這個定義假設有三個主要過程，疏散人口（depopulation）——藉由釋出、轉院或死亡患者來減少州立醫院的住院人數；分散（diversion）——將潛在住院人數分散，轉往社區為基礎的服務場所；以及去中心化（decentralization）——拓展病患照護的責任——從單一的醫療院所到多元且分散的處所，同時也讓伴隨的權威瓦解。

依據 Bachrach（1989）的說法，這個去機構化的定義強調三個相關的因素：事實、過程與哲學。也就是說，良好的心理健康照護政策需要植基於可信的研究或證據（事實）；要擬訂長遠的計畫，必須要了解心理疾病的特性，以及患者接受服務的資源或系統（過程）；歷史事件與哲學理念常常決定了心理健康照護運動的方向（哲學）。

參、去機構化的社會脈絡

去機構化有哪些可期待或不能預期的議題呢？在 1960 年代美國人對於自己有能力克服困難是樂觀的。的確，甘迺迪總統要求中產階級的美國人協助情況較差的人，也建立了一些計畫，像是「啟蒙」方案（Project Head Start）（包括提供免費餐點給低收入戶）以及「和平軍」（Peace Corps）（就是教導開發中

國家的人有關家庭計畫，以及在全球社區建立新的資源）。

　　心理健康從以上這些努力以及醫藥發達（讓許多症狀得到控制）中受益。心理疾病藥物像是 Elavil（二苯環庚丙胺）與 Thorazine，控制了思覺失調症的許多明顯症狀，因此專業人員有更多的理由以最少箝制的方式，來治療心理疾患。

　　這種樂觀主義受到專家（Thomas Szasz 1961 年寫的《心理疾病的迷思》）與暢銷作家（Ken Kesey 的《飛越杜鵑窩》）的負面報告而進一步激化，執法人員也展開行動，像是美國人權自由組織就啟動了「心理健康法」（Mental Health Law Project）。這些作品與法律上的努力有個共通點，那就是反對非自願住院的做法（Torrey, 1997）。

　　然而有些心理健康照護專家相信，不管關於大規模從醫院釋出病患的想法，是多麼令人羨慕及具說服力的哲學與價值決定，更多對於去機構化的激進解釋，都得回歸到經濟層面。調查過去 30 年西方國家的去機構化情況，Warner（1989）發現：

> 　　此過程是由節省經費所引發，而這些經費是失能退休金的濫觴，有些國家則是戰後勞力需求所製造出來的。當勞力短缺，復健計畫開始發展，經費的節省成為主要動機，社區治療的努力就被削弱。（p. 17）

　　而 Kiernan 與同僚（1989）發現：聘僱與初次住進州立醫院及在社區門診開案，兩者呈負相關，也就是當經濟情況好時，就更少人有心理問題或住進州立精神病院。

　　在第二次世界大戰之後，世界經濟一直保持不錯的狀態到 1970 年代，而去機構化與經濟穩定性有關的爭議，似乎與西方工業國家心理疾患每一萬人的病床數呈現一致性，也就是，只要勞動市場有需要，就有更多人受到「去機構化」的處置。

　　不管你是不是同意這樣的解釋，去機構化已經展現了對經濟的重要影響力。聯邦對心理疾病的預算持續增加，各州卻幾乎沒有財務上的誘因來提供同等的協助，因為這種照護需要的資源，主要是以安全收入補助、食物券、醫療

協助、醫療照護等等形式來補助。聯邦與各州這樣資源的不平衡，直接導向心理疾患照護的崩盤（Torrey, 1997）。的確，在一項將去機構化的相關因素做批判分析的研究中，Brooks、Zuniga 與 Penn（1995）發現，財務負擔在這個過程裡是首要的缺失。這些研究者提到「面對汰換或讓老舊系統重整而持續增加的費用……大部分服務的改變是預算的結果，而非醫療、決定、與醫療或法律相關執行後或同時的分配所致」（pp. 55-56）。

雖然這些發現顯然可以解釋去機構化背後的因素，但是它們卻未能適當地解釋為何無法達成其所設立的目標（增進心理疾患者的生活品質）。社區心理學家與心理健康照護專業人員（Cheung, 1988; Earls & Nelson, 1988; Lovell, 1990; Mowbray, 1990; Mowbray, Herman, & Hazel, 1992; Struening & Padgett, 1990）已經提到社會學的因素（像適當的房屋政策）與心理因素（像是汙名化）常常阻礙去機構化的進展。焦點6.2即討論有關住院病人假裝其徵狀的汙名化有趣研究。

利用心理健康機構與個人貧困有關。Bruce、Takeuchi 與 Leaf（1991）等人展示了心理疾病與貧窮之間的因果關係。他們在一個病源研究中，檢視了過去半年新發展的心理疾病，研究樣本包括非裔美國人、西班牙人與白人，這些研究者發現相當多的心理疾病發作可能與貧困有關。此外，Bruce 與同僚也發現，其中非裔美國人與白人兩性發展新的心理疾病的危險性機率相當，換句話說，貧窮是不分種族或性別的。

許多罹患心理疾病者在沒有適當的計畫或支持系統下就出院、進入社區，舉例來說，像 Mowbray（1990）提到許多出院的病患並無適當的求生或社交技巧（像是煮飯與付帳單），因此無法在無結構化的環境中生存。要讓去機構化有效執行，必須要提供適當的治療（Mowbray & Moxley, 2000）。Struening 與 Padgett（1990）發現，紐約市的成人街友有極高比率酗酒、嗑藥、罹患心理疾病，也就是可能這些人大部分是從精神病院所釋出，而無適當計畫的病人，因此他們就成為街友，同時有酗酒與嗑藥的問題（Levine & Huebner, 1991; Susser, Valencia, et al., 1993）。同時，絕大多數的心理疾病患者持續地被釋出醫院，轉到養護所或提供住宿與食物的收容所，而這些單位都還沒有準備好提供病人所需的服務。

2006 年美國司法部的一項報告提到：有 56%州立監獄的犯人、45%的聯邦

犯人，以及 64%的當地犯人有心理疾病歷史（James & Glaze, 2006），這些有心理疾病史的犯人大都是年輕的白人女性，她們也較暴力。在州政府的法庭上，她們更容易被判長期拘禁。依據 Harcourt（2007）的研究，美國境內有二百萬個犯人，這個數目是英國的 5 倍、日本的 12 倍，也是全世界最高的犯人數與比率。重點是：從醫院轉到去機構化會省錢的想法是錯誤的，心理疾病患者並沒有去機構化，而是被再次機構化地轉到不同的處所。

在一個了解慢性心理疾患者到底發生了什麼事的研究裡，Diamond 與 Schnee（1990）追蹤了 21 位被視為具有潛在高危險性，也是最常被關進監獄的男性，藉由不同的服務系統追蹤了兩年半左右，這些男性用盡了 11 項不同系統，包括心理健康、犯罪司法、健康保險與社會服務系統，其中犯罪司法服務是最常被使用的，雖然有些男性曾住院接受長期心理疾病照顧，但其使用的心理健康服務通常只是短期的危機照護服務。Diamond 與 Schnee 相信他們的數字是低估的，而照護這 21 人的所有服務系統的費用總數為 694,291 美元。這些費用並不包含受害者所需的費用，也沒有將這些男性因暴力發作時所造成的財物損失計算進去。這些研究者呼籲不同系統間共同合作、努力，才能提供較佳的協助給這些人，同時減少所需的費用。

Belcher（1988）提到在心理疾患者出院（或機構）時，他們通常不能或不願遵從自己出院後照護的方式，這也會增加這些人涉入犯罪司法系統的可能性；此外，因為司法系統與心理健康系統對於心理疾病的看法不同（Freeman & Roesch, 1989），心理疾患者若是入獄，可能無法接受與之前同樣程度的治療服務，司法系統只處理很少部分的心理疾病——只有在當事人無法代表自己、精神失常，也就是無法為自己做無罪抗辯時。

美國司法部報告：約莫有三分之一州監獄的犯人、四分之一聯邦監獄的犯人、17%地方監獄的犯人，在他們服刑期間，接受過某些型態的心理健康處遇（James & Glaze, 2006）。雖然住院的極少，然而使用藥物治療的卻很普遍。

解決之道可能是心理健康、犯罪司法與其他專業人員，需以創新、整合的方式一起合作，來防止心理疾患者不被關進監牢裡，同時在其入獄期間給予治療（Diamond & Schnee, 1990）。另外一個作法是，提供治療與社區支持給這些心理疾患者，而且要強大到可以防堵其涉入犯罪司法系統。Heller、Jenkins、

Steffen 與 Swindle（2000）提到 1960 年代的去機構化根本在原地打轉，他們相信以社區為基礎的健康照護處遇及預防計畫，從來都沒有實現過。他們認為執行上的問題是：缺乏對所需的藥物支持計畫的了解，在設立計畫界限時沒有關注到自然社區與其鄰近地區，以及專業人員對於任何非傳統照顧病患處遇計畫的抗拒。Heller、Jenkins 等人（2000）認為，在減少社區支持計畫的基金同時，經濟情況也緊縮，使得許多心理疾患者淪為街友。

Seidman 與 Rappaport（1986）相信在尋求解決之道時，我們也受阻於自己過度類化結論的傾向，因為我們面對的是一群人之中的極端案例。社會心理學會加一句：對一個團體的負面過度類化的傾向，是讓我們的感受與那個團體拉開，也就是將他們視為「非我族群」（Allport, 1954/1979; McConnell, Rydell, & Strain, 2008）。例如，在發現一位享受社會福利的少數族裔母親，開著一輛簇新的凱迪拉克之後，人們會相信所有接受社福協助的都屬於濫用社福系統的少數族裔。事實上，大部分這些受到社會福利系統關照的人並沒有濫用資源，而且是白人。那些嚴重心理疾患者也需要處理類似這樣的問題。一般人對於心理疾患者的感受，讓他們不得不做如是的思考、感受與行動。對心理疾病的汙名化，依然存在我們的社區中（Mowbray, 1999; Perry, 2011; Wahl, 2012），以及我們的高等教育系統裡（Collins & Mowbray, 2005）。

肆、機構化的早期變通機制

對於住院病人最理想的居所，應該是能夠增進其福祉的，因為最能夠在其能力與環境所提供的支持之間取得平衡。事實上許多社區安置是植基於可使用、具經濟效益及個人的能力上（Mowbray & Moxley, 2000）。

如果不是安置在機構裡，那麼該將心理病患者安置在哪裡呢？他們會到安養及照護機構。他們出院時都毫無社區規劃，且獲得的財務資助也相當有限。

今天，我們依然可以在不同場所發現他們，最多是在**無人監護的場域**，也就是說他們需要自立自強（圖 6.1）。否則，典型的社區安置是跟**病患的家人**一起，或在**安養院**與**中途之家**（Kooyman & Walsh, 2011）。照護他們的費用一般是由「安全收入補助」（Supplement Security Income）（障礙津貼）來支付，當

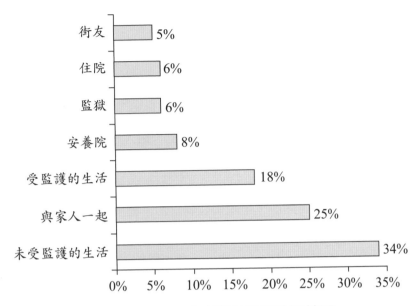

圖 6.1　對思覺失調者所設的社區生活情況

資料來源：Kooyman, I, & Walsh, E. (2011). Social outcomes in schizophrenia. In D. Weinberger & P. Harrison (Eds.), *Schizophrenia,* 3rd ed. Hoboken, NJ: John Wiley, pp. 644-665.

這些錢減少時，能夠容納之前病患的空間也縮減了（Heller, Jenkins, et al., 2000），他們多數成為囚犯及街友。

　　這種照護的區隔以及節約的服務，透露了社會主要是從心理健康系統轉移到福利系統（Kennedy, 1989）。原來的版本是要成立一個社區心理健康系統，提供「預防計畫，延展到社會弱勢族群，促進社區覺察心理失能的社會與環境決定因素，以及擔任社區照護者的諮詢顧問，鼓勵他們去發展在地化的協助網絡」（Heller et al., 2000, p. 446），但這版本卻從未能實現。

伍、評估去機構化個體的「成效」

　　許多在心理健康領域的人很快會跳入結論，認為去機構化未曾成功過。我

們已經檢視了一些去機構化所衍生的問題，包括（但不限於）轉換機構化、遊蕩街頭或監獄。如何成功地讓其融入社區？答案就在於你問了誰？討論的議題為何？

社會需要仔細去檢視去機構化的成功評估方式，表 6.1 就顯示了一些不同時代的名人所經驗的心理損害，而且可以成功地融入社會。

典型評估成功的方式是融入社會與再犯。**融入社會**（social integration）會在最後一章定義，是指當人們與社區機構有連結，也參與社區非正式的社交生活（Gottlieb, 1981）。**累犯**（recidivism）是指復發或回到機構接受照護，在這裡是指回到精神病院。然而，這兩個名詞暗示了標準的有限性。近來社區心理學領域的文獻指出，對於成功的評估是更複雜的議題。

舉例來說，Shadish、Thomas 與 Bootzin（1982）發現不同的團體使用不同的指標來評估成功程度。社區照護機構的居民、職員與家庭成員常常表示生活品質（指乾淨的居住環境、有事可做）應該是評估成功的指標；另一方面，聯邦官員與學術界的人士則是強調心理社會功能（指社會融入與減少徵狀）是社區安置成功的良好評估方式。

一份「社區能力量表」（Community Competence Scale）已經設計出來，用來評估去機構化病人的基本生活能力（Searight & Goldberg, 1991; Searight, Oliver, & Grisso, 1986），量表問題是用來評估一個人做有關營養及處理危機事宜的判斷力、溝通能力，以及簡單的數學與語言能力。在他們的研究裡，Searight 與同僚發現，這個量表可以有效地區辨社區中需要不同層次指導的群體。

表 6.1 名人與心理疾病

人	領域	心理疾病
Kim Basinger	女演員	焦慮症
Catherine Zeta-Jones	女演員	躁鬱症
J. K. Rowling	哈利波特作者	憂鬱症
Abraham Lincoln	美國第十六屆總統	憂鬱症
John Ford Nash	數學家／諾貝爾獎得主	思覺失調症
Johnny Deep	男演員	焦慮症

　　一個很不一樣但是具有潛力，用來評估「去機構化」成功與否的方式是經濟指標（Brooks et al., 1995）。計畫的成功與否還是植基在經濟效率上，然而，這些費用常常是以短期的預算為基礎，並沒有顧及可能的節省長期經費考量。

第四節　去機構化之外

　　當然，前面描述的場景並不能反映出在 1960 年代末開始的「去機構化」的美麗願景。大家認為加入「社區心理健康法案」（Community Mental Health Act），可能會「減少州立醫院的人數以及……提供治療讓心理疾患者可以留在社區裡面」（Levine, Toro, & Perkins, 1993, p. 526）。現在，回過頭來看，似乎很明顯看到既存「亡羊補牢」的系統是缺乏整合與系統化計畫的，Heller、Jenkins 與同事（2000）認為問題還包括「根深蒂固的態度與執行方式」（p. 448），專業人員的抗拒及普遍忽略在地支持或害怕。

壹、為心理疾患打造的「模式」計畫

　　打從「去機構化」運動開始，有許多可用來檢視社區心理學特色的模式計畫開始出現。這些計畫從賦權參與社區的嚴重心理疾患者（severely mentally ill, SMI），到全面聚焦在管理每一位社區中的 SMI 個案，乃至團隊合作以提供不同層次與多領域的服務給成人或年輕的 SMI。所有的三級預防努力，反映了基本社區心理學尊重個體多元性、賦權個人或其家庭系統因應問題的能力，以及有必要以不同層次的介入方式來妥當處理心理健康需求的生態概念。最後，那些持續需要機構照護的人，我們檢視了一項致力於在機構內進行社會與環境脈絡轉換的計畫，這個計畫是要「減少使用限制」來改變機構內的物理環境，以及社會與專家們對於病人與其照護的相關假設，因此轉換了機構環境中限制的需求。我們從檢視早期以變通方式提供 SMI 社區為基礎之環境的「寄宿社群」（Lodge Society）開始。

寄宿社群　很遺憾地，社區心理學家與心理健康照護專家知道對心理疾患者無效的比有效的作法多。然而，我們從先驅的計畫像是**寄宿社群**（Fairweather, 1980; Fairweather, Sanders, Maynard, & Cressler, 1969）、流行病學調查獲取相關知識，其後一些創新的心理社會復健模式（Bond, Miller, & Krumweid, 1988; Bond, Witheridge, Dincin, & Wasmer, 1991; Bond et al., 1990; Olfson, 1990）便被發展出來治療心理疾患者。Fairweather 的「寄宿社群」概念，包括了為心理疾患者設立中途之家或團體之家，強調技巧的培養、責任分攤與做決定，這個賦權的概念是他的計畫中很重要的一部分（Fairweather & Fergus, 1993）。在一個有**支持的團體處所**，四到八人的團體可以聚在一起做生意上的投資，共同為「**個人成就**」來努力。此模式與其衍生的長期效果可以說明，類似這樣的社區介入是可行的。社區生活聯合網（The Coalition for Community Living, http://theccl. org）報導：一直到 2012 年，美國國內有 90 個「寄宿社群」成立。在 2007 年，一項針對其中 25 個「寄宿社群」的研究發現，寄宿病人的遵從服藥率（持續服藥）高達 99%，而再住院率是 60%。

貳、密集個案管理

　　新模式的共通部分是使用**密集個案管理**（intensive case management, ICM），或者是密集個案支持（intensive case support），包括日常生活技能的指導（如烹飪與付帳單）；也讓個案管理員提供監控與仲介不同服務項目（Snowden, 1992）。換句話說，一個個案管理員（通常是社工師）與之前的病患密切合作，可能是全天候服務，以防任何危機情況發生，而個案管理也可以整合到住院或門診治療。

　　個案管理形式裡的「密集社會支持」應該會減少再犯或復發情況。與傳統治療（如門診）相形之下，個案管理是勞力密集的工作，然而研究顯示個案管理「在不同社區的研究裡一再地指出，其減少了醫院的使用與花費……雖然其他想要的效果（如症狀減輕、社會關係改善……）較不明顯」（Levine et al., 1993, p. 529）。因為心理疾病本身的複雜度之故，這些發現是可以理解的。你或許會想起之前的敘述，即使居處不是問題，但是社會關係的改善在許多人身

上是不容易的，這些病人就是其一。在檢視誰可在這樣的協助中獲益最多時，一項英國對嚴重心理疾患者的研究發現：對於那些經常使用照顧的病人而言，減少住院是非常明顯的；對於那些不太常需要住院的病人而言，使用率並沒有減少（Burns et al., 2007）。

Nelson、Aubrey 與 Lafrance（2007）區分 ICM 與其他「肯定社區治療」（assertive community treatment, ACT）的主要不同是：ICM 並不使用團隊取向，完成正常生活必要的任務時，個人受到緊密監督與協助，但是沒有跨領域合作的觀點（這是「肯定社區治療」所帶進來的）。

肯定社區治療　在個案管理模式裡一個很有力的形式是**肯定社區治療**，或稱之為「行動治療團隊」（mobile treatment teams）及「肯定個案管理」（assertive case management）。這個形式是設計來「增進患有嚴重且持久心理疾病當事人的社區功能，在改善他們生活品質的同時，也減少他們對住院照護的依賴」（Bond et al., 1990, p. 866）。ACT 聚焦在教導實際的生活技能，像是如何去購買生活用品以及維持財務。由一個多領域專業團隊提供團體個案管理，針對個案需求的概念化或是介入方式，貢獻他們不同的專業與資源。ACT 將其注意力放在藥物使用、服務計畫及協調上，同時也做評估。「肯定社區治療」採用了極低的職員—病人比率，大概是 10：1，此外，當事人不需要到職員辦公室，而是職員去拜訪當事人，也就是進入當事人的生活環境裡。Mowbray（1990）將「肯定社區治療」當作許多社區心理學的具體原則：

個案概念化的生態（ecological）架構
處置的系統（systems）層次取向
統整不同層次（multiple levels）的服務
防止（prevention）當事人族群的病態徵象
為弱勢者倡議（advocacy）
提升目標族群的能力（promotion of competencies）

在威斯康辛州的 Madison 地區，Stein 與 Test（1985）發展了美國境內最早的 ACT 計畫之一，他們期待更多有關 ACT 的研究。Bond 與同事（1990）將

ACT 當事人與門診中心的（drop-in center）病人做比較。通常門診中心會提供當事人（一般是已經住院的心理疾患者）一些非正式的聚會場所，這些中心在自助式氛圍下，提供了許多社交與娛樂的活動，與 ACT 形成強烈對比的是：門診中心有一個聚會地點、有較高的當事人—職員比率，以及病人不需要與中心職員有較多接觸。

Bond 與同事（1990）發現在一年之後，有 76% 的 ACT 當事人仍然在參加 ACT 計畫，但是只有 7% 的門診中心病人依然參與其計畫。ACT 的職員團隊平均每週只拜訪當事人住家與社區兩次，但是他們的當事人平均住院及待在醫院的天數卻明顯減少。研究者估計 ACT 每年為每位病人省下了 1,500 元美金，ACT 的當事人自己報告說，對計畫有更多的滿意度，且更少接觸警政機構，也比門診中心病人居住在社區的情況更穩定。

有一位審視計畫的研究者（Mowbray, 1990）已經質疑社區心理師為何沒有更積極涉入 ACT 與嚴重心理疾患的研究。舉例來說，Toro（1990）批判這種計畫需要有更多的研究探討其對其他領域的影響，像是就業情況與社會關係。Salem（1990）總結道：需要對於顧客或當事人進行的計畫做更周全的調查，同時也針對心理疾患者有更多樣的介入方式。

Nelson 與同事（2007）檢視了 ACT、ICM 與其他為 SMI 當事人所做的居住計畫。他們發現為 SMI 當事人設置的永久居處條款，可以減少當事人再進入機構的比率，此外，ACT 計畫也有更好的居處情況，而 ICM 卻是最不成功的模式。另外，這些在 ACT 與 ICM 計畫裡的當事人，常常報告擁有更好的社區功能與感受良好。其中一個研究提到 ACT 的條款比標準的治療花費更多，Nelson 與同事（2007）評論，ACT 與 ICM 顯然減少了街友與住院比率，也增進了當事人的社區功能。雖然這種介入方式在剛開始時會花費較多，但是在減少住院方面就補足了這些暫時性、表面上看到的花費（Rosenhack, Kasprow, Frisman, & Liu-Mares, 2003）。

參、全方位

「全方位」（wraparound）服務已經發展了很多年，Burchard、Bruns 與

Burchard（2002）相信從他們的分會開始描述這個計畫時，這種演化至少已經進行了 15 年。他們發現「全方位」企圖要成為一項「以**優勢及社區為基礎，以及文化相關**」的服務（p. 69）。前提很簡單：決定需要的是什麼，然後依需要盡量長久提供。它是以醫學的變通模式所發展出來的，以 Bronfenbrenner（1979）的生態原則、Bandura（1977）的學習理論以及 Munger（1998）的系統論為理論基礎，相信適應是可以學習的，就如同不適應也是經由學習而來。因此它藉由創造一種環境（混合著微觀與巨觀場所），以提供適應行為的學習機會與支持。所謂系統性的了解是說，生活的某部分做了改變，就會影響其他部分的生活，因此針對每一位當事人都採用一個周全的系統取向。這個取向很清楚是以社區為基礎，強調團隊以及**跨機構與家庭的攜手合作**，積極介入家庭也是處置方式之一，同時是一種長期、彈性、注意當事人文化的承諾（Burns & Goldman, 1999）。回顧研究時，也發現這項服務取向具清楚的證據基礎（Burns, Goldman, Faw, & Burchard, 1999）。生態、系統導向、持續、以優勢為基礎、結果聚焦（Burchard et al., 2002）——「全方位」取向的服務充滿著社區心理的理念與實務。焦點 6.3 討論了一個案例。

焦點 6.3

Milwaukee 全方位計畫

　　Milwaukee 全方位計畫是一個以有「嚴重情緒障礙」、需要住進精神疾病院所，或有違法、危害其家人之年輕人為對象的多年計畫。這個計畫的主要特色是：（1）一個對兒童及家庭以優勢為基礎的策略；（2）家庭涉入治療過程；（3）以需求為基礎做計畫與執行的服務（見表 6.2）；（4）一項個人的服務計畫；（5）聚焦在結果的計畫。

　　這些取向是在四個因素上做整合與執行，這四個因素是：（1）個案協調；（2）以孩子及家庭為團隊；（3）移動式危機團隊；（4）提供網絡服務。在這個計畫中，有超過「80 個心理健康社會與支持服務」。

　　這個計畫與其他計畫不同的地方在於，它是聚焦在孩子與家庭系統的優勢上，

焦點 6.3（續）

表 6.2 全方位 Milwaukee 福利計畫的服務

個案協調	危機住家照護
家內治療	認養照護治療
醫藥管理	住院治療
門診——個別家族治療	認養照護
酗酒／藥物濫用諮商	日間照護／另類學校
心理疾病評估	養護評估／管理
心理評鑑	職業發展／安置
居家協助	手足照護
心理健康評估	交通服務
導師服務	在家督導觀察
協助父母	課後輔導計畫
團體家庭照護	餘興活動／孩童導向
喘息服務	自由選擇基金／彈性基金
為父母照顧孩子	管家／家事服務
家教	獨立生活支持
特殊營隊	心理疾患門診醫院
緊急食物貯藏室	

資料來源：改編自 Kamradt（2000）.

建立在這些優勢的主因是要讓孩子持續待在社區中，如果可能，它也點出了每一個個案的特殊性，同時提供選擇與個別化方案給每一位當事人及家庭，它提及讓家庭有能力來好好協助孩子。為了達成那個目標，有許多的家庭社交活動、滿意度調查，以及招募家庭在委員會服務，並進行實務訓練；有全天候的移動式危機治療團隊（Mobile Urgent Treatment Team, MUTT）提供給所有的當事人與其家庭，計畫的結果聚焦在如何減少使用機構的必要性。

　　這個計畫「將系統贊助者的錢聚集起來，以整合多元服務的方式來維持……奠基於『全方位』哲學及照護管理模式，提供客製化的照護給每一位年輕人」（Kam-

焦點 6.3（續）

radt, 2000, p. 14）。一個嶄新的特色是將經費（醫療補助、安全收入補助及其他保險）聚集起來，擴展其以個案管理模式為基礎的照護品質。估計「兒童福利與少年法律制度補助『全方位』計畫，每月每一位孩子 3,000 美元，在『全方位』計畫之前，這些基金全被用在住院治療照護系統，每月對每一位孩子補助超過 5,000 美元」（Kamradt, 2000, p. 18）。

這個計畫最初的結果指出，使用住院治療者已經減少了 60%（從引進全方位 Milwaukee 福利計畫開始至今，由平均每天 364 人減少到 140 人），門診病患住院人數也減了 80%（表 6.3）。這些令人振奮的結果還持續著。在一項 2005 年度報告裡，全方位 Milwaukee 福利計畫已經服務超過 1,000 位年輕人（http://www.county.milwaukee.gov/WraparoundMilwaukee7851.htm），這個計畫持續展現了其服務目標的年輕族群，已經減少了法律案件，在校表現更好，父母親的評估也更正向。在 2004 年，總統的「心理健康新自由任務」已將全方位 Milwaukee 福利計畫當作模範計畫。

表 6.3　全方位 Milwaukee 福利計畫的青少年犯罪再犯率（$n = 134$）

犯罪形式	在進入計畫前一年	進入計畫後一年[註]
性犯罪	11%	1%
攻擊	14%	7%
擁有武器	15%	4%
財產犯罪	34%	17%
藥物犯罪	6%	3%
其他犯罪（主要是未使用武器的偏差行為）	31%	15%

註：資料蒐集與分析截至 1999 年 9 月為止。
資料來源：改編自 B. Kamradt（2000）.

第五節　兒童早期經驗與預防

Heller、Jenkins 與同事（2000）注意到早期社區對於心理健康議題的觀念聚焦在預防。然而，如同「當我們只看見鱷魚，就很難將泥淖挖空」，聚焦在第二級與第三級預防介入，已經用掉了心理健康領域工作者的大部分精力與資源。但是在此領域內有更清楚且實際的動作，用來結合必要的研究與資源，讓預防效果更佳。

Cicchetti 與 Toth（1998）形容導致心理病理的多元途徑與因素，特別強調發展心理病理學取向，對於了解兒童與年輕族群的憂鬱症與其病源的貢獻。顧及**發展路徑**（developmental pathways）與**軌道**（trajectories），容易受到的影響與事件是影響因素的**連結網絡**（network），影響著其中複雜互動的每一個變項。值得注意的是，一致的**支持系統**（support systems）持續地在個人生活挑戰中扮演著保護的角色，相反地，**混亂且不合邏輯**或是**致病的**（pathogenic）系統則會導致危險性更高的憂鬱症。預防的處置已經明顯地增進了危險族群中母親與嬰兒的依附關係（Cicchetti, Rogosch, & Toth, 2006）。

如今，我們認為心理病理學起因是多元多路徑的（Sue, Sue, Sue, & Sue, 2013）。Sameroff 與 Chandler（1975）提到需要將生物學、心理學及社會觀點放入解釋的模式裡。Sue 與同事（2013）強調更為完整的模式需要納入生物、心理、社會與社會文化的觀點。目前的心理病理模式包括基因、環境與表徵遺傳學（epigenetics）——就是受到關鍵環境事件所影響的生物與基因，導致展現或未展現的基因要素（Institute of Medicine, 2009, p. 147）。

在目前已經檢視的環境事件裡，其中一項是兒童期的不利經驗（adverse childhood experiences, ACEs）（表 6.4）。根據最先在 1995 至 1997 年間所蒐集的資料，發現 ACEs 與憂鬱症、自殺企圖、藥物濫用、酗酒及許多生理相關疾病之間有清楚關聯（Felitti, Anda, Nordenber, Williamson, Spitz, Edwards, Koss, & Marks, 1998），甚至也發現幻覺與 ACEs 的分數有關（Whitfield, Dube, Felitti, & Anda, 2005）。有 64% 的參與者報告至少一件不利事件，而 21% 則是有超過三件

表 6.4　兒童期不利經驗

虐待（情緒、身體、性）

忽視（情緒、身體）

失功能家庭（暴力、藥物濫用、心理疾病、入獄、離婚）

資料來源：Centers for Disease Control and Prevention, Adverse Childhood Experiences Study website, http://www.cdc.gov/ace/prevalence.htm.

以上。早期發生（如五歲之前）的虐童事件與較少的情緒自律、更多攻擊行為有關（Kim & Cicchetti, 2010）。此外，也已經發現早期發生的身體與性虐待會影響可體松含量（壓力）與壓力徵狀（Cicchetti, Rogosch, Gunnar, & Toth, 2010）。在一項研究不利事件、社經地位、剝奪領域與家庭剝奪的研究裡，光是不利的生命事件就可以造成兒童的心理疾病（Flouri, Mavroveli, & Tzavidis, 2010）。負面早期童年經驗的研究，已經為心理、社會與身體問題開啟了一條路徑。

　　因為行為是受到多元變項的影響，且變項間也彼此影響，因此不是所有經歷過負面事件者，都會發展成心理疾病（見第三章心理韌性）。其他的研究也顯示，危險與保護因子共同決定發展心理疾病的可能性（Cicchetti & Toth, 1999; Egeland, 2007）。例如，以父親、祖父母以及其他人所提供的社會支持，作為保護因子來抗拒危險的情況，特別是在有許多不同正向典範，且「較高品質、多量及社會支持較少受到干擾」時（Appleyard, Egeland, & Sroufe, 2007, p. 443）。

　　我們對於心理疾病的了解持續增長，這樣的理解已經可以防止心理疾病的發生，或是減少危險因子的影響。其中一個例子是快速追蹤計畫（Fast Track Program）。這個計畫是針對高危險的孩子進行的十年介入計畫，此計畫包括父母親的行為管理訓練、孩子社交與認知技能的訓練、家教、家庭訪視、良師計畫、同儕關係與教室課程。早期學校的發現顯示，**攻擊及反社會行為明顯減少**，中學時期則是更少被診斷為行為偏差或過動的學生（Bierman et al., 2007）。稍後針對青少年的分析也顯示，參與此計畫者**使用心理健康門診的比率減少了將近 90%**（Jones et al., 2010）。

　　一項以證據為基礎的、針對高危險族群早期預防計畫的後設分析發現，這樣的計畫若是**多年與密集**（更多接觸）的，則其結果得到強烈支持。這項分析發現，這樣的計畫顯示對青少年期族群是成功的，有**更好的教育結果、較少社會偏差行為、更多的社會參與、更好的認知發展、較少涉及犯罪行為**，也有**更好的社會─環境發展**（Manning, Homel, & Smith, 2010）。這些計畫的結果鼓勵了心理健康系統的預防與發展計畫。這些發現呼籲對整個心理健康制度重新定義（請見第八章「學校、兒童與社區」）。心理健康介入可以也應該更積極、更周全，以及更認識社會生態與表徵遺傳學，這樣更廣泛地定義心理健康制度的看法（Heller, Jenkins, et al., 2000）是有道理的。

第六節　戰鬥仍持續：我們往哪裡去？

　　雖然罹患心理疾病依然受到社會的汙名，但一般大眾已經更熟悉心理健康與心理疾病，這種覺察部分歸因於心理疾病國家聯盟（National Alliance for the Mentally Ill, NAMI）的成形。NAMI 比自助團體（self-help group）的功能還要多，它也是一個政治遊說團體。2008 年 NAMI 在國內已有大約 1,100 個分會，會員估計有 130,000 人。NAMI持續在心理健康照護的改革上擔任關鍵角色，在地方的層次上，個別分會的成員彼此提供支持，同時為大眾提供教育活動，主題像是藥物與復健服務。

　　有些社會心理模式是奠基於個案管理與政治上努力的理念，像是 NAMI 所從事者，顯然為心理疾患者燃起了希望。心理健康照護仍持續與汙名化及刻板印象、聚焦在短期或長期、責任與花費，以及大眾討論這些議題的意願爭戰之中。雖然社區心理學家與心理健康照護專家們可以協助心理疾患者賦權，運用適當、具文化敏銳度的介入模式，但是心理健康照護改革不能與其他健康機構分隔開來，而是需要在統整的健康照護計畫中架構出來。研究（D'Ercole, Skodol, Struening, Curtis, & Millman, 1991; Levine & Huebner, 1991; Susser, Valencia, et al., 1993; U.S. Surgeon General, 1999）指出，身體健康與心理健康是互相依賴的。D'Ercole 與同事發現，心理疾患者的身體疾病在使用傳統心理疾病診斷工

具（DSM-IV）時會被低估，特別是對於年長與女性病人而言更是如此。

　　社區心理學家在過去三十多年有關健康議題（尤其是心理健康與心理疾病）上所獲得的知識，強烈地提醒我們對抗 1960 年代的假樂觀，沒有人只因為不能負擔費用，而被拒絕接受心理健康照護的服務，然而還有一些實際的情況以及介入與預防的政策需要考量。社區是一整體的概念需要多多少少注意到這些問題，間接地說，心理疾病在我們的政策裡，是為了那些無家可歸的遊民與在監獄內的犯人所設立，他們可能比計畫中住院或在我們社區裡的心理疾患者更多。

　　對制度的要求會愈來愈多。Torrey（1997）相信將近 150,000 街友是有心理疾病的，而另外 150,000 人則是在監獄中。漸漸邁入老年的嬰兒潮人口，是照護年長心理疾患者的另一項挑戰（Hatfield, 1997）。儘管人口或有重疊，但這些情況都需要一些不同的反應或策略。估計美國總人口數中的 26% 有可診斷出來的心理疾病（Kessler et al., 2005）。截至 2008 年 12 月為止，美國人口已經超過 31,400 萬（http://www.census.gov/population/www/popclockus.html），其中的 7,800 萬（占總人數近 26%的人）似乎是無法理解的。

　　反對者像是 Breakey（1996）已經說過，在精神科與臨床心理學上，管理照護的壓力很容易限制了這些臨床醫療者的角色。雖然在本章回顧的證據（即 ACT、全方位計畫、快速追蹤計畫）顯示，罹患心理疾病的高危險患者若接受了統整的服務，他們的情況會比未接受此類服務的病患要好很多，但是統整的照護在剛開始時需要投入更多的金錢（真正的錢及其他像是人力資本與資源）（Sharstein, 2000），而我們有沒有足夠的遠見去付這筆錢？社區心理學在溝通三級預防勝於傳統服務的角色又是什麼？

　　光譜的另一端，具有影響力的精神醫師如 Torrey（1997）已經說過，近年來在生物精神醫學的發現指出：「嚴重的心理疾患伴隨的輕微心理煩亂，並沒有比多元硬化症或帕金森症更多，對他們的適當處置需要腦生理與藥物學的專家，而不是人類關係而已」（p. B5）。Torrey 說資源應該要重新導向，讓精神醫學與神經學整合起來，這樣才能產出對所有腦部疾病有專業的研究者與臨床醫療人員。然而，這就是將神經精神醫學視為一個整體，如同一百年前的情況一樣，回到 Freud 革命及心理衛生運動以前，其引導將焦點放在一般心理健

康，而非最嚴重的心理疾病患者身上（1997, p. B5）。

這同時是引起爭議但又帶有惡兆的。假設醫學科技進步神速，就很容易忽略人性面的感受與行為。

而且，在表徵遺傳學上的發現（Fraga et al., 2005; Jaenisch & Bird, 2003）提醒我們，環境與遺傳潛能交互作用的重要性。

社區心理健康與社區精神醫學的人士有任務要去爭取整合照護（就是協調、周全與生態的思維）應該是常態的一部分，同時強調生物精神病學的轉變，可能會阻礙之前已經進行的領域（像是社會支持）。我們希望這項工作可以以復原力（見第三章）的方式完成，強調多層次互動過程，將會為影響病人福祉的生物、個人、社會與機構等變項間的互動，帶來更好的評價與理解。心理健康服務領域為了了解人類經驗，而持續增加其在生態模式上的應用（Bronfenbrenner, 1977; Bronfenbrenner & Morris, 2006; Kelly, 1990, 2002, 2006）。

Heller、Jenkins 與同事（2000）強調傳統心理健康照護忽略了預防的計畫，其他學者也提醒預防計畫其中的一個問題是延擱了可偵測的結果。在我們分秒必爭的心態上，一、二十年的時間似乎是不可能的。經濟的壓力是要展現出目前制度的節省情況（Felner, Jason, Moritsugu, & Riger, 1983）。儘管如此，預防已經展現出有效成果，聚焦在兒童及與系統的合作，對於這些孩子的生活是很重要的，也就是指與家庭及學校的合作（Albee & Gullotta, 1997; Durlak & Wells, 1997; Heller, 1990; Ialongo et al., 2006）。這些預防計畫的目標當然在於轉移潛在精神病患的軌道，提供個人與社會資源，來協助處理生活壓力源以及學習生命任務（見第三章有關復原力與社會支持部分）。本章已經廣泛討論了這些計畫以及其潛能，然而，這裡的焦點在於心理健康制度裡的個案三級預防，也就是極少有預防計畫。儘管如此，預防研究的進度與行動還是可以評估的。

Heller、Jenkins 與同事（2000）關切的是，在制定第一個社區心理健康中心時，缺乏自然社區（Hunter & Riger, 1986）。服務地區（catchment area）（社區心理健康中心所服務的地理區域）的理念，使用了以街道為界定的大區域，沒有所謂**自然定義的鄰近地區**（社區居民所使用的分割法），而其優勢與既存的網絡可以應付這個缺點。現在可由設計計畫與研究的社區本身，藉由愈來愈常使用的參與行動研究模式將缺點提出來。

摘要

在美國人口群中，對心理健康所關切的議題已經研究了幾十年，其指出發人深省的結果。心理疾病的普及率是很嚴重的，而一個人一生罹患心理困擾的可能性幾乎是兩人之中就有一人，然而，心理疾患者聚焦在極少數的族群裡，通常有多重問題同時發生。對這些極少數人來說，心理疾病的影響是相當慘烈的。

我們傳統的心理健康模式是聚焦在個人，而且是站在被動反應的立場。這些模式的缺點引導我們以社區觀點來思考，而且以預防導向及生態觀點來考量。

回顧心理疾病的治療歷史，雖然看到了更人性化與範圍更廣的治療趨勢，但是心理疾病的「去機構化」有極大的問題要考慮。回顧心理健康與疾病領域指出，對於什麼是「去機構化」有很多的爭議，有些學者提到一個更好的名詞「機構化的轉換」（trans-institutionalization），來形容把病人從一個地方丟到另一個地方的拋棄方式。而這些心理疾患者的特性，在過去三十多年來，也改變了許多。現在，少數族裔也占了心理疾患的多數，他們通常不會被現有制度所偵測到。

很有趣的是，去機構化是安置病人去另外一個機構，可能是監獄，但許多「去機構化」的結果，最後是淪為街友。大部分在未受監控的場所，犧牲醫療處置，以及不良的社會影響，都會讓成功重新整合進入社區變得不可能。我們以社會整合、復發率或重返精神病院的比率，來評估心理疾患者在他們社區可以發揮生活功能的成功率，但是費用的經濟指標還是政策決定的重要因素。許多成功率的分析聚焦在個人問題上，然而環境扮演了成功或失敗的重要角色。參與「去機構化」的病人面對「去個人化」的服務，也可能是「去機構化」的問題，缺乏適當或整合的支持會導致問題產生，特別是對於已經失去原有社會支持，或是他們所需要的照護遠遠超過這些支持資源的個人而言。

引導 1960 年代建立《社區心理健康法案》（Community Mental Health Act）的理念，不曾被充分了解。現在似乎很明顯的是，為了彌補既存制度的理由之

一，是缺乏系統性的計畫以及協調性不足。

發展創新的社會心理復健模式用來治療嚴重的心理疾患，這些模式的共通處是提供周全、整合與個人化的計畫給這些病人，包括日常生活技巧訓練、賦權其支持系統，以協助這些當事人。這些可能是原有的自然系統，像是家庭與朋友，或者是機構或計畫提供服務的正式系統。個人化的照護管理與小額的個案量，可以讓這些機構更有助益。

早期兒童經驗的研究告訴我們，這些經驗對於正常或病態的路徑發展影響重大，運用已經學得的路徑，以及我們對於復原力的了解，在創造成功計畫來減少兒童與青少年的病態發展上是相當有效的。這也挑戰我們去拓展對於心理健康制度的理念，以及所需要的資源。

雖然，社區心理學家與心理健康照護專家們，可以使用適當與具文化敏銳度的介入模式來賦權心理疾患者，但心理健康改革不能與其他健康議程分離而獨立為之，也就是說，心理健康照護需要架構在統一的健康照護議程下，了解身心互動，以及生態場所的處理，一個完整的取向似乎是未來治療的處方，但要以我們社區現存的研究為基礎，眼前依然有許多承諾仍待落實。

7

社區的社會與公共服務

譯者：陸怡琮／審閱者：羅素貞

在全球人口中，有 85,200 萬人長期處於飢餓狀態；
每天大約有 16,000 名兒童死於飢餓相關的原因。
——門語會中央委員會網站（MCC.org/food）

空袋難直立（民以食為天）。
——海地俗語

　　Rock 是個高三學生，他的女友 Monique 是同校的高一學生，兩人都住在中產階級聚居的市郊。Rock 對市郊的單調生活感到無趣，想要享受「活在刀口上」的刺激。他會聽最新潮的音樂、身上有許多刺青、吸大麻，也熱愛騎摩托車的刺激感。Monique 被 Rock 的不可預測性與莽撞所吸引，但他們雙方的父母都對自己子女所選的男女朋友感到害怕。Monique 的媽媽尤其不滿意，因為她有一些金飾不見了，懷疑可能是 Rock 拿走的。

　　Rock 和 Monique 兩人都有翹課與短期翹家的紀錄。他們剛開始交往時，Rock 就教 Monique 購買和吸食大麻。兩人交往時間愈久，大麻的吸食量也愈多。他們最終被抓到在學校後面吸大麻。因為兩個人都是青少年，法官裁決要他們參加毒癮治療方案。

　　該治療方案是由一個聯邦經費補助的機構和兩個州級機構合作開設的。方案的目標是預防青少年酒精和其他藥物的使用，而不是介入或治療他們。過去研究顯示，有各種高風險因素（例如翹課或偷竊）的青少年，會比一般青少年更有可能使用或濫用藥物。因此，接受政府補助的社福機構中的兒童與家庭福利部門，會鑑別出高風險青少年，並將他們轉介到另一個州政府機構的藥物使用處遇方案。

　　Rock 被法院要求（而不是由兒童與家庭社福機構鑑定）去參加藥物使用處遇方案。在接案會談後，他馬上被安排進入其中一個方案，要參與個別諮商與團體諮商。由於這個方案主要是針對藥物使用的治療，因此，給 Rock 家長的家庭諮商就只能限量提供。

　　Monique 的處遇安置則尚未定案，因為她被發現已經懷孕了。負責藥物使用處遇方案的州級機構不接受懷孕個案。因此，這兩個州級機構的工作人員不知道該拿 Monique 怎麼辦，同時這些機構不知道該如何遵循補助經費的聯邦機構所提出的各種要求。

　　藥物使用處遇方案開始後，在州層級發生的一些政治變化，導致了州級機構領導階層的真空。當州長宣布他不會尋求連任後，這兩個機構的負責人也跟著辭職，這導致個案轉介過程缺乏統合。

　　同時，教輔人員強烈相信，這些青少年的酒精和藥物濫用可能只是其他問題（包括親子和學校問題）的症狀。此外，這些青少年大部分已經有

使用或濫用某種形式藥物的情形，因此只談預防是很愚蠢的。但因為政府補助的機構把重點聚焦在預防，工作人員就必須依照規劃，進行藥物使用的預防教育。

這個真實故事說明的是，社會問題通常不是只有單一原因造成，也不會單獨發生。在 Rock 和 Monique 的案例中，教輔人員顯然是對的，毒癮治療只是治療這兩個青少年的症狀（使用大麻），而不是原因（例如與學校疏離以及親子間的代間衝突）。此外，Monique 需要的是針對懷孕婦女的戒毒處遇方案。然而，藥物使用處遇方案的員工在資源和專業能力上都有侷限。這是一個對有限甚至是稀有的社會和人力資源做不恰當分配的例子，從這個案例中可以看到有效的社會服務來自於好的組織架構和管理。

這一章會先回顧什麼是貧窮，以及社會服務是如何為了因應窮人的需要而在西方社會出現。貧窮雖然不是造成 Rock 和 Monique 問題的原因，但它是許多社會問題的根源之一，而且不管你我是否貧窮，最終都會受到它的影響（Grogan-Kaylor, 2005; Rank, 2005）。本章接下來會回顧一些社會與公共服務以及受影響的群體。

第一節　西方社會的社會福利歷史

什麼是**貧窮**（poverty）？貧窮只是指缺乏足夠金錢去買生存所需的東西（如食物）嗎？還是貧窮是指生長在貧民窟，導致只能上較差的學校，進而造成失業，然後成為遊民的惡性循環（Hochschild, 2003）？後者可能正是強森總統在 1964 年國情咨文演說中談到「對貧窮的戰爭」所指的。貧窮不只是缺乏金錢，也是一種無助感和不正義感（Yang & Barrett, 2006）。例如，若沒有接受好的教育，個體不太可能找到高收入的工作。缺乏良好教育的人比有良好教育的人，較不可能成為見聞廣博的公民，特別是對自己基本權利的了解。貧窮在各方面都會影響每一個人，不是只影響窮人，它不只是個人問題，而是經濟結構和錯誤的政策所造成（Rank, 2005）。

　　雖然貧窮影響所有人，但它顯然對某些人造成比較大的傷害。美國人口調查局發現，2006 年美國白人的貧窮率是 8.62%，黑人是 24.3%，拉丁裔是 20.6%，亞裔是 10.3%，印第安人和阿拉斯加原住民則是 27%（U.S. Census Bureau, 2007）。Smith（2009）認為，這個時代正是 Collins 與 Yeskel（2005）所稱的經濟種族隔離（economic apartheid）或是逐漸擴大的公平差距，有愈來愈多美國人在經濟上被遠遠的拋在後面。經濟政策研究院（Economy Policy Institute）的分析發現，從 1990 年代末期至今，美國家庭中收入最低的五分之一，其收入下降了 2.5%，但最富裕的前五分之一，其收入卻上升了 9.1%（Bernstein, McNichol, & Nicholas, 2008）。

　　接下來我們要檢視公共服務的效能。這些服務的目標之一是要讓人們脫貧或脫離其他社會問題，以便能有較佳的生活。焦點 7.1 提供了一些世界及美國有關貧窮的驚人統計。

焦點 7.1

美國的貧窮

　　社區心理學家和其他專家認為，貧窮是美國最大的社會問題，也是許多其他社會問題（如青少年犯罪、藥物濫用、學校問題、犯罪和遊民等）的根源。以下是一些在美國和全世界有關貧窮的驚人統計。更多的統計資料可以在兩個致力於打擊貧窮的網站（solvingpoverty.com 及 www.povertyusa.org）上找到。雖然身為大學生並不表示你一定過著富裕的生活，但你仍可能很難想像生活在貧窮中的日子。

- 全世界每天有 25,000 人死於飢餓；每 3.5 秒這個世界上就有一個人死於飢餓。
- 在美國，每六個人就有一個是生活在貧窮中，也就是有 4,740 萬人處於貧窮狀態。2011 年的聯邦貧窮準則（federal poverty guideline）將貧窮定義為「一個兩人的家庭年收入少於 14,710 美元」（見 http://aspe.hhs.gov/poverty/11poverty.shtml）。
- 有 1,600 萬美國人生活在極度貧窮的狀態，也就是收入不到聯邦貧窮準則規定的一半。
- 在兒童貧窮方面，美國在所有工業化國家中排名第一。

焦點 7.1（續）

- 非裔、拉丁裔和單親媽媽的貧窮率最高，有些是白人的兩倍。
- 5,900 萬美國人沒有健康保險，也就是 18 到 64 歲的美國人中，每四個人就有一個沒有健康保險。
- 糧食券方案（food stamp programs）只提供每人每餐 1 美元。你覺得這樣的金額夠生活嗎？

　　過去有哪些作法來幫助這些生活在貧窮中的人們？社會福利是一種嘗試回應窮人各種需求的方法。根據 Handel（1982），**社會福利**（social welfare）是「一組想法和一組實踐這些想法的活動和組織。在許多國家都採用它，採取能保護尊嚴的方式，提供人們收入和其他社會救濟金」（p. 31）。這個看似不得罪人的說法說明了社會福利的複雜本質。社會福利同時解決了意識型態上（如政治和宗教）以及實質上（無法養活自己）的問題。

　　至今，社會福利的一個主要形式仍是捐助或慈善。**捐助／慈善**（charity/philanthropy）是指**捐贈者**（自願提供者）幫助**接受者**（受益者）的社會福利，例如一個人捐錢給「仁人家園」（Habitat for Humanity），讓這個非營利組織可以買建材幫助遊民家庭蓋房子。捐助／慈善受到意識型態的重要時節之影響，例如研究指出，人們在宗教季節（如聖誕節和猶太教的逾越節）比在非宗教季節更可能會慈善捐助。另一方面，**公共福利**（public welfare）是由政府（而非私人捐助者）負起責任，幫助窮人或未曾對此公共協助系統有所貢獻的幫助接受者。

　　捐助／慈善和公共福利可能造成社會汙名化，有些人會對接受幫助的人持負面看法（Applebaum, Lennon, & Lawrence, 2006; Cadena, Danziger, & Seefeldt, 2006）。具體的說，Handel（1982）指出，社會福利的接受者：

　　　　被大眾認為是懶惰和不道德的……接受者必須證明他們的需求，
　　　　但他們的說法經常被認為是詐欺……在社會上這些人比起其他社會成

員較不受尊敬。因此，提供金錢的作法被視為是一種貶抑，有損接受者的尊嚴。（pp. 8-9）

甚至社會福利的接受者也可能對自己（Chan, 2004; Sennett, 2003）和對其他接受者（Coley, Kuta, & Chase-Lansdale, 2000）產生負面看法。此負面的自我概念可能造成自我傷害的行為。例如，有上百萬公立學校的學生因為家庭生活在貧窮線以下，而可以得到免費早餐和午餐，但這些學生中有許多人會寧可不吃午餐，也不願意讓同儕知道他的家庭貧困。因此，有些出於善意的社會福利方案，其效果是令人質疑的。

介紹過這些傳統形式的社會福利後，接下來介紹兩種社會福利的現代形式：社會服務和社會保險。**社會服務**（social services）（非物質救濟）是從捐助／慈善分化出來的。這個從 19 世紀發展來的系統，是由政府使用稅金來提供服務，而非直接給予金錢協助。社會服務的主要目標是透過預防或介入社會問題來確保並維持生產勞動力。在本章一開始故事中提到的 Rock 和 Monique 兩位青少年，正是社會服務（物質濫用機構的處遇方案）的接受者。透過這些服務，希望可以預防兩位青少年在未來不要成為大麻或其他藥物的成癮者。

社會保險（social insurance）或**公共協助**（public assistance）起源於 19 世紀工業革命。社會保險的基本論點是政府有責任照顧對協助系統有某種貢獻的個人，這些系統的經費來自稅金。換句話說，公共福利和社會保險（亦即公共協助）的差別是「社會保險的接受者所接受的補助，是來自他自己工作或是別人代替他工作的所得」（Handel, 1982, p. 15），而公共福利的接受者則對此歷程沒有貢獻。Monique 從未工作過，所以她如果向政府申請寶寶的補助，她會被視為接受公共福利，而不是公共協助。美國較知名的社會保險／公共協助方案包括：聯邦醫療保險（Medicare，高齡者的健康保險）、社會安全保險（Social Security，失業和殘障補助或退休人員的老年養老金）和退伍軍人補助。符合資格的準則（如聯邦貧窮準則）是由政府制定的，通常非常繁瑣而麻煩。

在 1996 年《個人責任與工作機會調節法案》（Personal Responsibility and Work Opportunity Reconciliation Act）通過後，公共福利方案有了改變。現在除非是特殊狀況，公共福利接受者不能永久接受政府補助，他們必須轉換到全職

或兼職工作。有趣的是，研究顯示大部分社會福利接受者是想要工作的（Allen, 2000; Bell, 2007; Scott, London, & Edin, 2000），理由之一是因為這種協助製造了社會對他們的汙名，也降低了他們的自尊。

美國社會大眾和有些政府官員逐漸從這個具啟發性的角度看公共福利。首先，許多人認為人們不應該依賴公共福利，這種協助是丟臉且讓人受辱的。第二，應該鼓勵接受者去工作；也就是在鼓勵工作上所提供的誘因，應該多於鼓勵依賴公共協助上的誘因。這正是 1996 年《個人責任與工作機會調節法案》（Scott et al., 2000）的原理。第三，愈來愈多人認為，如果就業參與是強制性的，則相較於不工作，工作應該會讓家庭變得更好。近來的研究發現，投入就業市場且不再接受公共福利，與收入和個人幸福感的增加有關，但對於其他家庭生活層面如親職技巧和家庭環境則無幫助（如 Coley, Lohman, Votruba-Drzal, Pittman, & Chase-Lansdale, 2007）。到目前為止，「由福利轉換到工作」方案的研究結果尚無定論（如 Cadena et al., 2006），需要更多的研究來確認這個作法的效果。此外，影響美國以及全世界的當前經濟危機，造成更高的失業率，因此，要讓人們脫離公共福利、開始工作，可能是說的比做的容易。有趣的是，其他國家採取了不同於提供社會福利的選擇，作為打擊貧窮的方法。例如焦點7.2 談到獲獎的格萊珉銀行方案。

由於「由福利轉換到工作」方案的效果還未定（Geen, Fender, Leos-Urbel, & Markowitz, 2001），這些方案免不了受到一些批評。Piven 與 Cloward（1996）指出，其支持者宣稱此方案可以帶來神奇的社會與文化轉變（例如增加家庭凝聚力和降低犯罪率），其實是不切實際的。Piven 和 Cloward 認為「由福利轉換到工作」方案只是擁有者和缺乏者之間的階級戰爭。Opulente 與 Mattaini（1997）提出以制裁為基礎的方案（如「個人責任和工作機會調解方案」）很容易是無效的，而且會製造如憤怒等不良副作用。Wilson、Ellwood 與 Brooks-Gunn（1996）以及 Cadena 與其同事（2006）則批評，過去研究並沒有採用最適當的研究方法來檢視此類方案的結果和歷程。最後，Aber、Brooks-Gunn 與 Maynard（1995）以及 Coley 與其同事（2007）指出，「由福利轉換到工作」方案並沒有提升貧窮家庭兒童的生活。事實上，貧窮兒童持續曝露在更多的家庭混亂、家庭分離與不穩定中；住在更汙染的環境，生活在更危險的社區，且比

焦點 7.2

格萊珉銀行

25 到 50 美元的小型貸款可以「治療」貧窮嗎？一個有趣的實驗正在全世界推行。這個微型貸款的實驗被稱為格萊珉銀行。創辦人 Muhammad Yunus 對於孟加拉的極度貧窮（特別是婦女）感到震驚。1976 年，他從銀行辛苦的借出了一筆貸款，把這些錢分配給孟加拉的貧窮婦女。事實上，他的貸款借給了窮人中最貧窮的那些。這個小額貸款讓這些婦女可以開始她們自己的農村事業，例如在農場飼養動物和製作工藝品來販售。Yunus 認為微型貸款符合成本效益，是對抗貧窮的有效武器。然而他無法說服任何傳統銀行持續借錢給窮人，所以他創立了自己的銀行──格萊珉銀行，繼續實施微型貸款方案。

格萊珉銀行採取的原則違反傳統銀行的智慧。它尋找最窮的借貸者，貸款不需要抵押。這個系統是建立在信任、負責、參與和創造。借貸者必須以五人為一小組的方式加入銀行，小組成員為彼此提供支持和建議。

格萊珉銀行現在是孟加拉最大的鄉村金融機構，有 835 萬借貸者，其中 96% 是來自超過八萬個村落的女性。此外，正如社區心理學所標舉的，銀行將貸款帶給人們，而不是人們要去求銀行。當然，社區問題無法總是藉由砸錢來解決，但在這個案例中，投資的金錢數目不多，但帶來的回饋卻是巨大的。

一個重要的問題是：格萊珉銀行和微型貸款是否對這些貧窮的個人有正向且長期的影響？答案是非常肯定的。首先，超過 97% 的貸款有還清，顯示這些人並不是想要免費救濟品。第二，銀行對這些婦女和他們的孩子都有正向影響。獨立的研究顯示，這些婦女的經濟安全和在家族中的地位都有提升。這些婦女的孩子比社區裡其他孩子受更較好的教育，也比較健康。最棒的是，在借貸者加入銀行的五年內，極度貧窮者（如聯合國所定義）的數目下降了百分 70%。

本章中有介紹貧窮在美國是如何被測量的（例如，不同人數的家庭之家戶所得）。格萊珉銀行測量貧窮使用的是一個完全不同且較實際的方法。由工作人員監控借貸者，判斷他們的生活品質是否有改善。例如，若一個家庭成功的擁有一間鐵皮屋、有茅草蓋的廁所、有飲用水，甚至生活所需的服裝、一天吃三餐、小孩可以上學、有適當的健康照顧，那麼這個家庭就可算是已經脫離貧窮。這樣的方案在美

焦點 7.2（續）

國能否施行？Yunus 認為不行。在美國實施的費用會過高。不過，有許多其他國家的人已經完成格萊珉銀行的訓練，他們將在數十個不同國家嘗試複製此方案。

　　以格萊珉銀行解決貧窮問題的概念非常成功，因此在 2006 年 Muhammad Yunus 和格萊珉銀行獲得了諾貝爾和平獎。順帶一提，Muhammad Yunus 擁有的學位是經濟學，不是社區心理學。他是一個最好的例子，顯示不同領域的專家可以一起合作解決像貧窮這樣嚴重的社區問題。

───────────────

改編自 Yunus（1999, 2007）和 www.grameen-info.org.

富裕兒童經驗到更多累積性風險因素（Evans, 2004）。

第二節　特定社會問題和社會服務

　　許多群體因為不同原因而接受社會服務。建立一致的標準以評估這些服務的效果是很重要的。根據 Price、Cowen、Lorion 與 Ramos-McKay（1988），示範方案應具備以下五個特徵中的一或多個：

1. 方案有設定目標群眾。
2. 方案目標是對目標群體產生長期且顯著的影響，因而能提升他們的福祉。
3. 方案有提供接受者達成目標所需的技巧。
4. 方案有強化來自家庭、社區和學校的支持。
5. 方案設有評估機制以記錄其成效。

　　根據上述標準，接下來將針對五個群體討論問題、人們和社會服務系統對問題的介入。選擇這些群體是根據以下理由。首先，這些群體人數眾多或是人數在成長中。第二，其中有些群體受到媒體高度關注，包括受虐兒和懷孕青少

年。第三，這五個群體都受到社區心理學某種程度的關注。這五個群體是受虐與受忽略兒童、家暴倖存者、懷孕青少年（如 Monique）、高齡者和遊民。

壹、兒童虐待

兒童虐待是一個複雜且讓人情緒激動的議題。要定義兒童虐待很困難，因此並沒有一個通用的定義。定義困難的原因之一是每個文化對於兒童養育、照顧和管教，都有各自可接受的原則（Elliott & Urquiza, 2006; Runyan, Shankar, Hassan, Hunter, Jain, Dipty, et al., 2010）。然而，兒童虐待在世界各地都確實存在。許多文化都同意兒童虐待不應被允許，嚴厲的管教和性侵害更是根本不應存在（Runyan et al., 2010）。另一個定義困難的理由是，有些定義會把對兒童的影響和傷害列入，但有些定義則聚焦在施暴者的行為。

為了討論方便，我們採用世界衛生組織（WHO）（2004）所提供的廣泛定義：

> 兒童虐待是指，在責任、信任或權力的關係中，所有形式的身體或情緒虐待、性侵害、忽略或疏於照顧，以及商品化或其他剝削，導致兒童在健康、生存、發展或尊嚴上的實際或潛在傷害。

一、問題的範圍

疾病控制與預防中心（Centers for Disease Control and Prevention, CDC）（2011c）統計，2008 年美國有將近 772,000 個證實的兒童虐待案例，並有 1,740 位兒童死於虐待。全世界則有 4,000 萬兒童可能遭虐待（WHO, 2004）。雖然這些統計數字很驚人，但很多專家相信這是低估的數據。為什麼？首先，許多兒童受傷和死亡案例並沒有被例行性的調查，且不是每個死亡案例都會驗屍，因此很難建立確認的案例數目（CDC, 2007c; Runyan et al., 2010）。此外，許多受虐和被忽略案例被隱瞞，而各州對如何檢視和通報疑似個案的作法也大不相同。另外，醫護人員對於兒童受傷或死亡的原因，有時可能做了錯誤判斷，例如將被忽略兒童的死亡歸因為嬰兒猝死症。還有，調查通常未經協調，也未採

取跨領域的方法（CDC, 2007c）。雖然這些資料讓人沮喪，但最近的趨勢顯示，兒童虐待似乎正在減少中。目前還不清楚減少的確實原因，以及這種減少究竟是永久或暫時性的（Finkelhor & Jones, 2006）。

　　如圖 7.1 所顯示的，將近 80% 的受害者是被一位家長虐待，或一位家長與另一個人共同虐待。大約 40% 的受害者是被母親虐待；18% 是被父親虐待；17% 是同時被雙親虐待；非雙親的加害者虐待占 11%。非雙親虐待者是指不是父母的照顧者，可能是寄養父母、托育中心員工、保母、未婚家長的伴侶、法定監護人，或安置機構工作人員。特定受虐類型的受害者資料可以從與加害者的關係來分析。在受虐的兒童中，65.8% 是家長忽略；在被性侵的兒童中，30.8% 是被親戚性侵而不是被家長（Administration for Children and Families, 2010）。

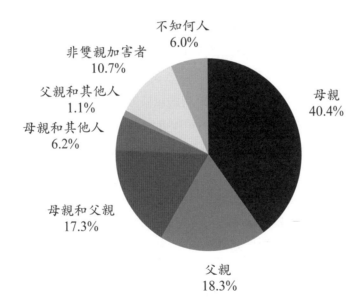

不知何人
6.0%

非雙親加害者
10.7%

父親和其他人
1.1%

母親和其他人
6.2%

母親
40.4%

母親和父親
17.3%

父親
18.3%

圖 7.1　與加害者關係的受害者比例（2005）

資料來源：Administration for Children and Families (2005). Child maltreatment. Washington, DC. U.S. Department of Health and Human Services.

　　兒童虐待讓受害者、家庭、社區和社會都要付出各種巨大的代價。以下是兒童虐待造成的一些影響。

- 受虐兒童到成人時的負面健康風險會提高，包括吸菸、酗酒、藥物濫用、飲食失調、嚴重過胖、憂鬱、自殺、濫交，以及某些長期疾病（English et al., 2005; Runyan, Wattam, Ikeda, Hassan, & Ramiro, 2002）。

- 兒童虐待與忽視會提高在成年早期得到重度憂鬱症的風險（Widom, DuMont, & Czaja, 2007）。

- 童年受虐與被忽視個案到中年時使用非法藥物（特別是大麻）的機會，比一般人高出 1.5 倍（Widom, Marmorstein, & White, 2006）。

- 在嬰兒期或兒童早期受虐會造成大腦重要區域發展不良，進而導致生理、心理和情緒問題，如睡眠障礙、恐慌症、創傷後壓力症候群、注意力缺陷過動症（Cicchetti, 2007; Cicchetti & Valentino, 2006; U.S. Department of Health and Human Services, 2001a; Watts-English, Fortson, Gibler, Hooper, & De Bellis, 2006）。

- 每年約有 1,400 位兒童因為受虐而有嚴重或致命的頭部創傷。因受虐導致頭部創傷的非致命結果包括：不同程度的視力損傷（如失明）、動作障礙（如癲癇）和認知障礙（National Center on Shaken Baby Syndrome, 2011）。

- 經濟景氣狀況可能影響嬰兒虐待案例的發生。一個在兒童醫院進行的研究發現，在經濟不景氣前平均每個月通報的嬰兒虐待案例為 4.8 例，但在不景氣開始後，增加到每個月 9.3 例（National Center on Shaken Baby Syndrome, 2011）。

- 不論是男性與女性，早期受虐都會對其在成人期建立與維持健康親密關係的能力有負面影響（Coulton & Korbin, 2007）。

- 受虐兒可能會有情緒和行為失調、學校適應困難、反社會行為等問題（Olds et al., 2007）。

　　社會要付出的代價也非常巨大。除了關心施虐者外，受虐兒童通常是不同社會與公共服務專家共同關心的焦點。兒虐的疑似個案會由社會局和執法單位

進行調查，受虐兒和他們的父母會被法院或其他專家轉介給心理健康專家進行治療。這些直接的花費估計一年十億美元以上，而間接的花費（如長期對經濟的影響）則每年要再加上數十億美元。

　　如果能知道虐待的成因，就能設計更好的預防與介入方案。以下將審視複雜的兒童虐待成因。從你已讀到的，想想看你認為 Monique 和 Rock 是否會虐待他們即將出生的寶寶。

二、兒童虐待的成因

　　家暴專家普遍認為兒童虐待的成因是多重的，例如家長的生活壓力、貧窮、社會孤立、家長對孩子不切實際的期待等。研究也將不良的產前保健、功能不佳的照顧、密集的非計畫性懷孕、依賴社會福利、社區暴力，以及家長藥物濫用都列入多重原因中。因此，當研究者要為兒童受虐或其他形式的家庭暴力（如配偶暴力）提供解釋架構時，就需要檢視包括（但不侷限於）社會、機構、人際關係等各種層次的因素。舉例而言，社會因素可能以下面的方式造成兒童虐待。貧窮和經濟低迷會降低父母教養的一致性與投入程度，家長失業可能造成家長的悲觀和易怒，因而當家長與孩子互動時可能變得較不溫暖且更獨斷。

　　社區心理學家能快速地指出造成兒童虐待的其他生態因素。兒童虐待可能代表的是環境無法提供促進健康的機會（Cicchetti, Toth, & Rogosch, 2000; Cicchetti & Valentino, 2006）。Garbarino 與 Kostelny（1992, 1994）調查兒童虐待的社區面向。他們調查了芝加哥地區兩個主要為非裔和兩個主要為拉丁裔的地區，繪製出在 1980、1983 和 1986 年六萬個兒童虐待案例出現的區域分布圖，結果發現兒童虐待有顯著的區域差異。他們也訪談了社服機構的社區領導者，結果顯示高風險區域的特徵為缺乏社區認同，而低風險區域的特徵則是有社區一體感或較高的社區凝聚力。Garbarino 在結論中指出，虐待未必是個人或家庭有困難的徵兆，而是社區有問題的徵兆。其他學者也同意，如貧窮（Coulton & Korbin, 2007; Euser, van Ijzendoorn, Prinzie, & Bakermans-Kranenburg, 2011）和社區暴力（Lynch, 2006）等社區因素對兒童虐待和兒童發展的影響，就像其他個人風險因素一樣重要。在討論犯罪和社區的那一章，我們會深入討論社區失序

和瓦解。

Korbin 與 Coulton（1996）針對俄亥俄州克利夫蘭市 13 個人口統計調查區的高、中、低風險居民進行深入訪談，結果顯示可以將介入工作導入鄰里層次。他們發現某些鄰里狀況，例如，鄰居間的不信任和社會機構間的不信任，以及生活環境中的危險和不文明現象（incivilities），這些都會限制鄰居為社區兒童最大利益而互相幫助的能力。鄰居確實都覺得他們應該能互相幫助；事實上，很多研究參與者對自己是否能協助預防兒童虐待都表示樂觀。然而，他們是否這麼做的意願常會被鄰里狀態所抑制。研究者在結論中提出，因為經濟和社會狀況是緊密連結的，兒虐預防方案必須整合在更全面的社區強化工作中。

Freisthler、Bruce 與 Needell（2007）檢驗了鄰里特性與兒童受虐率的關係。此研究包括了 940 個加州的人口統計調查區。結果顯示，高貧窮率和販酒商店的高密度都與非裔兒童的受虐率有正相關；女性為戶長的家庭比例、貧窮及失業率則和拉丁裔兒童的受虐率有正相關；至於白人兒童的受虐率，則和高齡者比例、貧窮率、兒童對成人的比例，以及拉丁裔居民比例成正相關。研究者總結認為，對所有兒童而言，降低社區貧窮率應可減低兒童受虐率，而在鄰里層次的兒童虐待預防工作則必須將社區的人口特性考慮在內，才會見效。

過去曾以哪些作法來處理兒童受虐和忽視？傳統介入的作法主要針對個人臨床層次，提供受虐兒和家長諮商，協助他們克服個人問題並對虐待有所了解。此做法雖值得稱讚，但卻無法事前預防兒虐發生，且要大規模實施既困難又費用昂貴。此外，此方法只聚焦在個人或家庭，沒有關注到影響兒虐的其他生態系統（如貧窮和社區暴力）。

有些人認為改善施暴者和受害者情況的最好方法是透過國家政策，提供就業機會、降低失業率和貧窮，或提供收入補貼（如福利和公共協助）。但社區心理學家這類的預防專家相信，在虐待開始之前就應針對高風險群體採取更好、更聚焦的策略（Olds, 2005, 2006）。兒童虐待與忽視的事前預防絕對是比事後處理更人道的作法。

三、預防方案

最早提出、最廣為人知、也最受讚許的預防方案是由 David Olds 和他的團

隊所設計的（Olds, Henderson, Chamberlin, & Tatelbaum, 1986; Olds et al., 2007）。
此方案最早的形式是「產前／嬰兒方案」（Prenatal/Early Infancy Project），最
近則採取「護理師—家庭夥伴方案」（Nurse-Family Partnership）形式。方案提
供護理師家訪，以預防與貧窮有關的母親和兒童健康問題，其中包括兒童受
虐。此方案雖有一些批評（見 Chaffin, 2004; Olds, Eckenrode, & Kitzman,
2005），但它的一個優點是成效評估的研究設計相當嚴謹，採用隨機分派的實
驗組與控制組。此外，其研究參與者包含多元群體，讓研究者得以比較有受虐
風險和沒有受虐風險群體的差異。

此方案邀請年輕、單親或低社經地位的初產婦女加入。研究者一方面希望
避免讓方案看起來是只提供給可能虐童者，另一方面也希望能促進家庭參與並
避免汙名化。Olds 和他的同事雖然積極避免這個方案被貼上以預防虐童為目標
的標籤，然而，很明顯地，這個方案正是為了降低虐童風險，同時希望能強化
兒童虐待和忽略的保護因子而設計的（Olds et al., 2005）。

通常護理師在產前和產後進行隔週的家訪。媽媽的主要支持者（可能是她
的母親、朋友或寶寶的爸爸）也被邀請參與。護理師和重要他人的社會支持是
這個方案的重要成分。家訪時護理師主要進行三個活動：教育家長了解胎兒和
嬰兒發展、促進家庭成員和朋友的參與，以對媽媽和寶寶的照顧提供支持、促
成家庭成員與社區中其他正式的健康與公眾服務之連結。在教育成分部分，鼓
勵媽媽與家庭成員完成自己的教育，並對就業和後續懷孕做決定。在寶寶出生
前，護理師聚焦在教育媽媽改善自己的飲食和避免吸菸、使用毒品和酒精，了
解懷孕的併發症，並為生產和照顧新生兒做準備。寶寶出生後，護理師則聚焦
在改善家長對嬰兒氣質的了解，以及促進嬰兒的社會情緒、認知和生理發展。
護理師也會提供與其他正式服務的連結，例如醫療人員、心理諮商師以及媽媽
和嬰兒的營養補充方案〔Women, Infants, and Children（WIC）programs〕（Olds,
2005, 2006）。

此方案的最重要結果是它在兒童虐待與忽略的確認個案上的效果。對於具
備三個受虐風險因素（貧窮、未婚且是青少年）的女性而言，接受介入組和未
接受介入組相比，兒童虐待與疏忽確認個案的發生率差異達 80%。更驚人的
是，這些差異在 15 年後的追蹤仍然存在。護理師家訪組的媽媽在訪談中認為，

她們的嬰兒比較容易照顧，訪談員也觀察到媽媽對孩子有較少的處罰和限制，且在家中有較多促進成長的玩具。護理師家訪組的醫療紀錄顯示較少急診就醫紀錄，也較少兒童意外事故。即便是在剛加入方案時認為自己對生活缺乏控制感的媽媽，也有同樣的效果。研究結果也顯示，護理師家訪對媽媽的人生歷程發展也有幫助。例如，當這些媽媽年紀較長、較容易就業時，她們比控制組更能有穩定工作，因此較不需依賴公共福利。這些媽媽也較少再度懷孕，且媽媽和孩子較少有犯罪的問題。Olds（1997, 2005; Olds, Hills, & Rumsey, 1998）在美國各地多個社區複製這個方案，都得到同樣讓人印象深刻的結果。現在這個方案透過公共投資的方式在全美各地推廣（Olds, 2007）。

然而，研究發現這個護理師家訪方案至少有一個限制。在有其他形式家庭暴力發生的家庭中，護理師家訪對於減少兒童虐待的效果比較差（Eckenrode et al., 2000; Gomby, 2000）。進一步研究也顯示，其他長期方案，例如透過學校教導孩子辨識虐待（特別是性侵害），可能跟護理師家訪方案同樣有效（Davis & Gidycz, 2000）。

兒童虐待有許多成因。受虐案例讓大量社工和心理健康專業人員在事發後非常忙碌。然而，Olds 的方案和其他方案顯示兒童虐待是可以預防的。一開始就在公共和社會服務上投入資源，會比在事後才投入更為有效與人道，也較無害且節省成本。

貳、伴侶暴力

一、問題的範圍

伴侶暴力，也就是家庭暴力，是與兒童虐待關係密切的社會問題。根據 CDC（2010b）的資料，伴侶暴力（intimate partner violence, IPV）是指由現任或前任伴侶或配偶所造成的肢體、性和心理上的傷害。這可能發生在異性戀或同性戀伴侶，且伴侶間未必有性親密。伴侶暴力和兒童虐待通常有很高的重疊性（Olds, 2010），換言之，在兒童受虐的家庭中，很有可能家中成人間也有暴力行為存在。全球最常見的人際暴力是對女性的暴力，雖然也有男性被女性虐待的例子，但在被通報的案例中男性是少數。例如，根據司法部（Bureau of Justice）統計，伴侶暴力在 2005 年導致 1,510 人死亡，其中 78%是女性，22%是男性（Bureau of Justice Statistics, 2007）。雖然死亡是伴侶暴力最嚴重的危險，但對倖存者與社會整體而言，還是要為伴侶暴力付出很大的生理與心理代價。

　　就結果來看，處於伴侶施暴的關係中會帶來一些生理代價（如瘀青、骨折、腦震盪）（Breiding, Black, & Ryan, 2008）。然而研究顯示，伴侶暴力對內分泌和免疫系統也有明顯的影響，包括纖維肌痛症、大腸急躁症、婦科疾病、中樞神經系統疾病、腸胃道疾病，以及心臟和循環系統問題（Crofford, 2007; Leserman & Drossman, 2007）。同樣讓人擔心的還有伴侶暴力對情緒和心理的影響，包括自尊降低、無助感、憂鬱、害怕、心理麻木等（Moradi & Yorder, 2012）。雖然生理症狀會隨時間復原或可以有效治癒，但伴侶暴力的倖存者是否能從心理創傷中完全復原則因人而異。此外，兒童若生長在家長受虐的家庭中，這樣的暴力示範會讓他們在成年後陷入暴力親密關係的可能性大幅增加（Olds, 2010），因此預防伴侶暴力對整個家庭而言是非常重要的。

　　1980 年代初期提出的 Duluth 模式（圖 7.2）是第一個針對權力與控制議題提出的伴侶暴力介入模式（Domestic Abuse Intervention Programs, 2008）。「權力與控制輪」（Power and Control Wheel）說明施暴者在不同層面對受虐者運用權力與控制的作法，這些作法包括貶抑、拒絕、怪罪、恐嚇、強迫和威脅、經濟虐待、男性特權、利用小孩、孤立、情緒虐待等。「權力與控制輪」描述了非暴力關係的特性，例如非威脅行為和尊重等。

二、伴侶暴力的成因

　　對婦女的暴力行為是公共健康議題，也是社會正義議題。因為伴侶暴力的盛行率有明顯的性別差異，在某些文化特別嚴重，且因為男性握有經濟資源可用來控制伴侶，所以社區心理學家認為這個問題需要系統性的介入。有許多理論對伴侶暴力施暴者的行為提出解釋，這些理論多聚焦在性別角色的固著和衝突（Schwartz, Waldo, & Daniels, 2005）以及男性特權（Stanko, 2003）。這些理論認為暴力行為是因為接受了過度刻板化的男性性別角色，因此認定女性在家庭中必須處於附屬的地位。這些理論都有實證的證據，包括國際的研究發現，在一些性侵害發生率較高的國家中，其職業與教育的性別平等也較差（Yodanis,

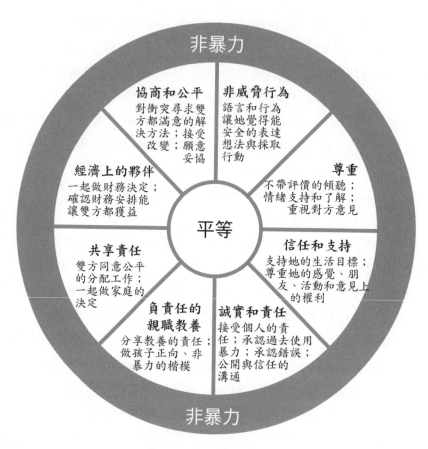

圖 7.2　Duluth 模式

資料來源：Domestic Abuse Intervention Program Duluth, MN 55812.

2004）。

　　然而沒有一個人類行為理論是完美的，這些伴侶暴力理論也受到一些批評。首先，直接研究父權主義和伴侶暴力關係的實證研究非常有限（Woodin & O'Leary, 2009）。其次，這些理論無法有效解釋男性受虐的伴侶暴力案件，不論是女性或另一個男性施暴，也無法應用在有伴侶暴力行為的女性同性伴侶（Burke & Follingstad, 1999）。對這些理論最大的批評是無法解釋為什麼大部分的男性不是會施暴的伴侶（Healey & Smith, 1998）。換句話說，就像我們不能

說貧窮「導致」兒童虐待,同樣地也不能說性別不平等「導致」伴侶暴力。要解釋這類行為,必須考慮個人和人際因素。因此,以杜絕伴侶暴力為目標的方案,會聚焦於以個人／人際因素來解釋為何有些人會施暴,以及讓女性較脆弱的社區因素。

三、預防方案

根據 Davidson、Schwartz 與 Waldo（2012）,預防伴侶暴力有兩種主要方式。一種是以青少年為對象的早期介入（也就是「個人為中心方案」）,另一種是提升公民意識的活動（也就是「環境為中心方案」）。前者的例子是「青年關係方案」（Youth Relationship Project, YRP）。這個針對青少年的方案,目標在預防暴力行為與促進健康的、非暴力的關係（Wolfe, Wekerle, Scott, Straatman, Grasley, & Reitzel-Jaffe, 2003）。這個介入方案針對因有受虐歷史而被視為伴侶暴力高風險的青年,如本章先前所說明的（Olds, 2010）。正如第一章提到的,這類方案被歸類為次級預防方案,它針對特定行為的高風險群體,而不是針對一般大眾。這個方案的內容是心理教育（psychoeducational）的,它教導參與者在親密關係中新的思考與行為方式,例如,這個方案教導參與者在目前與未來的親密關係中各種處理人際關係的能力,包括衝突解決、做決定、非暴力溝通技巧等。為了解決性別角色固著的影響,這個方案也強調對親密關係中權力動態與虐待的覺察（Wolfe et al., 1996, 2003）。為了示範性別角色平等,方案是由一位女性和一位男性共同負責,以便能正向示範各種人際關係技巧,包括自我肯定和權力分享。這個方案使用多種學習方式,包括錄影帶、角色扮演、講師演講、參觀社區機構、社區的社會行動方案等。

研究顯示,YRP 方案是有效的。Wolfe 和他的同事（2003）採用縱貫性的實驗設計,隨機將參與者分派到介入組和控制組。結果發現,方案參與者受虐的嚴重性和頻率都比控制組顯著減少。有趣的是,隨著時間演進,兩組參與者的施暴和受害都呈現下降,但介入組下降的速度比控制組要來得快。這個結果顯示,不論是否參與 YRP 方案,這些青少年都有所成長,親密關係會朝向更健康且更不暴力的方向發展。然而參與方案的青少年會較快達到方案期待的結果,也就是減少伴侶暴力的案例。

Davidson 和他的同事（2012）所提出的另一種介入是環境中心的。此類方案的目標是改變伴侶暴力的文化和對女性施暴的態度。它的一個例子是「男性反暴力」（Men Against Violence, MAV）方案（Hong, 2000）。這是一個在大學推行的預防方案，目標在促進男性投入對男性概念、性別角色概念與對女性施暴的社會改變行動。MAV 是 1995 年在路易斯安那州立大學開始的。它是一個服務性組織，聚焦在反對和預防各種暴力相關的活動，如跟蹤、伴侶暴力、性侵害、仇恨犯罪和欺凌。之後其他大學也仿效設立類似組織。Hong（2000）指出，這個組織採用「社區行動為基礎的同儕教育」（community action-based peer education）模式，且由大學健康中心贊助。由大學部和研究所學生票選組成的執行董事會負責管理這個組織，並由教職員和校友組成的指導委員會提供建議。

MAV 明確的宗旨是要降低大學校園的暴力頻率與嚴重度，特別強調男性在這項任務中的責任。這個目標的達成是透過一系列的活動，包括對校園和社區的媒體宣傳（例如校園新聞報）；社區行動作法包括規劃政治行動方案；藉由在大學課堂、兄弟會和學生宿舍中演說，以提升學生對性別歧視、男性氣概和暴力的覺醒。在此方案中，大學男生被要求對改變校園伴侶暴力的氛圍扮演領導的角色。雖然這個方案還沒有經過適當的評估，以確定其對大學校園的長期效果，但它很有希望成為預防伴侶暴力的草根作法。

MAV 和 YRP 這類方案通常協助的是，對伴侶暴力信念和真實的關係經驗仍在變化中的個體，希望能藉此減少伴侶暴力的個案；而社會福利方案則通常是由公費補助，透過對逃離暴力關係的婦女提供服務，在三角預防上扮演重要角色。家庭暴力庇護中心是這類作法最常見的例子。

四、家庭暴力庇護中心

Davidson 和其同事（2012）指出，在美國聚焦在保護和支持伴侶暴力受害者的社區方案超過 2,000 個，每年大約提供 30 萬名婦女和兒童緊急庇護（National Coalition Against Domestic Violence, 2010）。根據 Walker（1999），家庭暴力庇護中心的建立始於 1970 年代的社區危機介入方案。庇護中心的位置是保密的，一旦受害者被安置，施暴者就無法找到她。庇護中心為受虐婦女和兒童提

供人身安全、資源（如諮商和醫療）及情緒安穩，藉由經濟和心理上的獨立，賦予婦女重新開始新生活的能力，而這是她們在與施暴者生活時所缺乏的。根據 Chronister 和他的同事（2009），永久逃離暴力關係的關鍵因素之一是經濟上的自給自足。很不幸地，許多婦女最後會尋求家庭暴力庇護中心的服務，是因為無法克服在邁向經濟上自給自足過程中所碰到的困難。在還處於伴侶關係時，施暴者經常會破壞婦女找到工作和獲取經濟資源的努力，他們也會詆毀這些婦女，摧毀她們在追求未來經濟機會（如求職、職業訓練）上的信心與效能，這更加劇了她們在情緒和經濟上的依賴（Chronister, 2007）。

最近研究（Chronister & McWhirter, 2006）顯示，和沒有接受介入活動的婦女相比，家庭暴力庇護中心提供的生涯發展介入，可以同時有效改善婦女求職的自我效能（對能成功找到並維持工作的能力之信心），以及工作上的穩定發展。解決經濟獨立的障礙被認為和解決情緒獨立的障礙同等重要，障礙未解除可能是有些婦女會回到原來的暴力關係，或進入新的暴力關係之主因。對家庭暴力庇護中心常見的批評是沒有提供足夠的服務，來「保證」這些婦女會永遠脫離伴侶暴力（Davidson et al., 2012）。然而，沒有任何社區介入作法有 100% 的成功率，有些婦女留在暴力關係中的原因是個人、人際和社會因素交互作用產生的複雜結果。

參、青少年懷孕

一、問題的範圍

青少年懷孕，如 Monique 的例子，一直都受到很大關注，但此問題近來經常被舉出作為美國社會衰敗的例子。每年有 75 萬到 100 萬名青少年懷孕（McCave, 2007），其中超過 80%是非預期懷孕（National Campaign to Prevent Teen and Unwanted Pregnancy, 2012）。雖然青少年懷孕率在 1990 年代中期下降，但新的資料顯示數字又在爬升中（National Center for Health Statistics, 2007a）。美國的青少年生育率高於其他已開發國家（CDC, 2011d; Coley & Chase-Lansdale, 1998; National Campaign to Prevent Teen and Unwanted Pregnancy, 2012）。雖然美國青少年沒有不同於其他國家青少年的性活動模式，但他們在

避孕方法的使用上較不一致也較無效率,因此讓美國有較高的青少年生育率（Coley & Chase-Lansdale, 1998）。

青少年懷孕是個重要問題,因為這些媽媽的寶寶通常出生體重偏低,且有過高的死亡率（McCave, 2007; National Campaign to Prevent Teen and Unwanted Pregnancy, 2012; Olds, 2005）。小媽媽自己則有很高的輟學率且通常生活在貧窮中;因此,他們通常最後必須接受公共協助（McCave, 2007; National Campaign to Prevent Teen and Unwanted Pregnancy, 2012; U.S. Department of Health and Human Services, 2001b）。Monique 有很高風險會有這些問題。與沒有這麼早懷孕的同儕相比,青少年媽媽還會有較低的婚姻穩定度與較差的就業保障（Coley & Chase-Lansdale, 1998）。青少年媽媽和她們的孩子最後很可能入獄,她們的女兒比其他青少年更有可能變成青少年媽媽（National Campaign to Prevent Teen and Unwanted Pregnancy, 2012）。青少年懷孕對青少年爸爸（如 Rock）也很困難,懷孕會讓爸爸與其女友以及與他們自己父母的關係變得緊張。青少年爸爸受教育的時間比其他沒有成為爸爸的青少年短,當離開學校進入就業市場時收入也比較低（4parents.gov, 2007）。青少年懷孕導致美國每年花費 90 億美元在公共協助、醫療照護和其他花費上（National Campaign to Prevent Teen and Unwanted Pregnancy, 2012）。

二、青少年懷孕的成因

有些批評者認為,美國的社會福利制度應該要為國家的高青少年懷孕率負責。他們相信提供金錢協助,造成青少年懷孕和以女性為戶長家庭數的成長,然而研究並不支持此假設。其他工業國家,如瑞典和英國,其福利制度比美國更完整,但青少年懷孕率卻較低（Alam Guttmacher Institute, 2004, 2006; CDC, 2007a; Singh & Darrock, 2000）,因此公共協助並沒有造成年輕女性懷孕或想要懷孕。

青少年懷孕的主要心理學文獻除了關注女性之外,也聚焦在個人和個人缺陷這些成因上,後者是社區心理學家會避開的議題。有研究探討影響美國相對於其他西方國家的高青少年懷孕率之情境因素,例如 Darrock（2001）發現美國青少年較少取得免費的或低廉的處方避孕藥;與其他國家的醫師相比,美國的

醫師較不會對青少年提供避孕協助，其他國家偏好提供完整的性教育（相對於只要求禁慾），且其他國家有育嬰假政策，提供延後生育的獎勵。這些研究強調在探討青少年懷孕成因時，情境因素的重要性。

社區心理學家通常會檢視青少年懷孕的各種成因——情境或生態因素，例如學校疏離感造成了低教育抱負。另一個情境因素是貧窮（Crosby & Holtgrave, 2005），如許多美國少數族裔所經驗到的。當將許多非裔和拉丁裔的貧窮狀況列入考量後，青少年懷孕和生產率有明顯的種族差異，一點都不奇怪。拉丁裔和非裔的懷孕率和生產率是所有種族中最高的，幾乎比白人青少年高出 3.5 倍（CDC, 2007a）。青少年懷孕的其他生態因素還包括，人生選擇有限的知覺，以及來自媒體與同儕壓力而從事性行為（Alan Guttmacher Institute, 2004; Schinke, 1998）。後面的這些原因有助於解釋像 Monique 這樣的青少年——白人、住在郊區、不是生活在貧窮中——為何懷孕。另一方面，也許 Rock——比 Monique 大兩歲且受她崇拜——也給她很大的壓力要發生性行為。另一個造成青少年懷孕的因素是缺乏支持系統（父母或同儕）以及身為性侵受害者（Alan Guttmacher Institute, 2004）。此外，社會資本——在第四章中被定義為「個人因為在社會結構中的位置所能取得的資源」——也開始被認為是另一個可以預防青少年懷孕的重要生態因素（Crosby & Holtgrave, 2005）。在這裡，**社會資本**包括家庭、鄰里和社區間的信任、互惠、合作與支持性互動。社會資本的缺乏可能會造成青少年懷孕。不論青少年懷孕的原因為何，這個問題最好以全面的方式解決，而非僅藉由個別諮商。

三、預防方案

雖然大部分美國教師和家長都同意學校需要有性教育（Alan Guttmacher Institute, 2006），但過度理性地認為性教育只需要提供青少年更多資訊或避孕方法，是個太狹隘的想法（Reppucci, 1987; SIECUS National Guidelines Task Force, 2004）。從青少年懷孕介入運動的早期，Reppucci（1987）就一再指出：「從仍然存在的高懷孕率、停止看診率和未使用避孕方法來看，很明顯這些改變的效果很有限」（p. 7）。

真正需要的是減少聚焦在個人教育（Patterson, 1990），而更重視從生態和

交互取向來看青少年懷孕（Allen-Meares & Shore, 1986）。生態取向將青少年周圍的環境列入考慮。但生態觀點很複雜，因為青少年可能需面對來自同儕、家人、社區和文化對性的不同觀點。此外，青少年每天被曝露在過度操弄性慾（Alan Guttmacher Institute, 2004），卻又禁止避孕藥廣告的媒體下（Reppucci, 1987）。而對於年輕、教育水準低且貧窮的婦女而言，比起沒有前途的低收入工作，早點當媽媽可能是個很有吸引力的選擇（Lawson & Rhode, 1993）。

布希總統將聯邦經費集中投入在只強調禁慾的性教育方案和宗教團體（而非學校）（Marx & Hopper, 2005; McCave, 2007），也讓性教育問題更嚴重。還好，現在聯邦經費已經被擴充到同時強調避孕和禁慾的預防方案〔見「個人責任教育方案」（Personal Responsibility Education Program），它是《平價醫療法案》（Affordable Care Act）的一部分〕。但在之前避孕還沒有被納入聯邦補助的預防方案時，有些青少年自然就無法受益。Monique（而不是 Rock）在健康課上有接觸一些性教育，但顯然這不足以預防她懷孕。

完整的性教育應該不只是禁慾，還應該包含性發展、生殖衛生（包括避孕和性病）、人際關係、情緒、親密感、身體意象和性別角色（SIECUS National Guidelines Task Force, 2004）。此外還有一些資料顯示完整型方案的重要性。首先，大多數教師相信避孕方法、性傾向和其他資訊，都應該和禁慾一起教導。第二，82%的美國成人支持完整型的，而不是只強調禁慾的性教育。第三，研究顯示，對於在1990年代初期到2000年代中期青少年懷孕率下降這一現象，使用避孕藥可解釋 75%，而禁慾只能解釋 25%（SIECUS National Guidelines Task Force, 2004）。

接下來介紹一個有名的完整型方案——「Carrera方案」。在1984年Carrera博士和「兒童救援協會」（Children's Aid Society）發展了一個完整型的性教育／青少年懷孕預防方案。這個方案的中心信念是，學業成就、有好的工作、擁有高品質的醫療服務、與優秀的成人楷模互動，對青少年有強大的「避孕」效果。「Carrera 方案」採取的是整體觀點（holistic view），這是預防青少年懷孕一個相當新的方向（Allen, Seitz, & Apfel, 2007）。這個方案的成分包括：

• **教育**：每位參與者訂定個人的教育計畫，每天一對一或小組課輔，大學

入學考試的準備，參觀大學，以及大學學費基金。

- **就業**：「工作俱樂部」（Job Club）針對就業市場做完整介紹，包括銀行開戶，探索生涯選擇，提供暑期和兼職工作。參與者會賺到一些錢，每個月要將錢存進銀行戶頭。
- **家庭生活和性教育**：每週完整的性教育課程，教導適合其年齡的內容。
- **自我表達**：每週由劇場和藝術專業人士帶領的音樂、舞蹈、寫作和戲劇工作坊，讓兒童能發現自己才能和建立自尊。
- **終身個人運動**：一個體適能方案，強調可以建立自律和可以終身進行的運動，包括高爾夫、壁球、游泳和衝浪。
- **完整的醫療和牙科照護**：完整的醫療服務由 Mt. Sinai 醫學中心的青少年健康中心提供，完整的牙科服務由兒童救援協會提供。
- **心理健康服務**：有需要時提供諮商和危機介入，每週由合格社工師帶領的討論團體。
- **親職家庭生活和性教育**：目標在促進家長／成人與青少年溝通重要家庭生活和性議題的能力（Children's Aid Society, 2008）。

這些方案在學年中每週實施五天。在暑假，參與的年輕人接受就業協助，並參加為強化性教育和學業技能而召開的會議，偶爾也會有社會、娛樂和文化性的旅行（Philliber, Kaye, & Herrling, 2001）。

採用隨機分派高風險青少年至實驗和控制組的作法，在多個據點對此方案進行評估，研究者（Philliber et al., 2001）發現這個方案成功的讓青少年性行為和青少年懷孕率在服務的社區下降 50%。造成懷孕率下降的作法之一，是促使性活躍青少女能採用較有效的避孕措施。這個方案也帶來其他的好處，例如連結青少年和醫療照顧（門診醫師而不是去急診室）、鼓勵他們投入就業市場、提升他們的電腦技能、提高畢業率、提高標準化測驗的成績（Children's Aid Society, 2008）。

社區心理學家強調，預防方案需要對文化敏感（這是在青少年懷孕問題上一個重要但尚未處理的議題），因為沒有一個方案或成分是可以解決所有群體的問題（Stoiber & McIntyre, 2006）。就像文化和種族會影響育兒行為，它們無

疑的也會形塑性行為和性信念，例如何時、何地以及和誰從事性行為。

讓我們從有最高懷孕率的拉丁裔青少年懷孕來詳細了解此文化議題。許多學者詳述拉丁裔文化中的價值和主題，用以解釋為何拉丁裔青少年有高懷孕率。Gilliam（2007）提出，拉丁裔父母會藉由製造恐懼來阻止他們的女兒懷孕，而不是透過公開討論性行為和避孕。Wilkinson-Lee、Russell 與 Lee（2006）指出可能對預防懷孕也很重要的其他拉丁裔文化層面。其中一個文化價值是**家族主義**（familismo），是指對大家庭抱持著超越個人需求的集體忠誠。**人格主義**（personalismo），也稱為「正式的友善」，是另一個重要價值。它是指拉丁裔個體期待與權威人物（如醫療人員和教育人員）有正式但溫暖的個人關係。Wilkinson-Lee 和他的同事提醒我們，拉丁裔青少年經常從傳統文化與宗教中，接收到和主流美國文化衝突的訊息。文化敏感度顯然對方案設計與其成效是重要的。下面我們介紹一個相關方案的範例。

Méndez-Negrete、Saldaña 與 Vega（2006）在德州聖安東尼奧市，針對懷孕高風險的墨西哥裔女孩提供了一個稱為「小學校」（Escuelitas）的文化敏感方案。聖安東尼奧市 15 歲以下少女懷孕率為全美最高。「小學校」方案提供一個課後組織和社會架構，以彌補傳統學校和家庭的不足。小學校提供能支持和促進學業、個人、文化和社會成就的經驗與活動，以預防青少年懷孕和犯罪，並降低輟學率。

參與者是在青少年懷孕、犯罪和輟學案例很多的學校就讀的低收入家庭女孩。在「小學校」方案中，學生每週在課後參加三個 90 分鐘的課程。活動包括講座、課輔、團體討論、與媽媽或監護人的關係工作坊（家族主義）。由拉丁裔的大學生和成人楷模擔任導師和講者（人格主義），這些楷模的演講強調學生的文化資產和文化傳承。值得注意的是，參與學生並非隨機分派至方案中，且沒有安排未接受介入的對照組。然而初步結果指出方案是成功的，在 2004 年參與者中，沒有人輟學，也沒有人懷孕。雖然此結果讓人振奮，但在這個方案被採用並推廣到其他地方前，我們需要更多的資料和更好的研究設計。

預防青少年懷孕的一個主要問題是，雖然已發展一些有效並有科學根據的方案，但這些方案並不為全國各社區所熟知。有些社區心理學家（Lesesne, Lewis, White, & Green, 2008）正在努力為不同的社區建構預防的基礎建設，並規

劃大型的預防策略。

肆、高齡者

一、問題的範圍

美國的人口在老化中。隨著嬰兒潮世代年齡增長，高齡者人數在增加中。醫療進步讓人們活得更久，且女性活得比男性更久。在20世紀初只有4.1%的美國人口是高齡者（Blakemore, Washington, & McNeely, 1995），但到今天，超過65歲以上的美國人所占比例增加了3倍，人數則增加了12倍（從310萬增加到3,630萬）。圖7.3說明美國老年人口至2050年時快速增加的趨勢。

然而，高齡者在社區心理學文獻中是被嚴重忽略的。Steffen（1996）回顧從1988到1994年間刊登在《美國社區心理學期刊》（*American Journal of Community Psychology*）的論文，發現高齡者的研究未受到關注。在那七年當中只有13篇特別針對高齡者的研究。但考慮到2005年有許多高齡者生活在貧窮線

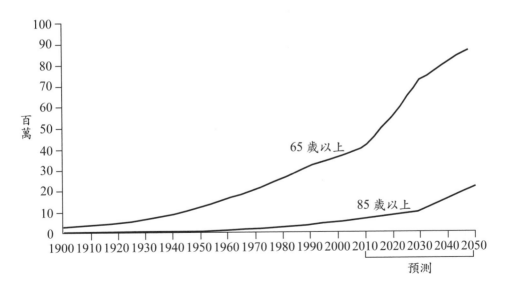

圖 7.3　美國老年人口至 2050 年時快速增加的趨勢

資料來源：U.S. Census Bureau (2000), Decennial Census and Projections. Washington, D.C.

（360 萬）或接近貧窮線（230 萬），且根據圖 7.3 的人口資料，高齡者議題的相關研究實在不應被忽略。其他領域的學者也都同意，我們這個社會在研究和促進最佳老化上還有很大的進步空間（Chapman, 2007）。

美國對高齡者的刻板印象是，坐在安養中心搖椅上的一個布滿皺紋、動作不協調的人。這個負面的刻板印象雖不正確，卻持續存在（Cuddy, Norton, & Fiske, 2005; Kite, Stockdale, Whitley, & Johnson, 2005）。事實上大部分的高齡者住在並死於自己家中（Steffen, 1996），而不是在醫院或安養中心。美國文化隔離了年輕人和高齡者是導致這個刻板印象的原因之一（Hagestad & Uhlenberg, 2005）。

雖然這些刻板印象經常導致各年齡層的成人害怕變老，但好消息是，「健康老化」概念在過去幾年中開始出現，提供了看待老年的新視野。健康老化這個詞彙帶來了提升老年生活品質的社會運動之發展。Peel、Bartlett 與 McClure（2004）指出，健康老化的概念受到世界各國的關注，包括加拿大、澳洲和歐盟的部分國家。舉例而言，加拿大一個倡導運動採用的架構，就是由三個價值所支撐：（1）強調多元化；（2）拒絕各種形式的年齡歧視，包括經濟不平等；（3）在社區中積極創造獨立和擁有生活品質的機會（Menec, Button, Bland-ford, & Morris-Oswald, 2007）。

這個觀點與社區心理學的哲學非常吻合。社區心理學認為高齡者所生活的環境，是否能取得資源以及去除壓力源（如年齡歧視），對其福祉有很大的影響。

這並不是說老年人口完全不會遇到困難。舉例而言，邁入老年常見的兩個重要轉換是失去健康和失去配偶。在老年生活中失去配偶和重要他人會引起憂鬱和壓力（Vacha-Haase & Duffy, 2011）。此外，健康的衰退會因為對健康失去控制的知覺、個人障礙（如記憶缺陷）、社會障礙（如缺乏交通工具和高額醫療費用）等因素，而雪上加霜（Dapp, Anders, von Rentein-Kruse, & Meier-Baum-gartner, 2005）。照顧老人的家屬也會承受很大壓力（Hardin & Khan-Hudson, 2005; Singleton, 2000），特別是有工作的家屬（Hardin & Khan-Hudson, 2005）。

二、老人虐待

很不幸地，老人因為在某個時間點勢必要依賴別人照顧，因此他們像兒童

一樣很容易被虐待。老人虐待在美國是個社會問題，它的定義和本章前面提到的兒童虐待非常類似。老人虐待有一個不同的面向是對老人的經濟剝削。國家老人虐待中心（National Center on Elder Abuse）是美國老人事務局（U.S. Administration of Aging）（www.ncea.aoa.gov）所屬單位，在其 2005 年出版的報告中指出，大約有一至二百萬 65 歲以上的美國老人，曾經被他們的照顧者和保護者弄傷、利用或虐待，更可怕的是還有更多未報案的老人虐待案例。目前的估計認為，被經濟剝削的案例中每 25 個會有一個報案，這表示每年至少還有 500 萬個經濟虐待的受害者。此外，據估計，每一個老人虐待、忽視和剝削案例的背後，約有另外五個未報案的案例。這些統計資料顯示問題的範圍可能是嚴重被低估的。

雖然美國大部分的州都有法律保護老人不受虐，但若老人被隔絕，例如關在家中或安養院，受虐就很難被發現。另一個問題是，有生理和心理疾病的老人很容易因為跌倒而意外受傷，很難判斷瘀青是跌倒還是虐待造成的。因此提升老人福祉是預防工作的首要目標。讓老年人維持心理與生理健康最直接的好處是讓他們保持社會活躍，這樣就不會處於容易遭到虐待的隔離空間。

接下來我們聚焦在老人健康預防文獻關注的兩個議題——個人控制和社會支持。兩者都被認為可提升老年人的福祉，但要注意，還有許多其他因素會影響老人福利（Lehr, Seiler, & Thomae, 2000），本章因為篇幅的關係無法納入討論。

三、預防方案

（一）社會支持

聚焦在提升高齡者生活品質的方案有很多，這裡只提其中幾個。一個經過詳細檢驗，已知能維護高齡者情緒福祉和安全感的作法，是提供社會支持（Greenglass, Fiksenbaum, & Eaton, 2006）。透過家族的非正式網絡（Tice, 1991）、知心朋友（Lowenthal & Haven, 1968）或其他人（Abrahams & Patterson, 1978-1979）所提供的社會支持，能提振精神、緩衝失去所愛的影響和減緩健康的惡化（Choi & Wodarski, 1996; Greenglass et al., 2006）。

近來有研究者利用網際網路提供高齡者社會支持，尤其是那些因為年長或殘障而覺得被孤立的高齡者。首先，網路可以是一種預防工具，可以延緩或避

免與年齡有關,會限縮年長者功能的生理和行為改變(如孤立)。第二,網路可以補償在力氣和知覺動作功能上與年齡相關的退化,如變慢的眼手協調。第三,對因為太脆弱或因聽力不佳,以致無法離家或使用電話與人互動的脆弱高齡者而言,網路是一個很好的溝通工具(Fozard & Kearns, 2007)。

Shapira、Barak 與 Gal(2007)比較接受網路使用訓練的日照中心和護理之家高齡者,與未接受訓練的對照組。兩組都接受訪談、健康評估,填答生活滿意度、憂鬱、孤寂感和其他量表。在所有測量上(除了身體功能),網路組都有進步,而控制組則退步。研究者總結認為,網路使用可以透過影響人際互動、促進認知功能、提升個人控制感與獨立感,而促進高齡者的福祉和增能感。最後這個發現為下一章的主題提供有趣的連結。

(二)自我控制感

如前所述,自我控制或個人控制是高齡者相關的議題。老化的每個層面(如健康和認知功能)都牽涉到控制議題(Baltes & Baltes, 1986)。**自我控制**(self-control)是指相信自己可以改變會影響人生的環境事件(Duffy & Atwater, 2008)。提升高齡者的自我控制感這個作法,已被證明能帶來正向結果(Shapira, Barak, & Gal, 2007; Thompson & Spacespan, 1991; Zarit, Pearlin, & Schaie, 2003),如較佳的心理健康(Reich & Zautra, 1991)。提升自我控制感可帶來賦權感,這是社區心理學夢寐以求的原則。

在一個早期的研究中,Langer 與 Rodin(1976)將兩組護理之家的高齡者在年齡、健康和其他重要面向上配對。其中一組讓他們對自己生活有充分控制;他們可以自己決定房間的擺設、何時見客及如何安排空閒時間,且每個人都負責照顧一盆植物。另外一組則被告知他們的生活是由護理之家員工所控制,他們也有一盆植物,但由工作人員負責照顧。所有高齡者和照顧人員在介入前後,都要填寫個人控制感、快樂感和活動程度問卷。有較高控制感的介入組在幾乎所有的前後比較上都有較高得分。Rodin 與 Langer(1977)在 18 個月後進行了追蹤研究,實驗組過世的成員人數只有控制組的一半。這個研究顯示,當高齡者相信自己對生活有較多控制時,就可提升其生活品質(Schulz & Heckhausen, 1996)。後續研究複製了這個結果,自我調整感(如 Wrosch, Dunne, Scheier, & Schultz, 2006)和自我控制感(如 Zarit et al., 2003)可以提升高齡者的

生活品質和健康。

伍、遊民

　　有些美國人對遊民的刻板印象是酗酒且有精神問題的老人，活該在街上過著悲慘生活。例如，Rock 和 Monique 就會嘲諷住在他們社區附近地鐵入口的遊民。有些人則覺得遊民很可憐，會捐錢給他們。社區心理學家關心遊民問題，不只是因為人道理由，也因為遊民通常有許多個人問題。基於上述理由，以及遊民終究會接觸許多社會和公共服務，因此本章也將遊民問題列入討論。

一、問題的範圍

　　遊民問題的範圍很難決定，一個原因是遊民很難定義（National Coalition for the Homeless, 2011; Shinn et al., 2007; Tompsett et al., 2006）。根據美國政府遊民管理資訊系統（Homeless Management Information System）的資料，從 2006 年 10 月 1 日到 2007 年 9 月 30 日，約有 160 萬人使用過緊急或過渡庇護中心。而其他機構估計問題的嚴重程度可能不只如此，例如，美國全國遊民聯盟（National Coalition for the Homeless）（2011）估計遊民人數（包括男性、女性和兒童）超過 350 萬人。難以正確估計的一個原因是因為遊民是個異質團體，包括了各種種族、有小孩或沒小孩的家庭、單身的個人、從暫時庇護中心轉為遊蕩街頭，或從街上轉到某庇護中心等（National Coalition for the Homeless, 2011）。

　　誰是現今的遊民？Rossi（1990）提出一個分類遊民的有趣方式。他將遊民分為舊遊民和新遊民。**舊遊民**（old homeless）是指一般刻板印象認為的遊民，年長、酗酒、睡在廉價旅館。稱他們為「舊」遊民是因為從第二次世界大戰後他們就在城市的街頭。**新遊民**（new homeless）則是真正的無家可歸，他們不是睡在便宜旅店，而是真的睡在街上或頂多在天氣惡劣時找個遮蔽的地方。

　　新遊民比起舊遊民有更多婦女和小孩。雖然全國遊民聯盟（2011）估計，超過半數成人遊民是單身男性。新、舊遊民間也有年齡差異，新遊民比較年輕；全國遊民聯盟（2011）估計在遊民中，18 歲以下兒童有 135 萬人。另外，在經濟上新遊民比舊遊民更窮困。最後一個不同是種族組成的變化，現在的遊

民比以前更可能是少數族群，而非白人，例如有資料庫顯示，遊民的種族分布為非裔 42%、白人 39%、拉丁裔 13%、原住民 4%、亞裔 2%（American Psychological Association, 2005; National Coalition for the Homeless, 2011）。

從家庭經驗來看遊民，兒童遊民因為無家可歸，會遭遇許多複雜問題（Burt, Pearson, & Montgomery, 2007）。研究一再顯示，兒童遊民與有住處的孩子相比，有較高的急性和慢性健康問題（Gewirtz, 2007; Walsh & Jackson, 2005）以及較差的營養（Molnar, Rath, & Klein, 1990）。兒童遊民也較可能有發展遲緩的問題，如注意廣度不足、語言遲緩、不恰當的社會互動（Rafferty, Shinn, & Weitzman, 2004），也有較多的心理問題，如焦慮、行為疾患和憂鬱（Rafferty & Shinn, 1991）。此外，兒童遊民在標準化測驗上的成就表現也低於有住處的孩子（Rafferty, 1990）。這可能是因為兒童遊民經常不斷換學校，如果他們有上學的話。

Zugazaga（2004）和 Muñoz、Panadero、Santo 與 Quiroga（2005）都研究壓力生活經驗和成為遊民的關係。後面這組研究者發現，根據對壓力生活事件的分析，可將遊民分為三個不同亞群。A 組的特徵是有經濟問題，如失業。這一組功能良好，沒有心理健康和藥物濫用問題。B 組通常有藥物濫用和健康問題，導致長期流落街頭。心理學家和醫療人員早就發現健康不佳和成為遊民有密切的關係（Flick, 2007; O'Connell, 2007; Smith, Easterlow, Munro, & Turner, 2003）。C 組的平均年齡較低且有多重問題，其中很多是兒時開始的問題（如受虐或家長酗酒）。雖然這個研究是在西班牙進行的，但其結論非常重要——遊民有亞群的存在，這表示根據各群體的需求而設計不同介入是很重要的。另一個與成為遊民有關，但在文獻中未必有提到的是遭遇創傷或創傷生活事件（如成為暴力受害者）（Kim & Ford, 2006）。預防創傷後壓力症候群，並在個體成為遊民的早期就解決其影響，會對遊民的預防很有幫助。

因為可以從其他國家的經驗中學習，社區心理學對遊民跨國研究的興趣正在成長。在美國對此議題的興趣在提高中，特別是對其他已開發國家及其設計用來處理遊民的方案。例如，英國和其他歐盟國家也和美國一樣，男性和（被歧視的）少數族群在遊民中都占很高比例（Toro, 2007）。焦點 7.3 對有關遊民的國際觀點提供更多資訊。

焦點 7.3

遊民問題有何文化差異？

你已經讀到美國對遊民的觀點。因為這本書的一個目標是介紹社區問題的多元文化觀點，我們可以透過了解其他國家如何研究和管理遊民來達成此目標。在把注意力轉向其他文化並從中學習時，請記得我們「不能將政策和方案從一個國家移植到另一個國家，而不考慮其是在外國土壤生長的」（Okamato, 2007, p. 525）。

《社會問題學報》（*Journal of Social Issues*）2007 年刊載了來自世界各地的論文。對在其他國家中是什麼造成遊民以及誰是遊民的了解，可能對美國大眾和社會心理學家提供一些啟示和洞察。兩個來自非常不同文化的作者（捷克和日本）對遊民提供了有趣的文化觀點。

在日本，一直到第二次世界大戰後才出現形容遊民的字眼（Okamato, 2007）。由於經濟的變動（朝向科技化社會）和政府政策的改變，現在不只有「露宿者」這個詞，也對遊民議題有更多興趣。**露宿者**（rough sleepers）這個詞是媒體用來指睡在公共空間（如公園）的人。就像在美國一樣，很多露宿者是少數族群，例如韓國人在日本是少數族群，因此他們比日本公民更可能成為遊民。與美國相同，在日本大部分遊民是男性，有些還有工作，但他們通常比美國的遊民年紀更大。在日本成為遊民的主要原因是通常住宅與工作是連動的，也就是僱主會提供住宿給員工當作額外津貼，因此一旦失業，也就失去住宅。今日的日本公司比較不可能像過去會提供終身僱用和住宿的保障。

就像美國和日本，在捷克成為遊民的原因有個人和結構因素。個人因素可能是離婚或失業，社會或結構因素則是逃家或遊民青少年沒有庇護中心可以收容的問題。在日本和捷克（有些人會說美國也是），政府提供的社會福利支出經費都很低（Shinn, 2007）。

然而日本和捷克還是有差異的。在捷克（Hladikova & Hradecky, 2007），露宿者是真的睡在沒有屋頂的地方。對於其他遊民族群，捷克還有其他語詞稱呼他們，例如住在「不保險住宅」（insecure housing）（隨時可能因為失業而失去住宿）和「不恰當住宅」（inadequate housing）（公寓太擠或品質太差，如沒有熱水或自來水）。其他差異還有，在共產主義倒台後，遊民就變成捷克的一個大問題。人們今日仍保

焦點 7.3（續）

有工作權利（就像在共產主義時代一樣），但不斷的貪汙和賄賂，使得就業系統比以前更競爭和困難。捷克斯洛伐克在政治上的分裂也帶來了社會混亂。而在日本近年來則沒有這種會造成遊民問題的大型政治混亂。在捷克，不是政府提供社會服務，而是由非政府組織或私人社會服務和慈善單位，負起了幫助遊民的責任。在日本，法律規定所有的人享有同樣的權利，能有健康與文明生活的最低水準。此外，政府必須在生活的各層面致力於促進與擴展社會福利與安全，雖然在住宅問題上這不是一個常見的作法（例如政府支出很低）。事實上負起這個重擔，提供住宅給需要者的經常是日本的家庭，而不是非政府組織和政府。

二、遊民的成因

　　要預防問題發生，需要知道是什麼造成問題，或能事前預測何時和對誰問題會發生，遊民問題當然也適用此原則（Burt et al., 2007）。研究顯示，遊民常是特定事件造成的，至少不是所有遊民都是因長期因素造成（National Coalition for the Homeless, 1999; Shinn, 1997; Sosin, Piliavin, & Westerfelt, 1990）。因此只聚焦在個人中心的因素，可能無法解釋所有遊民案例。個人中心因素的一些例子包括心理疾病和生活壓力，失業也是另一個造成遊民的主要因素（McBride, Calsyn, Morse, Klinkenberg, & Allen, 1998; Shaheen & Rio, 2007; Shinn et al., 2007）。

　　像心理疾病、生活壓力源和失業等這些個人中心因素，不論它們多常在媒體上被提到，都只能解釋遊民現象的部分原因。我們需要把注意力轉到生態因素。Shinn（1992）的研究幫助我們了解結構變項是否能解釋遊民現象。在該研究中，他們比較了 700 個隨機選出的申請庇護中心的遊民家庭，和 524 個從申請公共協助的個案中隨機選出的家庭。前者代表「遊民」，後者則是「有住處的窮人」。在樣本中只有很小比例（4%）的遊民曾經因心理疾病而住院，只有 8%的遊民和 2%的有住處窮人曾經因藥物使用而待過戒毒中心。Shinn 總結指出，就區辨遊民和有住處窮人來看，個人缺陷並不是重要因素。

Shinn也發現，相對於86%有住處窮人家庭，只有37%遊民曾進入租屋市場（亦即是長期住過房子的主要承租人）。此外，45%的遊民指出在他們住過最久的房子中，每個房間約住三到四人，相對於只有26%的有住處窮人這麼說。比起個人缺陷或個人層次解釋，租屋機會不佳和擁擠更能解釋遊民現象（見Shinn & Tsemberis, 1998）。

在一個對遊民的五年追蹤研究中，Shinn和他的同事（1998）發現：「補貼式住宅（subsidized housing）是能預測離開庇護中心之後居住穩定度的唯一因素」（p. 1655）。換句話說，在一個家庭入住庇護中心後，五年後只有在提供經濟協助的條件下，此家庭才可能有自己的住處。Zlotnick、Robertson與Lahiff（1999）在一個15個月的前瞻性研究中也指出，補貼式住宅是與遊民有關的最重要因素。由此來看，因為新的福利法規和愈來愈少新完成的補貼式住宅，未來遊民家庭可能無法過得這麼好（Western Regional Advocacy Project, 2006）。

除了個人因素，還有一些與遊民有關的生態和結構因素。美國全國遊民聯盟（2007b）指出，缺乏負擔得起的健康照顧是成為遊民的原因之一。掙扎於付房租與有嚴重疾病或殘障的個體，當其醫療帳單導致沒錢付房租，一個淪為遊民的歷程就可能開始（Burt et al., 2007）。家庭暴力也是成為遊民的原因（National Coalition for the Homeless, 2007b），許多女性選擇成為遊民，而不是留在施暴者身邊。近來，Shinn和他的同事（2007）也指出，缺乏社會資本是成為遊民的重要因素。缺乏社會支持和住在附近的家人與朋友的協助，可能讓個體淪為遊民。這裡列出的因素並未窮盡造成遊民的成因，但它們有助於了解個體和家庭淪為遊民的各種途徑。任何社會問題都不是源自單一因素，遊民問題的解決顯然並不容易。只聚焦在讓人們不要流落街頭，或只關注如失業這些個人中心因素，是不太可能有效的，預防策略必須聚焦在對抗貧窮各層面的一般性策略（Firdion & Marpsat, 2007）。貧窮確實是造成本章中所提到的各主要社會問題的重要原因。

三、預防方案

前面已經回顧了一些解決遊民問題的建議，其中包括：病患從精神病院出

院後的妥善安排、解決失業問題、增加合宜住宅的數量和補貼住宿費用。這些方法會耗費大量時間和金錢，且會受政治人物反覆無常的影響，那麼還有什麼方法可以解決遊民問題？

美國許多社區正在執行預防和解決遊民問題的方案。有些學者認為這些社區方案並沒有提供充分的證據，來支持他們的遊民預防作法是有效的（Burt et al., 2007）。其他學者則比較樂觀，認為這些預防的努力是很有希望的（Moses, Kresky-Wolff, Bassuk, & Brounstein, 2007）。很幸運地，Burt 和他的同事（2007）提出了相當新但還有些粗略的證據，顯示預防遊民問題的全社區（community-wide）策略是很成功的，特別是針對從精神病院出院的民眾。研究者很辛苦的從許多申請聯邦補助的方案中找出五個可能有效的方案。有許多方案，他們在回顧後並未納入分析，因為這些方案未對資料做適當維護，以致無法說明方案的效能或有效性。因為樣本很小，也因為其他實驗設計的因素，下面的結果並不是完全確定的答案，還需要更多研究的檢驗。

Burt 和他的同事發現有五項活動對於預防遊民是很有用的，它們可以單獨使用或在全社區預防方案中合併使用：

- 提供房屋津貼（金錢）給第一次流落街頭的個體和家庭。
- 提供永久住宅，搭配支持性社會服務。
- 運用住宅—法院調解（housing-court mediation）解決房客和房東間的問題，以避免房客被驅逐。
- 對房租和貸款欠款的現金協助。
- 加快從遊民收容所轉換到住宅的速度，以作為次級預防。

Burt 和他的同事以及美國心理學會（APA）（2005）也強調，只針對高風險群體砸錢和服務是不會有效的，除非方案中出現以下的核心成分：

- 使用從多重機構得到的資料來有效鎖定高風險群體。
- 社區必須接受「幫助高風險群體」是它的重要責任。
- 相關的社區機構必須彼此合作來完成預防工作。

‧需要某些人或機構負起領導責任，蒐集進展的資料，監控系統中的問題，了解群體的需求，並聯繫機構以建立合作關係。

　　然而，美國遊民問題最好的解決方法，可能是在全國層級建立一致且有組織的公共政策方案。只靠慈善機構和地方政府無法滿足漸增的遊民需求（Gore, 1990）。「McKinney-Vento 遊民協助法案」（McKinney-Vento Homeless Assistance Act）正是在全國層級立法解決遊民問題的例子。它成立一個跨機構的遊民委員會（Interagency Council on Homelessness）來協調、監督和促進聯邦政府對遊民問題的回應。這個法案建立了一個「緊急糧食與庇護方案」（Emergency Food and Shelter Program）的全國委員會和全國各地的地區委員會，來決定方案經費如何有效運用。經費和示範方案（如針對成癮者和遊民的藥物和酒精濫用治療）由法律授權，「暫時緊急糧食協助方案」（Temporary Emergency Food Assistance Program）也被重新授權（Barak, 1991）。聯邦立法的整合性政策應該要朝增加低收入戶住宅、治療有心理疾病和毒品濫用的遊民，以及對遊民施予教育和工作訓練等方向努力（American Psychological Association, 2005; Gore, 1990）。

　　透過檢視兒童虐待、親密伴侶暴力、青少年懷孕、高齡者和遊民，我們學到什麼？對社區心理學家和其他預防專家的建議是橫跨這些群體的。

‧受這些問題所影響的人是多元的。

‧這些社會問題都有多重成因，這些問題幾乎都不是由被問題所影響的個體所創造的。

‧以單一方法解決這些問題不會有效，多層面的解決才會有較好結果。

‧當有不同社服機構參與介入時，不論是初級或次級介入，需要整合這些力量才會有效果。

‧政府官員、受影響的個體和社福機構必須一起合作來解決這些問題。

摘要

社會福利或促進社會公益的想法和活動在西方社會有很長的歷史。一直到現代，兩個主要的社會福利形式是捐助／慈善（私人協助）和公共福利（公共協助）。在19世紀（約工業革命時），誕生了另外兩個社會福利的形式：社會保險（透過課稅而來的公共協助）和社會服務（透過課稅而來的非物質公共服務）。要得到社會福利，人們必須證明自己的需求，通常是以低生活水準和經濟狀況不佳為形式。

一般相信（也就是刻板印象）社會福利的接受者是懶惰的，雖然他們真的需要這些協助。另一方面，社區服務的捐助者被認為是值得尊敬的人，雖然研究顯示願意幫助別人經常是環境因素造成的（例如人們在宗教季節會比較大方）。

和美國社區的公共服務單位經常有互動的五個團體，是受虐兒童及其家人、家庭暴力倖存者、懷孕的青少年、高齡者和遊民。

成為父母的青少年和其他人，如童年有受虐經驗的人，是預測兒童虐待的風險因子。提供社會支持、親職和產前教育，以及家長和社區服務的連結，有時可以預防兒童受虐。研究證實「護理師—家庭夥伴方案」對於降低頭胎且高風險青少年媽媽的虐童現象相當有效，而這個方案已經被推廣到全國各地。

被親密伴侶暴力對待的婦女會有許多生理和心理創傷（包括死亡）的風險。能夠逃離此情況的婦女，當她們嘗試為自己和孩子獲得情緒和經濟上的獨立時，經常需面對艱難的奮戰。處理這個問題的方案，包括針對改變性別角色信念的介入、促進人際技巧，以及嘗試提供心理和生涯服務給在家暴庇護中心尋求安全保護的婦女。

懷孕青少年的問題很嚴重，美國在這個統計數字上領先其他工業國家。主流文化並沒有提供好的角色楷模，因此問題持續存在。針對尚未性活躍的青少年所設計的方案，包括只有禁慾教育與全方位性教育兩種。全方位性教育（而非只有禁慾教育）提供的性教育更能確保青少年不會陷在社會福利的泥沼裡，如年輕人身上常見的在青少年時就成為父母的現象。

　　高齡者也經常與社區服務有互動，雖然高齡者在社區心理學文獻中是相對被忽略的群體。衰退的健康、失去移動力、親人死亡和失去控制都是高齡者的問題。就像其他的群體一樣，並非所有社區介入對高齡者都是有效的。然而提供高齡者社會支持和增加他們的控制感和個人效能感，可以長時間維持其自尊和健康。

　　遊民是美國持續增加的問題。刻板印象認為遊民是酗酒和有心理疾病的老男人。然而新遊民包括許多小孩和女人，以及先前有工作且有住處的個體。提供更多合宜住宅，以及更好且整合的公共政策和社會服務，對於解決這個問題會很有幫助。

　　檢視了受虐兒童、家暴倖存者、懷孕青少年、高齡者和遊民，我們學到什麼？首先，並不是所有介入都一樣有效，且沒有一個單一介入能對所有群體都有效。介入應該要是多層面的，也就是說它們必須使用多重的方法，解決多重的問題。生態因素也應該要被列入考慮，而不是只專注在個人層次因素。所有被影響的個體和群體的努力也需要被整合，才能夠有效果且有效率。

8

學校、兒童與社區

譯者：羅素貞／審閱者：陸怡琮

> 透過你們，我能接觸到未來，因此我投入教學。
> ——Christa McAuliffe（老師、太空人）

　　我的名字是 Roberto，出生在墨西哥。在我小時候全家移民美國。在家裡我們只說西班牙語。小學二年級時，有一天老師點名叫我在全班面前朗讀，我試著讀了，但是其中某些英文單字我還不認得。老師打斷了我，說我還不懂如何朗讀，然後叫我坐下。接著，他叫了另一個讀得比我好的美國兒童起來讀，在那當下，我覺得非常難堪。

　　Roberto 的故事還沒有結束：我被留級重讀二年級，但這次換了一個不一樣的老師，Martinez 小姐。她小時候也曾遭遇跟我一樣的難堪經驗，所以她非常同情我的處境。她對我提供額外的協助，並激發我想要盡力做到最好的動機。不久之後，我的英文說讀能力就幾乎跟班上同學一樣好了。到高中時，我是一個優秀的學生，我的優異成績與足球能力使我得到同學喜愛。不同於其他拉丁美裔學生，我很受歡迎，也因此，我的生活過得比他們輕鬆容易多了。

　　目前我是個大學生，我主修法律，事實上，我並不想成為一名律師，我真正想要做的是一個立法委員。我認為法律是通往政治生涯的路徑。我想成為立法委員的目的之一是改革美國學校，使所有的學生在學校中都能感受到他們是受歡迎，而且是輕鬆自在的。

　　大家試想一下，如果一個學生因有著與別人不同的膚色、外國發音的名字，以及不同的腔調和語言，或是因為他們使用輪椅，而被其他人視為不同時，這個學生會有什麼樣的感受？本章即在探討學校世界與兒童和家庭的關係。美國心理協會（American Psychological Society）的國家行為科學研究委員會曾發行一期有關人力資本的特輯（1992），其中特別強調：「投資人力資本的最佳方法乃是改善學校」（p. 17）。學校本身是一個小型的社區，也是它所處社區不可或缺的一環。本章無法涵括學校中的所有議題，故只著重探討一些比較重要的議題：兒童托育、教室的多元性，以及如校園暴力、父母離婚等壓力事件。

第一節　幼兒期的環境

　　Bronfenbrenner（1979, 1999）以一個在當時被視為非正統的兒童發展概念

架構為基礎，建立了人類發展的生態學觀點。對 Bronfenbrenner 與其他心理學家來說，**發展**涉及「個體知覺並處理環境的方式之長期性改變」（p. 3, 1979）。這個**生態環境**（ecological setting）指的是一組彼此相依、層層包嵌的脈絡或情境。在這個情境的最內層，是兒童所處的直接環境，例如家庭和學校。第二層則是這些直接環境的相互關係，例如兒童的家庭與學校的連結。第三層是兒童未直接參與，但對兒童的發展卻有間接影響的環境。例如父母工作場所的一些措施，諸如是否提供日間托育或健康照護等。在這個概念架構中，所有層級並非彼此獨立，而是相互連結。個體與這些環境的互動方式以及對它們的知覺，都對兒童的發展過程有重要影響。如你所知，生態的觀點以及個體與環境中不同元素的互動本質，在社區心理學中是極為重要的。

　　下面這個例子也許可以幫助你進一步了解這個模式。假設三年級的 Johnnie 在學習上有注意力不集中的困擾。從個人層次分析，老師可能認為 Johnnie 的數學以及拼音需要額外協助（例如課輔），或者需要針對注意力缺陷給予藥物治療。而生態的觀點則會考慮其他的情境因素，例如，Johnnie 的家庭環境、社區，甚至學校操場的遊樂器材區。實際的情況可能是 Johnnie 的父母正在辦離婚，所以他的家庭生活充滿壓力。Johnnie 的爸爸還可能失業了，因而導致他的父母失和，且讓他無法專注。另外，Johnnie 也可能常在遊樂器材區被欺負，因此，當回到教室中被這些霸凌者包圍時，讓他難以專注。對 Johnnie 而言，最有用的協助也許是其他父母離婚兒童所提供的社會支持，或是一個能在遊樂器材區守護其安全的成人，而不是老師所提供的額外課輔。

　　誠如 Bronfenbrenner 所建議的，對發展的進一步了解需要探討個體所居住的實際環境，包括直接與遠距環境。本章將檢視兒童發展的情境，尤其是教育情境，例如日間托育中心以及學校。雖然我們分別檢視這些情境，但須切記這些情境是彼此關聯的，也和其他本章未納入討論的情境有關。例如，在下一節中，我們將討論兒童托育這個主題。相關研究顯示，家庭結構（單親或雙親）、托育結構（在家照顧或托育中心）以及托育過程（活動內容）三者會以一種非常複雜的方式共同影響兒童的語言發展〔National Institute of Child and Human Development（NICHD），2006〕。研究也顯示，其他生態因素，例如家庭環境、老師對學生的知覺等，都可以預測學生的學業成就（Baker, 2006）。

許多研究也顯示，一些校內預防方案對兒童有顯著的正面影響（Durlak, Weissberg, & Pachan, 2010）。由於本章的組織方式是依年齡編排，因此，首先將談到的是幼兒托育。

壹、兒童托育

兒童（日間）托育是指當兒童無法被父母或主要照顧者照顧時，他們被照顧的方式（NICHD, 2001）。在本章一開始的故事中，Roberto 並未說明在他幼兒期，父母是否外出工作。如果他的父母外出工作，並將他交給鄰居照顧，這就是一種日間托育的形式。兒童托育的提供者包括有證照或無證照的托育中心、父母之外的家庭成員或親戚、鄰居、非正式的保母，或是學前教育機構等。其中有些所提供的照顧並不比臨時托嬰服務多，但有些則可能提供健康照顧、教材、營養的餐點，甚至戶外教學等（Haskins, 2005）。在美國，兒童托育是一個混雜的系統（Lamb & Ahnert, 2006; Muenchow & Marsland, 2007），因此也造成在研究這個議題以及資料解釋上的困難。

一、兒童托育的必要性

在美國，兒童托育的需求大約自半世紀前開始成長。現今美國家庭中，父母親至少一人在職場工作的比例占 90%以上。父母都外出工作的雙親家庭占 62%。女性為戶長的家庭中，72%的母親有工作，而男性為戶長的家庭中，父親有工作的則為 93.5%。子女年齡小於一歲的母親約有 56%有工作。由於愈來愈多父母外出工作，因此愈來愈多兒童在年齡較小的時候，被送到非父母照顧的兒童托育系統（Belsky, 2006），如圖 8.1 所示。值得注意的是，目前不僅有高比例的兒童處於托育照顧，兒童托育中心的使用比例更高於其他照顧類型。這一點我們將留在稍後再做討論。

美國的日間托育並非沒有爭議。有些人相信日間托育可能對兒童造成傷害，因為它讓兒童與父母分離。有些人則認為重點不在是否托育，而是托育的類型與品質，才會影響兒童的生活。另外更有人認為，缺乏價格合理的優質托育才是國家最大的問題。接下來我們將對這個議題做更仔細的探討。

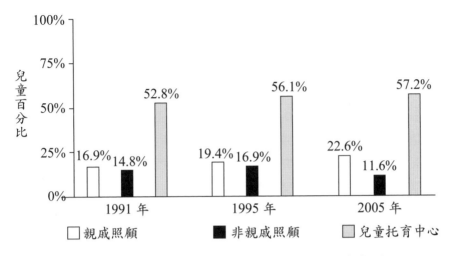

圖 **8.1**　不同年代不同兒童托育類型的比例

註：由於兒童可能處在混合的照顧類型，或由父母照顧，因此各欄加總後未達 100%。

資料來源：U. S. Census Bureau (2008). *The 2008 statistical abstracts*. Washington, DC: author.

二、兒童托育的影響

　　在 1970 年代，隨著愈來愈多中產階級母親投入職場，父母和研究者經常提出的一個問題是：「母親外出工作對嬰兒及年幼兒童會造成多大傷害？」（Scarr & Eisenberg, 1993）。其實他們真正的問題是，非母親的照顧對兒童是否是個威脅？例如，如果 Roberto 的母親外出工作而將他留給鄰居照顧，那麼他的發展是否會與母親不工作留在家照顧他有所不同？第二個相關的問題是，非母親照顧對兒童在社會、認知、語言與其他能力的發展有何影響？Scarr（1998）提醒大家，這些問題的答案並不簡單。非父母照顧的類型，包括營利機構（如大型的全國連鎖機構）與非營利中心（如宗教贊助的中心）以及家庭親屬的照顧和其他組合等。不只兒童托育有不同類型，即使在同一類型中，照顧品質也會有所不同。

　　由於高品質的照顧（不管是父母或他人所提供）是兒童發展的重要基石，因此我們仔細地檢視了兒童托育的這個議題。只有設計周延的大規模研究才能

讓我們對幼兒照顧（父母或非父母）對兒童發展的影響梳理出一些結論（NICHD, 2001）。很幸運地，NICHD（2006）正在進行中的一個設計嚴謹的大規模研究，有助我們找出能提升或阻礙兒童最佳發展的照顧因素。這個名為「NICHD 幼兒托育研究」。首先追蹤了美國十個不同地區超過 1,000 名以上兒童從出生到三歲的發展，並在第二個階段持續追蹤他們直到小學一年級的發展，第三階段則追蹤他們在兒童中期的發展（NICHD, 2006）。

NICHD 研究的主要目的是在檢視不同的非母親照顧形式，與兒童社會適應、認知與身體發展之關係，而家庭特性也是被列入考慮的因素之一。這個研究所採取的生命進程取向，不僅幫助我們注意事件發生的時間點，也聚焦在幼兒及其家庭在生活上的轉變。研究者取得的兒童樣本包括來自不同地區、經濟與種族背景的家庭，且其父母有著不同的工作相關問題。雖然比起人口統計資料，這個研究中的父母有較高的教育與收入水準，而且白人的比例偏高，但是這個樣本在其他向度上還頗能代表美國人口母群（2001）。

在這個研究中，研究者不僅進行居家觀察，也進行各種不同的測量，包括社會情緒、語言及認知發展。另外，他們也評量數個日間托育品質的指標，例如員工訓練、兒童與員工比例等。這個研究的設計，讓心理學家們得以追蹤大範圍的兒童托育經驗，也能評估兒童托育安排隨著時間的如何組合與改變。例如，有些嬰兒在剛出生的前幾個月在家庭中照顧，接著交給親戚照顧（祖母或姑姨），到了兩歲再被送到日間托育中心或學前機構。這個研究已得到一些初步的結果。

一個重要的問題是：高品質的兒童托育應包含哪些要素？NICHD（2006）提出下列幾個可測量的原則作為高品質照顧的指標：

- 適切的成人與兒童比例（例如，六個嬰兒對一個大人）。
- 較小的團體人數（例如，對一歲半到兩歲大的兒童，不超過八人）。
- 適切的照顧者訓練（例如，具高中學歷，或具幼兒教育或兒童發展大學學位）。
- 州或聯邦機構的認證。

值得注意的是，高品質的照顧被發現與正向的認知及社會發展有關

（Brooks-Gunn, 2004; NICHD, 2006; Ramey, Ramey, & Lanzi, 2006），不管是誰提供的照顧，高品質照顧的確可以促進發展。NICHD 的研究發現，遵循上述原則（亦即採高標準）的兒童托育，會給兒童帶來較好的結果。例如，標準愈高，兒童的認知功能與語言發展愈好，合作及社會能力也愈好。然而 NICHD 研究（2006）卻發現，美國大多數的兒童托育機構被評鑑為「普通」，可以得到非常優質照顧的兒童只有約 10%，也有約 10%的兒童得到品質極差的照顧。在某些品質向度上（例如兒童與成人比），只有約 20%的照顧機構符合這個重要標準。

　　NICHD 研究也清楚發現，除了這些指導原則外，有些歷程也是高品質照顧的重要成分。例如，照顧者有／會：

- 正向的態度、積極的互動，以及溫暖的肢體接觸（如，牽握兒童的手）。
- 與兒童溝通，例如，問問題、給予回饋和提供答案。
- 朗讀故事、唱歌和其他幫助兒童學習的活動。
- 鼓勵兒童的發展，例如，協助嬰兒走路。
- 社會性行為，例如，微笑或朗聲大笑。

　　可惜的是，NICHD（2006）研究發現，只有極小比例兒童能得到這些正向歷程。此研究也發現，隨著兒童年齡增長（也變得較有社會能力），他們得到愈不正向的照顧。因此，我們可以結論，美國的兒童照顧經驗同時提供了風險與助益（Belsky, 2006）。

　　NICHD 研究的另一個重要發現是，兒童托育的安排方式對兒童社會情緒及認知發展的影響其實比家庭特性來得小。其他研究者也有類似發現（de Schipper, Van Ijzendoorn, & Tavecchio, 2004）。NICHD 研究者的結論是，整體而言，家庭特性比兒童托育的任何層面都更能預測兒童發展。有效能的父母教養是兒童所能得到的最有力保護性因子（Knitzer, 2007）。因此，如果未能將兒童在其家庭中的經驗列入考慮，顯然就無法對幼兒托育做適切評估。此外，我們還可以主張，完善的兒童托育也不能補償負面家庭環境帶來的影響。這些發現，對於公共政策以及正要決定兒童托育的家庭，都有重要的啟示。

三、兒童托育困境的計畫

　　二十多年前，兒童托育專家 Edward Zigler 與 Mary Lane（1991）曾提出一個問題：我們要如何改善這個混雜的兒童托育系統，才能對所有的家庭都有幫助？同樣的問題到今天仍存在：我們如何讓有需要的人得到有品質且負擔得起的兒童托育？這個問題的答案並不簡單，美國雖然做得還不夠，但確實已往正確的方向前進了（Muenchow & Marsland, 2007）。這些進展出現在家庭、僱主、政府以及社會等層次上。

　　在最直接的生態層次上——父母或家庭層次——父母應該且能夠熟知高品質兒童托育的訊息。近期的研究（例如 NICHD 研究）已經詳細列出高品質托育的特性，然而父母可能不知道如何搜尋這些訊息。因此，兒科醫生、學校、衛生部門以及其他機構應幫助父母取得這些訊息。而家長也應該了解，參與兒童托育以及詢問相關問題的重要性。父母對兒童托育的參與或詢問，會受到其在一般生活或在為孩子爭取權益時的賦權感所影響。此外，很多低收入家庭及單薪家庭還可能得到兒童稅賦抵免或其他的兒童托育補助。

　　在僱主層次方面，在兒童托育的改善以及促進兒童的健康發展上，有許多可以做的事（Murphy & Halpern, 2006）。充裕的家事假、彈性工時、通訊上班、機構內的兒童托育中心，都有助於確保對家庭友善的組織氣氛。僱主如能提供一系列的選擇，而不是只有單一選項，更能讓員工較無後顧之憂的選用這些措施。在我們的社會中，雙薪家庭會持續地存在，這些家庭與兒童所遭遇的問題，是每個人都應該關心的（Murphy & Halpern, 2006）。

　　其他專家呼籲應有大規模的政策改變，並在州及聯邦層次上重新思考現行政策與經費的適切性（Doherty, Forer, Lero, Goelman, & LaGrange, 2006; Haskins, 2005; Knitzer, 2007; Muenchow & Marsland, 2007），或對學前托育及教育挹注更多經費（Ludwig & Phillips, 2007）。有些專家指出，與其他國家相比，美國的聯邦政策其實是非常不利家庭的（Murphy & Halpern, 2006）。例如，有些歐洲國家會在家庭有寶寶出生時，提供充裕的育嬰假。瑞典就提供新手父母親合起來超過 400 天的有薪假。同樣地，Burchinal 及其同事（2000）基於其研究發現，呼籲應有更多的聯邦介入，因為各州的政策有很大變異，從很完善到根本

沒有或無強制性法規。各州的法規亦大不相同（Riley, Roach, Adams, & Edie, 2006），有些州雖設定高標準，但所擁有的托育中心卻較少，提供的照顧品質也不佳（Lamb & Ahnert, 2006）。然而，嚴苛的標準並不能保證高品質的照顧，Doherty 及其研究團隊（2006）發現，對兒童托育工作者的適當教育訓練可以帶來較好的照顧，因此，要求那些對兒童工作不感興趣的人去照顧兒童（如第七章所提到的社會福利方案工作），是不可能提供高品質照顧的。其他研究者則建議，應提供兒童照顧者較高的薪資，並要求他們接受幼兒教育的訓練（Doherty et al., 2006）。

兒童托育的研究雖然困難，但卻需持續進行。例如，我們對較大兒童的課後照顧或是不同文化背景下兒童托育的影響知之甚少。NICHD 研究雖是一個好的開始，但是我們仍應進一步探討造成高品質照顧的確切歷程。其他比較被忽略的研究議題包括：兒童與替代照顧者的依附關係、日間托育如何影響兒童與同儕的關係、如何增進社會大眾對高品質日間托育的支持等（Lamb & Ahnert, 2006）。此外，大多數的研究都以托育中心為對象，但是有更多的兒童托育是非正式的，或由家庭成員所提供，因此，有必要對這類照顧型態投入更多研究（Raikes, Raikes, & Wilcox, 2005）。

貳、充實教育與早期介入

許多專家強調，對某些兒童而言，單是兒童托育並不足以讓他們蓬勃發展，因為在其環境中還有其他影響因素，如貧窮或不斷升高的家庭衝突等。研究者發現，平均而言，低社經家庭的兒童在上學的準備度上相對較不佳（Administration for Children and Families, 2008; Magnuson & Waidfugel, 2005; Stipek & Hakuta, 2007），而以後會發生行為問題（如犯罪或其他危險行為）的風險卻較高（Caputo, 2003; Webster-Stratton & Reid, 2007）。除了這些潛在危機外，成就差距更是大家非常關心的問題。所謂「成就差距」是指，貧窮小孩（經常是有色人種小孩）在測驗分數或標準化成就測驗中，無法達到與中、高社經階層同儕相同學業水準的各種可能方式（Ladson-Billings, 2006）。如何有效的終結成就落差，是當今教育工作者所面臨最複雜的問題之一。許多研究者認為早期介

入是解決這個問題的關鍵之鑰。

用來協助經濟弱勢兒童的早期介入方案,一開始被稱為**補償教育**(compensatory education)或**早期介入**(early intervention)方案,目前則被稱為**充實教育**(enrichment education)。這種方案形成一個「隱形的安全網絡」(Currie, 2006),以預防這些高風險兒童將來可能出現的問題(Administration for Children and Families, 2008)。

然而,由於這類方案所付出的成本必須由納稅人承擔,在經濟危機年代,政策制訂者必然會問,補償教育方案真的能使這些兒童受惠嗎?例如,如果Roberto 就讀一間為幫助拉丁美洲裔兒童進入主流公立小學而特別設計的幼兒園,對他在小學的早期學習經驗真的比較有利嗎?為解開這個疑問,我們接下來探討一個充實方案——**啟蒙方案**(Head Start)。

1964 年《經濟機會法案》(Economic Opportunity Act)是「對貧窮宣戰」(War of Proverty)的一部分,這個法案設計各種可使兒童受惠的社會方案,而啟蒙方案是就是其中之一(Ludwig & Phillips, 2007)。啟蒙方案的目的乃透過此一全國性的學前教育方案,幫助低收入家庭的三到五歲兒童。這是一個整體性、全面性的計畫,意欲滿足兒童的心智、情緒、健康及教育的需求(Haskins, 2005)。最典型的作法是,提供兒童一至兩年的學前教育,同時提供營養及健康服務。這個方案的大部分經費是由聯邦政府負擔,但因政權的更替,其執行結果卻是良窳互見(Ludwig & Phillips, 2007; Knitzer, 2007; Zigler, 1994; Zigler & Muenchow, 1992)。在目前對貧窮家庭及兒童所提供的全面性教育、健康及社會服務的方案中,啟蒙教育是最大的一個,因此,它在幼兒服務系統中扮演極重要的角色。下面是本書撰寫時所能得到的有關這個方案的最新統計數據(Office of Head Start, 2012):

- 登錄在冊的兒童已超過 904,000 人(從開始至今,啟蒙方案已服務 2,400 萬名兒童)。
- 參加的兒童中,白人占 39%以上,非裔 30%以上,拉丁美洲裔 36%。
- 啟蒙方案中的老師,有 77%至少具有幼兒教育的副學士學歷。
- 啟蒙方案的員工中,有 26%是學生家長或先前是啟蒙方案的學生。

・將近 850,000 位家長在區域的啟蒙方案擔任志工。

・超過 228,000 位啟蒙方案學童的父親，曾參與為協助他們投入啟蒙方案計畫而設計的有組織的、定期性的活動。

・94%的啟蒙方案兒童有健康保險。

　　在眾多學前教育方案中，啟蒙方案是相當與眾不同的。這個方案包含了本書稍早所提的社區心理學的一些原則。首先，雖然它是個全國性方案，但仍可針對個別社區之所需而調整。其次，它是最早能夠證明單一取向和單一介入不夠完備的方案之一。例如，啟蒙方案並不只是個學前方案，將父母納入方案之中成為決策者與學習者，就是這個方案的創新觀念之一（Zigler & Muenchow, 1992）。這個方案讓父母成為決策委員、進入教室直接與兒童互動、參加親職教育課程，並接受與他們的社會、情緒、職業需求有關的服務。許多啟蒙方案家長最後成為啟蒙方案的合格教師。啟蒙方案在設計上，不只著重豐富兒童的環境，提升他們的智力，更重要的是，意圖激勵兒童發揮生命潛能（Zigler & Muenchow, 1992）。因此一個重要的問題是，啟蒙方案真的做到了嗎？

　　由於啟蒙方案迄今已超過 50 年，因此，研究者應該可以很容易地評估它的短期與長期效應吧？其實不然！由於眾多因素，啟蒙方案的研究在執行上有其困難與限制。首先，全國各地所實施的啟蒙方案變異很大，而且也未對加入啟蒙方案的學童進行隨機分配（Lamb & Ahnert, 2006）。其次，啟蒙方案隨著時間不斷地更迭改進，因此，目前的方案與早期方案並不相同。而目前所出現的寥寥可數的長期評估研究，並未考慮到這一點（Ludwig & Phillips, 2007）。第三，不同研究者對於所謂兒童「有進步」的精確定義並未達成共識，這是指他們的就學準備度、社會技能、認知技能，還是健康上的進步呢？如果進步很小，不符合成本效益呢？此外，從較大的生態環境來看，啟蒙方案兒童處在不斷變動的環境中。例如，社會偏見的起起落落、愈來愈多的單親母親投入職場，以及公眾對此方案意見的改變等（Ludwig & Phillips, 2007）。最後，不斷變動的政治環境，也是評估方案效益時，無法剔除的影響因素。稍後我們將檢視一些較新的研究，但是啟蒙方案可能還是會隨地區而有不同，總是有被抨擊之處，容易出現研究偏誤，且不斷隨著聯邦和州的政策、政治氛圍以及經費的

改變而做調整。

許多研究者指出，啟蒙方案確實能為兒童帶來益處（Administration for Children and Families, 2005; Love, Tarullo, Raikes, & Chazan-Cohen, 2006; Ludwig & Phillips, 2007）。有些研究提出它對兒童帶來短期益處的證據。例如，Love 等人（2006）回顧了一個重要研究（包含 40 個方案，3,200 個兒童）後得到結論，啟蒙方案縮小了弱勢兒童與一般兒童在詞彙與寫作能力上的差異。另一個研究（Administration for Children and Families, 2005）則顯示，啟蒙方案兒童在社會技能上隨時間而進步，且他們在進入幼兒園後，與未加入該方案的兒童相較，在詞彙知識、字母辨識、數學與寫作能力上，都有較佳的表現。這個研究也顯示，啟蒙計畫的兒童在健康狀況上有中度改善，而其父母在教養方式上也有相當的進步（例如，使用較多教育性教材和較少體罰）。

然而，此方案是否有長期效益呢？一個對最早期啟蒙方案兒童所進行的研究發現，這些啟蒙方案學生到青春期時，在最高學歷、自我超越感、身體與心理健康上，都與其他青少年不相上下（Caputo, 2004）。其他研究也得到類似結果（Love et al., 2006; Mashburn, 2008）。另一個檢視長期效益的方式是透過成本效益分析，這是大多數納稅人與政策制定者所感興趣的指標。Ludwig 與 Phillips（2007）回顧有關此方案的成本效益研究後的結論是：「目前所累積的有關啟蒙方案對兒童長期效益的大量證據顯示，由最初幾十年參與啟蒙方案的兒童資料來看，啟蒙方案大致已能通過成本效益的檢驗」（p. 3）。

例如，參與啟蒙教育的兒童，與家中其他未參與啟蒙教育的手足相比，完成高中學業以及進入大學的比例都較高（Mashburn, 2008）。啟蒙方案也降低了兒童因犯罪而被逮捕或判刑的機率。這些研究結果並不因兒童族群或種族而有不同。這個方案對家長和社會也帶來裨益，由於啟蒙方案提供了高品質的兒童托育，因此特殊教育安置的需求減少，留級率也降低。總之，Ludwig 與 Phillips（2007）以及其他研究的結論都認為，啟蒙教育所獲得的效益遠遠超過其成本，比值可能高達 7：1。Ludwig 與 Phillips 也強調國家在這個方案中每多花 1 美元所能得到的效益，遠遠超出這個額外花費的成本。

啟蒙方案並不是目前唯一的早期介入方案，但它可能是最廣為周知的。而「高瞻 Perry 學前教育方案」（High/Scope Perry Preschool Program）是為了阻斷

從兒童期貧困導致學業失敗，再導致後續成人期貧困和相關社會問題（如犯罪）這一連串歷程，所設計的介入方案。方案內容包括根據發展的心理原則所設計的適合兒童發展階段的學習材料、採用小班教學、教職員接受幼兒發展的訓練並持續接受在職訓練、父母參與，以及對兒童及其家庭的非教育需求敏感等。這個方案最獨特之處是，視兒童為主動且自動自發的學習者。典型的作法則是，兒童可從老師準備的各種領域的學習活動中，擇其所愛，亦即所謂的**參與式學習**（participatory learning）（Schweinhart, 2006; Weikart & Schweinhart, 1997）。

　　高瞻Perry學前教育方案的研究結果是令人振奮的。短期來看，該方案在諸如IQ及成就測驗分數等教育成果上有很大改善。這個方案也減少補救教學的需求（Ramey & Ramey, 2003）。長期來看，從所蒐集超過20年的資料顯示，這個方案造成犯罪率與中輟率的降低、社會福利協助需求的減少、成年後收入增加及財富的提升（Schweinhart & Weikart, 1998），包括較高的就業率及擁有房產比例、較少被房東逐出租屋處等（Schweinhart, 2007）。

　　Nores、Belfield、Barnett 與 Schweinhart（2005）指出，高瞻 Perry 學前教育方案所花的每1美元，視計算的方式而定，可以有約5.67美元到12.90美元的回報。經費的節省或收益來自於社會福利協助的降低、特殊教育及司法系統成本的降低、對犯罪受害者賠償的減少，以及因方案參與者個人所得提升而增加的稅收等（Nores et al., 2005; Parks, 2000）。此研究再次顯示，參與者、其父母、社會大眾以及從早期介入系統畢業的成人，都是這個方案的受惠者。

參、自我照顧的兒童

　　在結束兒童托育及其重要性這個主題之前，我們還需討論一個問題：父母外出工作的兒童，即使已入小學，仍需要被監督、需要結構化的托育。目前大約有 700 萬名五至十三歲兒童放學回家後處於缺乏成人監督的狀況（Durlak & Weissberg, 2007）。這些自我照顧（self-care）兒童可能因為缺乏課後照顧而只能獨自一人在家，這種現象在低收入社區尤其常見（Afterschool Alliance, 2004），或可能是由兄姐在家擔任保母。與高社經家庭相較，低社經家庭因別無選擇，

其小孩自己獨處的時間更長（Casper & Smith, 2002）。由於自我照顧兒童的年齡不同、被成人監督（如藉由電話）的程度不同，在獨處時所做的事情（寫家庭作業、做家事、玩電動遊戲）也不同，因此，自我照顧是否對兒童帶來問題也有很大差異。例如，年齡較小的獨處學齡兒童，當獨處時間愈多，比起那些接受結構化活動的同儕，愈可能發生情緒與社會方面的問題（Vandell & Posner, 1999）。而年齡較大的獨處兒童之潛在危機則是，較易受到同儕壓力的影響或較可能從事危險行為（Coley, Morris, & Hernandez, 2004）。

　　毫無意外地，相關研究發現，當控制了其他因素，接受較高品質課後照顧會比獨自在家讓兒童受益更多（Durlak & Weissberg, 2007）。尤其是對低社經地位兒童而言，參加提供課業協助（如課輔）、充實活動（藝術或體育活動）的課後照顧方案者，在教室的學習習慣、學業成就以及利社會行為等方面的表現，都優於自我照顧兒童（Vandell et al., 2006）。因此，社區心理學家倡議，應對學前與學齡兒童提供更普及的兒童托育與充實方案。

第二節　公立學校

　　雖然美國教育法規因州而異，但大多數五至六歲兒童都會進入公立學校，也就是小學，接著是國中、高中。大多數學生都可游刃有餘的在學校系統中輕易過關，但也有些學生在一入學就遭遇困難，或在較後期的學習生涯中發生問題。例如，不管是在家照顧、參加兒童托育或幼兒園，有些兒童在轉換到小學時遭遇困難，有些則是從國中升高中時發生困難。這些轉換的時間或生命重要事件讓心理學家得以預測，哪些兒童可能是發生學習相關問題的高危險群（Koizumi, 2000; Warren-Sohlberg, Jason, Orosan-Weine, Lantz, & Reyes, 1998）。

　　此外，學校這個重要的社會機構，會受到政治與社會事件所影響，這些事件包括人權運動、當代科技的出現、人口趨勢的改變（例如，拉丁美洲裔人口的漸增）等。我們首先要討論的是其中一個重要事件——在學校中廢除隔離。

壹、學校中廢除隔離、族群與偏見

　　本章一開始故事中的 Roberto 現已 26 歲，他是 1950 及 1960 年代民權運動的受益者，但也可能並不是。本節檢視社會偏見，以及為挑戰偏見、歧視及隔離所設計的公共政策所造成的複雜效應，尤其是對兒童及學校的影響。Seymour Sarason（1997）這位重要的美國學校專家明白指出，學校是我們的「致命弱點」（Achilles' heel）。他認為過去所進行的教育改革運動幾乎全面失敗，並陸續造成一些負面後果，有的後果甚至超出教育範疇之外，種族歧視就是其中之一。從 Seymour Sarason 做出上述評論到現在，我們有任何進步嗎？

一、歷史脈絡

　　雖然很久以前，美國憲法修正案就賦予所有公民法律的平等保障及投票權，但直到 1950 年代發生的一些事件後，才真正對學校造成長期且全面性的影響。美國最高法院在 1954 年對《Brown 對堪薩斯州 Topeka 市教育局》案做出判決。在形成判決的過程中，最高法院法官聽取的主要證詞來自社會科學家們，他們提出隔離對非裔美國學生有害的證據（可參閱 Clark & Clark, 1947）。在全體一致的裁決中，法官引用社會科學研究的證據，顯示研究對法官審議此案有很大影響（Levine & Perkins, 1997）。這項判決所帶來的後果是，學校中再也不允許有種族隔離情形發生，即使「分離但平等」的教育措施也被禁止。有趣的是，這些法官一開始並不關心判決結果或是廢除隔離命令一旦真的實施，對兒童可能產生的確切效應。除了學校廢除隔離之外，這項裁定並未企圖改變社會仍存在的隔離，包括住居隔離或宗教隔離等（Well, Holme, Atanda, & Revilla, 2005）。

　　有些學校主事者勉強配合這項裁定，他們採取的廢除隔離措施通常是「校車單向接送」（Oskamp, 1984），亦即以校車將市中心貧民區的學生載送到郊區的純白人學校就讀。另有些學校則故意拖延實施的腳步，或有些公然反抗這項裁定。因此，法院只好強制命令這些學校實施廢除隔離計畫。雖然公共政策改變了某些歧視行為，不管這種改變是出於自願性或非自願性的，但我們仍然

要問一個重要問題：是否所有種族歧視相關行為也跟著改變了？另一個同樣重要的問題則是，在這個政策下，兒童真的過得比較好嗎？社會科學家們很快地開始關注起這些問題，以及廢除隔離的其他相關議題（Maruyama, 2003）。

二、偏見及其共伴問題

在本章一開始的故事中，Roberto 表示他覺得其他小孩認為他很笨。這是一種偏見嗎？如果是，這些小孩是如何形成這種印象呢？

偏見（prejudice）是指只因某人是特定團體成員，而對其抱持不公平態度（通常是負面態度）。如果 Roberto 的同學僅因為 Roberto 是拉丁美洲裔，便認為他是愚笨的，那就是一種偏見。伴隨偏見而來的則是歧視。**歧視**（discrimination）是指純粹因為某人是特定團體成員而對其做出的偏見行為。如果 Roberto 的同學因為他的族群背景而拒絕與他一起玩耍，他們就是歧視 Roberto。在第三章中我們曾討論微攻擊，也就是種族歧視的變種面貌以及其他形式的歧視。歧視通常受到刻板印象的影響。**刻板印象**（stereotype）是指相信特定團體的所有成員都具有相同或共同特徵的信念。相信所有亞洲人的數學都很好就是一種刻板印象。同樣地，如果Roberto 的同學認為所有拉丁美洲裔都是愚笨的，這也是一種刻板印象。

Rosenthal 與 Jacobson（1968）曾進行一項有關課室中的刻板印象的重要研究。在這個研究中，研究者告訴老師某些學生是「很有發展潛力的」，另一些學生則是「平庸的」，但其實這些學生都是很普通的。雖然研究者並未要求老師以不同方式對待這兩種學生，但在研究結束時，那些被形容成很有潛力的學生可能因受惠於正向偏見，在學習表現以及 IQ 分數上都呈現大幅進步。需特別一提的是，這個研究中的學生是被隨機分派到有潛力組與平庸組。這個研究顯示老師對學生的標籤以及刻板印象或多或少應驗了老師的預言。被標籤者實現了某人的預期，此一現象稱為**自我應驗預言**（self-fulfilling prophecy）。研究發現，在各種教室情境中，教師的期望確實會影響學生的成就與動機（Weinstein, 2002）。

如同第三章中所討論的，對當代社會的研究顯示，目前人們的偏見及標籤與民權運動之前的世代有很大不同（Hitlan, Camillo, Zárate, & Aikman, 2007）。

1950 年以前的**傳統種族歧視**（traditional racism）比較是外顯的（Dovidio, Gaert-ner, Nier, Kawakami, & Hodson, 2004），會公然的辱罵某人、以不同法律對待某些特定群體（如黑人只能坐在公車後排座位），甚至對這些特定團體動以私刑或聚眾圍毆。而**現代偏見**（modern prejudice）（Dovidio & Gaertner, 1998; Duffy, Olczak, & Grosch, 1993）有時也被稱為**嫌惡的種族歧視**（aversive racism）（Do-vidio et al., 2004），人們的態度是比較隱晦且微妙的。這種微妙形式的偏見與歧視使得人們可以掩飾他們內心真正持有的負面觀點。

　　因此，偏見並未因為法院裁定要執行廢除隔離與強調機會均等而消失，它只是以微妙的方式換了另一種面貌出現。由於偏見仍普遍存在我們社會中，而且有愈來愈多元的族群（拉丁美洲裔與亞裔）加入美國，我們更應該關注這些移民者的經驗。

　　直到最近，美國仍對其移民的傳統感到自豪（Mahalingam, 2006）。事實上，美國至今仍是個移民國家（Deaux, 2006）。美國的人口中，絕大多數是第一代、第二代，甚至第三代的移民。人口調查資料顯示，從 1970 年到現在，移居美國的移民人數已經增加了三倍，而在 1990 年代，移民人口的成長超過 50%（Silka, 2007）。人口統計資料也顯示，美國許多大城市的市民是由多種移民所組成。例如，在 1990 年，紐約市人口中移民者就占 28%，而目前移民人數更占紐約人口的 40%（Deaux, 2006）。但是人口統計資料並沒有告訴我們，這些移民者所面臨的是不同的文化傳統與價值、不同的語言與不同的宗教。他們也面臨與其母國不同的商業習慣、醫療運作、藝術形式以及學校系統（Silka, 2007）。此外，移民者也面臨許多偏見、被邊緣化與歧視，這些造成了他們有多樣的適應問題（Mahalingam, 2006）。不可否認的，移民是目前美國社會中一個高度爭議且敏感的問題（Deaux, 2006）。

　　與來自歐洲及加拿大地區的移民相比，有色人種的移民者面對較多偏見（Mahalingam, 2006）。從歷史上來看，美國社會對不同移民團體的偏見有起有落。例如，日本移民在第二次世界大戰之前、期間與之後，面臨高度的偏見。近來則是阿拉伯國家及墨西哥移民遭遇巨大的偏見（Hitlan et al., 2007）。認為自己才真正是「美國人」的白種人，通常會表現出最強烈的偏見（Hitlan et al., 2007），尤其是具較高社會優勢的白種人（Danso, Sedlovskaya, & Suanda,

2007）。他們的作法包括：把陌生人都劃為移民的外團體（稍後會介紹這個概念）（Kosic & Phalet, 2006），對移民去人性化——不以個人方式看待他們（Danso et al., 2007），或孤立他們（Silka, 2007）。不幸的是，學校老師們也未能免於持有這種偏見，這也是為什麼需要努力地讓老師們學習不同的移民文化，以使他們對移民學生以及他的家庭能有更多了解。

人們對待移民者的行為，大多數是發生在社區裡面（Silka, 2007）。因此，本章很重要的一個問題是，當這些不同背景的兒童被混編在同一間教室中時，他們是否經驗到偏見、歧視與刻板印象呢？如果答案肯定的，我們要如何減輕這種來自家庭的偏見之影響呢？既然兒童在三歲時就已發展出對種族的態度，五到七歲時就已形成系統化的種族偏見（Houlette et al., 2004），大多數的介入活動就應該是以幼兒為標的對象。心理學家們已經發展出一些用來解決這個問題的有趣且創新的方案。

三、培養課室中對多元性的接納

在「暴風眼」（The Eye of the Storm）這個示範中，教師 Jane Elliot 告訴那些有深色眼睛的學生，他們比淺色眼睛學生要來得低等。她並且說因為深色眼睛學生很低下，所以淺色眼睛學生不要跟他們玩或與他們有任何接觸。很快地，淺色眼睛兒童開始隔離、嘲笑及虐待那些深色眼睛兒童。接著，Elliot 將角色反轉過來，告訴淺色眼睛學生他們現在是低等的那群。當她最後告知學生真相並讓學生討論自己的感受，學生們指出成為強烈偏見的受害者是非常可怕的經驗。這個示範只是讓學生體驗偏見的一種方式。心理學家們還有哪些技術可以培養學生對教室中多元性的接納呢？

降低偏見的另一種作法是積極的讓兒童互動。**團體間接觸**（inter-group contact）是指讓兩個彼此衝突的團體一起工作，藉由接觸來增進對對方的了解並進而彼此欣賞（Brewer, 1999; Buhin & Vera, 2009; Kawakami, Phills, Steele, & Dovidio, 2007; Molina & Wittig, 2006; Paluk, 2006; Zirkel & Cantor, 2004）。相關研究發現，只有某些特定類型的團體間接觸才能強化相互間的了解與接納（Kawakami et al., 2007; Marcus-Newhall & Heindl, 1998; Molina & Wittig, 2006）。

Stuart Cook 是提出降低團體間偏見的接觸假設的重要學者之一。**接觸假設**

（contact hypothesis）指出，只有在下列五個條件下，相互敵視的團體成員的切身接觸，才可能降低對彼此的負面態度：

1. 這些團體或個人必須地位相當。
2. 敵視團體在接觸時所展現的明顯特質，必須能駁斥原先對該團體所普遍持有的刻板印象信念。
3. 接觸的情境必須能鼓勵或要求這些團體形成相互獨立的關係，或彼此合作以完成共同目標。
4. 接觸的情境必須能促進連結，揭露敵對團體成員的個人特性，以便讓雙方能將對方成員視為一個個體，而不只是具有刻板印象特質的團體成員。
5. 所訂定的接觸規範必須有利於團體平等概念，以及平等主義的跨團體連結（Allport, 1954/1979; Cook, 1985）。

　　除了上述這些條件，互相依賴也很重要（Molina & Wittig, 2006）。Molina 與 Wittig 更進一步指出，受尊敬的權威人物如果意圖降低偏見，就應對這種團體間的努力提供支持。例如，在學校中，老師或行政人員對任何歧視事件的發生都不可忽視或容忍。這兩位學者也指出，如果能夠知道哪一種接觸情境會造成哪種後果，或對哪一個團體最好，將有助於團體間接觸方案的成功。換言之，並沒有一體適用的作法。

　　數個準實驗和實驗研究的結果都支持團體間接觸假設（Pettigrew, 1998），本節只回顧其中一組研究。Wright、Aron、McLaughlin-Volpe 與 Ropp（1997）所檢驗的假設是，如果內團體的某個成員與外團體某個成員的關係愈密切，則會產生愈正向的團體間態度。所謂內團體（in-group）指的是個體所認同的團體，而外團體（out-group）則是指被個體視為與自己所屬團體不同之團體，例如，非自己所屬的族群團體（Duffy & Atwater, 2008）。

　　Wright 等人（1997）所進行的其中一個研究發現，當參與者認識的某個內團體成員有外團體成員的朋友時，他對該外團體的負面態度就會較低。在另一個研究中，研究者藉由引發競爭與衝突，而在參與者間形成內團體與外團體。當內團體成員發現其所屬團體中的某些成員有跨團體的友誼關係（亦即，內團

體成員和某些外團體成員是朋友）時，他們對外團體的負面態度就會減低。

與這些研究相仿，其他研究者也發現，對不同年齡層的學生而言，如大學生，團體間接觸可降低偏見或提升不同團體之間的相互欣賞（Gunn, Ratnesh, Nagda, & Lopez, 2004; Hurtado, 2005; Lopez, 2004）。Molina 與 Wittig（2006）也發現，在學校提供兒童與不同團體成員的個別互動機會，可以降低他們對這些團體的偏見。Kawahami 等人（2007）則發現，僅僅讓兒童接近某個團體的成員，就可以增加他們對該團體的友善態度。

Kawahami 及其同事提醒，他們的研究所提出的只是一個基本且有限制的機制──接近行為，並未觸及與日常情境或長期接觸有關的一般性問題。團體間接觸的研究需要持續進行。毫無疑問地，許多學校、工作場所或其他機構亦提倡多元性，並提供某些形式的多元性或文化敏感性訓練（Paluk, 2006）。然而，由於這些方案並非植基於紮實的理論（例如，團體間接觸理論）和研究，也非因應參與者的需求而進行，因此，這些方案並不一定成功（Paluk, 2006）。

Elliot Aronson（2004）和他的同事推出另一種新的技術，稱為**拼圖教室**（jigsaw classroom）。在這種教室裡，學生們首先被分派到各個精熟組，進行某一學習活動。在這次分組中，所有學生們都學習相同的主題，但每個小組分別學習這個主題的不同細節。接著，將精熟組打散，形成拼圖組，這時，每個拼圖組都接收來自各個精熟組的一名學生。例如，如果學生正在學習有關偏見這一主題，則第一個精熟組學習偏見、歧視和刻板印象的定義與例子；第二個精熟組學習偏見的有害影響；第三組則學習降低偏見的方法。在拼圖組中，有一個學生來自定義組、一個來自有害影響組、一個來自降低偏見方法組，這三個學生聚在一起，教導對方自己熟悉的內容。在這種方式下，本來被孤立的學生在團體中變得比較重要，而競爭性較強的學生也要學習與他人合作。拼圖組中的每個成員如果不能相互依賴與合作，就無法達到團體目標。這個過程對於以英語為第二語言的英語學習者特別有效，因為當學生遇到不會的英語單字時，可以獲得他人的支持與協助，否則，他們自己一個人是學不來的（Aronson, Blaney, Stephan, Sikes, & Snapp, 1987; Walker & Crogan, 1998）。

拼圖法最早的一個重要實驗（Blaney, Stephan, Rosenfield, Aronson, & Sikes, 1977）發現，拼圖組學生在對同學及學校的態度、自尊、合作學習，以及學校

表現上的進步都高於一般教室中的對照組學生。當然，競爭性也下降許多。其他研究也發現，拼圖法中使用的同儕教導，可以提升同儕喜愛度、學習和對教室氣氛的知覺（Slavin, 1985; Wright & Cowen, 1985）。更令人振奮的是，諸如同儕教學這種合作學習策略所帶來的正向效果，似乎也可以普及到那些目前非處在學校環境中的兒童（Miller, Brewer, & Edwards, 1985），如某個少數族群的所有成員。有些研究者甚至建議，拼圖教室也適用於較大的學生，包括大學生（Williams, 2004）。

拼圖法被提出之後，陸續又有許多其他合作學習方法被開發出來（如 Houlette et al., 2004; Slavin, 1996）。重要的是，在數以千計的教室中都複製了這些合作學習的正向效果，因此，合作學習已成為「國民教育領域內的一股重要力量……在廢除隔離的學校中，〔合作學習〕被視為是用來改善種族關係與教學的最有效方式」（Aronson, Wilson, & Akert, 1999, p. 544）。

有些州則嘗試以**磁石學校**（magnet schools）來減少偏見，這類學校招收來自不同學區的學生，專攻特定學科，例如音樂或外語。就像磁石會吸引鐵塊，這類學校也會吸引對這些學科有興趣的學生。由於就讀的學生背景各異，因此這類學校創造了團體間接觸的自然實驗。Rossell（1988）比較自願性的磁石學校計畫與強制性重新分配學區的廢除隔離計畫之效益，發現磁石學校比強制性重新分配的方式，產生更多種族間的長期接觸，造成這個結果的可能原因是 Rossell 及其他學者所說「白人遷移」（white flight）重新分配學區的現象。Fauth、Leventhal 與 Brooks-Gunn（2007）也指出，就算法院下令弱勢、少數族群學生和他們的家人移居到高收入社區（和學校），都可能對青少年、其父母以及父母的教養風格產生不利影響。強制性廢除種族隔離措施的效果顯然不如前面所描述的這些方案。

我們可以結論，不論是因為法院命令或自願性設計，一旦教室中能夠去除隔離，則可以使用一些經過實證測試過的好方法，而讓學生們變得更能彼此接納與互相幫助。但是對學生的學業與社會表現的影響為何呢？如果法院認為隔離教育不僅對社經弱勢學生不公平，更使他們低人一等，那麼廢除隔離措施是否能幫助這些學生向上提升呢？

四、廢除隔離的效果

Pettigrew（2004）這位著名學者在回顧了廢除隔離效果的研究後得到結論，廢除隔離並未如預期的能對學生的學業表現產生正向效應，除非該研究控制社會階層這一變項。如在第七章所提到的，社經階層與種族及族群不平等之間有盤根錯節的複雜關係（Hochschild, 2003），因此，應將它與廢除隔離一起仔細檢視。Pettigrew 在其結論中具體指出，相較於在隔離學校中的非裔兒童，在去除隔離學校的非裔兒童比較可能：

- 進入大學並完成大學教育，甚至在主要是白人的學校也是如此。
- 成為白人的同事，並得到較好工作。
- 住在跨種族的社區。
- 有較高的收入。
- 有較多白人朋友，對白人也有較正向的態度。

然而，Pettigrew 慨嘆，邁向黑人與白人公平教育之路的向上曲線進展太慢，甚至是蜿蜒迂迴，而後退卻是快速又直接，大部分這些倒退現象都要歸咎於法院的判決。事實上，有些法院甚至曾撤銷廢除隔離的命令，如田納西州的 Nashville 市（Goldring, Cohen-Vogel, Smrekar, & Taylor, 2006）。在許多判例中，學生回到了住家附近社區學校就讀。這個最近趨勢的結果為何？社會科學家對此問題提出一些有趣的觀點與答案。

Goldring 及其同事研究在住家附近就學的影響，結果發現，對兒童而言，學校地理位置的臨近性不必然能轉換成支持性的社區脈絡。他們發現，非裔兒童比白人兒童更可能被重新分配到高風險（高貧窮與高犯罪率）社區的學校就讀。另一位種族隔離專家 John Diamond（2006）則指出，即使在種族較融合（較富裕？）的郊區，學校仍不是一個公平競爭的環境。首先，住在郊區的黑人經常在他所謂的「特權與危險間的柵欄上擺盪」，因為「財富」和「資產」並不相同，住在郊區的黑人仍不像白人擁有那麼多的資產（例如，有自己的房子）。Daniel（2006）進一步指出，目前對「績效責任」（accountability）與「成就」的重視，轉移了人們的注意力，因而阻礙了往廢除隔離的方向前進。

此外，Davis（2004）指出，由於美國人現在更重視學校安全議題，相對而言，隔離問題就變得不是這麼急迫了。Arias（2005）惋惜地認為，Brown 對教育局案的判例旨在協助非裔美人，但截至目前為止，仍然沒有什麼資訊可以告訴我們，廢除隔離或其他相關的策略對拉丁美洲裔和其他少數種族或族群是否合適。因此，我們還需要有更多的研究以克服上述以及其他的教育問題（King, 2004）。

貳、學校與青少年

儘管全美校園都致力於去除隔離，也有一些設計良好的方案針對標的兒童提供一些早期介入服務，但是那些被隔離在市中心貧民區的兒童卻仍處在經濟弱勢，並接受低品質的教育。這些兒童通常來自少數族群，且未曾受惠於上述的任何方案，因此，市中心貧民區兒童到了青少年時，仍可能陷在貧困之中。心理學家認為，市中心貧民區的青少年是學業挫敗、輟學、青少年懷孕、藥物使用以及許多其他問題的高危險群，而這些問題會影響他們接受打破貧窮循環所必要之教育的機會（Caputo, 2003; Magnuson & Waidfugel, 2005; Stipek & Hakuta, 2007; Webster-Stratton & Reid, 2007）。最後當他們長大成人，也比較可能歷經生活壓力與負擔（Golding, Potts, & Aneshensel, 1991; Rank, 2005）。

接下來我們將檢視兩個相關的主題：輟學與校園暴力。在討論這些主題之前，我們首先探討對於發生在校園中的一些問題，學校本身究竟扮演何種角色（Branson, 1998）。

一、學校氣氛

不是只有少數族群或貧民區的兒童在學校中會遭遇問題，中產階級兒童也可能因各式各樣的原因而輟學、懷孕、學業挫敗和低成就。其中有些因素與貧民區兒童相同，但我們也很容易將造成了學生焦躁與低動機的原因歸責於他們自身對學校的疏離或人格上的瑕疵（Legault, Green-Demers, & Pelletier, 2006），然而有些研究顯示，即便是資賦優異的兒童也可能對學校感到無聊、失去興趣，或是在學校中被霸凌（Feldheusen, 1989; Meade, 1991）。將與學校問題（如

輟學或學業失敗）有關的脈絡因素加以分類的一個有效方法，就是區分「推力」與「拉力」因素。推力因素（push factor）指的是造成學生對學業不投入的各種學校環境層面，而拉力因素（pull factor）指的是造成學生與學習脫鉤的一些校外事件或環境因素（Lehr, Johnson, Bremer, Cosio, & Thompson, 2004）。由於高貧窮社區中的學校狀況通常不佳（如秩序混亂、老師流動率高），因此，學生很可能在小學中高年級時就被推出學校之外。另外，學生也可能因為家裡對他的要求愈來愈多，或一些新奇活動的引誘，而覺得有一股力量將他們拉到學校之外（Shin & Kendall, 2012）。很明顯地，輟學高危險群學生會同時經驗拉力與推力因素，例如，一個被老師低估智力的學生，又被同儕霸凌，會覺得在學校沒有安全感。這個學生很可能被附近一個幫派所吸收，因為它可以提供他重要感、保護以及經濟來源。推力與拉力兩者合在一起，就造成學生從學校中輟學。

　　學校疏離（alienation from school）是青少年學業成就研究經常被探討的一個因素。根據 Bronfenbrenner（1986），疏離指的是缺乏歸屬感、與人隔絕的感覺。學校疏離則指對學校缺乏歸屬感。社區心理學的文獻相當關注這個現象，但是社區心理學家聚焦在造成疏離兒童的環境，而不是兒童本身。

　　Seymour Sarason 在 1983 年出版了《美國的學校教育：代罪羔羊與救贖》（*Schooling in America: Scapegoat and Salvation*）一書。他在書中指出，學校對老師和兒童而言，都是很無趣的地方。他認為通常兒童在校外會比在學校內展現較高的求知慾，也學得較快（Sarason, 1983; Weinstein, 1990）。Bronfenbrenner（1986）更指出，那些在家中處於壓力的兒童，很可能將注意力轉移並與學校疏離。大約 20 年後，Aronson（2004）在分析科羅拉多州Columbine高中所發生的一個老師與 14 個學生被殺害的校園悲劇事件後，對學校提出一個更嚴峻的控訴，他說：

> 這個狂亂的殺人事件只是巨大冰山的一角。全國大多數高中都瀰漫著一股惡毒的社會氛圍——具有排擠、拒絕、嘲笑、羞辱等特性的氛圍。高中存在著牢不可破的群黨階層……最底層的小孩可能是太胖、太瘦、太矮、太高、穿錯服裝，或就是無法融入……。從對高中

生的訪談發現，幾乎所有的人都知道這一個階層的排序方式，而且也很清楚自己位在這個階層中的哪個位置。（p. 355）

當代研究者提出，學校的某些生態成分或稱為**學校氣氛**（school climate）——它包括學校的整個文化，而不只是教育方法與目標（Van Houtte, 2005）——是造成學校疏離的因素。老師、行政人員與同儕的支持（Gregory, Henry, & Schoeny, 2007），以及學校校規及常規的明確性與一致性程度（Way, Reddy, & Rhodes, 2007），都是構成學校氣氛的要素。另外，學校硬體設施的安全性、學生自主的程度、老師與行政人員對權力的濫用等，也是影響學校氣氛的要素（Langhout, 2004）。Loukes、Suzuki 與 Horton（2006）也指出，與其他同學之間的親密性、摩擦及競爭，也都是學校氣氛的成分。學校氣氛的這些層面與許多學生問題（如暴力或輟學）都有關。不同需求的學生所經驗的學校氣氛可能不同。在焦點 8.1 中我們討論了一個這樣的例子。

焦點 8.1

雙語沉浸式方案

讀完 Roberto 的故事後，對於美國約每五名學生中就有一人的母語非英語（National Center for Educational Statistics, 2011）這一現象，你就不會太驚訝。這個比值表示，美國有超過 1,120 萬名兒童在家裡講的是英語之外的語言。這項統計自 1980 年到現在，已經增加一倍以上。這些孩子中有很多人英文仍不流利，這一現象讓只以英語進行教學的學校系統很困擾。用來協助正在適應英語的學習者（如 Roberto）的一個常見的方法，是把以英語作為第二語言（ESL）的教學當作一種補救課程，其目的在提升這些學習者的英語熟練程度。因此，一旦 Roberto 的語言缺陷可以被矯正，他在數學、閱讀和科學等傳統學科的學習就可以受益。但這種方法的問題是，將這些學生隔離直到他們「趕上」講英語的同儕，這種作法可能造成一些教育以及社會情緒後果。這種方法也傳遞一個訊息：英語之外的其他語言能力，在美國是沒有價值的。

所幸，目前許多學校已考慮採用一種新方法來協助英語學習者，稱為「雙語沉

焦點 8.1（續）

浸式方案」。這種方案不是補救教學，而是充實方案，它能讓英語為母語學生與英語非母語學生都受惠。沉浸式雙語學習方案的目標是讓所有學生都具備雙語能力。通常，這樣的方案會平衡班級中母語為英語學生和母語為另一種語言（如西班牙語）學生的人數。每個語言組都會成為另一組的語言資源，這是一種可以減低偏見的重要方法（本章下一節將討論）。異質班級解決了我們所擔心的 ESL 方案將英語學習者與其他學生隔離的問題（Alanis & Rodriguez, 2008）。對像 Roberto 這樣的學生而言，雙語沉浸式方案和 ESL 方案的重要區別在於，前者的目的在保留母語並提升學業成就，而不只是補強會妨礙學業成績的語言問題。而對母語為英語的學生來說，參加這個方案的好處在於，讓他們有機會沉浸在外語環境中，以第二語言來學習傳統的課程。

通常兒童在幼兒園或一年級時開始參加雙語沉浸式方案，此時他們的語言學習能力達到頂峰，一直到中學他們都繼續留在此方案中。傳統學科會以兩種語言教給所有學生，例如用兩種語言上語文課。在學業表現上，無論母語為何，參加這些方案的學生在標準化測驗中都優於他們的同儕。參與雙語沉浸式方案的母語非英語學生，在學業表現上比參與 ESL 方案的同儕更勝一籌（Thomas & Collier, 2003）。而對英語為母語的學生而言，參加雙語沉浸式方案的學生在英語能力上甚至超越其他英語為母語的同儕。雙語沉浸式方案代表了語言和文化能力的多元觀點，它強調應培養對其他文化的理解與欣賞，而不是「只准用英文」這種會將移民家庭邊緣化的觀點。

Alanis 與 Rodriguez（2008）對雙語沉浸式方案的研究發現，當這些方案具有以下特性時最有可能成功：教學上的均等、有效的教師、積極的父母參與和知識型領導者。教學上的均等乃指在傳統學科和語言習得的教學上應有嚴格的標準，且會注意不特別強調其中一種語言。有效的教師需能真正理解雙語沉浸式方案的哲學基礎和教學機制（例如，遵循所建議的語言使用比例、確認在分組活動時的異質分組、對所有學生都賦予高期望）。積極的父母參與不只是指家長在方案中支持孩子的作法，也是指在許多方案中學校提供父母學習新語言的機會。知識型領導者則是學校行政人員對實施這些方案的支持和專業知識。

雖然雙語沉浸式方案不是美國學校的常態，但它對重塑雙語的社會價值以及移

焦點 8.1（續）

民在社會中的形象上，確實扮演相當重要的角色。想像一下，它也可能有助於減少像 Roberto 這類兒童所遭受的偏見與歧視。當您閱讀有關在教育環境中如何消除偏見的策略時，請牢記這些問題。

　　如你所知，學校的本質非常複雜，因此，碰到問題時，必須在一長串已獲得研究支持的選項中斟酌考量適合的因應策略（Freiberg & Lapoint, 2006）。因應由於不良學校氣氛所導致的學校疏離，一個可能的選項是**另類教育**（alternative education）。另類教育（或另類學校）的成分與傳統學校有所不同。例如，在傳統學校中，課程以及對學生的要求是由老師與行政人員制定；而在另類學校中，學生與家長會和老師討論課程的設計、要選修的課程或規則的制定（Vieno, Perkins, Smith, & Santinello, 2005）。這種環境中的學生通常會對自主性、獨立性與選擇性有較高需求（Langhout, 2004）。這種較民主的學校環境讓我們聯想到前面討論過的「高瞻 Perry 學前教育方案」，且也被發現它有助於在學校中形成較強的社區一體感（Vieno et al., 2005）。此外，在另類學校中班級人數較少（Boyd-Zaharias, 1999; Muir, 2000-2001），而學習也可以在傳統的教室之外進行（Coffee & Pestridge, 2001）。

　　Soloman、Watson、Battisch、Schaps 與 Delucchi（1996）設計了一個另類教育方案，以提供學生能在學校內發展社區一體感的經驗，並將參與另類教育方案與未參與的學生進行比較以評估方案成效。具體而言，該方案包含合作學習、人際互助與其他利社會活動，並積極提倡對利社會價值（如公平）、同理心、人際理解的討論等。結果發現，該方案能在班級中成功提升社區一體感。此外，社區一體感也與許多學生的行為結果有正相關，包括處理與他人衝突的能力、助人行為等。進一步研究也發現，另類教育方案能成功提升學生與教師對學校的滿意度以及學生的學習成就（Arnold et al., 1999; Catterall & Stern, 1986; Coffee & Pestridge, 2001; Gray & Chanoff, 1986; Trickett, McConahay, Phillips, & Ginter, 1985）。

　　另類教育方案中到底具有哪些機制，所以能帶來這些影響呢？相關研究已經確定包括學生參與、自我導向和賦權等要素（Gray & Chanoff, 1986; Matthews, 1991）；創新與輕鬆的氛圍（Fraser, Williamson, & Tobin, 1987; Matthews, 1991）以及具同理心的教師（Tyalor, 1986-1987），這些因素都與學生本身無關，它們並非學生的個人特性，而是與另類教育環境有關的生態因素，這些都符合社區心理學原則。

　　目前文獻中另一個頗受矚目且很有成功可能性的介入策略是，由導師協助兒童學習校內外的社會、人際關係和其他技能（Cassinerio & Lane-Garon, 2006; Durlak, Weissberg, & Pachan, 2010; Novotney, Mertinko, Lange, & Baker, 2000; Phillip & Hendry, 2000）。**導師**（mentor）是與孩子有緊密連結的照顧者或其他成人，他們通常可以對孩子帶來正向而持久的影響。例如，Cassinerio 和 Lane-Garon 曾指派一些大學生到市中心貧民區的中學，擔任學校的調解員或中立的衝突管理者。這個導師方案的結果顯示，到學期結束時，學校氣氛與上個年度相比，變得較積極，學校的暴力事件也減少。值得一提的是，這個學校不僅招收白人學生，還有許多亞裔、拉丁美洲裔和非裔學生，換言之，是一個很容易產生衝突的情境。

二、與學校成功或失敗有關的其他因素

　　學校氣氛並不是唯一影響兒童表現的與學校有關的危險因素。學生從一所學校轉到另一學校，從小學升到國中，或從國中升到高中（Compas, Wagner, Slavin, & Vannatta 1986; Koizumi, 2000; Reyes, Gillock, Kobus, & Sanchez, 2000; Reyes & Jason, 1991），都可能存在問題發生的風險。如果要讓孩子適應學校，教育工作者應特別注意上述以及其他各種因素對他們的影響。另外，研究也發現，在低年級時成績不佳、缺乏正向因應行為、出現負向因應行為等，都可預測 15 年後的心理健康問題（Ialongo et al., 1999; Spivack & Marcus, 1987）。

　　確保兒童在就學期間，以及在整個生命過程中健康適應的最可能成功方法之一，是**認知問題解決**（cognitive problem solving）（Cowen, 1980）或教導社會技能的其他方案（Durlak et al., 2010）。認知問題解決在於產生各種能達到目標

的替代策略，並思考每個替代策略的後果。認知問題解決通常還需包括對自己所選的解決策略應如何執行的審思（Elias et al., 1986）。

認知問題解決可以運用到人際關係問題，諸如種族、師生衝突，與學校相關以及其他領域等諸多問題。當用於人際關係問題時，它被稱為**人際認知問題解決**（interpersonal cognitive problem solving）（Rixon & Erwin, 1999; Shure, 1997, 1999; Shure & Spivack, 1998）。研究發現，適應良好與適應不良兒童的明顯差異是，後者無法產生並評估可以解決個人問題的各種策略。認知問題解決訓練被發現是一個能成功地幫助兒童因應壓力和減少人際衝突的介入策略（Edwards, Hunt, Meyers, Grogg, & Jarrett, 2005）。教師和家長都可以接受培訓，以教導孩子認知性問題解決。

以認知問題解決技能可以中介兒童的適應過程（Denham & Almeida, 1987; Shure, 1999）且能促進人際技巧（亦即減少衝突）（Edwards et al., 2005; Erwin, Purves, & Johannes, 2005）這些前提為基礎，研究者們至少執行了 50 個以上的兒童和青少年介入方案。雖然這些研究支持認知問題解決這個策略可以強化兒童相關能力，但它還是要面對一些批評。例如，Durlak 及其同事（2010）就主張應針對特定問題情境設計特定介入方案，而不只是進行一般性的問題解決訓練。

三、輟學

在本章一開始的故事中，Roberto 最初雖然感到沮喪和疏離，但仍很有智慧地選擇繼續留在學校。但是，有些學生卻選擇不留在學校，他們輟學了。美國每年約有超過 50 萬名九至十二年級學生輟學（National Center on Education Statistics, 2007）。這意味著有八分之一的學生未能從高中畢業，以及每九秒鐘有一名高中生輟學（Christenson & Thurlow, 2004）。

正如我們所預期的，上述現象存在人口學上的差異。除了拉丁美洲裔學生外，男生的輟學率較女生高（Kaplan, Turner, & Badger, 2007），而在墨西哥裔學生中這種男女差異尤其明顯（Olatunji, 2005）。表 8.1 顯示輟學率因種族和族群而不同。值得注意的是，輟學率雖隨著時間而略有下降，但拉丁美洲裔學生的輟學率仍然是所有族群中最高者。貧民區青少年，尤其是生活貧困者（Pong & Ju, 2000; Roscigno, Tomaskovic-Devey, & Crowley, 2006）、長期缺席者（Sheldon

表 8.1 不同年代、不同種族／族群 16 歲以上高中輟學者的百分比

年代	占所有學生人數百分比	白人	黑人	拉丁美洲裔
1985	12.6%	10.4%	15.2%	27.6%
1995	12.0%	8.6%	12.1%	30.0%
2005	9.4%	6.0%	10.4%	22.4%

資料來源：National Center for Education Statistics.（於 2008 年 2 月 18 日下載）

& Epstein, 2004）、留級生（Entwisle, Alexander, & Olson, 2005; Stearns, Moller, Blau, & Potochnick, 2007）、貧民區大型學校學生（Christenson & Thurlow, 2004）以及多次轉學的青少年（South, Haynie, & Bose, 2007）都是輟學的高風險群。而家庭因素，例如，以英語為第二語言以及家中缺乏學習材料等，也都是相關因素。有輟學朋友的學生也較可能輟學，還有些青少年寧願工作或因需要賺錢而輟學（Entwisle, Alexander, & Olson, 2004; Olatunji, 2005）。回到本章前面所提的推力與拉力因素，為了家庭而需要工作賺錢是一種拉力因素。除了推力與拉力之外，還有一些可預測輟學的個人因素，例如低自尊、失去控制感（Reyes & Jason, 1991）以及害羞（Ialongo et al., 1999）等人格變項。不僅美國有令人憂心的輟學率，世界各國也都一樣，它已是一個令人煩惱和困擾的問題了（Smyth & McInerney, 2007）。

　　如何準確地預測哪些學生最可能提早離開學校，可能是探討輟學相關議題的研究者多年來所面臨的最艱鉅任務（Shin & Kendall, 2012）。研究者清楚地了解輟學絕非單一風險因素可以預測，因此，他們聚焦於找出可預測的因素群集或組合（例如，Balfanz, Herzog, & Mac Iver, 2007; Gleason & Dynarski, 2002）。大多數研究發現，使用風險因素群組可以增加辨識輟學生的正確率。但由於大多數研究的預測力仍然偏低（通常在 40%左右），而且也無法找到一組可以被視為「最佳群集」的明確因素組合，因此，基於某些特定因素組合所設計與實施的預防方案，就無法獲得成功的保證（Hammond, Linton, Smink, & Drew, 2007）。換言之，研究人員仍然無法準確地預測，最需要預防輟學介入活動的

學生究竟是哪些人，雖然我們可以合理的推論，學生曝露在愈多危險因子中，他成為拿不到高中文憑的數百萬輟學者之一的機率也愈高。無法獲得高中文憑不僅影響個人經濟收入潛力，對社會而言，也會帶來巨大成本。

輟學的代價是巨大的，相較於完成高中或大學學業者，高中輟學者在工作生涯中會遭遇較多的失業經驗、就業時收入較低、較需要社會救助，較可能使用非法藥物或犯罪（Christenson & Thurlow, 2004; Christie, Jolivette, & Nelson, 2007）。年輕的輟學女生更可能未婚懷孕，也更可能成為生活貧困的單親家長（Cantelon & LeBoeuf, 1997）。因此，針對這些處於輟學風險者發展有效的預防及介入活動是非常重要的。

在美國是如何處理輟學問題呢？早期的處理聚焦在學生本身，並會進行包括諮商（Baker, 1991; Downing & Harrison, 1990; Ross-Gold, 1992）、自我意象與自尊的提升（Muha & Cole, 1990）等策略。由於輟學是多重因素所導致（Christie et al., 2007; Christenson & Thurlow, 2002; Ialongo et al., 1999; Lee & Breen, 2007; McNeal, 1997; Svec, 1987），因此，生態學取向的作法是比較適切的（Oxley, 2000）。生態學取向將情境或脈絡因素列入考慮，例如，學校特性，包括前面所提造成學校疏離的推力與拉力因素（Christie et al., 2007; Patrikakou & Weissberg, 2000）。社區與鄰居變項（Leventhal & Brooks-Gunn, 2004），諸如社會孤立（Vartonian & Gleason, 1999）、貧困（Christie et al., 2007）、成人參與學生生活（例如，社區導師）（Sheldon & Epstein, 2004）等，也都被視為影響學生決定留下或離開學校的生態因素。

Felner 所設計的高風險輟學生預防計畫是一個成功並廣為周知的計畫（Felner, 2000a; Felner, Ginter, & Primavera, 1982）。這個計畫被稱為 STEP，或學校轉換環境計畫（School Transitional Environment Program）。STEP 的設計是為了解決多種問題，這裡只討論其中針對輟學的典型方案。Felner 及其同事了解，對兒童而言，學校轉換本身就是一個危險因素。例如，從國中轉換到高中，尤其是當這個高中的生源是來自學區內多個國中，或由那些有著其他風險因素的學生（如，低社經地位、少數族群成員、同時間有其他生活上的轉變、家庭支持水準較低）所組成（American Youth Policy Forum, 2008）。

STEP 有兩個主要成分。第一，降低在新的高中裡的流動與複雜度（亦即，

同年級的學生一起在學校特定區域的教室上課），如此一來，就可在一個大學校中形成一個小學校（Felner, Seitsinger, Brand, Burns, & Bolton, 2007）。第二則是重新建立班級導師（homeroom teacher）的角色（例如，與學生進行更多非正式的個別會談）。值得注意的是，班級師生是由方案的參與者組成（American Youth Policy Forum, 2008）。接受過二天訓練的導師，會利用與學生的晤談來討論學生的個人問題、協助他們選課程與安排進度、幫助學生了解學校校規。導師們也會與學生家長以及學校中的其他 STEP 教師維持聯繫。

STEP 的優點在於它很少占用教學之外的時間、成本很低，也未改變教學方法或內容，而且只在學生轉換到新學校時進行一年。這個方案僅僅因為簡單的生態改變和短期介入，就使得計畫參與者比非參與者表現出更高的出席率，更好的學業成績，更穩定的自我概念，以及較低的學校轉換壓力（Felner, 2008; National Center on Secondary Education and Transition, 2008）。與本節討論的重點有關的是，STEP 參與者的輟學率較低，而對教師的正向效果則包括在學校中有較高的工作滿意度以及舒適度（American Youth Policy Forum, 2008）。

四、校園暴力

校園暴力與攻擊是一個複雜且令人頭痛的問題，又由於在過去十年它的發生率不斷攀升，所以也是一個重要的問題。美國學校安全與保險局（National School Safety and Security Service, 2008）的報告指出，在 2006 年至 2007 年，美國有 32 件校園死亡事件，另有 171 件無人死亡但卻引人矚目的意外事件，包括槍殺、砍殺和騷亂事件。過去十年來有多所大學發生了重大校園暴力事件，也說明了這個問題的嚴重性。

校園暴力受害者所付出的代價是很高的，其中最嚴重的是情緒、社會、行為和學業問題。社會付出的成本也很大。在追蹤 227 名被帶離學校並安置在特殊行為矯治機構的問題青少年後，研究人員發現，這些機構的社會成本超過1,000 萬美元，這個數字還不包括其他附加費用，例如，警察勤務、法院出庭、財產損失、拘留和住宿費用，以及專業人員（心理學家和社工）花在青少年身上的時間及處遇方案（Eisenbraun, 2007）。

美國教育部（The U.S. Department of Education, 1998）出於對這類暴力行為

的關注，出版了《學校安全手冊》，其他研究者也回應類似的關注（e.g., Garbarino, 2001）。該手冊提供家長和老師有關潛在暴力學生的可能警訊，包括社會退縮、過度隔離和被拒絕感、低學校興趣與表現、經常出現紀律問題（例如，攻擊行為、無法容忍差異、有偏見態度，以及接觸毒品、酒類或武器）。

這些警訊似乎都歸責於學生個人，並未提及學生與學校的適配性或學校氣氛等問題（Reid, Peterson, Hughey, & Garcia-Reid, 2006），而這些問題卻可能在無意中對這些有暴力傾向的孩子形成挑戰（Baker, 1998）。此外，這些警訊也未涉及社區心理學中的一個重點概念——預防。到底學校可以做些什麼來減少或防止學生的暴力和攻擊行為？學校只能靜待暴力的發生，還是學校應針對年齡較小的學生（尚未進入國高中）多做一些努力，以預防校園暴力的發生？

首先，有關校園犯罪的研究顯示，學校中的許多情境型犯罪預防措施（如裝置攝影機或金屬探測器）是不具成效的（O'Neill & McGloin, 2007）。第二，全國數據似乎顯示，我們將非暴力方法引進學校的時間點太遲了。到青少年期才來處理這個問題可能已經太晚，因為幼兒攻擊行為的發生比例很明顯地也在逐年升高中（Webster-Stratton & Reid, 2007）。直到最近，有許多高中在發生特殊的暴力事件或嚴重的紀律問題後，會以提供諮商、嚴厲的管教或提高安全防護作為因應（Klein, 2005），但這些方法仍無法在第一時間防止暴力的發生。

顯然地，我們需要及早深入兒童的學習生涯，以減低這種暴力事件的發生（Espelage & Low, 2012），我們也必須持續努力地尋找能夠改善學校氣氛的方法（Khoury-Kassabri, Benbenishty, Astor, & Zeira, 2004）。尤其是，在設計暴力預防方案時，不僅要考慮青少年或學校的特性，更要將家庭與社區特性一併列入考慮（Laracuenta & Denmark, 2005），因為校園暴力是一個多層次、生態性的問題（Eisenbraun, 2007; Farver, Xu, Eppe, Fernandez, & Schwartz, 2005）。貧困、歧視、缺乏教育與就業機會，以及薄弱的社會資本（如本書中其他地方所定義）也都是人際暴力的社區風險因素（Farver et al., 2005）。

研究顯示，最成功的學校本位方案是全面的（亦即，透過多種課程來解決各種問題行為）、全人的（針對兒童全人）、與家長及社區整合的（Flay & Alfred, 2003）。另外，最有效的方案也是植基於研究的，長期比較參與者（個人或學校）與非參與者（Scheckner, Rollin, Kaiser-Ulrey, & Wagner, 2004）。接下來

我們將檢視一個典型方案——正向行動（Positive Action, PA）（Flay & Alfred, 2003），當然，除此方案之外，還有許多其他的方案。

　　PA 方案是由 Carol Alfred 這位教師所開發，並由 Brian Flay 進行研究。該方案是全面性的，包含了整個學校、員工、教師、行政人員、家庭和學生。它的另一個重要成分是，學生若能做出正向且健康的選擇時，就能發展較高的自我價值，進而帶給學生以及學校更好的結果（Flay & Alfred, 2003）。從進入小學開始，該方案提供學生 100 個以上的單元課程，每個單元 15 到 20 分鐘。單元主題以各種不同行為為焦點，例如，如何與他人相處的單元（主題涵蓋尊重、公平和同理等）、誠實的單元（例如，不要怪罪別人、發現自己的優點與弱點），以及如何讓自己持續進步的單元（諸如，更好的解決問題方式、勇於嘗試新事物）。在與學校人員一起合作下，PA 試圖將學校的氣氛改變成聚焦於正向行為，而非負向行為（如暴力或疏離）。該方案還延伸到讓家長也接受 PA 的培訓，並鼓勵他們參與學校及該方案。另外，該方案也提供社區相關的方案工具箱，以便學生、家庭、學校及社區在朝向提升學生福祉的努力上，可以無縫接軌。

　　根據設計良好的研究發現，該方案的正向成果之一是，與控制組相比，PA 學校的校園暴力事件大幅度下降，具體而言，在每 100 名學生中的暴力事件少了約 68%。另外還有其他行為上的改變，例如，留校察看的學生減少許多、連續多天缺席的學生減少、其他問題行為（如藥物濫用）減少、輟學率下降等。在學業方面，可能因為學業成績的進步，方案參與者畢業並繼續升學的機會大幅提高（Flay & Alfred, 2003; Office of Juvenile Justice and Delinquency Programs, 2008a）。值得一提的是，PA 的許多正向效果都能從小學持續到國中和高中（Flay & Alfred, 2003）。

　　另外兩個以減少校園暴力為目標的方案是「安全港」（Safe Harbor）（Nadel, Spellmann, Alvarez-Canino, Lausell-Bryant, & Landsberg, 1996; Office of Juvenile Justice and Delinquency Programs, 2008a）與「和平建造者」（PeaceBuilders）（Embry, Flannery, Vazsonyi, Powell, & Atha, 1996; Office of Juvenile Justice and Delinquency Programs, 2008a），如果你對這些感興趣，可進一步蒐集資料以深入了解。

文獻中還可看到減少校園暴力和受害事件的其他想法，例如，透過公共政策或其他方式降低兒童周遭的暴力事件，包括出現在社區（Raviv et al., 2001）和媒體中（Jason, Kennedy, & Brackshaw, 1999）的暴力事件。如果教師能讓學生明確知道攻擊行為是不被接受的，攻擊行為也會減弱（Henry et al., 2000; Khoury-Kasssabri et al., 2004）。另外，也需要有針對放學後的方案（Bilchik, 1999; Danish & Gullotta, 2000; Taulé-Lunblad, Galbavy, & Dowrick, 2000），因為這是暴力事件發生率最高的時間。嘗試針對目前逐漸增多的網路霸凌進行控制（Williams & Guerra, 2007），也可能會是有效的。

當然，還有很多其他可以被討論的學校問題，例如，同儕壓力對性行為或非法藥物使用的影響等。由於篇幅有限，我們只能討論其中一個影響大多數兒童的議題。在焦點8.2中，我們討論美國的高離婚率對兒童的影響，它也會影響兒童的學校生活。

焦點 8.2

父母離婚的兒童

在美國，每年約有100萬名兒童遭遇父母離婚的壓力（Pedro-Carroll, 2005a），以此數據累計，到18歲時，約40%的兒童曾經歷父母離婚（Greene, Anderson, Doyle, & Riedelbach, 2006）。離婚和接下來的單親家庭生活已經成為許多兒童的真實境遇。事實上，父母離婚的兒童生活在單親家庭的時間平均約五年（Hetherington & Kelly, 2002），大多數都是與母親同住（Federal Interagency Forum on Children and Family Statistics, 2008）。兒童對離婚的反應包括（但並不限於這些）：焦慮、在家中和學校的行為問題，以及身體症狀（Pedro-Carrolla, 2005a）。

離婚的研究指出，兒童生活的環境中有許多因子可以調節離婚所帶來的壓力效應，例如，其他家庭成員提供的支持（Hetherington, 2003）與同儕支持（Lussier, Deater-Deckland, Dunn, & Davies, 2002）。事實上，兒童對離婚的適應與社會支持的可獲得性存在著穩定且強烈的關係。

一些介入活動的設計者傾向不要採取被動角色——靜待兒童生活環境中出現可以

焦點 8.2（續）

幫助他們因應這個經驗的工具。學校可以為離婚兒童建立並參與介入方案。Cowen（1996）及其同事所設計的「小學心理健康計畫」（Primary Mental Health Project）就是朝此方向努力。這個計畫是一個以促進兒童整體心理健康為目的的全面性學校本位計畫，其中「父母離婚兒童介入方案」（Children of Divorce Intervention Program, CODIP）是這個多向度計畫中的一個子項目。CODIP 根據的前提是，及時對離婚子女提供預防介入活動可帶來重要的短期與長期效益。簡而言之，CODIP 的目標乃對父母離婚兒童提供社會支持，並教導他們相關的因應技能（Pedro-Carroll, 2005a）。

該方案最初是針對四至六年級兒童所設計，新的版本也設計了適合年幼或較大兒童的活動，針對特定年齡組都有符合其發展需要的獨特策略（Pedro-Carroll, 2005a）。例如，對父母忠誠的衝突與憤怒可能是較大兒童所遭遇的困擾，而年幼兒童則可能經歷強烈的悲傷、混亂與內疚（過度認為自己是父母婚姻破裂的導因）。CODIP 通常在年齡相當的團體中進行，因為經歷與自己相同壓力的兒童，比不具這種經驗的兒童，或是滿口權威的成人，更能獲得同儕信任。兒童的發展階段會決定團體大小與實施方式（諸如，玩偶、角色扮演、讀本、討論、遊戲等）。例如，與年齡較大的孩子相比，年幼兒童注意力廣度較小，更傾向對具體活動感興趣。

在典型的團體中，同時會有一位男性與一位女性的團體領導者（從學校員工中挑出）。他們被選為領導者是因為他們對父母離婚兒童的需求感興趣、熟悉並敏感，且接受過 CODIP 的技巧培訓。典型的四至六年級團體模組包括以下內容：

- 培養支持性的團體環境（例如，保密的重要性）。
- 了解家庭中發生的改變（例如，以團體討論來引發孩子表達自己對改變的感受）。
- 對改變的因應（例如，討論對父母離婚的適應性因應方式，而不是發脾氣）。
- 介紹解決人際問題的六個步驟（類似先前討論過的人際認知問題解決）。
- 了解及處理憤怒（如何使用／表達）。
- 聚焦在各類家庭（了解家庭有各種不同型態）。

評估 CODIP 方案的結果顯示，該方案對父母離婚兒童在與學校有關的能力以及在有需要時尋求協助的能力上，帶來很大進步，也減少了父母離婚兒童與學校相關的問題行為。父母也指出，他們的孩子在家庭適應方面有所改善，例如，孩子們不

焦點 8.2（續）

再那麼沮喪與焦慮（Cowen et al., 1996; Pedro-Carroll, 1997, 2005a）。對早期參與者的追蹤研究也顯示方案的持續效果，與未參與此方案的父母離婚兒童相比，參與者的焦慮較低、正向感受較多，對自己與其家庭的信心也較高。更驚人的是，那些對兒童是否參與該方案並不知情的老師也認為，與未參與方案的兒童相較參與方案組兒童，學校行為問題較少且能力較高。CODIP 與其他類似方案（例如，「兒童支持團體」）都提出證據支持該方案的成效，這些以研究證據為本的離婚兒童早期系統性介入，極可能是有預防效果的做法（Pedro-Carroll, 2005a）。這些方案的下一步應是要同時進行父母方案，以及法院、研究人員、社區組織之間的合作夥伴方案（Pedro-Carroll, 2005a, 2005b）。

摘要

　　學校、兒童、家庭和社區所在的這個世界是炫目且複雜的。有些兒童入學時，就有發生各種問題的風險，但創新的方案可以幫助兒童、家庭和社區之間的調和。傳統的介入措施主要集中在兒童或家庭的缺失上，但更為有效的方案通常會將環境因素，諸如學校氣氛或鄰里，以及身在其中的行為者列入考慮。

　　心理學家很清楚幼兒期環境的重要性。幼兒期在經濟或其他方面處於優勢的兒童，在以後的生活中碰到的問題，通常比弱勢兒童來得少。針對高風險幼兒的介入方案，包括優質的日間托育和充實教育方案。相關研究顯示，職業婦女的子女並不會處於不利地位，但這些母親若要工作，就會有日間托育的需求。另一方面，貧民區以及一些少數族群兒童所面臨的各種可能問題，不是單單日間托育就能解決的。能夠提供兒童一些必要的早期推力，以便他們在進入小學後能夠成功的方案，往往是成效顯著的，啟蒙方案就是其中一個例子。啟蒙方案是一個涵蓋各種層面的方案，例如家長參與、醫療保健、學業學習等等。研究顯示，與沒有參加此方案的兒童相比，參加啟蒙方案的幼童在過渡到

小學的過程較順利、在學業上的成就水準較高，健康方面也較能獲得適當照顧。目前一些縱貫性研究也顯示啟蒙方案有一些正向的長期效應。

　　廢除隔離政策對美國學校產生了有趣的影響。廢除隔離政策涉及所有年齡和種族的兒童。在法院命令學校廢除隔離時，最高法院法官並沒有設想廢除隔離對兒童的可能影響，也沒有制定如何促進在學校中接受多元性的方法。這些工作落在心理學家和學校教職員身上，他們已經證明，廢除隔離措施可以對少數族群以及白人兒童都產生正向影響。目前已有各種用來降低偏見的主動方法，包括團體間接觸，如拼圖教室。而所設計的方案愈是被動，例如只是讓兒童置身於各種不同族群環境中，這個方案愈可能失敗。

　　並不是只有幼兒面臨各種問題，青少年常出現使用藥物、輟學或懷孕等問題。那些能成功預防輟學的方案通常不是只著力於改變高風險的個人，也會對學校環境或社區進行調整，以便更適合個別學生。

　　校園暴力是另一個備受關注的議題，因為它的發生率正不斷攀升中。同樣地，適當的方案和學生參與可以強化校園安全與減少暴力。父母離婚的孩子往往被認為處於各種與學校有關和其他問題的風險中。如果對父母離婚兒童所設計的介入方案，能提供適當的改變以及所需的社會支持，也被證明是可以成功的。

9

法律、犯罪與社區

譯者：郭郡羽／審閱者：陳品華

我不是治療師，但我知道：憤怒是需要付出昂貴代價的。
——Kyabje Gelek Rinpoche

　　Mike 在他只有四個月大的時候，便被 Edna 及 Walt Farnsworth 所收養。他們是一對一直想要自己的孩子，但始終無法如願的中產階級夫婦。Mike 的童年過得還算順遂，但他的父親認為自己的妻子「有些過度溺愛孩子了」。

　　Mike 童年期間在學校是個表現平平的學生。國中時期，他對於汽車及運動展現出的興趣勝於學校課業。進入青春期後，Mike 長得很快，到了 16 歲時，已經長到六呎二吋高且 210 磅重了。由於他長得很高壯，又對學校表現出明顯的厭倦，這使得老師們驚覺到已經不知道該如何管教他了。

　　從這個時候開始，Mike 開始為 Farnsworth 家帶來了麻煩。當 Mike 意識到父親因為身材瘦小，所以會害怕自己，就開始對他不敬，也會肆無忌憚地對母親吼叫。因為他知道自己父母的年紀較同儕的父母大上許多，於是他常常稱呼自己父親為「老頭」來羞辱他。

　　當 Mike 終於到了能開車的年紀時，他成天只想在放學後開著父親的車在小鎮上晃蕩、對朋友炫耀，或是隨意在大街上找些樂子。但小鎮上並沒有什麼以年輕人為主的活動。Mike 經常為了開車、晚歸及學業成績等問題與父親起爭執，而他的母親 Edna 則是痛苦地被夾在自己所愛的兒子及丈夫之間。

　　即使知道自己未成年，有一晚 Mike 還是喝醉了。父親聞到他的酒氣時極度憤怒。Walt 對 Mike 大吼：「你可能會開著我的車撞死別人！」Mike 隨即攻擊了他的父親，這個攻擊使得 Walt 撞穿了屋裡的石膏牆板。事後，Mike 留下不知所措的母親，然後連夜逃走。Edna 非常擔心，她不知道兒子下一步會做出什麼事，同時，她也因為丈夫在爭執中受了傷而感到傷心欲絕。

　　Mike 與 Walt 之間反覆上演著類似的情節，Walt 曾在盛怒下對著妻兒說：「我再也不要這個孩子了。」Edna 曾試著化解父子間的衝突與矛盾，但沒有任何效果。隨著衝突日漸增加，Mike 仰仗自己壯碩的體型，變得愈來愈難以管教。

　　Walt 決定自己處理與 Mike 之間的問題。在沒有與 Edna 商量的情況下，Walt 獨自尋求當地警局的協助，希望他們能「隨便找一個理由逮捕

Mike，只要能將他帶離家就好」。警察對這樣的家庭糾紛已司空見慣，所以並沒有依照 Walt 所希望的將 Mike 逮捕，而是將他轉介至戒護機構（Probation Department），並藉此聲明 Mike 是一個需被保護管束的人（Person in Need of Supervision, PINS）。Walt 的問題在戒護機構中很常見，戒護機構曾經處理過許多類似的情況。

　　Mike 一生都將成為犯罪者嗎？他的家庭需要為此負全部的責任嗎？還是任何一個社區系統需要為此負責呢？舉例來說，是否因學校環境的疏離導致 Mike 對學校失去了興趣，進而使他脫離了家庭？而當問題發生時，司法系統又將如何處理此類的家庭紛爭呢？

　　本章檢視美國的犯罪及社區。除了檢視傳統的司法系統，並釐清此系統如何管理與其互動的個體外，更將陳述其他可行及創新的方案，讓此系統能更人性化以符合社區心理學的核心宗旨。當然，以社區心理學家的觀點，本章亦將審視環境或脈絡如何促成犯罪行為的產生，進而造成受害者的懼怕，同時，也將探討其他與司法系統相關的議題。

第一節　傳統的司法系統

壹、簡介犯罪的審判過程

　　翻開美國各主要城市的報紙，犯罪的報導比比皆是：街頭犯罪、家庭衝突、政府及各大企業的貪汙與腐敗、網路詐騙、身分盜用等等，犯罪無所不在。

　　數據顯示 2009 年開始，犯罪率似乎開始減少，在 2010 年也有類似的趨勢（Federal Bureau of Investigation, 2010）。2010 年的總犯罪案件數約一千多萬件，其中約有一百多萬件為暴力犯罪，而剩餘的九百多萬件則多為財產犯罪（如竊盜、搶劫等）。警方逮捕了 55 萬名暴力罪犯以及 160 萬名財產罪犯，在被逮捕者中，男性（74.5%）及白人（69.4%）占有極高比例。所有犯罪的損耗，約為 1,570 萬美元。

　　這些統計數據為美國各地方執法機關，如警局及縣警局的報案案件數據匯總而成。值得注意的是，這些數據都只是「為警察所知」的犯罪，報告中所呈現的犯罪件數，往往不及社區中發生的實際犯罪量。

　　美國的監禁率為世界之最（Liptak, 2008），美國雖只占了世界人口的5%，囚犯比例卻占了25%。《紐約時報》記者 Liptak 的報導指出，美國的法律使人容易觸法，監禁刑期也偏長。2008年，美國境內在監人數達230萬，監禁率為0.751%。世界上監禁率第二高的國家為俄國，略高於0.6%左右。相較之下，德國（0.088%）、英國（0.151%）、日本（0.063%）的監禁率則較低。

　　社區心理學家能夠以多重角度思考犯罪的問題，包含以受害者的角度思考問題，亦能從預防性的觀點出發，來理解一般民眾對於社區犯罪及暴力犯罪的擔憂（Thompson & Norris, 1992）。在《美國社區心理學期刊》（*American Journal of Community Psychology*）的特刊中，Roesch（1988）期待社區心理學家超越個人層次的分析，更全面性地審視促成犯罪行為的環境及情境因素，對於犯罪司法議題能有更多的介入。Roesch 也呼籲社區心理學家協助預測犯罪相關行為，同時對高風險的個體進行預防性測量。但可惜的是，至今為止，社區心理學家實際參與司法審判系統，或於研究中能完整參與及介入的案例少之又少。甚至 Biglan 與 Taylor（2000）曾指出，我們對於減少暴力犯罪的成效還不如降低菸草使用的成效，這顯示了我們對暴力犯罪防範的不足，不僅缺乏一個清楚、令人信服且具實證基礎的現況調查，也欠缺一套可以有效地針對預防犯罪提出政策及方案的組織系統。Melton（2000）以此為基礎提出了另一重點，若我們期待能更了解社區生活，法律相關議題絕對是不可或缺的研究重點。

　　在社會中，司法審判及強制實施系統都是多層次的複雜系統。其中包含了許多的法庭（市立、州立和聯邦法庭、民事訴訟和刑事訴訟法庭、高等和一般法庭）；法官、陪審團、律師及被告；監獄、拘留所與矯治機構；警察、警長與強制機構；假釋及戒護部門；以及更多相關服務，如法律協助協會及社區的司法中心等。我們接下來將介紹這個系統中的一些面向。

貳、犯罪與犯罪者

　　本章一開始的例子中，Mike 毆打了他的父親，這是犯罪嗎？有些人認為是；有些人則主張他只是個充滿困惑及挫折的青少年：他是一個需要被諮商的人，而不是一個罪犯。

　　那什麼樣的行為才是犯罪？而什麼樣的人才能被定義為犯罪者呢？本書將對犯罪的定義進行探討。就如同法律不可能是完美的一樣，定義也絕不會是完美的。法律上所定義的犯罪，會隨著社會文化差異、時代變遷而有所改變（Hess, Markson, & Stein, 1991），這導致要明確定義犯罪益發困難。也因為如此，光是去看犯罪最基本的定義，就足以使我們理解到犯罪有多麼複雜。**犯罪**（crime）指的是有意圖的違反法規或刑法禁令之活動。在此前提下，沒有任何的法律可提供規避的理由；且有一個擁有權力並能強制執行法律的地方，該處能對違法行為做出懲處。

　　一般民眾有可能會責備 Mike 是個「不乖的小孩」，抑或責怪 Mike 的父母是「不負責任的父母」。心理學家、社會學家及犯罪學家則會從完全不同的角度來看待這個事件。與其檢討 Mike 或他的父母犯了哪些錯，學者們會傾向從社會生態學的角度出發，思考在該社會脈絡中，Mike 自身的角度與立場、該犯罪及暴力行為的成因，並進一步針對問題提出更全面性的解釋。

　　心理學家首先提出了一個相當值得關注的因素：在美國，人們取得槍枝的容易程度。現今，槍枝暴力的問題嚴重威脅了全美國人的生命安全。在美國，槍擊每日造成超過 90 人死亡，240 人受傷。更令人不可置信的是，美國青少年死於槍擊的機率比自然死因的總和還高。其中，年輕的非裔美國男性成為槍擊被害者的機率高於其他種族。

　　對特定國家而言，槍擊以外的殺人方式通常更為常見（例如使用刀子），但沒有人會宣稱因為民眾能合法擁有刀子而導致高比率的殺人行為（Kleck, 1991）。因此，在主張應進行槍枝管制以降低槍擊死亡的機率之前，我們必須先了解一個國家的文化和種族背景、種族衝突的歷史、對權力的順從程度，以及對於不公平剝奪的主觀意識等等（Kleck, 1991; Spitzer, 1999）。若槍枝本身並不會構成犯罪，那是什麼因素造成了美國的高犯罪率及高監禁率？

其中一項經過深入研究的論點為：孩童過度曝露於暴力之中。暴力存在的形式，可能是父母在肢體上的施暴，或是媒體暴力。遭到肢體施暴的孩童，通常有較高的機率帶有攻擊性（Connor, Doerfler, Volungis, Steingard, & Melloni, 2003; Dodge, Pettit, & Bates, 1997; Muller & Diamond, 1999）。此外，多年來的研究也證實了媒體暴力與暴力行為之間具有相關性（Graber, Nichols, Lynne, Brooks-Gunn, & Botvin, 2006）。Patchin、Huebner、McCluskey、Varano 與 Bynum（2006）從社會學的角度定義出一群對於犯罪及暴力處於高危險狀態的群體（城市中的少數青少年群體），藉著觀察這個群體的表現再度證實了媒體所傳遞的暴力與暴力行為的相關性。美國心理學會（APA）的代表也在國會中發表聲明，指出媒體暴力會對孩童帶來衝擊及影響（McIntyre, 2007），當中特別警告，反覆曝露於媒體暴力的兒童，將會有較高的風險出現有下列徵狀：

- 攻擊行為增加。
- 對暴力行為的覺察較不敏感。
- 對於自己成為暴力受害者有著不切實際的恐懼。

然而，我們並不能將一切的犯罪與暴力行為全歸因於媒體暴力。還有什麼與犯罪行為有關聯的情境與環境因素呢？

目睹社區暴力常會導致犯罪行為、少年犯罪，甚至誘發更多的暴力（Lambert, Ialongo, Boyd, & Cooley, 2005; Youngstrom, Weist, & Albus, 2003）。然而，此因素已較一開始複雜許多（Bolland, Lian, & Formichella, 2005）。在心理學文獻中，經常可以見到頹壞的、雜亂沒有秩序的、不穩定的、沒有組織的社區，較可能導致犯罪及青少年犯罪行為（Patchin et al., 2006）。單就此點而言，便更能解釋何以城市中的少數青少年群體較其他一般青少年群體有更高的機率發展出犯罪與暴力行為。除了這些社區因素外，還有某些社區中可觀察到的極端貧困現象。**貧窮**（poverty）和經濟弱勢，不但與地方衰退息息相關，也是犯罪與暴力的溫床。Strom 與 MacDonald（2007）、Krueger 與其同僚（2004）、Hannon（2005）以及 Eitle、D'Alessio 與 Stolzenberg（2006）等的研究已反覆驗證了這點。如此一來，**失業**（unemployment）與犯罪和暴力有正相關便不令人感到訝異了，即使是在像南韓這樣相對較少犯罪的地方也是如此（Yoon & Joo,

2005）。美國國內的工作機會逐漸被其他國家的人民所取代，工作機會的減少，可能導致更多低收入美國人和年輕人去參與地下經濟與毒品交易（Cross, 2006）。

　　除了社區的瓦解、敗壞及經濟弱勢以外，還有什麼因素會導致犯罪與暴力？其中有一點：在無組織及頹壞的社區中，**支持性的社區機構**（supportive community institutions）（例如宗教組織、社會服務組織、社區組織等）過於稀少，以及其他社會資源的匱乏（像是能提供課後活動的青少年輔導方案等），無法緩衝經濟弱勢對社區所造成的傷害（Hannon, 2005）。因此，對於已是高危險群的個體來說（例如孩童時期便受到虐待的個體），在此類社區中更容易有犯罪傾向（Schuck & Widom, 2005）。同樣地，貧窮且低落的生活品質也可能會導致更多藥物濫用及精神疾病的產生（也或許會有犯罪活動）（Gabbidon & Peterson, 2006）。在這樣的環境下，很容易產生絕望感，並因對生活缺乏控制感而產生恐懼（Bolland et al., 2005）。追本溯源，恐怕只有藉由美國社會的重組，才能有效降低這樣的絕望感，但這是一個艱鉅的任務。Bolland 與其同僚（2005）在一項針對貧窮非裔美國族群的研究中發現，有一半的研究參與者表現出強烈的絕望感。想當然爾，這也增加了他們從事危險行為的機率。畢竟，他們已經沒有什麼可失去了，所以有什麼好擔心呢？

　　父母的監督（parental monitoring）在許多研究中，也被視為另一個可能造成高危險社區的因素。根據研究發現，若父母對正處於青少年階段的孩子有一定程度的了解，包含他們平常的活動範圍、交友圈，那麼，這些青少年階段的孩子展現暴力及犯罪，抑或曝露於社區暴力的風險便降低了許多。並不是說「不好的」的父母教養方式會直接導致犯罪及暴力的發生，只是就結果而言，**兒童虐待**（child maltreatment）與其後的犯罪行為之間有極強的關聯性（Schuck & Widom, 2005）。相反地，良好的父母教養方式（例如青少年期間的監督）能有效降低青少年的犯罪風險，並能提升青少年的能力（Graber et al., 2006）。總括來說，薄弱的父母監督將增加青少年與犯罪同儕間的往來，也增加他們成為受害者或目睹其他人犯罪的可能性（Lambert et al., 2005）。承上文，藉由提醒父母：「你知道你的小孩今天晚上在哪裡嗎？」或增加父母教養課程中監督議題的討論，對青少年犯罪與暴力之預防皆大有裨益。

焦點 9.1 提供了一個社區企圖降低其高犯罪率所做努力的例子。

社區青年服務

社區青年服務（Neighborhood Youth Services, NYS）是一個以社區為主的方案，試圖改善被標記為犯罪高風險青少年族群的犯罪行為。這個方案從一個位於明尼蘇達州杜魯斯城中的社區開始，由一群在 NYS 的青年關懷工作者所策劃，且後來獲得了相關獎項。這個方案的核心宗旨是：因為每個孩子都有極大的發展潛力，所以我們不應該為他們貼上「處於高危險」的標籤。這個方案源起處為北明尼蘇達犯罪率最高的社區之一，因而對該社區的當務之急便是干預及預防青少年涉入司法事件。由於此社區的民眾組成非常多元，因此方案的工作人員在組成上也具有多元的代表性。

工作人員每天都會：

- 瓦解孩子對於不同種族或族群的刻板印象。
- 發現並指出孩子的長處。
- 教導孩子以新的方式來認識這個社會。
- 發掘孩子的潛能。
- 鼓勵孩子以自由且安全的方式表達自己的想法。
- 探索更多與他人建立連結的方式。

NYS 青少年中心布置得像家一樣，因此孩子們在中心裡可以盡情沉浸於藝術、閱讀、詩集，以及其他可以盡情自由發揮的活動中。這個方案也提供了課後輔導、電腦課程及體育活動。孩童及工作人員均互相尊重。如同前面章節曾提及的其他方案（例如：啟蒙方案），這個方案也鼓勵父母一起參與。

NYS 與其他的社區服務位於同一棟建物中，因此對各個家庭來說，無論轉介或獲取其他所需的相關資源都很容易。方案的資金主要來自於個人捐贈、政府的預備金及其他補助金，因此全社區的小朋友及家庭皆可以免費參加。現在有許多與 NYS 相似的新興方案，而這些方案皆從社區心理學中的一個基本原則來著手：事先預防及介入。

資料來源：改編自 Quigley（2005）.

　　除了社區因素以外，尚有其他三種可能誘發犯罪的因子也相當值得一提，分別為：種族／族群間的偏見、歧視及隔離（Caldwell, Kohn-Wood, Schmeelk-Cone, Chavous, & Zimmerman, 2004）。這些詞彙我們在前面就定義過了。簡單的再複習一下，偏見是對特定團體的成員具有負向態度；歧視是對特定團體的成員給予不同且較差的對待；而隔離則是將某一團體從整個社群中孤立出來。種族歧視意味著相較於其他種族的人，某些特定種族的人將獲得較少的機會（例如工作機會）和社會支持，這可能就是導致犯罪或是暴力的成因（Caldwell et al., 2004）。雖然身為一個非裔美國人並非暴力形成的原因，但由於這個種族本身會引發強烈的偏見或歧視，即可能造成暴力產生。想當然爾，伴隨著歧視及偏見而來的是貧窮的產生。隨著拉丁美洲裔在美國人口的增加，有數據顯示社會孤立（包含歧視及隔離）或許也是導致該族群謀殺率提高的原因（Burton, 2004）。

　　雖然以上的探討可能還不夠詳盡，但至此應該已經了解到，社會中有著許多導致暴力與犯罪的因子存在。許多危險因子並非個別存在，而是與脈絡中其他因素息息相關。因此，在本章最前面的例子中，光是責備 Mike 或是其他犯罪者都是無濟於事的。承上文，就消極面來看，若加諸任何個體多個上述的危險因子時，其涉入犯罪與暴力的機率將大幅攀升；但就積極面而言，也有證據顯示，某些身處於這些危險情境的個體，確實可以逃脫情境所可能促成的暴力及犯罪迴圈（Farmer, Price, O'Neal, & Man-Chi, 2004）。我們稍後將會探討這些情境。

參、監獄

　　一旦犯罪或暴力行為已經產生，「預防」就太晚了。從美國如此高的監禁率看來，預防上所做的努力仍嫌不足。接下來，我們先來看看傳統的美國刑法制度及其統計數據。傳統的情境中，罪行發生後便進行逮捕、起訴、判決，接下來便予以羈押或**監禁**（incarceration）。在本章開頭的故事中，當 Walt Farnsworth 向當地警局報案時，他心中所想的便是上述的過程，他期望兒子被逮捕並帶離家中，最好能夠使兒子遠離自己及整個社會。

　　監禁背後所蘊含的哲學原理一般而言皆為懲罰，而不是改過向善。司法系統中的懲罰（retribution），指的便是對犯罪行為的償還。但在現今生活中，已轉變為對犯罪行為的處罰（punishment）。以償還的角度而言，在目前的司法系統中，若有任何一方獲得補償，通常都不是受害者。事實上，受害者是在此過程中唯一不具法定角色的人，因此，也被稱為「被遺忘的」參與者（Wemmers & Cyr, 2005）。令人驚訝的是，受害者甚至無須出席審判過程。政府是決定判決結果及施行懲處的機構，例如：個體犯罪並被科以罰金後，罰金並不會歸受害者所有，而是歸政府所有。而當有罪的一方被判決監禁，政府能夠決定服刑的時間及監禁的類別。一直以來，受害者通常沒有機會責備犯罪者或達成上述任一行為。

　　懲罰與處罰是否有所成效？這些被判有罪的人是否會改過向善？他們是否在矯治機關中被矯正了呢？又或者他會再次回到犯罪的生活裡？2006 年一年裡，有 2,258,983 個罪犯被監禁於聯邦、州立或地方監獄中，正如前文所提過的，美國人口的監禁率為世界之最（見圖 9.1）。同年間，有高於 500 萬個被判處緩刑及假釋中的罪犯受聯邦或州立管理機構監管，此一數據較前一年來說，多了 1.8%（Bureau of Justice Statistics, 2008）。

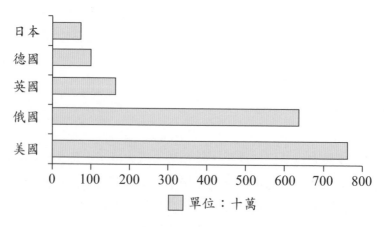

圖 9.1　各國的監禁率

資料來源：New York Times, April 3, 2008. http://www.nytimes.com/2008/04/23/world/americas/23iht-23prison.12253738.html?pagewanted=all.

　　累犯指的是犯罪者在被釋放後，再度因犯罪而被逮捕的現象。觀察累犯是一個能夠檢驗監禁對降低犯罪率是否有效的方法。監禁的過程是否能有效制止未來可能有的犯罪行為？一份由美國司法部針對累犯所呈現的報告數據非常令人洩氣（Langan & Levin, June, 2002），紀錄顯示：在取樣的15個州裡，於1994年所釋放的犯人中，在三年內有67%的人會再度因犯罪而遭到逮捕。其中再犯率最高的犯罪類型有：搶劫（70%）、住家竊盜（74%）以及汽車竊盜（79%），而最低的則是謀殺（40%）及強暴（46%）。在這份研究中，共有272,000名犯人被釋放。在這三年內，這些累犯共累計了744,000件犯罪案件。此外，這份研究也顯示，被監禁時間的長短並不會影響累犯率，但關於這個論點，目前的研究結果仍不太一致。在一份歐洲的研究中，比較了監禁與非監禁的處罰形式對累犯的影響程度。結果顯示，在其他相關因素皆被控制的情況下，在八年後，非監禁形式的處罰累犯率較低（Cid, 2009）。這麼看來，在監獄中監禁反而增加了再犯的機會。一項針對累犯預測因子所做的後設分析指出了「易於產生累犯」的因素，包括：反社會心態、犯罪同夥、衝動、犯罪史、低教育程度、低工作能力及家庭因素，上述因素都很可能構成再次犯罪並導致重新被監禁（Gendreau, Little, & Goggin, 1996）。然而，上述的許多因素其實都可以從社區心理學的角度切入並提前預防。不過，目前我們沒有著力於此以降低累犯率。我們最需要做的，是需要將我們的觀念由「懲罰」轉換為「改過向善」，如此一來，才可能有效地降低累犯率。

　　從圖9.2可看出，以監獄裡的人口組成而言，許多囚犯皆為少數族群，黑人為目前最可能被監禁的人種。較前一年來看，女性囚犯的人數增加了4.5%，男囚犯增加了2.7%（Bureau of Justice Statistics, 2008）。根據《今日美國》（USA Today）報導（刊登日期為2007年7月28日，來源為http://www.usatoday.com/news/nation/2007-07-18-prison-study_N.htm），黑人囚犯數為白人囚犯數的五倍，而西班牙／拉丁美洲裔的囚犯人數則為白人的兩倍，如此懸殊的比例非常驚人。人權組織發現，在12個州中，每十個黑人就有超過一個在監獄裡（Human Rights Watch, February 7, 2002; http://www.hrw.org/news/2002/02/26/us-incarceration-rates-reveal-striking-racial-disparities）。Keen 與 Jacobs 於2009年發現，對種族威脅的知覺或許能夠解釋這些大幅度的落差。部分地區因政治或社

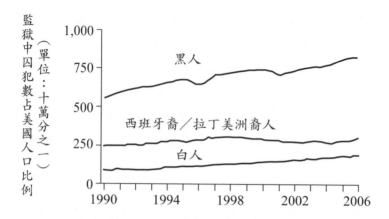

圖 9.2　黑人監禁率較高：以種族及族群為區分之監禁率（1990-2006）

註：美國居民的種族與拉丁美洲裔的人數預估資料，源自於美國人口普查局所公布的
　　資料，再加上因少計所做的調整數，而 2000 至 2006 年的預估人數則是以 2000 年
　　的公布人數為主，再於每年的 7 月 1 日做估計。

資料來源：Bureau of Justice Statistics Correctional Surveys (The Annual Survey of Jails and
　　　　　Census of Jail Inmates) as presented in Correctional Populations in the United
　　　　　States, 1997, and Prison and Jail Inmates at Midyear series, 1998-2006.

會因素提高了對黑人的恐懼，因而促使黑人有更長的服刑期。社區心理學家未
對此議題做更深入的探索，實在相當令人訝異。

　　一份經典的心理學研究特別指出了監禁期間會影響個體悔改的原因。Philip
Zimbardo 與他的同僚（Haney, Banks, & Zimbardo, 1973）請自願參與者於模擬的
監獄中分別扮演犯人或獄卒。所有參與者於研究前皆身心健康，並於實驗中需
扮演被隨機分配的角色。研究者告知獄卒「僅需要進行足以維持秩序的管
理」。在研究中，囚犯會在無預警的情況下從家裡被「逮捕」，並被真的警察
載往模擬監獄。囚犯被扒光衣物、搜身、穿上病服式的長袍，並由獄卒給予其
辨識身分的號碼。在扮演角色數天後，獄卒開始辱罵囚犯、不斷地騷擾囚犯、
逼迫囚犯們進入擁擠的牢房、在深夜將囚犯叫醒、不斷地要求他們倒數計時、
強迫他們做粗重的工作、單獨監禁他們。模擬監獄的情境最後變得極度殘暴，
囚犯們感到極度絕望，獄卒們過於投入角色，這導致研究者必須提前終止實

驗。這展現了即便對一個身心健康的正常人而言，在監獄中所遭受到的一切都是難以忍受的巨大壓力。

在現實狀況的考量下，現今的囚犯往往居住在過度擁擠的空間中（Lösel, 2007）。也因此許多囚犯不得不被提前釋放，甚或是改為在社區的監督下服刑。但這樣的情況，卻令社區居民極度不安。除此之外，人類免疫缺乏病毒（HIV）與肝病皆在監獄中快速的蔓延（Myers, Catalano, Sanchez, & Ross, 2006）。囚犯間的暴力行為以及不利於回歸主流社會的監獄特殊文化，也是監獄這個系統的問題（Lahm, 2008）。更重要的是，囚犯的藥物濫用狀況愈來愈嚴重（Office of Justice Programs, 2006），同時，獄中性暴力的現象也節節攀升（Bureau of Justice Statistics, 2007）。監禁也對家庭中的代間關係有負面影響（例如：孩子與被監禁父母的關係），並造成家庭裡的不穩定感（Bonhomme, Stephens, & Braithwaite, 2006）。司法專家甚至認為地方監獄僅能使人變得更為殘暴，且很可能妨礙囚犯們重新返回社會正軌（Allen & Simonsen, 1992）。也許就是因為 Walt Farnsworth 早就知道這些懲戒制度會帶來很多負面影響，所以他等到忍無可忍才希望他的養子被逮捕。Ortmann 以自己的縱貫研究為基礎提出一個值得注意的論點：對矯治犯罪行為而言，監獄完全不是一個能提供正向協助的地方（Ortmann, 2000）。

法院目前開始規定監獄系統需重新進行調整與建構（*Ruiz v. Estelle*），但重整的過程很可能會增加囚犯與囚犯、囚犯與獄卒間的暴力衝突。擁擠的監獄環境迫使囚犯被提早釋放，這可能會提高累犯率，使得剛被釋放的囚犯又再次回到監獄中（Kelly & Ekland-Olson, 1991）。雖然法律的確頒布了監獄整體改變的法令，但實踐起來卻不如預期般可立即改善現況。同時，囚犯數量的上升速度也遠超出監獄空間增加的速度，這導致監獄空間不足的狀況愈來愈嚴重。有鑑於此，除了監禁之外，一定需要發展其他的方法來制裁破壞法律的人。

雖然如此，值得注意的是，有許多的證據主張：其他有別於傳統監獄系統的替代方式，並不適合取代傳統的監禁懲治。一些研究證明矯正機構執行的震撼監禁營或**新兵訓練營**（boot camps），雖然類似密集的軍事訓練，但成效遠低於原先設定的目標（MacKenzie, Wilson, Armstrong, & Gover, 2001; Palmer & Wedge, 1989）。一份由少年司法和犯罪預防辦公室提供的報告指出（U.S. Department of Justice, 1997）：「參與實驗組（新兵訓練營）的青少年慣犯，相較於控制組而言，在更短的時間內便重複犯罪」（p. 23）。若以報告中所描述的情況來看，參與新兵訓練營的青少年比起傳統監禁控制組，有更高的累犯率。

在未來，監獄或許不是能夠解決犯罪和提供社區具有生產力人員的最佳解法。目前有些前景看好的解決方式包括：從社會及環境著手介入以預防、提供能誘導正向行為轉變的管道。我們接下來會開始探討這些方式。現在，先讓我們看看受害者及害怕受害的族群。

肆、受害者及害怕成為受害者的族群

在 2010 年間，美國民眾經歷了一千多萬件犯罪事件。單就暴力傷害而言，男性受暴力傷害的機率為 26‰，而女性為 23‰（Bureau of Justice Statistics, 2006）。由於許多案件其實並沒有向警察機關呈報，因此真實的比例應該更高。DeFrances 與 Smith（1998）調查曾經受害的家庭發現，有高達 44% 的民眾深受犯罪問題所苦，以致於他們希望能搬離原本居住的社區；而三分之一的美國居民害怕單獨一個人在自家附近走動（Rader, May, & Goodrum, 2007）。

社區心理學家、社會學家及犯罪學家對於懼怕犯罪，以及其與真正受害之間的關係深感興趣（Chadee, Austen, & Ditton, 2007; Kruger, Reischl, & Gee, 2007; Thompson & Norris, 1992）。那些最害怕的人通常最不容易成為真正的受害者，這樣的現象我們稱其為**恐懼成為被害人之矛盾**（fear-victimization paradox）。形成矛盾的原因之一，或許是因為我們對於風險的認知是建立在我們如何詮釋這個世界，而非建立於統計數據之上（Chadee et al., 2007; Rader et al., 2007）。接著我們來看看相關的資料。

男性相較於女性而言，更有可能成為受害者，但男性比較不害怕自己成為暴力犯罪的受害者（Schafer, Huebner, & Bynum, 2006）。其中，**在城市中的年輕男子**尤其容易成為受害者，但相較於年輕女性而言，他們亦較不害怕自己成為受害者（Bayley & Andersen, 2006; Perkins, 1997; Roll & Habemeier, 1991）。**年長者**們也較害怕自己成為受害者，但長輩們實際受害的機率遠低於他們的預期（Beaulieu, Dubé, Beron, & Cousineau, 2007; Schuller, 2006）。最恐懼成為受害人

的群體是年長的女性們，但其實相較於其他任何群體，她們是受害率最低的一群（Bayley & Andersen, 2006; Mawby, 1986; Perkins & Taylor, 1996; Rountree, 1998）。另外，即使黑人間的衝突非常頻繁，但年輕的黑人男性相較於白人或拉丁美洲裔而言，都較不害怕自己成為受害者（Bayley & Andersen, 2006）。

Thompson 與 Norris（1992）及 Youngstrom 與同僚們（2003）發現，許多暴力犯罪的受害者，尤其社經地位處於劣勢者，幾乎都被疏離感、恐懼、不斷躲避所困擾。此外，有研究證實社區的頹壞與當地居民受到的壓力及沮喪感有關，我們也將此視為危險環境的警訊（可能有潛在的受害者）（Kruger et al., 2007）。一些學者甚至認為有些人會因為害怕自己成為受害者，所以不願意在住家附近散步或進行一些健康的戶外活動。這種害怕成為受害者的心態，或許是造成美國人普遍有肥胖症狀的原因（Loukaitou-Sideris & Eck, 2007）。

為什麼有些人即使不太可能成為受害者，但還是依然如此害怕呢？首先，人們通常認為環境是危險的，城市尤其如此（Glaberson, 1990; Wandersman & Nation, 1998）。有著高度恐懼的城市居民通常對自己居住的社區有許多不滿，或是**不信任**其他的住在附近的居民（Ferguson & Mindel, 2007; Schafer et al., 2006）。當一個社區充滿了**解體的象徵**（symbols of disintegration），例如廢棄屋、公物被破壞、隨意的塗鴉、到處有垃圾、無人照料的草皮等「不文明」的象徵（Brown, Perkins, & Brown, 2004; Kruger et al., 2007; Taylor & Shumaker, 1990），當地的居民便會開始感到害怕，因為這些象徵暗示著社區的頹壞（Kruger et al., 2007）及社會的失序（Ross & Jang, 2000），這兩種現象都讓居民對自己的人身安全感到擔憂。在那些被認為失序的社區中，居民即使沒有直接與受害事件相關（例如只是聽聞有關犯罪的事件）也都會讓恐懼感驟升。反之，在有**秩序**的社區中，無論是直接或是間接的受害事件都不會使居民感到恐懼（Roccato, Russo, & Vieno, 2011）。

其他研究則顯示，不良的社區環境（例如貧窮）為孩童的情緒問題及行為偏差所增加的風險遠大於先天的基因因素（Caspi et al., 2000）。無論是對於犯罪與受害的風險感知，都會削弱個人對於政府、選舉出的官員及強制執行機關的信心（Williamson, Ashby, & Webber, 2006）。

幸運的是，仍然有一些能夠降低犯罪與害怕成為受害者的心態，例如：住

戶對社區的眷戀感以及社區裡的社會凝聚力（Brown et al., 2004）。社會支持網絡的有效性（像是附近有親戚或朋友）及不同形式的警力派駐（police presence）（Ferguson & Mindel, 2007）都能提升居民的安全感。同樣地，具有高水準的社會資本也能減低對犯罪的恐懼（Williamson et al., 2006）。在本書中的其他章節曾經提到，社會資本包含了信任、互惠、合作，以及家人之間、鄰居之間，甚至整個社區中的人們彼此互相支持的交互關係。Prezza 與 Pacilli（2007）在一份以義大利青少年為主體的研究中發現，愈能夠獨自在公共場域嬉戲的青少年，愈不會對環境感到害怕，也對社區愈有一體感。換句話說，他們較不會感到孤單。這是個有趣的發現，研究結果顯示居民能夠藉由熟悉及頻繁的社區活動，來降低對社區的恐懼感。

　　除了擔心受害的心態之外，對於受害者還有一些值得關注的議題：受害者通常不知道自己所擁有的權利。有鑑於此，美國各地展開了許多受害者協助計畫（victim's assistance programs）。雖然至今已有超過三千個駐點，但事實上只有極少部分的受害者能獲得全面的協助（Turman, 2001）。協助受害者的方式包含了：危機處理、諮詢、緊急將案件提送法院，以及在司法審判的過程中提供支援。根據新政策，幾乎在所有的州中，受害人都有權利要求知道所有的法庭程序、參與審判過程、合理地受到被反控的保護、要求刑期的長短，以及得知犯罪者的判決和出、入獄的日期。

伍、強制實施機構

　　有些人認為警察是維護社會治安的人民保母，警察應該要維持社區的安全並防範犯罪發生。或許就是這樣的心態，使得 Walt Farnsworth 在與兒子發生衝突時決定報警。相反地，也有些人認為警察是不誠實、不道德、不公正的，且容易有不正當的行為（Ackerman et al., 2001; Dowler & Zawilski, 2007; Ross, 2006; Weitzer & Tuch, 2005）。這種想法在少數民族中尤其明顯，黑人與拉丁美洲裔相較於白人更易對警察抱持著負面的態度。

　　無論人們對警察的看法為何，研究都指出警察的工作是非常困難的。事實上，警察在工作上的損耗及壓力都非常值得關注（Anshel, 2000; Goodman,

1990）。為什麼在具強制力的執法機構中工作竟然如此困難？社區居民與警察對於警察角色的看法不同，也許是其中一個重要的原因。新警察甫上任時，通常都抱持著對社區服務及保護的心態，但經過訓練後，他們的態度通常會有極大的轉變。事實上，有愈來愈多的警察認為，在工作上會受到社區居民的態度或潛規則所阻礙（Ellis, 1991），並且對於警察實際上要做些什麼，和社區居民持有愈來愈不同的看法（Salmi, Voeten, & Keskinen, 2005）。

「警察應該干涉哪些類型的社區事件？」光是這個問題，居民和警察雙方已抱持不同看法。警察經常接到民眾針對妨礙他人事件（例如噪音或醉漢）、交通事故、違規停車及可疑人士的盤查等事件的通報，這些平凡案件與我們在電視劇中看到的警探所負責的案件大相逕庭。事實上，媒體使用狀況也影響我們對警察的看法：重度的媒體使用者較輕度使用者更容易認為，警察辦案時使用令人不舒服的手段〔例如種族定性（racial profiling）〕，且容易有不正當的行為（Dowler & Zawilski, 2007; Weitzer & Tuch, 2005）。現實生活中，警察也有可能需要調解家庭紛爭，這其實是一種需要很多先備訓練的任務。當警察無法排解糾紛時，還可能會遭到攻擊。另一個警察經常扮演的角色，便是處理危險的精神病患所造成的危機。同時，他們會需要在極短的時間內，評估病患對自己或他人的危險程度，並將其安置到醫院或監獄。而警察們並不喜歡在專業知識不足，且非常緊急的情況下進行這樣的任務（Borum, 2000; Cordner, 2000）。

關於警察的執法還有一重要的問題：警察積極的執行工作並常在社區中出現，是否能影響犯罪率、受害恐懼及社區感呢？一項研究指出，相對於對照組，警察頻繁的巡邏能有效地降低暴力犯罪率。這是由於警察的出現也同時意味著「瓦解、拘押及逮捕」，因此對犯罪有威懾效果（Ratcliffe, Taniguchi, Groff, & Wood, 2011, p. 795）。

另一方面，1980 年代開始出現社區警察服務，這個服務是為了回應當時人們對於僵化的警察制度所做出的批評（Roh & Oliver, 2005）。**社區警察服務**（community policing）包括建立社區居民與警察間的夥伴及鞏固合作關係。社區警務的宗旨便是發現特定社區中的問題後，與當地居民合作，透過居民與當地機構的參與，有效的解決問題（Zhong & Broadhurst, 2007）。舉例來說，即使在沒有辦案的情況下，警察也會在街上巡邏、無預警的在社區中出現，並隨機

與居民交談，或是到學校演講，以更深入地了解當地社區的狀況，來抑止犯罪的產生。

Salmi、Voeten 與 Keskinen（2000）的研究發現，警察巡邏時若能採步行的方式，而非在巡邏車內，更能夠增加警方的曝光度，也能夠改善民眾與警方間的關係。這些研究者也發現，僅是因社區警察服務的出現，便能有效地大幅提升市民對警方的觀感（Salmi et al., 2005）。社區警察是以一種迂迴的方式，降低人們對犯罪的恐懼。特別的是，社區警察能有效降低社區民眾對於「不文明」的感知（Roh & Oliver, 2005）。由於降低了居民對於社區和生活品質的不滿（Roh & Oliver, 2005），也減少了社區的失序與崩潰感（Wells, 2007），間接提升了居民對警察的正面評價。

研究也發現，在犯罪率極高之社區中的居民，幾乎不會參與或涉入防止犯罪的政策，例如社區警察（Pattavina, Byrne, & Garcia, 2006）。往往在犯罪率最需要被降低的社區中，社區警察制度反而窒礙難行。

一項個案研究發現，在傳統強制機構轉換至社區警察服務的過程中，需要的是整個團隊的投入及決策能力的培養，以及提供積極的學習環境（Ford, 2007）。這樣的轉變同時也能帶來更強的領導能力、對環境轉變的適應能力、耐心及解決問題的積極心態。

社區心理學家認為，事前的犯罪防治較巡邏、逮捕、起訴及監禁等傳統的強制制裁程序更為有用。在下一節中，我們將開始檢視由社區心理學家及其他防治犯罪專家所提出的解決方案。

第二節　解決司法系統問題

在本章一開始的故事中，有什麼因素會使我們預測 Mike Farnsworth 是一個暴躁且難以相處的人？有可能是他的養子身分、和年老雙親同住、壯碩的體型、對學校的疏離感或其他因素，促成了這個家庭現在的困難處境。除了個人層次的討論之外，或許還有社區層次的其他因素，例如：結交有犯罪行為的同儕。這些因素都可以協助我們預測出他會變成一個對父母不敬的孩子。

　　了解這些可能的預測因子，本章稍早已檢視了一些可以預測犯罪與暴力行為的因子，了解後能幫助我們更深入且更完整的建立預防機制。這些因子包括：容易取得槍枝、缺乏父母監督、家庭的不穩定、虐待孩童、曝露在社區或媒體的暴力中、偏見及伴隨而來的歧視及隔離、貧窮與身處失序的社區中，都是可能的影響因子。對於上述所提到的問題，我們能夠做些什麼來防止犯罪，甚至能改善社區環境，使其變得更安全呢？

壹、初級預防

對於處於危險個體的預防　配合前面所提到的危險因子，應該不難猜想出一些能夠減少暴力及犯罪的對策。若想透過移除媒體中的暴力訊息來改變社會規範以防制犯罪，這麼做應該有效，但這是一件很難的事。依循社區心理學原則的方案，像是 David Olds 與同僚所建立的護理家庭探視方案（見第七章），具有一定的成效。但首先我們需要檢視傳統上如何矯治犯罪的青少年。

　　你應該已經知道美國境內有許多青少年「矯治」機構，這些機構設立的目的是為了要「矯正」這些「不法分子」。但一般而言，這些機構其實沒有什麼作用。在某些州，青少年回到社區後的再犯機率竟高達 55%（Woodward, 2008）。研究中更發現，很多待過這些矯治機構的青少年並不確定自己回到社區後是否能改變過去的行為，也不覺得自己被監禁過就能夠抑止未來的不法行為。除此之外，在晤談中，大多數的青少年宣稱他們在機構中所學的東西，與現實生活中所接觸的有很大的落差（Abrams, 2006）。雖然我們都知道，這些青少年犯被釋放後，家庭是一個能遏止他們再度落入不法行為非常關鍵的因素。但事實上，社福人員很少在青少年被釋放後，前往其家中持續進行追蹤的面對面會晤（Ryan & Yang, 2005）。社福人員與社區心理學家在和這些青少年互動相處時面臨了許多困難，除了因為他們的背景及無助感外，同時也因為他們身處於特殊次文化中。焦點 9.2 便提供了更深入的討論，讓我們知道與這些處於危險的青少年相處有多麼艱鉅。

　　從另個角度來看，雖然**正向的成年人楷模**無法直接改變家庭或整個社區（Broussard, Mosley-Howard, & Roychoudhury, 2006），研究發現當高風險的青少

焦點 9.2

與高風險青少年的相處

　　無論是與處於危險中的犯罪、逃家或中輟的青少年相處，都非常有挑戰性。這些青少年處在較封閉的次文化中，在那樣的環境下「告密」不僅僅是不被允許的，甚至有可能極度危險。社區心理學家與其他這方面的專家不斷地學習如何可以更有效地與這些經常拒絕社會協助的街頭青少年相處。

　　Hackerman（1996）的研究發現，就像國家有自己的語言一樣，街頭青少年也有屬於自己的語言。街頭幫派尤甚，例如美國國內的兩大幫派 Crips 與 Bloods，皆使用幫派內自有的符號與文字作為溝通的工具。心理學家與其他介入者（例如神職人員、校方、青年緩刑監督員等）必須先了解這些獨特的語言，才可能與這些青少年溝通。因此，在進行人員訓練時，他們也需要成為這個次文化中的人類文化學家，深入地了解這些文化，才能設計出適合的方案，以協助這些青少年們。Hackerman 花了超過兩年的時間，整理出與這個特定群體相處的人所需要了解的術語。她也注意到並不是所有的青少年使用的術語都完全相同，在洛杉磯的拉丁裔與紐約市的非裔青少年使用的語言就不太一樣。Hackerman 的研究成果顯現了民族誌在社區心理學中的重要性。下表節錄了部分她所發現的術語，你可以將表中右欄遮住並猜猜這些術語的意思為何。

　　Taylor 與 Taylory（2007）也發現嘻哈文化在青少年文化的重要性，且已發展出自己的一套系統。也因其已成主流，社區心理學家、父母或社會福利工作者都有必要去了解這些術語。許多在嘻哈文化中所使用的詞彙，其實都是這些青少年對其在自身社區中所遭遇到的掙扎和絕望的體現（Taylor & Taylor, 2007）。以下為一些例子，若你有在嘻哈音樂中或在社區裡聽人提起，可以猜猜這些詞彙是什麼意思。

　　你認為當青少年們不停地聽到這些詞彙，其影響為何？

焦點 9.2（續）

街頭術語	對青少年的含義
藍光（Blue light）	指派殺害某人
呸（Bo）	大麻菸
大獲全勝（Flying colors）	紋上幫派的代表刺青
抬高（Jack up）	搶劫某人
皮帶（Strap）	槍
閃避（Jankin'）	嘲弄

街頭術語	對青少年的含義
開火車（Running a train）	多名男子與一女子發生性關係
燃燒（Blazing）	暴力行為
傷害某人（Hurting someone）	槍枝暴力
嚇聲（Ho）	妓女
婊子（Bitch）	女人
龐克（Punks）	成年人

年與一個充滿關懷又可靠的成年人長期相處在一起時，會對環境的負面影響（例如：貧窮、家庭的衝突、貧窮的社區）有一定的抗衡能力（Rhodes, Spencer, Keller, Liang, & Noam, 2006; Southwick, Morgan, Vythilingam, & Charney, 2006）。正向的成年人楷模對於這些青少年未來達成重要的里程碑（例如從高中畢業或就業）具有預防性的影響（Broussard et al., 2006）。一般而言，這些楷模能夠提供自身成功因應的模式，藉由模仿這些榜樣，使青少年有更好的發展，也影響其心理韌性。我們可以將**心理韌性**（resiliency）定義為，身處危難的人成功克服所處環境中的險阻與避免長期受到負面影響的能力（Masten, 2009）。與此章節特別相關的是：若與一個具支持性的照顧者能有密切聯繫，亦即**認輔者**（mentor），可能可以預防青少年在未來的人生中陷入犯罪的循

環。認輔者指的是具有關懷心與責任感，可以持續為孩子帶來正向印象的一個成年人楷模。

認輔可以為非正式的，例如在一段期間頻繁且無特定的方式接觸鄰居的孩子；也可以是正式的，像是社區的認輔方案。非正式的認輔常自然地在一些細心且具關懷性的人員身上展現，例如：體育教練、老師、鄰居或神職人員等。研究發現，非正式的認輔是可以自然而然形成的（Hamilton et al., 2006; Helping America's Youth, 2008; Masten, 2009），像是延伸的家庭成員（例如：叔叔）、店家老闆或市政人員（Basso, Graham, Pelech, De Young, & Cardy, 2004），這些長輩在孩童父母不在的期間照顧他們的安全和福祉，便自然形成了認輔關係。實際上，研究指出超過 50% 的青少年有著自然形成的認輔者（Helping America's Youth, 2008）。而對那些沒有自然形成認輔者網絡的孩子，正式的認輔者能夠給予孩子較多的關注、愛、督導及培養利社會的人格。這些關懷很有可能在其原本的環境中無法獲得（Bilchik, 1998）。正式的認輔者較可能在青年發展中心、服務學習機構及信仰組織中出現（Hamilton et al., 2006）。

無論是正式或非正式的認輔者，都扮演多元的角色，像是擔任輔導課業的教師、參與或出席孩童的休閒活動，或與孩子們討論各式各樣的私人議題等。若以心理學的角度來看，認輔者能夠協助孩童**脫離日常壓力**（像是與父母不和）、建立**正向的人際關係**以能類化至其他關係（同儕和父母）中、**形塑孩子**擁有更佳的情緒調節能力（例如了解自己何時會失控及為何不要失控的原因），並能提高孩子的自尊（Rhodes et al., 2006）。

現今估計，青少年約有 300 萬人擁有自己的認輔者（Rhodes, 2008）。最有名且歷史悠久的認輔方案之一，是大哥哥／大姐姐方案（Big Brothers/Big Sisters）。這個方案將中產階級的成年人與文化弱勢的青少年們互相連結，或將成年男性或女性分別與沒有父親或母親的孩童相互連結。而另一個聯邦資助的方案是青少年認輔方案（Juvenile Mentoring Program, JUMP）。在這兩項方案中，認輔者皆經過特別挑選、訓練，並與孩童做配對（通常以性別或種族為依據）。這些認輔方案的任務，通常是藉由提供孩童一個充滿關愛的成人楷模來預防青少年犯罪，並改善他們在學校的表現。JUMP 同時也根據不同的個案，與其他社區資源（轉介至社區中的服務機構）、學校、家庭相互連結與合作

（Bilchik, 1998）。

　　已有兩份關於認輔方案的後設分析數據顯示，認輔有許多正向的影響（Dubois, Holloway, Valentine, & Cooper, 2002; Eby, Allen, Evans, Ng, & Dubois, 2008）。

　　Tierney、Grossman 與 Resch（1995）比較已經在大哥哥／大姐姐方案中被認輔的青少年，與正在申請中的青少年發現，在 18 個月後，被認輔的青少年呈現了更多正向的結果。這些被認輔的青少年較不容易有藥物濫用或酗酒的現象，上學的比例增加（與申請中的組別比較，翹課天數少了一半），也較少傷害他人。隨後的研究也顯示，這些方案在其他方面亦有正面的影響，例如：被認輔的青少年較少有情緒問題、對社會的焦慮感較低，也能有較好的自我控制（De Wit et al., 2007）。研究也發現，若認輔者**無法持續不間斷地**出現，反而會對孩童產生**不利的影響**（例如：降低孩子的自尊）（Helping America's Youth, 2008），甚至多於正面影響（Karcher, 2005）。因此在篩選認輔者的過程中，能夠穩定地陪伴是很必要的條件。

　　有些初步的資料可供 JUMP 所用（Bilchik, 1998），在一份調查認輔經驗的問卷中，青少年與認輔者皆對其經驗有著正向的回饋，青少年的正向回饋甚至比認輔者更為強烈。當雙方被問到關於認輔是否改善或預防問題時，他們的回答通常都是「是」，並表示受認輔的孩童成績進步、較願意上課、遠離不良因子（酒精、藥品、幫派、刀具或槍械）、懂得避開對自己有不好影響的朋友、與家庭的關係變得較和諧。因此，認輔被認為是能夠降低青少年犯罪的有效方法。社區心理學家也持續不斷地修正及尋找更完善的青少年認輔方案（Rhodes, 2008）。

　　認輔工作並不是降低少年犯罪問題的唯一方法。另一個更新的解決方案稱為**安全起始方案**（Safe Start）。聯邦政府的少年司法和犯罪預防部於 2000 年發起了這項方案，致力於探究孩童曝露在社區暴力中的議題。有鑑於目睹社區暴力可能導致青少年犯罪及暴力行為（Lambert et al., 2005; Youngstrom et al., 2003），安全起始方案的設立目的就是為了降低曝露於暴力行為中所產生的負面影響，以及藉由預防性介入的方式來提升孩童與青少年的福利與安樂。在安全起始方案中對暴力行為的曝露包含了直接曝露（例如：兒童虐待）與間接曝

露（例如：目睹家庭或社區暴力）。安全起始方案倡導全部的政府機關，包含聯邦、州、當地的政府應當通力合作（Office of Juvenile Justice and Delinquency Prevention, 2008b）。有些地方性的方案已逐漸成立幼兒照護中心，以盡早接觸需要協助的孩童們（Hampton, Epstein, Johnson, & Reixach, 2004）。安全起始方案有時候也會聘請受過訓練的教師們來制定適合幼童社會情感發展的策略。另外也有些方案會聘請社工到孩童目睹暴力的現場為孩童進行輔導，更有些方案聘請受過專業訓練的團體輔導員，將曾曝露於暴力行為的孩子與其父母齊聚一堂進行輔導。每一個方案除了社區的參與之外，都需要當地的機構配合，才能夠充分的解決社區特有的暴力犯罪議題。大哥哥／大姐姐方案與安全起始方案會成功的其中一大原因，是其整合了許多複雜的危險因子，並且針對各類型需要協助的青少年對症下藥，才能如此的成功（Case & Haines, 2007）。

利用環境營造來降低犯罪　另一個需要被檢視的議題是，環境如何導致個體害怕犯罪或成為受害者。**環境心理學家**（environmental psychologists）（研究環境如何對人類的行為產生影響的研究者）能提供社區心理學家改善環境的建議，來降低犯罪的產生。

　　環境的特性真的會影響犯罪嗎？傳統而言，制止犯罪的方式包括：安裝防盜警鈴、移動感測器，以及其他為防止或捕捉不法之徒所設計的裝置。學校更是做了許多在環境上的設計，例如：將迴廊加寬、限制建築物的出入口數量、利用造景來界定學校內外的界限、定期維護防止破壞及犯罪的設備（Kennedy, 2006）。有些更動建築物的解決辦法（例如：加設門禁的社區）需要犧牲移動上的自由性，甚至可能會讓人更加害怕犯罪（Zhong & Broadhurst, 2007）。其實，這樣的方式也無法防止所有的犯罪行為，有時甚至只能防範其中一種類型的犯罪行為（Farrington, Gill, Waples, & Argomaniz, 2007）。除了將我們的社區或建築蓋得像個堡壘外（Davey, Wootton, Cooper, & Press, 2005），一定有其他辦法能從環境有關的面向切入，進而找到降低犯罪行為與減少擔憂的方法。

　　前衛又反叛的城市規劃師 Jane Jacobs（1961/2011）認為，環境的設計並不應該從實物層次思考，而應該從改善人類行為的層次出發。在她那個年代，規劃師大多數皆以高速公路及大型公園作為規劃主軸，但她抱持對立的立場，並

舉出了許多之前城市居民的經驗，指出城市的規劃應該強調人際的交流，以及人們對於公共空間所有權的感受，重視那些可以讓居民感到安心並且樂於使用的環境設施面向。人們對於環境的**使用**以及**所有權**是非常重要的。若人們在使用空間之餘，還能觀察環境、與環境互動，便更容易在這個環境中感到舒適。而對公共空間的所有權，是使人民對這個環境負起責任最好的方式。這裡所謂的所有權並不是指實質上的擁有，居民們無需真正持有環境的財產權，而是指這些擁有者／參與者／觀察者都必須了解他們對於環境需負起責任。最可怕的就是漠不關心，而她的解決之道便是將環境發展成「充滿活力」的環境。雖然，Jacob 的作品仍受到一些批評（Zukin, 2010），但其作品仍然在城市設計／社會學／心理學中對犯罪的預防提供了明確的方向，而且在現代設計中被視為經典之一。

　　當市民及居民對社區缺乏社會依附感及團結一致時，傳統改變環境的方式只會製造冷漠、猜疑，甚至是徹底互相仇視。許多預防犯罪的方法不但沒有全面性的考量社會脈絡（例如：市民的多樣性），也未能考量到社區的真正需要、優先事項及既有能力。若僅僅只是在實物上進行調整（像是改善照明或重新設計）是沒有用的，因為外來的設計者若對此社區沒有任何認識，僅憑由上而下的決策方式就提出改變方案，通常無法考量到該方案對當地居民所帶來的心理衝擊為何（Kelly, Caputo, & Jamieson, 2005），自然無法有良好的成效。

　　許多社區心理學家及犯罪學家也都反映了這樣的心聲：市民們需要對自己的社區感到有依附感及擁有所有權，才能夠防止犯罪的發生（Brown, Perkins, & Brown, 2003）。目前研究上對於犯罪對市民參與度造成的影響有不一致的發現，有些研究發現犯罪率會降低市民參與度，但有些研究有相反的發現（Dupéré & Perkins, 2007; Saegert & Winkel, 2004）。然而，許多學者都認為，民眾可以更有興趣且積極的在自己所居住的大樓或環境中參與改變（例如：Dupéré & Perkins, 2007）。一種作法是授權民眾參與設計自己社區所需要的方案，可以在設計的過程中及時獲得該社區結構中不可或缺的寶貴意見反饋（Kelly et al., 2005）。另一種作法是利用或建立起社區居民的社會資本。社會資本能協助團體達成個人目標與集體目標。**社會資本**是共同義務、共享規範、信賴感及資訊流通的一種體現（Dupéré & Perkins, 2007）。我們現在就來檢視兩

種建立社會資本的方式：建築層次的建立及社區層次的建立。

以建築介入來建立社會資本的一個具體例子（也可以用在社區層次上），便是**鄰里守望相助計畫**（neighborhood crime watches）（National Crime Prevention Council, 1989）。在這個計畫中，居民們對於可疑活動及鄰居被闖空門都有一定的警覺性（Bennett, 1989）。有些環境因素能預測出哪些人願意加入守望相助的行列（Perkins, Florin, Rich, Wandersman, & Chavis, 1990; Sampson, Raudenbush, & Earls, 1997）。守望相助是鄰居之間的合作行為，有助建立社區一體感（Levine, 1986）。這些活動能讓鄰居彼此認識、學習與彼此溝通，並且對社區環境存有「戒備心及責任感」的共識。研究者發現社區一體感是一個能降低對犯罪行為恐懼感的重要變項（Schweitzer, Kim, & Mackin, 1999）。

第二個例子便是以社區層次建立社會資本的方案。我們前面已經討論過關於警察如何在社區中服務，社區民眾與警察的立場是有差異性的。提供一個能降低這些差異性的方案，便能讓民眾對警察有更多的信心，也讓警察在社區中能有更好的服務。Walker 與 Walker（1990）描述了**社區警察局方案**（Community Police Station Program），其中市民扮演了負責決策、設計及執行預防犯罪計畫的重要角色。社區居民會留意警局中的日常運作，也能負責執行特定的計畫，例如「年長者呼叫年長者」（Seniors Calling Seniors）便是一個讓無法外出或獨居的老人互相關照的計畫。在這個方案中也設立居民諮詢委員會，藉此更能了解城市中每一個行政區域對於預防犯罪的需求，並能監督推動的計畫是否依需求發展。社區警察局方案藉由促進警察及市民合作的方式，將警察的服務變得更為民眾所接受，也更有效率。在一些社區中，民眾及社區成員也會協助招募及決定新任警察的名單，這樣的作法也同樣能提升警民合作，並在市民與執法人員之中建立起社區一體感。

貳、二級預防

這部分針對早期已誤入歧途的個案，如何在已犯罪後及早開導他們。初級預防對這種狀況來說稍嫌太遲，因此將此類介入方式稱為二級預防。以本章開頭的 Farnsworths 為例，當 Mike 開始與父親爭論、夜不歸宿、翹課時，就應該

有人介入以防止情況更惡化。Mike 後來襲擊了父親，因此有了具體的犯罪行為，此時初級預防已緩不濟急了。

受害者的早期協助　受害者在受到傷害後，須盡早表露心中的擔憂。受害者可能經歷到各式各樣的情緒，從害怕、憤怒、背叛、報復，到悲傷、憂鬱、絕望、震驚都有。受害者在被害後，也可能經歷一連串健康上的後果，舉例來說，在遭受強暴後，受害者還必須擔心 HIV 病毒的感染（Britt, 2000）。如同前面所提過的，司法系統為受害者所做的少之又少，甚至在審判過程中也沒有一個正式的身分（Wemmers & Cyr, 2005）。全國受害者資源中心（National Victims Resource Center）為一個全國性的交流中心，提供受害者教材、補助受害者相關研究、轉介受害者至協助方案，以及提供補償方案的資訊。有些州政府也自行發展了受害者的協助計畫（Woolpert, 1991），受害者能因所受到的傷害而獲得補償；若加害人曾向媒體販售自己的故事以獲得酬庸，受害者也需從中獲得部分金錢；受害者甚至能參與加害人的假釋決定（Educational Conference on Psychiatry, Psychology and the Law, 1990），**假釋**（parole）指的是加害者從監獄被釋放後在社區中受到的監督。然而，受害者補償方案通常很少，因為在監獄中的囚犯實在無法賺取太多的金錢作為償還。

僅靠財務的補償，是無法弭平受害者心裡的傷痛、憤怒及報復心態的。而在審判中，受害者可能仍然需要等待數月甚至數年，才能在法庭上獲得判決。有兩種方案對受害者而言是有效的，能提早且成功的介入受害者的受害情境，分別為：危機介入及社區調解委員會。

對受害者的危機介入　其中一項對受害者有效的方案便是**危機介入**（crisis intervention），危機介入方案是透過一個經過訓練的個體，藉由一整套程序來協助受害者從一時的壓力影響中恢復的過程。危機介入早期聚焦於防止受害者發生自殺行為、暴力行為、陷入無法預期或危險的狀態，也減少意外的發生。至今，危機介入處理的範圍已經擴大至協助重大校園事件（Eaves, 2001; Weinberg, 1990）、性侵事件（Kitchen, 1991）、慢性精神病患（Dobmeyer, McKee, Miller, & Westcott, 1990），甚至國際恐怖主義的受害者（Everly, Phillips, Kane, & Feldman, 2006）。每年有數百萬人面臨無法自己解決的危機事件，因此，他們

很頻繁地求助於危機介入專家。危機介入已經成為世界上最為廣泛使用、最具時效性的治療方式。但即使它看起來潛力無窮，並不是所有的情境都適合這樣的解決方式（Roberts & Everly, 2006）。

危機介入通常是以面對面或電話（熱線）的方式，期望能立即性的緩解問題，以社會支持及聚焦問題解決的形式，協助處於高度危險或創傷的受害者。危機介入的立即性目的，在於避免更大的災難發生。因此，我們也可以視其為心理層面的急救行為（Everly et al., 2006）。危機介入中心通常由專業人員或受過訓練的志工提供 24 小時的服務。這邊需要注意的是，危機介入原本並非設計為獨立的介入方式，通常只隸屬於對於同一個案進行各種長期介入方案的開端。舉例來說，許多人在 2001 年 9 月 11 日目睹了恐怖分子的轟炸，或在世貿大樓倒塌時失去至親。其他人在經過大樓倒塌處，或不斷地在媒體上目睹轟炸畫面時，他們的心靈或多或少也會受到創傷。即使危機處理小組能夠提供被影響的個體有效的協助，並處理了 90%的個案，但有些個案仍需要持續的治療或尋求其他的介入方式。

有個關於危機介入的主要問題為：在危機一開始就提供立即性的協助，是否真的能有效預防未來可能發生的問題？Mishara（1997）比較了不同的電話互動風格對自殺求助者的影響。從 617 通的求助電話中，經危機諮商人員整理出將近七萬個反應，再根據危機介入的成敗做出評估。Mishara 發現以 Rogers 學派為基礎的非指導性介入方式與求助者互動會有較佳的結果（相較於指導性的方式），也就是說，求助者的沮喪情緒較能獲得減緩，也將更有能力處理危機。近年來，危機諮商甚至已被數位化（Wilson & Lester, 1998），但這樣的方式是否能與電話聯繫一樣有效仍有待檢驗。Campfield 與 Hills（2001）發現，若危機介入的時間點與犯罪時間點愈接近，愈能有效地降低受害者出現症狀的嚴重程度及數量。

由於危機介入領域的成熟，相關研究也與日俱增。Roberts 與 Everly（2006）藉由對一些設計周詳的危機介入研究進行後設分析，來判定危機介入的方式是否優於住院治療及其他長期性的介入方式。他們所檢視的 36 份研究中，皆有介入前後測、實驗組與控制組的設計。最後他們得到以下的結論：「處於嚴重危機中或有創傷後遺症的成年人，以及處於嚴重危機的受虐家庭，

皆能藉由密集的危機介入獲得協助」（p. 10）。

修復式正義方案　我們已經知道在矯正機構（少年感化院與監獄）中服刑的囚犯再犯率挺高。這些個體被釋放後，經常會再度犯案。有沒有什麼方式能降低再犯率呢？這個問題帶出了有關二級預防的議題。雖然社區心理學家較偏好初級預防，但當犯罪者被釋放後，再犯的可能性很高。若其再回到與入獄前相同的環境中，並與一樣的同伴相處，再犯的機率就更高了。因此，二級預防成了一項重要的課題。

「再犯」是有犯罪傾向的個體在脫離任何一種傳統的審判（例如監禁）後會面臨的問題。傳統的司法系統是被設計來執行懲罰或處罰的。我們在前面已經了解到，監禁一般而言是無法阻止個體再度犯罪的。事實上，有些研究發現僅有極少數的人，在經過懲罰或處罰之後便不再犯。因此，有時候再犯率可能高達 90%（Bradshaw & Roseborough, 2005）。在傳統系統中的二級預防便是社區的監管，像是假釋。比較不常見的是**康復服務**（rehabilitation services），這種服務可能會提供給青少年犯罪者或成年犯罪者，主要在勸阻這些人並對自己的犯罪行為悔改，以遠離易於犯罪的活動，像是藥物濫用。

社區司法中心或社區調解中心，從另一個角度來說，包含了一種對加害人及受害者的二級介入，提供第三種類型的正義：**修復式正義**（restorative justice）。這種正義實現的方式是彌補已經發生的錯誤，並將其修正為正確的（Wemmers & Cyr, 2005）。修復式正義涉及對受害者的補償，但這裡所指的修復，除了物質層面的補償外，還包括受害者心理傷害的修補。這個過程的主要宗旨是要對受害者、加害人及社區都帶來益處。受害者能訴說他們的感受、平復情緒、解開關於犯罪的疑惑，且能夠投入修復的方案。加害人必須對犯下的罪行負起責任（Rodriguez, 2005），除了提供賠償外，也需要對犯罪的細節加以說明，以及提出對於未來重新回歸社會的計畫。**社區司法中心**（neighborhood justice centers）幾乎總是與法院連在一起，法官或社工經常會將案件從裁決轉送調解。**社區調解中心**（community mediation centers）則通常為非營利機構，由許多自願的調解者來促成陷入衝突的兩方進行溝通。這些中心都設立於地方社區中，處理來自犯罪、家庭、民事法庭或其他社區機構（例如：社區心理健

康中心與宗教組織）的案件（Hedeen, 2004）。雖然沒有確切的數據，但初步估計在美國約有五百至一千個類似這樣的中心，每年約處理十萬個案件（Hedeen, 2004）。

在這些中心裡，對於提供修復式正義，有一種特別的調解方式，也就是所謂的**被害人與加害人調解**（victim-offender mediation）。在此類型的調解中，一位受過訓練的人員會在場傾聽受害者及加害者的說法。這個中立的角色，也就是**調解者**（mediator），會協助雙方了解整個事件，並找到雙方皆滿意的解決模式。調解者會利用各種不同的策略來促成討論，並引導雙方努力解決並修復問題（Carnevale & Pruitt, 1992; Heisterkamp, 2006; Ostermeyer, 1991）。調解者會使用現實檢驗（請其中一方設想自己身處對方處境），並運用未來導向（而非回顧導向）、輪流、妥協、對彼此做互惠式的讓步、積極聆聽及其他的技巧。對於調解行為的分析顯示，調解者皆能保持中立、使用沒有偏見的措辭來獲得任一方的看法。在某些層面，調解及心理治療法其實有著異曲同工之妙，只是調解更著重於問題和議題，而非情緒與關係（Forlenza, 1991; Milne, 1985; Weaver, 1986）。在大多數的方案中，決議是具法律效力的，但不需要決定其有罪與否（如此便能免掉逮捕的紀錄），而能讓雙方都欣然接受（Duffy, 1991）。

這些中心和調解的過程都體現了許多社區心理學的價值。這些中心通常在雙方所居住或是鄰近的社區之中，方便提供服務。它們為人們提供了相對於較專制、官僚，且總是處於敵對關係的法院系統外的另一種選擇（Duffy, 1991）。調解賦予了雙方參與者能力，使其扮演重要且積極的角色。在合約承諾上的研究發現，這些中心通常能預防衝突與犯罪的復發（Duffy, 1991）。同樣地，無論收入、教育程度或種族，這些中心是人人都能使用的（Crosson & Christian, 1990; Duffy, 1991; Harrington, 1985）。調解者在經過訓練後，也都能尊重每個人獨特的觀點及差異性（Duffy, 1991）。實徵研究上已證實，調解是一種人性化的過程，以Maslow的需求階層理論而言，雙方參與者在此過程中的功能層次均有所提升（Duffy & Thompson, 1992）。

這些中心擁有一些較其他傳統的司法體系之優勢。第一，這些中心在案件的執行上較法院系統更為即時（Duffy, Grolsch, & Olczak, 1991; Hedeen, 2004）。有一州的報告顯示，其調解中心從接受至解決案件的運作時程為15天（Crosson

& Christian, 1990; Duffy, 1991），因此在實質上提供了早期的介入。第二，受害者無須在司法體系中扮演被動的角色，而能在調解中心裡扮演主動的角色（Smith, 2006）。第三，有些研究顯示受害者對司法體系與自己的權益並不是很了解（Sims, Yost, & Abbott, 2005），在轉介至調解中心後，隨後的協助服務可以教育受害者自身權力，並提供其他需要的支援。另外，其他的研究也發現受害者對於傳統的司法形式（例如：審判）很不滿意，他們通常不會被告知全部的案件事實，且經常無法領回自己的財物，甚至是所愛親人的遺骸，因為這些對警察而言都是證據（Goodrum, 2007）。除此之外，在調解過程中，許多受害者能夠真正獲得情緒上的修復，甚至能夠原諒加害人（Armour & Umbreit, 2006; Strange, Sherman, Angel, & Woods, 2006）。Charkoudian（2005）發現，社區調解減少了許多重複或持續發生的犯罪問題。最重要的是，近來的研究發現參與過修復式正義方案（像是被害人與加害人調解）的加害者，其再犯率大幅的降低（Bradshaw & Roseborough, 2005; de Beus & Rodriguez, 2007; Rodriguez, 2007）。一個追蹤被害人與加害人調解方案長達三年的研究顯示，相較於傳統的司法手段（例如：假釋），修復式正義方案的結果顯著較佳（例如：較低的再犯率）。

　　大多數的受害者對調解的過程都有非常高的滿意度（Bazemore, Elis, & Green, 2007; Carnevale & Pruitt, 1992; Duffy, 1991; Hedeen, 2004; McGillis, 1997; Wemmers & Cyr, 2005），因為他們在受到傷害後，馬上就能夠闡述自己的遭遇，而且也被允許吐露自己的情緒（這在法院中通常是被禁止的），並有機會直接面對他們認為傷害自己的人。被告或加害人也很感激這樣的過程，因為最後的結果並非有罪的判決，也不會產生犯罪紀錄。同時，他們也有機會提供另一方也有錯的證據（像是在騷擾案件中，雙方可能都有互相騷擾對方）。從受害者的角度來看，調解的過程允許他們能與其他人分享受到傷害的故事、獲得更多的資訊，並接受加害人誠摯的道歉（Choi, Green, & Kapp, 2010）。這被視為一個再賦能的過程，也是一種實踐修復式主義的方式。

　　約 85%至 90%的案件最後皆以協議或合約收場（Duffy, 1991; Hedeen, 2004; McGillis, 1997）。同樣重要的是，80%至 90%的當事人皆對這樣的過程感到滿意（Duffy, 1991; Hedeen, 2004; McGillis, 1997）。這些同意協定涵括了各種事

項，從賠償、道歉至未來雙方互動的準則。只要是雙方同意的事項，都可以視為協定的一部分。調節已被成功地使用在各樣的情境中，包含：房東與房客或消費者與商家間的糾紛、鄰里衝突、攻擊犯罪行為、騷擾、竊盜、家庭失能、種族衝突、環境爭奪、學校衝突，以及其他關於個人侵害他人權益的事件。

事實上，本章節前面所提到 Mike Farnsworth 的例子，是一個真實的故事，Mike 與雙親經由緩刑機構得知調解中心的消息。儘管這是個冗長的過程，Mike 與雙親最終達成了協議，訂定規則（如宵禁）與獎賞機制（這在調節之前是不存在的）。一直以來，都只有處罰機制存在。獎賞機制將在 Mike 的成績達標或是表現正向行為時出現。在傾聽的過程中，Mike 與父親終於能傾聽對方的想法（而非怒吼），也開始了解對方的觀點。Mike 的母親 Edna 也從調解者身上學會了許多有用的技巧，像是妥協與相互讓步等。這些技巧在未來 Mike 與父親再次發生衝突時都可以使用。在調解過程後，Farnsworth 一家人（匿名以保護當事人）過著和諧的生活。

在過去的 30 年間，社區調解中心有著極大的成長（Duffy, 1991），但也不是沒有受到批評（例如：Greatbatch & Dingwall, 1989; Presser & Hamilton, 2006; Rodriguez, 2005; Vidmar, 1992）。有些批評認為，調解中心對程序與當事人掌控太多，無法挑戰促成其犯罪的態度（Presser & Hamilton, 2006）。其他批評則指出，西班牙裔／拉丁美洲裔與黑人青少年較白人沒有機會參與修復式正義方案（Rodriguez, 2005）。最後，Latimer、Dowden 與 Muise（2005）認為有些針對修復式正義所設計的研究是非常薄弱的，因為參與此項計畫的人通常是自願式的（甚至加害人也是），這在研究中將導致嚴重的自我選擇性偏差。因此要完全接受上述的論點之前，必須將這些關鍵性的批評一併考量。

為被監禁者所制定的重返社會計畫 我們知道 Mike Farnsworth 的故事有個很好的結尾，試著想像若 Mike 僅僅是因為屢次攻擊父親而入獄五年，他將變成什麼樣子？他可能會在獄中學到很多不好的行為，像是如何將一般家庭工具（例如：鏡子與筆）當成武器，或是學到如何用眼神威嚇他人，甚至學到比攻擊父親更令人髮指的罪行等等。而即使 Mike 在監獄中變得更強悍，他仍然會為了重新回到社會與甫獲得的自由而感到不安。他能在哪裡找到工作？他對於去

見假釋官會有什麼感覺？他的父母會讓他回家嗎？他的鄰居還有朋友會作何感想？

　　每年，成千上萬的人會從監獄被釋回社區（Byrne & Taxman, 2004; Mellow & Dickinson, 2006）。圖 9.3 說明了過去幾年假釋犯數量的攀升。雖然犯罪率有些微的下降，但囚犯數卻因部分法官或陪審團的酌情性而非強制性判決持續地升高（Bracey, 2006）。對大多數的囚犯而言，回歸社區是很困難的。首先，當他們被監禁時，生活是完全被矯正機關人員所控制的。因此，他們需要面對從監獄的日常生活移轉至一般的日常生活（Taxman, 2004）。除此之外，囚犯們通常缺乏就業的能力。監禁的過程中，他們也可能會面臨與他們先前犯的罪行相同的問題（例如：藥物濫用）。有些囚犯在重返社區時染上之前所沒有的健康問題（例如：HIV/AIDS），或習得負面的行為（例如：加入幫派），與家人朋友失聯，並且遭到社區其他成員和潛在僱主的唾棄，導致他們根本無法找到住所和工作（Byrne & Taxman, 2004）。最重要的是，他們已喪失了許多權利，例如：投票權、監護權、協助選舉、成為陪審團等，這些假釋犯在犯罪後已然與原來的社區完全區隔開來，無法再回到之前的生活（Bazemore & Stinchcomb, 2004）。除此之外，如所預期一般，當罪犯被監禁愈久，他們的家庭、同儕、

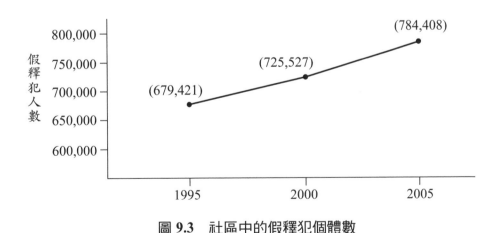

圖 9.3　社區中的假釋犯個體數

資料來源：Bureau of Justice Statistics (Glaze & Palia, 2004). One in every 32 adults is now on probation, on parole, or incarcerated. Retrieved from http://bjs.gov/index.cfm?ty=pbdetail&iid=1109.

鄰里改變的程度會愈大（Byrne & Taxman, 2004），接下來再犯的行為便可想而知了。犯罪學家推測，超過三分之二的假釋犯會再度被逮捕，其中 40%會再次返回監獄中（Byrne & Taxman, 2004）。

正如前面所提過的，監禁者通常都是透過假釋而被釋放。之前也有一些監禁者被法院強制參與治療方案，但數據顯示參與度非常低。矯治機關在這幾十年來都知曉，高再犯率與無效的過渡方案（例如：假釋）有極高的相關性（Bonhomme et al., 2006）。我們必須有更有效的釋放前與釋放後方案來解決這個問題。研究顯示，當假釋犯回到社區時，「正確的開始」是最為重要的（Bullis, Yovanoff, & Havel, 2001），其能有效降低再犯率，也使更生人更有可能成為社區中表現良好的成員（Baltodano, Platt, & Roberts, 2005）。

對於釋放前方案，過去的經驗並不多（Byrne, 2004）。許多監獄現已提供囚犯心理諮商、藥物濫用的戒除以及教育方案等協助。眾所皆知，監獄中的囚犯知識水準較一般民眾低。究竟這些教育方案成效為何，目前我們所知很有限。我們只知道這些方案差異性非常大（Byrne & Taxman, 2004），其會受到州政府、社區，以及可用資助金的多寡所影響。有些州並不提供教育方案，然而現有研究發現，**監獄中的教育方案**對減少再犯行為有著正面的影響（Vacca, 2004）。不幸的是，監獄中專門提供囚犯教育的人員數量在這幾年內減少許多（Bracey, 2006）。

另一個廣為人知能有效協助融入社區的方式是**家庭與社會的支持**。人犯經釋放後，若回到家中或與親戚同住，再犯的可能性會減低（Bahr, Armstrong, Gibbs, Harris, & Fisher, 2005; Baltodano et al., 2005）。想當然爾，穩定的住所與工作也都能減少再度犯罪的可能性。在假釋犯被釋放前，先確定他的住所與工作都是非常有效的方法。因為當他們剛返回社區的時候，身上幾乎沒有任何財產，也只有些微的工作經驗（Bahr et al., 2005; Shivy, Wu, Moon, Mann, & Eacho, 2007），更沒有可供居住之處，而通常我們會假設這些都是他們在被釋放前就應該自己處理好的問題（Taxman, 2004）。在焦點 9.3 中，描述了一個企圖將假釋犯的社區與文化帶入其釋放過程的嘗試。

Huikahi：修復圈

　　為解決此類的需求及降低累犯率的方案稱為 *Huikahi*（hui 指的是群體，kahi 指的是個體）**修復圈**。這樣的方法賦權囚犯選擇自己出獄後要如何生活──這是讓囚犯更能遵守此方案的步驟（Taxman, 2004）。這個方案起源於夏威夷，原本是一個用於寄養兒童在離開中途之家時的策略。而在監獄中，修復圈則是一個為囚犯、其家庭、重要他人及獄卒所設計的團體規劃程序。專業引導師會以詢問的方式，引導囚犯及其家人一些相關的問題，並讓他們思考該如何自行解決這些問題，而非直接告訴他們怎麼做。在許多情況下，家人或其他重要他人皆能找到適合囚犯的建議（Walker, Sakai, & Brady, 2006）。

　　當個體被囚禁時，在釐清有哪些人會前往探視，以及確認其探視頻率後，「圈」便能形成了。而社區修復圈須解決的問題包括：囚犯出獄後該住在何處、會與家庭有多少互動、工作或學習工作技術的地方在哪，以及出獄後囚犯會做出哪些努力，來讓自己遠離犯罪與毒品。同時，也能描述囚犯將以哪些行為修復正義（例如：寫信給受害者或歸還偷取的物品等）。辨識囚犯本身具備的優勢，是這項聚焦於問題解決方案中很重要的一環。舉例來說，若囚犯非常聰明，家人們便可以鼓勵其提出包含教育元素的獄中或釋放後計畫。這個方案最終必須提出一個具體的書面申請計畫（Walker et al., 2006）。接下來，便會有循環式的討論，將申請計畫做審查與調整。修復圈方案確實涵蓋了許多社區心理學的概念（像是賦能與社會支持），但因這個方案非常新穎，因此我們須等待足夠的研究來判斷其效力（Walker et al., 2006）。在一個兩年期的追蹤研究中，再犯率為 30%（一般的再犯率為 50% 到 80%）。我們必須承認，這項研究中的樣本數並不是很大，因此沒有辦法針對再犯率下定論。其他的數據則指出，在此類型的方案中，囚犯們顯現了對於重新融入社區的渴望，且所有的參與者（囚犯、家人、獄卒等）皆認為這是一個正向的經驗，但目前只有 37% 的申請案是能被看見的。這項方案被認為是一項以公共衛生概念改善犯罪行為的途徑，強調的是學習與預防（Schwartz & Boodell, 2009）。

　　就結論而言，刑事司法是個非常複雜的系統，由許多不同的人員所組成，有著各種不同的動機和功能。各種不同解決犯罪的方案會被許多不同的個體、有關聯的

焦點 9.3（續）

網絡或社區因素所影響（O'Donnell & Williams, 2013）。社區心理學家藉著與個體在系統中合作，已經在犯罪預防及犯罪發生時的立即介入上，有進一步的成果。社區心理學家以及其他的專家們，皆希望讓社區及其成員，無論在犯罪之前、期間及之後，保有整體的一體感。

摘要

　　傳統的司法系統包含了強制執行機構，例如：警察、法院、監獄與相關的方案。這樣的方式只提供受害者微不足道的協助，最多也只能見證犯罪者被懲罰與接受處罰的過程。

　　心理學家在嘗試將犯罪的原因分類後發現：槍枝、槍械管制與相關的因素並非預測犯罪的唯一因子。部分的生態環境與特定的族群個體因素，都有可能與犯罪相關。年輕的非裔美國男性是最容易犯罪、被監禁，卻同時也是最容易被犯罪所傷害的群體。社會的偏見與非裔美國人的歷史因素，是造成如此結果的部分原因。另外，貧窮與社區的失能也是能預測犯罪率的關鍵因素。

　　監獄是無情、空間上過度擁擠的機構，經常伴隨者暴力、愛滋病與非法藥物的出現。監獄無法提供犯罪者恢復或治療的功能。因此，經過監禁的人再犯率非常高。

　　受害者與那些擔心受害的對象，在傳統的司法系統中是被忽略的。關於「犯罪一受害者矛盾」這有趣的現象，研究顯示，那些最害怕成為受害者的通常是最不可能受害的。例如，年長的女性是最害怕成為受害者的族群，但她們也是最不可能成為受害者的一群。

　　警察在社區中被要求扮演多元的角色，但他們並沒有接受過全面性的專業訓練，在一些角色上準備不足，例如：介入家庭紛爭與處理精神患者等。警察經常表示他們對服務的社區有疏離感，並覺得其長官對於社區的街頭生活並不

了解。

　　社區心理學家相信犯罪行為是能夠被預測的。一些研究已成功地預測高風險青少年的犯罪行為。我們也可能透過改變環境來減少犯罪的發生，舉例來說，媒體傾向以偏差的方式來報導犯罪，可將暴力行為的線索從媒體中移除。

　　社區方案，例如鄰里守望相助計畫，已成功降低居民對犯罪的恐懼。其他的新創計畫則需要居民與強制機構中的執法人員通力合作。

　　就二級預防而論，以社區為基礎的方案成功的截斷了少年犯罪與再犯的循環。同時，危機介入與社區調解中心或社區司法中心則能為受害者提供早期的協助。

　　某些受害者在受到傷害後則需要長期的追蹤服務。其中一項新穎且有趣的方案為受害人與加害人調解方案，在這個方案中受害人與加害人面對面的討論犯罪行為對自身的影響，並找出對受害人合適的償還方式。

　　因為有許多複雜的因素，因此要評估比較傳統的監禁方式與替代的社區服務是非常困難的。但許多社區方案提供了希望，甚至許多累犯也能受到協助。其中一非常特別的方案便是修復圈方案，這個方案設計的初衷是希望能協助被監禁的囚犯重新返回並適應社區的環境。

10

醫療系統

譯者：郭郡羽／審閱者：陳品華

　　在台上致詞的，是一位有名的非裔美國名人，他正因為他的作品與成就而受到協會的表揚。樂隊正演奏著，觀眾都站了起來。講者以宏亮的聲音分享得獎感言與他的生命歷程。但，在他這麼做之前，他花了一些時間與大家分享他近期去世的叔叔的故事。這位受敬愛的長輩，在這位名人的生命中，一直都是一位親近的朋友，也是他生活中強而有力的支柱。

　　這位名人為什麼要花時間分享這位長輩的故事呢？原來是因為，先前這位長輩的健康出了狀況且持續了好一段時間。就像許多人一樣，他一直拖延不去看醫生，因為治療的費用實在是太昂貴了。在經濟陷入困頓之際，這似乎是個不必要的額外支出。等到這位叔叔終於去看了醫生後，才發現已經是癌症末期了，接下來只剩下時間早晚的問題。整個家族聚在一起，大家輪流說再見，不久後叔叔就去世了。這位名人因過於悲傷，差點取消這次的領獎行程，但他後來還是決定出席，並與大家分享叔叔的例子。他希望藉由這個例子，能夠為大家帶來一些省思。延遲尋求醫療協助是無法避免的嗎？這是不良的習慣所帶來的後果嗎？這樣的行為模式是否受經年累月的社會文化所影響？對金錢的擔憂是情有可原的嗎？最後付出的代價是什麼呢？上述的問題，都是當天晚上他留給觀眾思考的問題。而我們對這些問題又有什麼樣的解決方式呢？

　　第二個故事夠能協助我們對醫療系統有更深入的了解。這個故事中，主角是一位在大城市裡工作的臨床心理學家。她有次因身體不適去做健康檢查時，醫師為她做了很多檢查，發現她罹患了非常罕見且極具侵略性的癌症。為了接受最先進且療效最佳的治療方式，她必須前往可進行此一療法的醫學中心。很不幸地，這個醫學中心位於數百哩外的另一州。一開始，她還有能力往返兩地接受治療，但漸漸地，除了交通費用外，她的醫療費用與日俱增，所需要的費用非常可觀。而在醫療保險審核她的狀況是否符合理賠範圍的過程中，她都必須自行先墊付這些相關費用。最後，保險公司決定不給予理賠，同時，因為她在工作上已無力照顧病人，只能被迫歇業。很快地，她便用光自己的積蓄。接下來，她只能選擇等死，或是背債以繼續接受治療。同時，她也必須做出選擇，要繼續住在原來的城市，還是離開朋友圈搬到一個完全陌生的地方以便於接受治療？

那麼，我們的醫療體系究竟如何？而社區心理學又能改善什麼呢？這便是我們在這一章中要討論的。

第一節　美國的醫療系統

壹、國民健康指標

在世界衛生組織所發布的全球健康指標中，包含了預期壽命及新生兒死亡率。在 2011 年的世界衛生組織的統計中顯示，美國人的平均預期壽命為 79 歲，較許多歐洲國家、日本與加拿大低一點。不過，這樣的數據仍然比全球預期壽命高出許多（World Health Organization, 2011）。而在新生兒死亡率上，也呈現相似的型態（死亡率略高於前述國家，但較全球平均低）（見表 10.1）。

表 10.1　世界衛生統計數據：死亡率（2010）

	預期壽命（年紀）		新生兒死亡數（單位為千分之一，年紀小於 28 天）
	男性	女性	全部性別
加拿大	79	83	5
古巴	76	80	5
法國	78	85	3
德國	78	83	3
愛爾蘭	77	82	3
日本	80	86	2
墨西哥	73	78	14
西班牙	78	85	4
瑞士	80	84	4
英國	78	82	5
美國	76	81	7
全球	66	71	24

資料來源：World Health Organization. (2011). *Global health indicators*. Geneva, Switzerland: Author.

2011 年所公布的衛生統計年度報告顯示，美國人的預期壽命創下了有史以來的新高。報告中指出，2009 年美國人的預期壽命較 1990 年的男性高出四年，女性則是高出了兩年。在 2009 年的數據中，美國人預期壽命的世界排名為 32（日本第一、新加坡第二）。嬰兒死亡率也控制在 7‰，新生兒死亡率則為 4‰，世界排名為 30（新加坡與瑞典分別為第一及第二）。然而，這些健康指標並非平均分布在國內所有族群中，例如：少數種族群體的健康狀況會低於整體平均，特別是非裔美國人，其嬰兒與新生兒的死亡率皆高於平均值的兩倍。同時，黑人或非裔美國人也較白種人的預期壽命約低五年（白人男性 75 歲，黑人男性 70 歲；白人女性 80 歲，黑人女性 76 歲）（National Center for Health Statistics, 2011）。在報告中也提到了關於農村的健康照護問題。雖然醫療技術日益精進有助於我們對抗疾病，但這些醫療服務在城市仍然是較容易獲得的。舉例來說，在圖 10.1 中，仍然有許多地區（幾乎為農村）並沒有像是婦科與產科這類的醫護人員。這樣的人力短缺使得某些人必須要到較遠的地方治療，而增加延遲治療的機會。

除了不平等的醫療可及性外，人們不健康的生活方式，例如：飲食習慣不良、沒有運動習慣、從事危險行為、濫用酒精或藥物等，都是普遍被認為需要關注的議題，這些會增加健康風險的生活習慣對健康影響甚鉅。舉例來說，2006 年估計有 39% 的 18 歲以上人口休閒時是不做運動的（p. 286）。而在 18 歲（含）以上有飲酒習慣的人中，有多於三分之一的人表示自己過去一年內，有在一天內攝取了超過五杯酒的經驗（p. 9）。

從以上的數據來看，美國在醫療保健上已有所成就，但做得並不夠好，人們也還有許多不健康的生活習慣。美國的醫療資源也並非平均分布，而是集中於白種人、城市居民、擁有完善醫療保險的上層或中產階級們。

貳、對系統的觀察

在不久前，能夠接受治療與否取決於病患是否有能力給付治療費用。由於 1960 年代所成立的聯邦基金方案，例如：醫療補助計畫（Medicaid）、醫療保險（Medicare），加上在職民眾醫療的制度化，都促使美國向健康國家大步邁

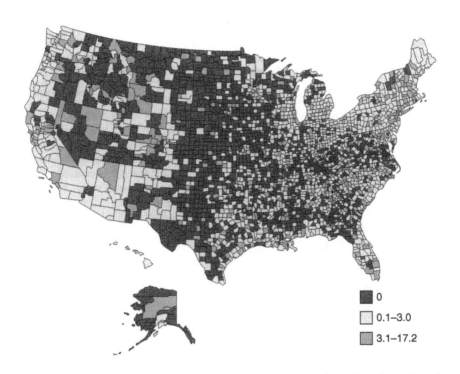

圖 10.1　15 歲以上女性人口的婦產科醫師比例（單位：萬分之一）

資料來源：Centers for Disease Control and Prevention; National Center for Health Statistics
(2007b), Fig. 23. Data from the Area Resource File.

進。然而，健康維護組織（health maintenance organizations, HMOs）卻也為醫病
關係帶來一些問題。

　　除了先前提到醫療系統的不公，醫療系統的改革也需要進行討論，討論可
包含四個要素：醫療融資、適當的公共政策、醫療服務機構的合作，以及與病
患的合作。一般而言，大部分的醫療改革提案皆著重其中一至兩個要素，最常
被注意到的是經濟能力的限制。只要這個限制持續存在，對部分人而言便無法
享受到較理想的醫療服務。

　　雖然美國較其他國家使用更多的經費致力於改善國民的健康，但在過去的
幾十年間卻搖擺不定，在健康照護上的花費、病患給付能力等問題不斷地被提
出來討論。舉例來說，在 2009 年間，32%的費用是由私人醫療保險給付，35%

為聯邦政府所給付，而 12% 則是由「私人荷包自付」。然而，其實仍有許多人沒有私人保險，或未參與聯邦政府所設立的醫療補助計畫與醫療保險。這些沒有任何保險的病患無法獲得治療，且其在急診過程中所產生的費用會間接地轉嫁至納稅人與有保險的民眾身上。因此，在 2011 年歐巴馬政府為了因應這樣的狀況，提出了「平價醫療法案」（Affordable Care Act）。為了讓此項法案能在國會順利通過，必須在政治上做出許多妥協，而政治的內鬥也一度延遲了法案的通過。

此項法案於 2011 至 2014 年間造成了許多正向的改變，其中最顯著的是，保險公司再也無法拒絕有既存疾病的患者加保，且子女在 26 歲前都能依附於父母的醫療保險之下。這個法案最大的爭議點在於全民均需加入保險系統，否則將處以罰鍰。因此法案的主要目標為提高全民的加保率，因此，政府早已開始蒐集已有醫療保險的民眾資料；國家衛生統計中心（National Center for Health Statistics）也同時追蹤原本未有保險的民眾資料，結果發現，即使尚未開始罰款（罰款由 2014 年開始執行），此法案實行後加保率已有所提升。例如：

- 自 2007 至 2011 年的上半年，在職民眾的個人醫療保險加保率從 15.6% 提升至 26.9%。
- 自 2007 至 2011 年的上半年，個人醫療保險的加保率從 39.2% 提升至 53.2%。
- 自 2010 至 2011 年的上半年，介於 19 至 25 歲的成年人未保險比例由 33.9%（1,000 萬人）降低至 28.8%（870 萬人）。
- 自 2010 至 2011 年的上半年，介於 19 至 25 歲的成年人加保率從 51.0% 提升至 55.0%。

花費與可及性　我們可以以平價醫療法案試圖矯正在醫療制度中不公平的狀況，同時也需要檢討如何降低醫療的整體花費，尤其是由稅金所支付，或沒有保險的人們所支付的費用。Ross、Bradley 與 Busch（2006）便提到，沒有醫療保險會對潛在病患形成一種無形的壓力，這會使他們在醫療花費上特別節省。當患者需要醫療服務，且沒有資源能使用的情況下，能接受治療的門檻就顯得

更高了。換句話說，當個體在沒有任何保障下，他們更不會產生預防保健的概念，通常只有病痛發生時才會求診。而許多沒有醫療保險的病患在沒有固定醫師的情況下，他們尋求治療的方式通常就是接受急診醫療，而這種醫療方式其實花費最多的成本。這樣的狀況下，病患一直處於被動的一方，他們會感到喪失掌控自己健康的能力。這種失能感通常較容易出現在低收入戶的家庭，也造成了美國人口醫療不平等的現況。

醫療可及性的不平等與健康成效落差，被通稱為健康差距（health disparities）。在某些類型的人口與一般人口比較時，統計結果的差距非常顯著。舉例來說，少數民族群體相對一般美國人而言，健康差距便很明顯（National Center for Health Statistics, 2011）。少數民族、低社經地位、移民與年長女性，較被乳癌與子宮頸癌所困擾（Institute of Medicine, 1999）。雖然在最新的數據中顯示，子宮頸癌的病例數已普遍降低，但非裔美國女性的發病率相較於非拉丁美洲裔的白人女性整整高出 39%（Buki, Montoya, & Linares, 2012）。許多州便以消除這樣的差距為首要目標。例如，在 2000 年間，國會成立了「國立少數民族健康與健康差距研究中心」，其主要目標便是減少健康差異，並期待最終能消除健康差距。循著這樣的方向，美國國家衛生研究院所屬的每個機構，都設計了一個可以消除健康差距的計畫，這些計畫全都是國家大型策略性計畫的一部分，以減少或完全消除國內的健康差距為目標（Institute of Medicine, 2006）。

對於健康差距存在的議題，有著熱烈的爭論。有些人認為，某些少數族群與特定的健康問題有著一定相關性（例如美國原住民與酗酒問題）。而另一些人則認為，身為少數民族的成員會對其心理造成一定程度的影響，這將導致有色人種在健康問題上有著更大的風險（Steffen, McNeilly, Anderson, & Sherwood, 2003）。也有其他人認為，對醫療系統管道的匱乏與對系統運作的不了解，才是造成差距存在的主因。試想像一個住在鄉村的移民家庭會面臨的處境：他們住的地方離醫院很遠，他們可能沒有足夠的語言能力（也無法和雙語職員交談）與醫療系統中的人員互動。上述種種因素皆能在某種程度上解釋健康差距的存在原因。

雖然健康差距會受到語言隔閡與地理位置限制的影響，但其他社會文化因素也會對其產生影響。例如：我們對看醫生、做例行性健康檢查的習慣便是因

素之一。整體而言,非裔美國女性在子宮頸癌的死亡率,為非拉丁美洲裔白人女性的兩倍(Buki et al., 2012),而這樣的現象,或許是因為非裔美國女性較少前往婦產科做例行檢查所造成的。例行性檢查在子宮頸癌、乳癌、腸癌等類型的癌症中是非常重要的,癌症的診斷愈早愈好,早期的發現與治療有較高的機率能成功復原。因此,在 50 歲過後,定期的健康檢查是極度重要的(U.S. Preventive Services Task Force, 2002)。雖然學界已提出許多類似的建議,但年長少數族群前往檢查的比率仍然非常低(National Center for Health Statistics, 2011)。Shih、Zhao 與 Elting(2006)針對造成如此低檢查率的原因做了探討後發現,語言、對於此類議題的資訊匱乏,以及文化上對篩檢程序的成見,皆是定期做健康檢查的阻礙。

在本章開頭的兩個故事中,出現了醫療可及性與費用的問題。在第一個案例中,對於定期健康檢查費用的認知,使得那位長輩在第一時間卻步,直到其症狀已惡化至不可治癒的階段才前往治療。對於醫療方面的知識匱乏,在這兩個案例中都扮演了很重要的角色,因為他們並不知道這些症狀代表什麼意思。後一例中的心理學家所面臨的困境是治療費用很高,能提供治療的醫療機構距離很遠,且她的醫療保險不足以支付她的治療費用。由於她是私人執業,屬小型企業,故必須支付較高的保險費用,但卻只能獲得較低的保障。一旦她的保險用完或遭到拒絕理賠,則便沒有保障了。

奉行與遵守醫師的囑咐　除了醫療的花費與可及性外,病患／消費者是否能遵守醫師指示,也是須討論的重要議題,也就是所謂的奉行醫囑(adherence)或遵照醫囑(compliance)。Haynes、McDonald 與 Garg(2002)在研究中提到,病患遵照醫師藥物治療的機率為 50%;當醫師給予改變生活方式的建議(例如:改變飲食習慣、多做運動)時,遵照率更低。在遵照率如此低的情況下,有什麼辦法能讓病患更聽話呢?針對此類研究,McDonald、Garg 與 Haynes(2002)發現,在短期的療程(少於兩週)中,明確地給予病患指示可以提升遵照率;在長期療程中,除了給患者明確的指示外,還需要社會支持、強調處方的重要性,並在病患遵守醫囑時給予正向的鼓勵,同時與定期的提醒。這表示我們需要依患者的狀況考量其文化脈絡或社會情境,並做出相對應的調整。

　　使用較新的技術（例如：網路），可以有效測量患者的遵照率，以及其整體醫療程序的成效。Manwaring、Bryson 與 Goldschmidt（2008）提出了一個很清楚的例子。在一個與飲食失調有關的計畫中，Manwaring 與同僚（2008）發現，網路治療計畫的週數、網路資料的閱讀量、線上討論的次數，以及電腦援助計畫的使用率，皆是遵照醫囑的有效指標。

　　其他這方面的研究者則針對特定類型的病患，找出他們的遵照率較高或較低的原因為何。舉例來說，有一群學者想知道哪些患者較傾向遵守醫囑做體能訓練，而哪些較不願意。Butcher、Sallis 與 Mayer（2008）發現，年紀較大的青少女與較低收入的青年，較不願意遵守運動為主的治療方式。調查了 100 個城市後發現，這兩種群體都較不願意遵守醫生對於其體能訓練的處方。雖然 Butcher 與同僚在研究中並沒有解釋此現象，但不難想像，或許是因為居住於貧民區會出現一些特別的問題，使得體能的訓練更加困難：在一個安全性有顧慮與缺乏娛樂設施的社區，要增加體能訓練是相當有挑戰性的。

　　DiMatteo（2004）將治療指示的遵照率與社會支持的角色做了後設分析，目的在於找出什麼樣的支持方式可以提升患者的遵照率。結果顯示，功能性社會支持（例如：人們直接給予患者協助）較結構性社會支持（例如：婚姻狀態、獨居或與他人同住等）更為有利。在功能性社會支持中，尤其又以實際性的社會支持（提供實用資訊、給予實際協助）最為有效，顯示對於提升遵照率，著眼於團隊更勝個人。在進行介入方案設計時，這些發現對於增加醫囑的遵照率很有幫助。

　　之前的研究強調患者特徵與遵照醫囑的程度相關。然而，有些醫師的特徵也會對患者的遵照率產生影響。在一篇早期探討醫師的特徵如何影響患者遵照率的相關研究中發現，醫師的工作滿意度、一週內看診的患者數、回答患者問題的意願，都會影響患者對醫囑的遵照率（DiMatteo et al., 1993）。因此，我們能夠推斷，一位喜愛自己工作、對工作積極，並與患者有著良好互動的醫師，會營造出一個能使病患有著更高遵照率的環境。而此類型的醫師也能與其患者有更良好的關係，病患更有可能因想被視為「好的病患」，而更加遵守醫師的指示。

　　在上述的研究中顯而易見的，支持性的關係與更廣的支持網絡對健康行為

的影響是很重要的。比正確的技術與先進的科技更重要的是,醫療系統與患者/消費者間的連結,這些連結將對患者更廣大的社會脈絡產生有意義的影響。基於這些發現,社區心理學家從中找出改善醫療體系的方法。

第二節　社區心理學與醫療系統

　　Revenson 與 Schiaffino（2000）在研究中發現,在醫療系統上的花費與其成果相比是相當不划算的。他們認為需更加強預防性醫療服務的發展,另外,對於現今強調「醫院與急診為首要接受醫療照護的場域」的觀念也需要被再次檢視。因為許多現代美國人的身體疾病皆與不良的生活方式和習慣有關,而這便是社區心理學能夠給予協助的。他們表示,社區的介入計畫應包含社區文化背景、建立於社區力量、強調健康的生活方式、在社區層次上找尋機會,並以整個社區而非個體為目標做介入。他們所列出的介入方法包括:大眾媒體的宣傳、社區組織、利用現有的社區機構（例如:學校、教堂）、改變社會政策以促進發展。接下來,我們將檢視社區心理學家將如何實踐這些概念。

壹、預防勝於治療

　　史丹佛大學的心臟疾病預防計畫是一個很好的例子,這個計畫主要的目標是藉由公共教育的方式,對特定人口說明導致心臟疾病的因素。這個計畫使用了媒體（報紙、廣播、電視、印刷品等）作為傳達工具,針對加州沿岸一些較一般人口心臟病發率為高的社區作為宣導對象。這些受宣導的社區相較於另一些未受宣導的社區而言,在心臟疾病關聯因子上有了顯著的改善（Maccoby & Altman, 1988）。第二個針對五個城市的研究,比較兩個宣導城市與其他三個未宣導城市,也有類似的發現（Farquhar et al., 1985; Flora, Jatilus, & Jackson, 1993）。而在三年後的追蹤研究發現,這些影響仍持續存在（Winkleby, Taylor, Jatilus, & Fortmann, 1996）,至少持續了六年之久。在跨領域團隊的研究下,史丹佛團隊成功地展現了一個有效預防性防護的例子,以多元化媒體作為媒介,

包含了：廣播電台、電視台、傳單及課堂宣傳等。當時也有兩個與史丹佛計畫相似的計畫：明尼蘇達心臟健康計畫（Luepker et al., 1994）以及波塔基特心臟健康計畫（Carleton, Lasater, Assaf, Feldman, & McKinlay, 1995）。這些計畫皆希望能在社區環境下改變個體的行為表現。這些計畫皆是跨學科的，且它們以有組織且實踐性的方式將特定社區納入計畫中。

　　其他特定族群的預防計畫也發展並執行得非常成功。除了媒體外，他們也在社區內使用了其他多元的介入方式。這些計畫的成功展現了社區參與對計畫成功與否的重要性。社區參與也協助建立並維持新的生活方式，同時也有助於維持較佳的健康價值觀（DuRant, Wolfson, LaFrance, Balkrishnan, & Altman, 2006; Jason, 1998）。

貳、從個體移焦至群體、鄰里與系統

　　公共衛生的首要目標除了包含宏觀的區域介入計畫外，群體、鄰里與社區系統也是社區心理學所聚焦的重點。公共衛生觀點在下一章中會有更進一步的討論。然而，如同先前的章節所討論到的，無論是在身體或心理健康層面，傳統上我們多著重於個體的處理方式。將介入方式自個體擴大至社區或鄰里，是社區心理學慣有的方式與力量。研究疾病（例如傳染病）與健康及相關影響因素的公共衛生模式，便造就了社區研究方法。先前提到的預防方式便顯示了此類介入的有效性。

　　Stephens（2007）在研究中討論到應利用社區的概念作為促進健康的手段。我們先前描述過對於社區定義的爭論：應該以地區或是特性為依據（Campbell & Murray, 2004）。除了這些最基本的考量外，社區心理學對這個模型加入了哪些元素？哪些元素可以促成心理上的認知改變？以及這一切如何被用來影響整個群體？都是重要的議題。另外我們也需要關注：社區的自然限制為何？在群體中哪些是變革的促進者？如何有效地溝通訊息？如何喚起社區意識與動機（Altman & Wandersman, 1987; Imm, Kehres, Wandersman, & Chinman, 2006; Manzo & Perkins, 2006; Nicotera, 2007; Perkins, Florin, Rich, Wandersman, & Chavis, 1990; Shinn & Toohey, 2003）？過去有大量的文獻探討這些議題。Wandersman 與

同僚的研究在前面的章節已描述過,社會凝聚力或社會解構的指標(當地的友誼網絡、社區組織的參與度)及其他的社區特性,都與實際的身體健康指數相關(Caughy, O'Campus, & Brodsky, 1999; Shinn & Toohey, 2003)。另外一個相關因素是個體與社會環境間的**適配度**(goodness of fit),可以藉由下列三種方式來界定:(1)個體與社會環境間的相似度;(2)個體的需求與環境的資源;(3)環境特質與個體偏好間的一致程度(Shinn & Rapkin, 2000)。在審視了多面向的社區心理學研究後,Shinn 與 Toohey(2003)對「脈絡極小化的錯誤」提出了警告,脈絡極小化的錯誤是指過於著重於個體,而忽略了整個社區/脈絡所引起的行為與健康後果。社區心理學家將焦點提高到更宏觀的層次,如此也協助將健康照護系統概念化,對發展、評估、改善醫療系統有非常大的意義。

Snowden(2005)提出「整體思維」的論點。整體思維指的是一整個團體的想法,在整體思維的情境下考量如何在環境中達到最好的狀態,並考量各種能改變其狀態的變數。這個想法主要的焦點在於,社會機制及其運作方式將如何影響健康或疾病?在 Snowden 的討論中,他引用了在貧窮社區中的例子做說明:雖然貧窮會使得社區處於危險中,但在貧困社區中仍有某些居民過得很好。這些居民是非常有心理韌性的,這個概念我們在第三章曾經提過。研究指出在具有韌性的社區中,居民會認為自己對社區事務是有責任的,也會主動協助將自己的社區維持在正向的環境中。因此,貧窮並不是帶來社區高危險的直接因素,貧窮使居民較難以維持正向環境,並間接影響了社區狀況。

Bolland、Lian 與 Formichella(2005)找到了關於社會斷裂(social disruption)與社會連結(social connectedness)的測量方式,來推測貧民區青少年絕望的程度。社會斷裂會增加絕望感,而社會連結會減少絕望感。重要的不是貧窮本身,而是曝露於暴力中、焦慮與創傷(社會斷裂),以及社區一體感低落、缺乏母親的關愛與信仰(社會連結)等因素增加了絕望感。Bolland(2003)在先前的研究發現絕望感與危險行為是有關聯性的。因此,了解絕望感有助於防治危險行為。社區心理學指出了許多與社區健康有關的社會變項,從中所學到的是,我們需要進一步解決社會斷裂的問題、降低絕望感,以期能減少危險行為。

參、建立系統

社區心理學家一直都對建立更多功能性系統很有熱忱（Sarason, 1972/1999）。Emshoff 與同僚（2007）介紹了一個在喬治亞州的計畫，這個計畫的目標為藉由社區機構的合作改善醫療系統。Lasker、Weiss 與 Miller（2001）將合作（collaboration）定義為：「使獨立的個體與組織能結合其人力及物力的過程，藉以完成任一方都無法獨立完成的目標」（p. 183）。Roussos 與 Fawcett（2000）對這個合作進行分析後認為，合作提高了系統的效率（像是減少重複的服務類型），也改善了醫療系統的整體功能。Emshoff 與同僚（2007）則發現，在前面幾年，服務提供已經產生改變，頻繁的會議帶來更大的改變，以長遠的角度來看，合作式的領導對系統有更大的助益。整體而言，合作能使系統更成功、運作得更好。這樣的結果應證了 Lasker 與同僚（2001）的想法：成功的合作模式會對結果有加乘性的效果。去審視一個健康的社區就不難理解：「幾乎所有的目標都無法由單一的個人、組織或部門獨力達成」（Lasker et al., 2001, p. 179）。

形成新系統以提供服務、服務提供會帶來什麼影響，都是社區心理學關心的範疇。這類合作型的系統或許能代表未來醫療系統的發展趨勢，而參與者對於成本的要求，以及對於多樣化專業與配備的需求，都是未來需要進一步思考的面向。

肆、增加可及性

即時的介入　有許多方法能檢視可及性，其中一項在本章的前面便討論過了，即為醫療服務的費用。從二級預防的觀點來看，及早進行醫療介入（例如：初次曝露在危險因素中）便是遏制費用的一個可能性。正如同前面所提到的，有些醫療成本與生活方式的選擇是有相關性的。就社區層次而言，這些選擇是能夠被心理介入所調整的。

在一連串類似的計畫中，有一份目的為降低危險行為的研究，關於如何減

少孩童在車內不使用安全帶的行為（Fawcett, Seekins, & Jason, 1987）。首先研究者蒐集了實際使用安全帶及大眾對使用安全帶的接受度等相關數據後，利用這些資訊，社區心理學家協助了堪薩斯州與伊利諾州的立法機關推行關於安全帶的相關法令。這個計畫非常成功，甚至引起了全國注意，這些法令便是現今美國安全帶相關法令的前身。時至今日，大多數的人都會認為繫安全帶是一件很正常的事，但之前並不是這樣的。我們非常期待在未來，其他能促進健康的行為（例如：健康的飲食）也同樣被視為是很自然的事。

近期，社區心理學已在菸草、酒精使用，以及安全性行為上發展研究與計畫。這些努力的成果將會在下一章中討論。這些皆是健康系統介入，目的是希望能直接改變對健康有幫助的行為。懷孕的預防在前面社會與健康服務一章中曾介紹過，正如其中所提到的，青少年母親的新生兒體重較輕且有較高的夭折率。焦點 10.1 中再一次檢視懷孕的預防議題，並以社區的觀點找出能夠給予協助的方法。

焦點 10.1

青少年的懷孕預防

在工業化國家中，美國的青少年懷孕率是第二高的（Darrouch, Frost, & Singh, 2001; Kirby, 2007）。Darrouch 與同僚（2001）發現在五個西方已開發國家中，20 歲以下女性的性活動頻率差不多（見表 10.2），但美國人的懷孕機率特別高（見表 10.3）。造成這個差異的主因，可能是因為美國女性較少採用避孕措施。

表 10.2 20 至 24 歲女性於 20 歲前第一次性行為百分比	表 10.3 青少年生育率（單位為千分之一）
· 瑞典：86%	· 瑞典：7
· 法國：83%	· 法國：9
· 加拿大：75%	· 加拿大：20
· 英國：85%	· 英國：31
· 美國：81%	· 美國：49

焦點 10.1（續）

　　Kirby（2007）檢視懷孕預防方案，了解哪些避孕方式成效較佳。他只選用實驗或準實驗設計的研究（見第二章），並排除樣本量不足者，進一步進行後設分析發現，全面性的預防方案（包括：教導避孕步驟並同時鼓勵節育）是有效的。相較之下，單一強調節育的方案則成效不彰（這個發現促使現今由聯邦政府所資助的方案，主要以全面性的性教育方案為導向）。而那些著重於「非性保護因素」的方案（例如：協助進行未來的規劃、注重在學表現、增進家庭連結、提供宗教信仰支持等）也有相當的成效。此外，參與服務學習計畫（例如：參與社區志願服務）也能有效降低青少年的懷孕率。由此我們即可彙整出，哪些預防方案對青少年懷孕較有成效：愈全面性的方案成效愈佳，而聚焦於單一面向的方案（例如：只倡導節育觀念）則效果有限。

　　除了審視這些方案之外，我們也需要了解環境在方案實施上的重要性。堪薩斯州曾以學校及社區為主要場域，施行了一個全面性的青少年懷孕預防計畫（Paine-Andrews et al., 2002），這個預防計畫試圖改變整個社區的功能。有趣的發現是，在系統改變幅度愈大的社區，其懷孕率也下降得愈多；而在系統沒有太大改變的社區，懷孕率並未下降。

　　為了提供更有效的環境來執行青少年懷孕預防計畫，我們需要更了解相關的背景與影響因素。Rolleri、Wilson、Paluzzi 與 Sedivy（2008）從一個在國家層級的合作計畫（全美青少年健康網絡和教育訓練與研究協會的合作）中發現，他們透過教育計畫教導參與者利用行為、決策、干預的邏輯模型，以邏輯式的思考來制定介入方案。這種模型總共包含四個環環相扣的流程：定義目標、找出能達成目標的行為、確認會影響這些行為的決定因素，以及提出可以影響這些決定因素的介入方式。後續的相關執行資料都會不斷地回饋並修改這個歷程。在州層級的預防方案執行上，這些研究者們的成果是非常重要的，這使得預防介入方案能夠以科學證據為基礎繼續發展下去。

　　如同在本章節的前半段提到，有兩個要素能影響個人的健康：其中一項是定期做健康檢查的意願，另一個是增加個人的**健康素養**（health literacy）（與健康保健相關的知識）。願意做年度健康檢查且在身體有症狀出現時就去求

診，代表這個人即使冒著聽到壞消息的風險，也願意就診（Rothman & Salovey, 1997）。這樣的心態與能建設性的回應此類消息的能力，會受到個人對醫療程序、費用、治療成功機率的認知所影響。除此之外，若有治療的必要，我們會期待並假設個體會主動尋求治療。舉例來說，我們常假設人們在有症狀出現時便會尋求醫師的協助，並且信賴他們的診斷。但事實通常不是這樣的，在本章的第一個故事中，便提到了關於因為不願意求診而延誤診斷的例子，延遲求診只會讓潛在病患冒更大的風險。不幸的是，這樣的行為是許多少數民族成員的典型行為，也因此導致了健康差距，例如：乳癌的致死率（Buki et al., 2012）。如同在故事中的例子，更令人感到悲傷的是，等待與遲疑會致命。那我們應該如何來解決這樣的差距呢？

與多樣化的社區相處　Snowden（2006）抽取了多個臨床計畫中的變項，試圖了解這些變項如何影響加州少數民族使用心理健康服務的狀況。Snowden 觀察了 Medi-Cal（加州的醫療保健計畫）的患者發現，計畫中的**外展**（outreach）（也就是診所人員會走入社區，主動詢問民眾使否需要幫忙，並在發現需求後將病患帶回診所中）可增加拉丁美洲裔及美國原住民對心理健康服務的使用。對於亞裔美國人來說，診所的工作人員若有**雙語能力**（bilingual）（同時能使用英語及一種亞洲語言）或具**雙文化身分**（bicultural）（同時了解美國與亞洲文化）則會提升其醫療服務使用率。這個發現其實並不穩定，亦有研究發現，雙語與雙文化的接待員會減少亞裔美國人接受服務的意願，這可能是因為在使用心理健康服務的早期階段，他們曾經因種族問題而受到汙辱。整體而言，對全部的族群來說（包括白人），若心理健康服務增加就能同時增加使用率。這些發現對如何增加醫療照護使用率有很大的幫助。

　　Rapkin 與其同僚（2006）在紐約州的一個乳癌推廣與教育方案中，採用合夥關係模型，建立衛生署與社區組織（community-based organizations, CBOs）的合作關係。這個方案的簡稱為 ACCESS，ACCESS 在特定的社區中進行健康資訊需求議題的討論。在這些討論中，專為該社區量身打造的介入方式便逐漸成形。從特定的社區出發，一旦累積了夠多獨立社區組織的資料後，這個方案便能進一步擴展至其他不同脈絡的社區。這些討論激盪出更多有效的介入方式，

也增進了社區組織的關係。在方案結束時，服務也未曾停止，CBOs 會爭取更多的資訊以及更多的機會投入這個方案。這個社區方案使教育中心與許多地方組織（例如：教堂、青少年團體、學校等）建立了夥伴關係，這使得該方案能深耕於社區中。以這個方案的設立為出發點，加上這些已然建立起來的夥伴關係，若未來需要推廣其他醫療訊息，勢必會比傳統的醫療辦公室或醫院宣傳來得有效。這樣為特定社區量身打造的方案，是所有方案設計的典範。

鄉村健康　將治療與社區做連結是很重要的，這個議題在鄉村中更顯重要。在上個段落中所描述的 ACCESS 方案，就是一個將介入方式與當地狀況做結合的極佳範例。紐約州中，不論城市或鄉村都發展了以社區為單位的癌症教育方案。除此之外，其他聚焦於增進鄉村醫療服務的方案，包括在那些尚在訂定需求與服務的社區中，都有不錯的成果。這樣的社區賦能，在社區心理學傳統中是很常見的概念。

　　相同的手法同時在很多地方使用，有兩個在不同地方推行的方案都試圖融入社區觀點，以定義問題並執行決策。一個是在北達科他州，鄉村及美國原住民社區中的社區組織舉行討論會議，找出該地區的醫療障礙，並確定如何在鄉村的醫療中心獲得協助（Moulton, Miller, & Offutt, 2007）。這些會議也可以針對特定的問題產生策略，並組成能解決這些問題的小組。這些社區參與的程度能導出對特定群體更有用的介入方式。另一個方案位在夏威夷的鄉村中，該研究使用了參與模式（Hoshin），讓這些社區成員參與目標定義、方法、目的與實際做法的制定。研究發現，透過讓社區成員共同參與、協定會帶來很好的結果。常見的社區需求包含：經濟因素（貧窮、失業、醫療保險、給付能力等）、藥物濫用、缺乏領導、醫療服務匱乏、醫療可及性不足、缺少青少年育樂活動、低劣的公共教育，以上總總的問題涵蓋了生態學觀點上各個面向。這些發現皆是由社區成員討論所得到的結果，顯示鄉村健康問題不僅是醫師不足而已，在鄉村社區脈絡的情境下，更迫切需要的是多層次與全面性的介入方式，其中所涉及到的議題包含了社會支持與網絡資源。我們接著來檢視社會支持重要性的研究，在了解的同時需注意，其中所做的考量皆可能與先前提過的壓力、因應及心理韌性模式有關。

伍、社會支持與健康

　　過去幾十年來，社區心理學的文獻都顯示，良好的社會支持系統能對健康狀態有正向的影響（Wallston, Alagna, & DeVellis, 1983）。在早期的觀點中，Wallston 與同僚的發現便已能清楚證明社會支持對維持健康的益處。除此之外，也有研究指出社會支持對恢復健康也有益。

　　然而在十幾年過後，Uchino、Cacioppo 與 Kiecolt-Glaser（1996）回顧過去的文獻發現，社會支持對心血管系統、內分泌系統與免疫系統的健康，特別具有正面的影響。這其中的生理機制尚未全部釐清，但這個發現誘發出許多試圖解釋社會支持與與特定健康層面影響的研究。社會互動對於形塑關於健康問題的態度、信念、知識，以及面對健康問題的情緒、預防和定期檢查，都是很重要的（Mobley, Kuo, Clayton, & Evans, 2009）。社會網絡由朋友、家庭、同僚，以及其他聯繫管道所組成（Katapodi, Falcione, Miaskowski, Dodd, & Waters, 2002），此網絡能提供健康資訊的取得，例如：從與家人的討論或學校的教育中獲得（Campos et al., 2008; McCloskey, 2009）。Buki 與同僚（2012）認為，當患者沒有足夠的支持時，他們的健康素養與接下來的預防行為都會受到損害。

　　另一種觀點認為，社會支持會間接地影響健康。社會支持同時影響行為與心理歷程，而這些歷程會接著影響與正向健康關聯的生理反應（Berkman, Glass, Brissette, & Seeman, 2000; Uchino, 2004）。現在的研究數據已更能清楚地說明社會支持對心血管系統、內分泌系統與免疫系統的直接影響（Uchino, 2004, 2006）。社會支持是個社區變因，介入以增強社會支持將是治療中不可或缺的一部分。目前有實驗性的研究正在了解改善病患社會連結之方案的影響，若能證實其有效性，在新的治療系統建置時就需考量健康促進的推行及健康矯正。

摘要

　　醫療系統的建置似乎是應用社區心理學原則最合適的地方。雖然，在世界上有許多各式各樣的醫療系統，本章中主要關注美國的醫療系統運作方式。以其為例，我們發現，目前在美國已有訓練有素的員工與現代化的設備，以及大量的經費投入醫療系統中。然而，雖然美國的技術與研究能力皆居世界之最，同時又有大量的經費資助，但美國人的長壽程度仍只位於世界排名第 26 名。

　　何以造成這個結果呢？其中，最重要的便是醫療可及性與花費。可及性指的是能即時獲得並使用醫療資訊的可能性。花費指的則是為了觸及醫療資源，病患或其家庭需要支付的金錢。美國的某些人口因為可及性或花費的問題而處於健康的危險中，這些族群包括：鄉村人口、少數特定民族，以及沒有健康保險的人。而醫療系統需關注的第二個議題，則是遵照率的問題。遵照率會受到可及性及花費的影響，但其他社會因素能夠增加病患的遵照率。

　　社區心理學對這些問題的回應便是：預防勝於治療；強調社區、鄰里對介入方案能產生的即時性與優勢；增加建立醫療系統所需的知識與技術；增加可及性的方法；以及增進社會支持對健康影響的認知。一直以來社區心理學對醫療系統都有關注，也提出健康模式和整體取向的主張。其中社區心理學最大的挑戰與機會，就是真正意識到，這個學門對於促使健康照護系統發揮影響有著無限的潛力（Minden & Jason, 2002; Revenson & Schiaffino, 2000）。

11

社區健康與預防醫藥

譯者：邱珍琬／審閱者：洪菁惠

> 所有人類行為都是這七個因素裡的其中一個或兩個所造成：
> 機會、自然、強迫、習慣、理性、熱情與慾望。
> ──亞里士多德（西元前 384-322 年）

　　Elizabeth 是一所州立大學大一新生。她認為自己與其他許多同儕差不多，就是週末喝酒、偶爾喝醉。Elizabeth 喜歡享受一下，但是她認為自己絕無問題，在返鄉的那個週末，白天她都耗在卡車後的擋泥板上以及參加派對前的飲酒活動，晚上她參加了許多派對，喝了許多伏特加，也參與不同的飲酒遊戲。在其中一個派對上，她遇到一起上化學課的 Jake，他整晚都在挑逗她，當 Jake 建議回到他住處時，Elizabeth 很熱情地同意了，他很可愛，也提醒了她這就是大學生活啊！他們在爛醉中發生關係，第二天早上，Elizabeth 突然意識到昨晚他們都在喝醉的狀態下，根本沒有使用保險套。她腦子就一直在轉，她沒有吃避孕藥，萬一懷孕了該怎麼辦？Jake 是個好人，但是別人說他是到處留情的傢伙，萬一他有性病該怎麼辦？她該找誰求助？

　　生理學與自然科學在最近幾十年已經有莫大進展，從最早的心臟手術到複製羊桃莉，到早上吃的事後避孕藥，以及所謂的神藥威而剛。然而就如同第十章所討論的，這些都存在著許多健康的差異：美國人與住在工業化世界的人們都死於不會傳染、通常是可預防的疾病，然而在開發中國家的人們卻是死於傳染性疾病，以及容易治療的感染（Centers for Disease Control and Prevention, CDC, 2011a）。雖然大體說來，美國人民的健康情況已經大有進步，但是依然存在著許多與公眾健康有關的挑戰。在 2009 年，有超過 10,800 名車禍死亡人數，其中駕駛人酒測值超過 .08 或更高，占了當年32%的車禍死亡原因（National Highway Traffic Safety Administration, 2011）。傳染性疾病（包括一些性病）目前處於前所未有的高峰，伴隨著出現抗藥性的細菌與病毒（Morbidity and Mortality Weekly Report, MMWR, 2011）。目前全球亦有 3,300 萬人感染愛滋（human immunodeficiency virus, HIV）（United Nations Programme on AIDS/HIV, UNAIDS, 2010）。總而言之，這些情況在在說明了社區健康與預防藥物，是健康生活型態不可或缺的一環。隨著教育程度與預防宣導的普及，Elizabeth 可能已經意識到她自己的危險行為，也可能已經接觸了相關資訊。

　　最後，本章會從社區心理學與預防醫藥的觀點，檢視六項健康議題，並以一般民眾為目標、以政策為基礎的預防計畫，或是以單一社區為目標進行討

論。選擇這些健康議題的主要原因有二：首先是每一個議題都已經在媒體中獲得許多關注；再者，每一項議題若能先採取預防動作，幾乎都是可以預防的；最後，若是沒有任何預防行動，會有極大多數的民眾可能受到影響。

　　統計數據通常是從美國「健康與人類服務部」（Department of Health and Human Services, DHHS）及其他聯邦（如 National Highway Traffic Safety Administration）、州立（如 Massachusetts Department of Public Health）、國家（如 American Public Health Association）、地方（如 Asian and Pacific Islander Coalition on HIV/AIDS）以及國際組織（如 United Nations Programme on HIV/AIDS）等不同機構那裡蒐集到的資料，用來描述每一項健康議題。每個機構或資源都有它自己的取向和作法來評估健康議題的嚴重性。舉例來說，「藥物濫用與心理健康服務管理」（Substance Abuse and Mental Health Services Administration, SAMHSA）是 DHHS 底下的一個在地機構，它的任務是要提供藥物濫用的治療與服務，執行全國家戶在藥物濫用上的調查，目標是那些沒有入院治療、年齡在 12 歲以上的個人；另外一個 DHHS 的機構是「疾病控制與預防中心」（Centers for Disease Control and Prevention, CDC），它的任務是公共衛生流行病學與監控，執行「青年危險行為監控系統」（Youth Risk Behavior Surveillance System, YRBSS），這是一個以學校為單位的調查，同時也會做酒精使用的估計。我們已經知道最新近的研究結果在報告出來時會有時間落差與差異，建議你去檢視這些不同資料所使用的調查方式，以及最新的資訊（見表 11.1 會有一些例子）。

第一節　菸草

壹、問題嚴重性

　　根據世界衛生組織（2011）的資料，全球的菸草使用是造成每年超過 500 萬人死亡的原因。根據 CDC（2011b）：

表 11.1　與健康有關的一些統計數字與資訊來源

機構	來源	網址
美國心理學會（American Psychological Association）	APA Monitor（2001年6月，藥物特刊）	www.apa.org
美國公共衛生學會（American Public Health Association）	國家健康（The Nation's Health）	www.apha.org
亞洲與太平洋島嶼 HIV/AIDS 聯盟（Asian and Pacific Islander Coalition on HIV/AIDS）		www.apicha,org
亞洲與太平洋島民健康中心（Asian and Pacific Islander Wellness Center）		www.apiwellness.org
疾病控制與預防中心（Centers for Disease Control and Prevention，包含國家健康統計中心、抽菸與健康辦公室）	共病與死亡率週報（Morbidity and Mortality Weekly Report）、危險行為因素調查（只有成人）、青年危險行為監控系統（YRBSS）	www.cdc.gov
食物與藥品管理局（Food and Drug Administration）		www.fda.gov
傳承基金會（Legacy Foundation）		www.americanlegacy.org
國家健康研究院（National Institutes of Health，包括國家癌症研究院、國立藥物濫用研究院）		www.nih.gov

表 11.1　與健康有關的一些統計數字與資訊來源（續）

機構	來源	網址
國家藥物控制政策辦公室（Office of National Drug Control Policy）		www.whitehouse.gov/ondcp
藥物濫用與心理健康服務管理局（Substance Abuse and Mental Health Services Administration）	全國藥物濫用家戶調查（National Household on Drug Abuse）	www.samhsa.gov
聯合國 HIV/AIDS 計畫（United Nations Programme on HIV/AIDS）	愛滋傳染最新消息（AIDS epidemic update）、HIV/AIDS 公報（Declaration of Commitment on HIV/AIDS）	www.unaids.org

- 每一個人死於與菸草有關疾病的同時，有超過 20 人至少罹患因為吸菸而產生嚴重疾病（像是心臟病、中風、肺氣腫）。
- 以全世界來說，目前的趨勢顯示：菸草的使用（到 2030 年為止）會造成每年超過 800 萬的死亡人數。
- 就美國來說，菸草的使用造成每年五分之一的死亡率（也就是每年約有 443,000 人死亡，而估計因為二手菸而死亡的人數約有 49,000 人）。
- 平均來說，抽菸者比沒抽菸的人要少 13 到 14 年的壽命。

使用菸草是致死原因中第一個可以預防的。然而，它每年造成超過 HIV、禁藥使用、酒精濫用、車禍受傷、自殺與謀殺的總死亡人數（CDC, 2011b）。菸草的使用與抽菸常常交換使用，要留意的是，菸草的使用通常也包括無菸菸草（見圖 11.1），無菸菸草通常與不同的口腔癌有關係。

「全國家戶藥物使用與健康調查」（National Household Survey on Drug Use and Health, NSDUH）是針對美國 12 歲以上的非住院一般民眾（包括避難所、出

乙醛（刺激物）
苯芘（致癌物）
鎘（用於汽車電池）
甲醛（防腐液）
鉛（神經毒）
尼古丁（上癮藥物）
亞硝胺（致癌物）
針（在核能廢料裡發現的放射性元素）
鈾（在核能武器裡發現的放射性元素）

圖 11.1　無菸菸草的一些成分

租房屋、宿舍以及軍隊駐紮區人民），在藥物與酒精使用及濫用的預防、模式
與結果的主要資訊來源（見 http://oas.samhsa.gov/nsduh/2k7nsduh/2k7 results.cfm#
Ch4）。關於菸草的使用，從 2007 年 NSDUH 的調查指出：12 歲以上的美國
人，當時使用菸草產品的有 7,090 萬人，占了該年齡層的 28.6%。此外，18 到 25
歲的年輕吸菸人口占 41.8%，比例最高。如果以性別來說，在 2007 年的調查發
現，當時 12 歲以上使用菸草製品的男性（35.2%）比女性更多（22.4%）。結合
2006 與 2007 年的資料顯示，15 到 44 歲的女性，在過去一個月抽菸的懷孕婦女
比率（16.4%）比未懷孕的女性（28.5%）低，然而，只是單獨看 15 到 17 歲的
女性，懷孕女性抽菸比率（24.3%）顯然高於未懷孕的女性（16%）。這個機構
也分析了使用菸草產品的其他決定因素，包括教育、有無工作以及地區（SAM-
HSA, 2007）。

　　YRBSS 是一個全國性的調查單位（是由 CDC 所資助），用來監控年輕人
與年輕成人健康危害行為的優先次序，針對九到十二年級生，包括 40 州與 21 個
地區的調查（MMWR, 2011）發現，在 2010 年有 19.5% 的學生在過去 30 天內至
少抽過一天菸（也就是「當時香菸使用者」），白人（22.5%）跟西班牙裔
（18%）的學生比黑人學生（9.5%）抽菸比率更高。整體來說，一般使用香菸
的男性（19.8%）比女性（19.1%）要高；以年齡來說，年長的學生比年紀輕的
學生更可能抽菸。在 2010 年，有 5.2% 的中學生抽菸，最近幾年有緩慢減少的趨
勢。這種香菸使用長期減少的情況是從 1990 年代中期開始，但在 2010 年低年級

學生抽菸數似乎就沒有增加了。的確，證據顯示八、十年級學生在 2010 年抽菸人數增加了，雖然增加的情況未達顯著（Johnston, O'Malley, Bachman, & Schulenberg, 2010）。幾年前，知覺抽菸的危險性與社會不許可的情況已經穩定下來，可能也是造成這種趨勢的原因。

在女性族群中，吸菸會增加不孕或是早產、死胎、嬰兒猝死症，以及出生時體重過輕的情況（U.S. Deaprtment of Health and Human Services, 2011）。出生時的體重直接與嬰兒的存活率有關，抽菸也與子宮外孕、自然流產極為相關（U.S. Deaprtment of Health and Human Services, 2011），然而，有 13%到 17%的孕婦在懷孕期間，還是持續抽菸（U.S. Deaprtment of Health and Human Services, 2011）。

另外一個覺察抽菸負面的結果，是要去計算與估計——提供給這些因抽菸而罹病及瀕死的人，所需的醫藥與健康有關服務的金錢。這些服務包括（但是不限於）救護車的使用、處方藥物、醫院治療、居家健康服務，以及養護機構的照顧。這些服務是用來計算州政府的**醫療花費**，即州政府在財務上的花費，以提供醫藥與健康相關的服務給這些因為抽菸而生病的人（CDC, 2011b）。對州來說，在 2000 到 2004 年間，光是抽菸就估計需要負責每年美國與健康有關的經濟損失達 1,930 億，其中 960 億是直接的醫療花費，而將近有 970 億是生產力的損失（MMWR, 2008）。

即使是非抽菸者也不能免於菸草相關的健康議題。**二手菸**，正式名稱為**「環境裡的菸草使用」**（environmental tobacco smoke, ETS）被美國環境保護局規範在「A 群」裡（也就是人類）的致癌物質。事實上有超過 50 種二手菸的致癌物質（U.S. Department of Health and Human Services, 2006）。曝露在二手菸的情況下，也會造成大概每年有 49,400 不抽菸者的死亡，從心臟到肺部的疾病都有（CDC, 2011b）。雖然曝露在二手菸的情況，從 1986 年開始一直有降低的趨勢，但是二手菸仍然是嬰兒與成人早死或罹病的主要原因（U.S. Department of Health and Human Services, 2006）。儘管在公共區域控制菸草使用的努力，數百萬美國不抽菸者（孩子跟成人都一樣），依然曝露在二手菸之下，特別是在家裡以及工作場所（U.S. Department of Health and Human Services, 2006）。

貳、反菸行動的努力

自從發現菸草使用與肺癌及其他相關健康議題的證明後，反菸行動就在不同層次上出現了，從小學的覺察計畫到州強制的餐廳禁菸。以吸菸與肺癌的關係為基礎，「國立癌症機構」〔National Cancer Institute，是「國立健康署」（U. S. National Institutes of Health）的一部分〕資助了許多抽菸覺察與預防計畫。其中一個是「美國禁菸防治研究」（America Stop Smoking Intervention Study, ASSIST），從 1991 到 1999 年間執行，是政府資助最大規模的示範方案之一，用來協助各州發展有效的減少抽菸策略。ASSIST 提供 17 個州的資金，也發現在菸草控制策略的改善下，這些州的菸消費量明顯減少。這個研究也讓最新近的州菸草控制方案的證據變得可能：投資更多的州政府菸草控制計畫，聚焦在嚴格的策略與規定，是減少菸草使用最重要的有效方式（National Cancer Institute, 2004）。

「美國傳承基金會」（American Legacy Foundation）是一個發展了許多計畫來對抗菸草與香菸使用的基金會，其「致力於建造一個年輕人拒絕菸草、任何人都可戒菸的世界」（American Legacy Foundation, 2008a）。這個基金會所做的反菸草行動，從全國性的「真相」年輕人抽菸預防計畫，到投注研究目標在於減少菸害與外展計畫（以優先族群戒菸為目標）（American Legacy Foundation, 2008b）。這個基金會最近所做的其中一個計畫是「無菸電影宣導」（Smoke Free Movies Campaign），希望可以減少好萊塢電影中年輕人吸菸的印象，這個宣導的目的是新電影中若有抽菸鏡頭，則將其標示為「R」（限制級）並顯示在螢幕上，若電影裡面涉及任何有關菸草的鏡頭，也在電影正式放映之前先安排一段禁菸廣告（American Legacy Foundation, 2008a）。

就全球的情況來說，世界衛生組織（2008c）已經有了新的指標報告，代表「一系列 WHO 報告的第一個，將會追蹤菸草流行的情況，以及禁菸介入處置執行的效果」。這個報告列出了六項政策作為 WHO 的 MPOWER 策略，包括以下幾項：

· 監控菸草使用與預防策略。

· 保護人們免受抽菸（草）之危害。

· 提供協助給戒菸者。

· 警告菸草之危害。

· 強制禁止菸草廣告、促銷與贊助。

· 提高菸草稅。

　　儘管有許多不同的反菸努力，但每一年菸草業還是花費了好幾百萬的金錢在廣告與促銷菸草上（像是免費券或是有商標的皮夾克）。在 2006 年，香菸公司在美國花了 124 億美元在廣告以及促銷上，雖然比 2005 年的 131 億美元少，但是相較於 1997 年卻增加了兩倍多（CDC, 2011b）。此外，菸草業很快地利用以影像為基礎的宣傳，也顯現出對年輕人及受教育較少的族群相當有效！舉例來說，DiFranza 與同事（1991）發現 Joe Camel（一個卡通人物抽駱駝牌香菸）比米老鼠更容易被孩子認出來。雖然美國政府已經執行政策來限制這種人物在美國的使用，這樣的影像持續在國際市場上使用。單以廣告所花的金錢，那些反菸行動的人士（包括NCI與WHO），在為了創造有效反菸與禁菸的公共健康議題上，正面臨著相當艱鉅的任務。

參、以社區為基礎的取向

　　在 2009 年 18 歲以下的族群裡，有 15.7%說自己是慣性抽菸者，14%是自己在商店或加油站購買香菸，而且不用年齡證明（MMWR, 2010a），這暗示著與健康議題相關的法律政策（如：「不能賣菸給未成年者」）只是無菸環境戰爭的第一步而已（Jason, Berk, Schnopp-Wyatt, & Talbot, 1999），且很明顯地無法遏止這個問題。Biglan 與同仁（1996）提到：

> 　　許多法律執行官員覺得他們需要去處理更重要的犯罪事件，而如果這樣的案件帶到法官面前，會讓他們很困擾。此外，如果減少菸草銷售這樣的想法沒有適當地廣為宣傳，執行菸草控制的努力，可能就會因為執法而有反彈的危險。（p. 626）

　　這些敏感的議題在今天還是存在。如果法律對於抑制危險行為（像是抽菸）無效的話，其他的策略可能有效嗎？在這個領域的研究者相信，社區成員必須對健康有關的問題有一種「所有權」，包括他們是如何看待及執行這些與健康相關的法律政策。為了測試這個情況，Biglan 與同事設計了一個「五元素介入計畫」，來減少奧瑞岡兩個小社區的年輕人接近菸草產品，結果是以社區裡願意銷售給年輕族群菸草的商店比率來計算。

　　使用準實驗設計的方式，Biglan 與同事（1996）在兩個選好的社區進行介入處遇，而另外兩個社區（控制組）未進行這樣的介入。特別是有「動員社區支持」的活動，包括由不同社區裡的機構（像是學校、健康照護提供者與市民組織）參與宣導的連署信，創作一個「不販售香菸給年輕人」的宣言。批發商教育方面包括訪視所有菸草供應商，以及分發宣言給他們。以修正過的刺激操作來改變售貨員對於賣不賣給 18 歲以下年輕人香菸的結果，也就是每一次給予那些遵守法律者價值 2 美元的禮券（可以在當地使用）作為酬賞，違反法律者就會給予法律上的提醒，以及一張社區「不販售香菸給年輕人」的宣言。這些活動也刊登公共媒體（如報紙）上，作為「宣導介入策略」的一部分。最後，菸草商店老闆會接獲有關這些活動的個別通知（店員的身分被掩蓋起來）。簡而言之，這五元素代表「巨觀層次」（社區動員）到「微觀層次」（給商店老闆的回饋）的完整社區介入策略，結果顯示介入社區（相較於控制組）裡願意販賣菸草給年輕族群的菸草商店數明顯降低。

　　Biglan 與同事（1996）的研究說明了在彰顯健康相關法律政策時，以社區為基礎介入的重要性。很不幸地，社區模式及對藥物濫用敏感度的重要性，卻未得到一般大眾的了解。許多人不了解他們的整個社區可以對一些議題有影響，像是年輕人使用菸草的情況。Siegel 與 Alvaro（2003）在亞利桑那的兩個縣做了一個研究，根據他們的發現，有相當多的成人相信對未成年者來說，取得菸草是相當容易的，而這些人的家長需要為此問題負起絕大部分的責任。此外，大部分的成人回答說：「要阻止想買菸的未成年者，他們及社區是無法可施的。」顯然地，即使已經有案例證明「一般說來，社區在改善健康相關議題是可以扮演重要角色的」，然而，大部分社區成員並不清楚他們在社區網路裡

的角色為何，這種無力感是一個社會公義的議題，會影響到許多有物質濫用問題的危險社區。

第二節　酒精

壹、問題嚴重性

除了香菸之外，酒精也是其他藥物使用及濫用的入門。在某些情況下，有人可能會爭論說，酒精與其他藥物無關，對年輕族群來說，應該是較屬於危及健康的議題，而不是像其他藥物（包括菸草）的問題。首先，像菸草之類的藥物長時間使用之後，會造成最嚴重的傷害，這與酒精正好相反，其使用一次就會釀成威脅生命的情況（像是酒駕肇事）。第二，酒精被視為一種比菸草更能為社會所接受的藥物。舉例來說，不可能有一天，酒精也會像抽菸一樣在大部分的餐廳裡被禁止使用。第三，雖然抽菸與喝酒的年齡都有法律規定，然而，有愈來愈多年齡未滿的年輕族群在某一時間點上已經或將會使用酒精。例如，依據 2009 年 YRBSS 的資料（MMWR, 2010b），有 72.5%的學生在其一生中至少已喝過一次酒，此外，資料顯示年輕人第一次喝酒是年紀相當小時。舉例來說，21.1%的學生在 13 歲之前就喝了第一次酒，而 63.4%的九年級學生已經喝過一次酒。不同性別、年齡與族群的差異，說明了學生在九年級時飲酒的大概狀況。例如，有相當比例的女性（66.4%）說在九年級之前就已經喝過酒，比同齡的男性（60.8%）比例要高；然而，有23.7%的13歲男性已經有第一次喝酒經驗，比同齡的女性（18%）還要高。

以全國的情況來說，目前有 41.8%的學生使用酒精（在過去 30 天內至少喝過一次酒），目前使用酒精者在性別、年齡與族群的分布也不同。舉例來說，目前使用酒精者，在白人及西班牙裔女性族群中最普遍（分別是 45.9%與43.5%），比非裔女性（35.6%）更多；此外，約有 24.2%的學生有過大量飲酒的經驗（在調查前 30 天內至少有一天，在幾個小時內至少持續喝五杯酒）。過度飲酒的情況，以十一年級生而言，男性（30%）較女性（26.5%）多，此外，

白人學生（27.8%）比非裔（13.7%）及西班牙裔（24.1%）學生更容易飲酒過量。

有關趨勢的情況，研究者觀察過去幾十年以來，在青少年階段酒精的使用（包括大量飲酒）已經持續下降，在 2010 年也達到歷史新低（Johnston et al., 2010）。大約自 1980 年以來，酒精使用率的下降已經是常態，在 1990 年代早期曾經中斷過，也就是酒精、菸草以及禁藥的使用都增加了。舉例來說，1980 年的十二年級生當中，41%承認在調查前兩週，至少有一次連續喝五杯酒以上的經驗，這個統計數字在 1992 年降到 28%，1990 年代又再度升高，但是現在降得更低了，在 2010 年時為 23%，顯示有顯著改進（Johnston et al., 2010）。

在進行性行為之前或進行中使用酒精，對於無保護的性是最危險的（Cooper, 2002），可能會造成無預期的懷孕以及性病（包括 HIV）。在 2009 年 YRBSS 的資料，有將近五分之一（21.6%）的學生，在最近進行性交之前使用酒精或藥物（總共有 34.2%的學生在調查之前是性行為活躍的狀態）。在最近一次性交前，使用酒精或藥物的普遍性，男性學生（25.9%）比例較女性（17.1%）為高。在族群的差異上，白人與西班牙裔學生（分別是 22.9%與 18.9%）比非裔學生（18%）更容易從事這樣的行為。然而要注意的是，有較高比例的非裔男性（47.7%）是性活躍的（在調查之前三個月內至少與一人有過性行為），比例較之白人與西班牙裔學生（分別是 32.0%與 34.6%）更高。

最後，**大量飲酒**及酒精使用與酒精濫用有關，全世界從大學校園到整個社會都是如此。「國立酒精濫用與酗酒協會」（National Institute of Alcohol Abuse and Alcoholism）定義「大量飲酒」為：「一種飲酒模式，可以讓個體血液中酒精含量（blood alcohol concentration, BAC）達 0.08%或以上」。通常在兩小時內，男性喝完五杯以上、女性喝完四杯以上的酒之後，就已經抵達這種程度。根據 CDC 的資料，大量飲酒與許多健康問題有關，從不小心受傷、神經受損、性功能失常到肝部疾病（CDC, 2011e）。在美國，大量飲酒是酒精消費最大宗，事實上，將近有九成的酒精消費是 21 歲以下的年輕人大量飲酒所造成（Pacific Institute for Research and Evaluation, 2005）。此外，大概有 92%過度飲酒的成人說，自己在過去 30 天內，曾經大量飲酒（Town, Naimi, Mokdad, & Brewer, 2006）。

　　大量飲酒是不是文化的因素使然？國際性的研究已經針對以高度酒精濫用與依賴著名的一些國家，其國人使用酒精的模式做調查。舉例來說，對蘇俄人來講，許多的資料發現他們喝酒的頻率較少，但是每一次所消耗的酒精卻是相當大量的，也就是說大量飲酒是酒精消費很特殊的一種模式（Bobak et al., 2004; Jukkala, Makinen, Kislitsyna, Ferlander, & Vagero, 2008; Leinsalu, 2004; Simpura, Levin, & Mustonen, 1997）。在他們 2008 年的研究，Jukkala 與同事解釋，大量飲酒在蘇俄死亡危機上，是一個很重要的因素，而且也發現大量飲酒的模式與個人的「經濟情況及社會關係」有關。此外，性別也是決定個人是否會有大量飲酒行為的重要因素。有些關鍵的發現如下：

- 有經濟問題的蘇俄男性，常常飲酒過量；而女性如果有經濟問題的話，會喝得少一點。
- 已婚的蘇俄男性大量飲酒的情況跟他們未婚的朋友是一樣的；但是已婚的女性大量飲酒的情況比未婚的朋友們要少。
- 蘇俄女性通常是在有朋友的場合飲酒，而男性則是在其他的地方喝酒。
- 大量飲酒的模式指出，蘇俄女性與年輕（含兩性）的族群，似乎比他們之前喝得還要更多了。

　　雖然這個研究讓我們看見了一些有關未來蘇俄人令人擔心的酒精相關問題，它同時也在個人健康及社區（也就是廣為接受的飲酒模式）的大量飲酒之間看到一個重要的關係。因為大量飲酒可能是導致「蘇俄人口死亡統計上極端性別差距」的因素，這些關係強調了社區健康的作法是要去解決重要的公共衛生議題（Jukkala et al., 2008）。提到全球性的健康議題預防時，有必要去評估社區特殊的文化現象。

貳、酒精安全法

　　在美國，汽車車禍是 2 到 34 歲之間美國人的主要死因，而有 41% 的致命性車禍與酒精有關（National Highway Traffic Safety Administration, 2008）。每年大概有三分之一是酒駕（driving while intoxicated, DWI），或是在酒精的影響下

（driving under the influence, DUI）駕駛而被逮捕，而且他們之前也因為 DWI 或 DUI 而被定罪（National Highway Traffic Safety Administration, 2008）。此外，不良駕駛在美國是最常犯的罪（National Highway Traffic Safety Administration, 2008）。

　　儘管有這些可怕的統計，但與酒精相關的死亡率目前已經比 1990 年代之前受到更好的控制，部分原因是有一連串的法律用來限制或防止酒駕事件。在其中一個研究裡，Voas、Tippetts 與 Fell（2000）評估三個主要的酒精安全法的效果（包括證照吊銷管理、酒精濃度達 0.10 以及 0.08 就是違法）。研究結果顯示，這三種法律的每一條款都與美國 1982 到 1997 年之間，與酒精相關的致命車禍明顯下降有顯著相關。研究也指出，酒精相關的死亡車禍已經有明顯下降，並不是因為單一法律所造成，而是這些法律合併起來的結果。然而，就如同菸草法一樣，事實上這些政策的存在與執行，並不是酒駕下降的唯一原因，其他的因素像是媒體對於飲酒跟駕駛議題的關注，以及增加酒駕檢測的地點，儘管它們不在這個檢驗模式裡，也都可能對酒駕肇事的下降有貢獻。增加道路酒精安全性的因素有很多，顯示了提到健康預防的議題（像是減少車禍死亡與受傷），執行全面的社區計畫是很重要的。

參、一個社區心理學的取向

　　如同之前所提的，健康相關法律政策最有效的情況，是當民眾有了正確資訊做選擇與決定，會覺得自己是被賦權的，包括為什麼他們應該要遵從一些專家或者是政府官員對健康的建議。在這個等式裡的一個重要元素「賦權」（與做決定的效果），常常是從家裡（像是父母親跟孩子談有關飲酒、婚前性行為的好處跟壞處）以及學校（像是同儕的利社會行為）開始的，換句話說，藉由同儕方式來學習價值與技巧及獲得支持，被認為在做健康相關的決定過程裡，是相當可行的。因此，接下來我們要簡短地回顧一個以親子共同參與為策略的研究，來談論年輕族群的酒精使用。

　　Spoth、Randall、Shin 與 Redmond（2005）研究以家庭及學校為基礎的酒精使用預防策略效果，針對開始喝酒年齡的延後、減少酒精的固定使用能力，以

及每週喝醉情況。這是一個大規模隨機抽樣的臨床研究，參與者是中等學校的學生。這個研究比較了以家庭為焦點的計畫（加上以學校為基礎的介入）、以學校為基礎的預防策略（沒有家庭計畫的部分），以及沒有做任何治療的控制組家庭等三個組別的實施效果。以家庭為焦點的計畫是「愛荷華優勢家庭計畫」（Iowa Strengthening Families Program）（Spoth, Redmond, & Shin, 2001; Spoth, Redmand, Shin, & Azevedo, 2004），而以學校為基礎的介入是「生活技巧訓練計畫」（Life Skills Training program, LST）（Botvin, 1996; Botvin, Baker, Dusenbury, Botvin, & Diaz, 1995）。以家庭為焦點的介入方式包括：七堂親職教育、年幼孩子生活技巧建立，以及聯合家庭成員的會談（參與者跟家人練習他們的新技巧）。年輕人的個別會談，聚焦在增強他們未來的目標、處理壓力及強烈的情緒、增加想要負責的渴望，以及建立技巧來適當回應同儕的壓力。在父母親會談裡的主題包括：談論社交對於年輕族群的影響、了解年輕一代的發展特色、提供關切的支持、有效處理與孩子每天的互動、設立適當的界限、完成合理而令人尊重的結果，也溝通有關藥物使用的信念與期待。

　　15 次 LST 的主要目標是提升技巧的發展（像是社交抗拒、自我管理與一般的社交技巧），以及提供有關如何避免藥物濫用的知識。在不同的 LST 技巧裡面，學生的訓練是採用互動教學的方式，包括教導、催化、角色示範、回饋以及增強，再加上家庭作業以及在教室之外的行為預演。他們的分析結果發現，這種多元的介入方案在比較介入─控制組的結果，的確發現比其他兩組效果強，特別是在評估他們延後開始喝酒以及每天會喝醉這兩項。很不幸地，在經常使用酒精的情況上，並沒有這樣的正向效果。

　　從像是 Spoth 與同事（2005）所做的這些研究結果，他們建議：雖然我們已經有一些很不錯的計畫用來預防年輕族群的酒精濫用，但是我們仍然需要去思考要如何減少年輕人受誘惑而使用酒精的情況。

　　Vimpani（2005）說：「仍有許多需要去做的，讓整體的效果更好，也要目標的早期介入變成政策、計畫以及實踐。」因此早期酒精介入、家庭與社區的關係已經建立起來了，現存（讓這些重要連結可以獲益）的計畫依然欠缺。

第三節　禁藥

壹、問題嚴重性

禁藥的使用是全球性的問題。根據世界衛生組織（2010）的統計，全世界至少有1,530萬人有藥物使用的問題。藥物的使用不僅會造成對於個人與社區健康的不良結果，也可能是龐大經濟與財務的負擔，因為需要挹注資金在這些藥物使用者短期或長期的治療上。結果是如果早期投資在藥物治療上，可能會限縮了未來在健康及社會成本的花費。事實上，將 1 美元投入藥物治療裡，在健康與社會的成本上大概就可以省下 10 美元（WHO, 2010）。

在美國以及其他的國家，年輕人的藥物使用是很嚴重的議題。根據 YRBSS 的調查（MMWR, 2010b），至少使用過一次（1）**大麻**、（2）**古柯鹼**（包括粉末或快克與精煉的古柯鹼）、（3）非法的**注射藥物**、（4）非法的**類固醇**、（5）**吸入劑**、（6）**迷幻藥**（包括 LSD、酸劑、PCP 或天使塵、梅斯卡靈與蘑菇）、（7）**海洛因**、（8）**安非他命**（也叫做「脫氧麻黃鹼」、「結晶體」、「快克」跟「冰毒」）以及（9）**快樂丸**（methylenedioxymethamphetamine, MDMA）在全體學生中的使用率分別是 36.8%、6.4%、2.5%、3.3%、11.7%、8.0%、2.5%、4.1%與 6.7%。十個人中有不到一位（7.5%）在 13 歲之前試過大麻。在這些使用的行為上有性別、年級與種族的差異。舉例來說，有更多男學生（9.7%）相較於女學生 5%在 13 歲之前試過大麻。這個研究也開始探詢有關處方藥物（像是 OxyContin、Percocet、Vicodin、Adderall、Ritalin、Xanax）的濫用，因為它的使用普及率好像一直在增加。全國性的統計顯示，有 20%的學生在沒有醫生的處方下服用過處方藥一次以上。總括來說，曾經使用處方藥卻沒有醫生處方的學生普及率，白人比較高（23.0%），黑人只有 11.8%，而西班牙裔有 17.2%。跟其他禁藥比較起來（這也是傳統上家長所擔心的事情），很明顯的是需要放更多的注意力在處方藥物的濫用上，因為這樣的藥物比較容易取得。

　　大麻是最受歡迎的藥物選擇，在這個調查之前 30 天內，至少使用大麻一次以上的學生有 20.8%。然而，在禁藥的使用上有相當多的變化，主要是看一些因素，像是性別、年級與種族而定。舉例來說，男學生比女學生更常使用大麻（39.0%比 34.3%），而類固醇，男女生比則是 4.3%與 2.2%；女性比男性更常用的是吸入劑（12.9%比 10.6%），此外，白人跟西班牙裔的學生（分別是6.3%跟 9.4%）更常報告說曾使用過古柯鹼，他們的使用率都比黑人學生要高（黑人學生只有 2.9%）。

　　至於禁藥的使用趨勢，在過去幾十年來，根據 Johnston 與同事（2010）的調查，十幾歲的年輕人使用大麻的情形，過去兩年以來都持續在攀升中，這種情況一直持續到 2010 年。其中特別有關的是，這表示與過去十多年來長期、慢慢下降的情況有明顯對比。在 2010 年，八、十、十二等三個年級學生，**每天的大麻使用**有顯著增加，分別是 1.2%、3.3%與 6.1%。換句話說，目前 16 名高三學生中有將近一位學生，是近日內使用或幾乎每天使用大麻。2010 年**用針筒注射海洛因**的十二年級生也有顯著增加，每年的普及率從 2009 年的 0.3%上升到 2010 年的 0.7%。所有年級生在 2010 年，**古柯鹼與粉末古柯鹼**的使用持續緩慢下降。**鎮定劑**以及**除了海洛因以外的尼古丁**使用（只有十二年級生的報告），在2010年是一樣持續緩慢而不明顯地下降。在 2010 年，許多藥物的使用維持相當平穩的狀態，包括 **LSD**、除了 **LSD** 以外同一類型的迷幻藥、**PCP**、快克、古柯鹼與（沒使用針頭的）海洛因、**OxyContin**、安非他命（特別是利他能與 **Adderall**）、**脫氧麻黃鹼**、結晶的脫氧麻黃鹼、鎮定劑、咳嗽與感冒藥，服用之後會很亢奮，其中一些稱之為「俱樂部用藥」（**Rohypnol**、**HGB** 與 **K 他命**），以及合成類固醇。Johnston 等人（2010）也注意到，那些沒有從最頂端降下很多的藥物，是除了海洛因之外的尼古丁。

　　心理治療處方藥（包括安非他命、鎮靜劑、鎮定劑及海洛因之外的尼古丁）的誤用，在最近幾年一直是這個國家重要藥物問題的一部分。儘管許多禁藥從 1990 年代後期已經不再成長了，但是前面分類藥物（醫師處方藥）的使用率仍然在持續增加中，而使用後者的禁藥卻顯著下滑（Johnston et al., 2010）。2010 年的報告指出，在沒有醫師開立處方的情況下而服用處方藥的十二年級生比例，從之前 2009 年的 14.4%些微爬升到 15.0%，但是比 2005 年（當時是

17.1%）還低一些。在無醫師監控的情況使用任何這類藥物，在 2010 年的終生普及率是 21.6%。

因為大部分的禁藥在內含物上是沒有管控的，因此對使用者來說，並不能確定他們吃下去的是什麼。舉例來說，大麻對現代的使用者來說比 30 年前更危險，在寫這一篇文章時，THC 的含量（在大麻裡面對精神有顯著影響的成分）是從 1970 年代末開始科學分析大麻成分以來的最高紀錄（Office of National Drug Control Policy, 2008）。密西西比大學的「效力監控計畫」所做的THC分析結果，由全國藥物控制政策辦公室（Office of National Drug Control Policy, ON-DCP）及國家藥物濫用機構（National Institute on Drug Abuse, NIDA）所發表，使得負責當局都非常關切。在 ONDCP 所出版的資料裡面發現，大麻使用效力增加了。John Walters 是 ONDCP 主任，以及布希政府的「藥物沙皇」，也表達了他的關切（見 Johnston et al., 2010）：

> 嬰兒潮期出生的家長仍然認為吸食大麻是無害的，他們需要去看一看有關大麻效力的一些事實。在過去幾十年來，大麻的效力已極度攀升，特別是對年輕族群來說，有特別嚴重的暗示。這些年輕人可能不只是陷於不同心理狀態的危險之中，還遭受認知的缺陷、疾病、呼吸道的問題，此外與其他不吸食的人相形之下，還可能發展出對其他藥物依賴的危險性，像是古柯鹼與海洛因。

最後，有許多可怕的結果是因為禁藥的使用而造成，包括（但是不限於）犯罪、家暴、疾病、生產力喪失、增加性病（包括HIV/AIDS）感染的可能性。舉例來說，從 136 個國家關於使用注射藥物的報告發現，一樣的人口群裡有93%感染愛滋（WHO, 2010），這只是許多數據中的一個事實，顯示出禁藥效力的影響遠遠超過使用者本身，甚至已經連累了整個社會。

貳、可能的解決方法與挑戰

「全國藥物控制政策」**2011** 年的年度報告裡，勾勒出許多美國藥物濫用的情況，以及目前提出的一些計畫與介入方案，用來對抗藥物使用的議題。2010

年 5 月，歐巴馬總統的行政部門宣布啟用「國家藥物控制政策」，這是一個相當周全的計畫，用來對抗因藥物使用而造成的公共衛生與安全問題（見 http://www.whitehouse.gov/sites/default/files/ondcp/policy-and-research/2011strategyexecutive summary_0.pdf）。一年之後，行政部門發布了依據初始政策所建構的最新策略，這個政策有非常遠大的目標——要減少藥物的使用及與藥物相關的後果，這個五年計畫的目標是要減少年輕人藥物使用 15%，減少藥物引發的死亡與致死率 15%，以及減少在藥物的影響下駕駛 10%。為了達到這些目標，這個策略聚焦在以下七個核心領域：

- 加強預防我們社區內的藥物使用。
- 在健康照護系統內，尋求早期的介入機會。
- 整合藥物使用引發的心理疾病治療，到健康照護及支持期復健的系統裡。
- 打破藥物使用、犯罪、少年犯罪及入獄的惡性循環。
- 瓦解家庭藥物的運輸與製作。
- 加強國際的合作關係。
- 改善資訊系統來做最更好的分析、評估，以及讓當地人都知道藥物的使用與後果。

　　這個報告強調美國在藥物濫用與成癮者的花費。整體說來，美國社會的禁藥使用在 2007 年，對經濟的影響已超過 1,930 億美元，這是目前最新近的資料。這個報告同時也反映了對於藥房藥物濫用的關切，在本章剛開始的時候也提到，而在接下來的焦點 11.1 會特別強調。

　　特別是過去最多的新藥物使用者，是從心理藥物的使用開始的（比任何一種其他藥物要更早使用），包括大麻。在過去十年內，藥物造成的死亡（也就是處方藥物）已經呈現雙倍的成長（National Drug Control Strategy, 2011）。這個政策是否會在 2015 年達到它的目標，仍然有待觀察，但是減少藥物的使用與上癮，顯然是目前行政部門最優先的考量。

焦點 11.1

處方藥的濫用：問題使用者的危險因素

即時的資料顯示，有 7% 的美國人（也就是將近一千萬人）報告說，自己在沒有醫生的處方之下使用處方藥物（Substance Abuse and Mental Health Services Administration, 2000）。Simoni-Wastila 與 Strickler（2004）說明可以找出處方藥物問題使用者的一些危險因素，非醫療目的而使用處方藥物包括了許多行為，從簡單的不遵守醫囑、娛樂性質的使用，到嚴重的濫用（Wesson, Smith, Ling, & Seymour, 1997）。

Simoni-Wastila 與 Strickler 首先採用「全國家戶藥物濫用調查」來估計處方藥物的問題使用普及率。所謂的「問題使用者」被視為是符合以下「依賴和重度使用」標準的其中之一：

1. 未能減少使用量。
2. 減少工作生產力。
3. 在過去一個月內使用藥物，而且情緒低落、好爭論、焦慮或是惱怒、覺得被孤立，有健康方面的問題及／或難以清晰思考。
4. 需要更大量的使用。
5. 經歷戒斷症狀。

在這個研究裡面，找出有問題藥物使用者的分析，是根據種族、年齡、性別、婚姻狀態、住在城市與否、教育程度、工作情況、健康保險、收入，以及一般的健康情況。研究顯示有超過 820 萬人（或者是美國人口的 4%）報告說，每年曾經使用某些非醫師處方下的處方藥物。此外，在 820 萬人裡面，其中有 130 萬人曾經被歸類為「處方藥物的問題使用者」。發現問題使用者的危險因素包括：女性、身體健康不好或尚可、每天喝酒。相反地，年齡在 25 歲以下，或者是有全職的工作，就能夠避免使用處方藥物。此外，其他的因素像是婚姻狀況、教育程度、工作與否，以及收入，也與個人使用治療藥物的類別有特殊關聯，舉例來說，35 歲以上的未婚女性，會增加其使用尼古丁止痛劑的可能性。

Simoni-Wastila 與 Strickler 指出，這個研究是第一個評估使用處方藥物問題使用者的普及率，顯示了需要認出一些危險因子，以及未來針對問題使用者治療的必要性。這個個案研究顯示，處方藥物雖然受到管理且合法，但也很容易掉入同樣的禁藥狀況裡，也就是它們對一般人長期的影響力與結果，也需要同樣的社區健康計畫來討論在美國及海外禁藥使用的問題。

第四節　性傳染病

　　Susan Chandle 正在爭扎是否該讓她那 12 歲大的女兒 Alexandra 打預防針，也就是「人類乳突病毒」（human papillomavirus, HPV）的預防針。要在女兒性活躍之前打預防針來對抗性傳染病，看起來似乎很奇怪。她幾乎沒有跟 Alexandra 談到性這件事，甚至提到疫苗都讓她感到不自在。但是 Susan 認為自己是一個很謹慎的母親，也想要保護女兒免於罹患子宮頸癌的可能性，於是她跟醫生商量這個疫苗的好處跟壞處。這個疫苗叫做 Gardasil，是最近才被美國食藥署（FDA）所通過的疫苗，可以提供完整的免疫力來對抗四種最主要的 HPV 菌株，然而 HPV 的菌株有上百個，因此即使打了預防針，也不能夠保護不受所有型態的 HPV 或者是子宮頸癌感染。Susan 也很擔心這個疫苗是不是會讓她的女兒因為相信疫苗可以保護她免於所有的性傳染病，因而變得更大膽、從事更多性方面的活動。再則，這個疫苗所費不貲，在七個月內要打完三劑，而每一劑是 120 美元，而且家庭醫療保險也不給付。這個疫苗才推出不久，它的副作用與是否對長期健康有危害，我們仍然不清楚。

　　當她最後決定要讓女兒接受疫苗時，告訴女兒說她會打一種可以預防癌症的疫苗。Susan 沒有提到 HPV 是性傳染疾病，她想要等到學校教導性議題的時候，才跟 Alexandra 談論。

壹、問題嚴重性

　　性傳染疾病（sexually transmitted disease, STDs）一直以來被視為一個嚴重威脅健康與經濟議題的隱藏傳染病。許多的美國人不願意公開提及有關性方面的健康議題，因為這些疾病具有生理及社會的屬性。雖然在性病的治療、診斷與預防上都有了進展，但是每年在美國仍然有 1,900 萬個新感染案例產生（CDC, 2007b），而每年全世界有超過 3 億 4,000 萬個性傳染病菌與原蟲感染的新案例（Who, 2010）。另外，美國是工業化世界中擁有最高性病比例的國家。

再則，青少年（10 歲到 19 歲）與年輕成人（20 到 24 歲）是最容易感染性病的高危險群。表 11.2 針對性傳染病的徵狀、普及率以及傳染的模式做了統覽。

　　性病的特性以及影響是多面向的，它們會造成相當大的經濟負擔，與性病有關的直接醫療費用估計每年可達 147 億美元。在 2000 年，15 到 24 歲之間的性病新案例有 900 萬件，直接的經濟負擔估計為 65 億美元。所花的費用會依特殊的疾病而有不同，HPV 就有最高的直接醫療花費（29 億美元），梅毒則是最少的（360 萬美元）（Chesson, Gift, & Pulver, 2004）。雖然許多人沒有新的症狀或沒有症狀（因此也沒有治療），但疾病仍然會對個人健康造成極大危害。舉例來說，不管有沒有測試到披衣菌，這可能是女性不孕的主要原因。另外，性病的比例在藥物使用者身上是更高的（不管是否使用血管注射，包括酒精使用者）。流行病學上的研究持續地顯示，性病傳染同時增加了 HIV 感染的機率。事實上，在非常早期的 HIV 感染與其他性病感染之間的潛在互動關係，造成了40%以上的 HIV 傳染（WHO, 2007）。

貳、可能的解決方法與挑戰

　　不管是對個人與社區來說，我們已經知道性病傳染的嚴重代價，但是我們知道該如何預防嗎？因為性病被認為是一個全球性的傳染病，有些組織像是WHO 已經很積極地介入，要讓社區有能力藉由預防的方式來降低性病的傳染。根據 WHO 所示，公共衛生用來預防與控制性病傳染的方式，有許多的核心因素。有效的預防與照護，是可以應用這些合併的方式來達成。預防或是照護性傳染病患的服務，應該有整套的公共衛生措施，包括以下幾個因素：

- 提升安全的性行為。
- 提升早期尋求健康照護的行為。
- 在所有初期的健康照護計畫裡，介紹預防與照顧的活動，包括性與生育健康以及 HIV 的計畫。
- 一個周全的個案管理計畫包括：
  - 認出性傳染病。

表 11.2　性病徵狀、普及率與傳染模式總覽

名稱	徵狀	傳染	治療	普及率
披衣菌 披衣菌抗體	眾所皆知的「沉默」疾病，許多感染者沒有顯現徵狀。在女性身上會有不正常的陰道液體流出或燒灼感，男性則是陰莖有液體流出或尿尿時有燒灼感。若不治療，女性會發展成骨盆腔發炎。	在陰道、肛交或口交時傳染。	可用抗生素等治療及治癒。	2006 年有 100 萬人感染。
生殖器疱疹 單純疱疹病毒 （一型或二型）	在初次感染後兩週內發病。主要的發展包括生殖器周圍長水泡或直腸慢性發炎（潰瘍）。 其他發病情況可能在幾週或幾個月後才發作，在一年之內通常有四至五次的發作，經過多年頻率會減少。 大部分罹患二型疱疹病毒的人不會有發炎或不明的徵象。	病毒從發炎處產生，但也可能從皮膚上沒發炎處產生。一型會造成嘴與臀部的「發燒式水泡」，可能經由生殖器感染（口腔與生殖器或生殖器與生殖器的接觸）。	沒有治癒的治療，但是抗毒藥劑可縮短或預防發作。每日疱疹徵狀的壓抑治療可預防傳染。	12 歲以上有生殖器疱疹者 4,500 萬人。青少年與成人每五位當中就有一位有生殖器疱疹。在女性身上更常見。

表 11.2　性病徵狀、普及率與傳染模式總覽（續）

名稱	徵狀	傳染	治療	普及率
梅毒（由梅毒密螺旋體所造成）	許多人沒有呈現徵狀多年，但是卻在之後會有併發症的危險。第一階段是單純發炎，若未治療，感染就會發展到第二期。 第二期主要特徵是皮疹、黏膜損害。後期與休眠期會對內臟造成損害，難以協調肌肉動作。	直接經由接觸梅毒發炎處傳播，發炎一般出現在外生殖器、唇、嘴。經由陰道、肛交或口交時傳染。	早期階段很容易治癒。注射盤尼西林。	大部分的梅毒是發生在 20 至 39 歲的人身上。2005 至 2006 年間，梅毒案例增加了 11.8%。在 2006 年，其中的 64% 是發生在男性之間的性行為上。
淋病 由淋病奈特氏菌引起	男性徵狀包括尿尿時有灼熱感，或陰莖流出白色、黃色或綠色液體。淋病若未治療可能引起附睪炎且導致不孕。女性通常不會有或僅有輕微的徵狀，也常誤認為是膀胱或陰道感染。若未治療，可能引發骨盆發炎的疾病。	從與陰莖、陰道、嘴或肛門接觸傳染。可在生產時，從母親傳給嬰兒。	許多抗生素使用在淋病治療上，但是有更多增加的抗藥病毒鍊是需要關切的原因。	在 2006 年，每十萬人中有 120.9 人感染。CDC 估計每年有超過 70 萬件新案例。

資料來源：CDC（2006a）經由 UNAIDS, www.unaids.org 允許。

．適當治療徵狀的抗菌藥。

．避免或減少性傳染病（包括愛滋）病原體的教育與諮商。

．提升正確且一致使用保險套的認知。

．通知伴侶。

已經有足夠的證據顯示，如果能夠正確而且一貫地使用保險套的話，對於預防女性與男性感染 HIV 及性病是有效的。就如同第七章所討論的，很重要的是性教育（包括教導如何使用保險套）是全面性策略的基礎。然而，根據 WHO（2007）建議，以下的策略在成功預防方面是相當重要的：提升男性與女性正確的保險套使用方式、保險套的分發、禁慾、延後第一次性行為、減少性伴侶的數目。在高感染危險的族群中，聚焦在預防方式應該是最優先考量，但不能排除對一般大眾的教育與其他的預防方式及照護的服務。

對大部分的預防來說，聚焦在年輕族群比等到成年之後更有效，因此，很重要的是要注意到性行為已經改變了，尤其是在青少年的部分。Kaiser 家庭基金會報告，高中學生涉及性交的比例已經下降，而在過去十幾年中，性活躍的青少年使用避孕的比例增加了，這兩者對於減少懷孕率都是有貢獻的，然而大概有三分之一（34%）的年輕女性，在她們 20 歲之前至少懷孕過一次（Kaiser Family Foundation, 2005a）。這樣的發展顯示，針對年輕族群，以社區為基礎的公共衛生計畫是有效的。然而，對青少年來說，要他們接受完整的生育照護與服務，依然有許多的障礙需要克服，這些因素包括：州的法律裡有關父母知後同意、照護的花費、沒有對年輕族群友善的接生服務系統，以及一般人對可用服務的忽略。

在這章節剛開始的那個故事裡，Susan 不管女兒反對，決定要讓她接受疫苗這樣的作法，是在協助對抗減少疱疹（HPV）的產生，而目前 HPV 是最常見的性傳染病，至少有 50% 性活躍的男性與女性，在他們一生中的某個時刻會得到生殖器的 HPV（CDC, 2004b）。這個故事情節代表了文化、醫學科技以及基本流行病學之間的差異。HPV 對健康有嚴重傷害、不能夠忽略，新的科技提供了對抗 HPV 的方式，但絕不是一個治癒的方式。許多用來治療與預防的方式，都需要處理性病，此外，也需要有公共衛生官員、學校以及父母親，在青少年

的性健康領域上共同努力。Susan 認為 Alexandra 的學校會跟女兒談到這個部分，但是有關性的對話必須要提早進行，而且經常要有這樣的對話。

第五節　HIV 與 AIDS

在之前提到，保險套之使用或許是最有效減低性病感染的方式之一，包含 HIV。然而，即便所有的人都有使用保險套的相關知識，但使用率卻極低，到底有沒有辦法預防 HIV？有一種愛滋的疫苗是最安全、最便宜、最有效、全球都可拿到，而且是最具實用性，可用來控制與結束 HIV/AIDS 的流行。然而 HIV 卻也代表著疫苗發展的特殊挑戰，因為它並沒有許多病毒的特性，可讓防疫學家發展出成功的疫苗（Berkeley & Koff, 2007）。在 2007 年 9 月，最有希望的疫苗卻在大型國際人體試驗時失敗了，而更進一步的發展也因此停擺。「HIV 疫苗追蹤網絡」（HIV Vaccine Trail Network）是一個財團，包含了 Merck、「國家過敏與傳染疾病機構」（National Institute of Allergy and Infectious Disease, NAID）、學術界人士，使用了新的方式──藉著產生 T 細胞來限制病毒量與疾病進展──來發展免疫反應（Sekaly, 2008）。而 STEP Trial 包含了（免疫細胞接近 3,000 的）健康 HIV 陰性反應的參與者，疫苗本來是用來產生可見的細胞免疫力，但是卻發現無法保護病患免於感染。更驚人的是，這個疫苗卻增加了一些參與研究者感染 HIV 的危險性（Altman, 2008）。

疫苗的失敗也因此說明了 HIV/AIDS 的流行，牽涉了複雜的疾病感染，是疫苗無法立即治癒的，HIV 不僅指出了免疫學面臨的挑戰，還需要國際間醫療社區、政府與其他社區領導者的合作。目前 HIV/AIDS 的傳染性是公共衛生最大的挑戰之一。

壹、總覽

到 2007 年末，全世界有超過 3,300 萬人是 HIV 感染者。愛滋依然是全球十大死因之首，也是非洲近撒哈拉地區的主要死因。雖然在 2007 年估計全球愛滋

傳染率有重大的改革，主要是因為有更好的監控計畫之故。愛滋依然是一個全球性的災難，每一天有超過 6,800 人感染 HIV，而有將近 6,000 人死於愛滋（UNAIDS, 2010）。很重要的是，注意 HIV 不是愛滋的起因，而是因為 HIV 陽性削弱了一個人的免疫系統，因此就為愛滋開啟了感染之門（見圖 11.2）。

腦部損傷（愛滋的進展階段）
頻繁腹瀉
失去胃口
稍微發燒不退
低量的 T 細胞（少於 400，T 細胞是與對抗感染有關的）
口腔鵝口瘡（口內有黴菌）
肺炎
皮膚損傷（即 Kaposi 肉瘤）
腺體腫大
體重減輕

圖 11.2　感染 HIV 或愛滋患者的特徵

在 1970 年代晚期至 1980 年代早期，美國的醫學社區開始注意到一種奇怪的疾病，大部分受感染的是男性同志與靜脈注射的嗑藥者。很快地，這些像是 HIV、AIDS 與 ARC（ADIS-related complex，愛滋相關症候群）已經是家喻戶曉的名詞了。雖然 HIV 與 AIDS 在這個國家最早是在男同志身上發現，但目前這個疾病已經顯示所有男性都可能感染，包括異性戀男性與女性（見表 11.3）。科學家與一般大眾一樣懷疑 HIV 與 AIDS 的來源，理論從「綠猴理論」（一種非洲猴，被認為是這種不可治癒疾病的根源）到美國中央情報局（Central Intelligence Agency）的生物戰，而其他人（Eigen, 1993）則提到 HIV 在人類身上已經出現 120 年了，只要等待適合的環境就可攻擊人類的免疫系統。圖 11.3 呈現一些有關的陳述，用來測試你對此疾病的知識。

這些對抗愛滋流行的發展是一直受到鼓勵的，包括了改善預防計畫及增加有效治療的使用率，然而 HIV 患者仍持續每年增加。在全球許多區域，新的愛滋感染率集中在年輕族群（15 至 24 歲），非洲近撒哈拉地區占有最多的病例，有近三分之二的成人與孩子是 HIV 患者（UNAIDS, 2010）。

表 11.3　區域 HIV 統計與特色（直至 2007 年底）

地區	流行開始	HIV 之成人與孩童	成人普及率（15 至 49 歲）	成人與孩童死於愛滋者
非洲近撒哈拉區	1970 年代晚期至1980 年代早期	2,250 萬	5.0%	160 萬
北非與中東	1980 年代晚期	38 萬	0.3%	2.5 萬
南亞與東南亞	1980 年代晚期	400 萬	0.3%	27 萬
東亞與太平洋	1980 年代晚期	80 萬	0.1%	3.2 萬
拉丁美洲	1970 年代晚期至1980 年代早期	160 萬	0.5%	5.8 萬
加勒比海	1970 年代晚期至1980 年代早期	23 萬	0.1%	1.1 萬
東歐與中亞	1990 年代早期	160 萬	0.9%	5.5 萬
西歐與中歐	1970 年代晚期至1980 年代早期	76 萬	0.3%	1.2 萬
北美	1970 年代晚期至1980 年代早期	130 萬	0.6%	2.1 萬
海島國家	1970 年代晚期至1980 年代早期	7.5 萬	0.4%	1.2 萬
總計		**3,320 萬**	**0.8%**	**210 萬**

資料來源：UNAIDS(2007).

以下陳述哪些是「真」（T）或「假」（F）：
1. 大部分 HIV 母親產下的嬰兒在出生 18 個月後，測試為陰性。
2. 「空窗期」是指感染後到在血液中被測出抗體者。
3. 一旦你被測出是 HIV 陽性，就可確定你會發展成愛滋。
4. 「保密測試」指的是在你驗血時不需要說出你的姓名。
5. 乳液保險套對防堵 HIV 有效。
6. 如果你只有一位伴侶，你不可能有 HIV。
7. 有油脂成分的潤滑劑應該用在乳液保險套上以防愛滋。
8. 在 2001 年，愛滋症候群是美國 25 至 44 歲族群的首要死因。

答案：1.F；2.T；3.T；4.F；5.T；6.F；7.F；8.T

圖 11.3　測試你對 AIDS 的知識

貳、問題嚴重性

在美國 50 州內，愛滋個案都有報告，然而其中十州／地區占了報告個案的 71%，美國的愛滋個案集中在郊區與南部區域，哥倫比亞地區的個案更居全國之冠。此外，愛滋已經不成比例地影響少數種族與族群，尤其是非裔與拉丁族群。更令人震驚的是愛滋診斷個案與美國人口學上的比較，舉例來說，非裔只占美國總人口數的 12%，但卻占愛滋個案的 49%。在 2004 年，HIV 是年齡介於 25 至 44 歲的非裔男性死因第四位，非裔女性死因第三位（Kaiser Family Fund, 2008b）。HIV 與愛滋對不同種族與族群社區的影響，可以從以下至少三種相關觀點來看與了解：（1）知識、態度、信念與行為（knowledge, attitudes, beliefs, and behaviors, KABBs）；（2）**HIV 檢測**；（3）照護有關的事宜。

雖然在 HIV/AIDS 預防與介入的研究指出，光是 KABBs 是不足以維持安全行為（維持 HIV 陰性或是 HIV 陽性的人執行安全性行為）或是改變成更安全的行為（Choi & Coates, 1994），錯誤觀念或是對 KABBs 的了解不足，更容易讓人們陷於危機之中。研究者報告，非裔美人社區的成員一直低估了自己感染 HIV 的危險性，疾病控制與預防中心（CDC）發現在北卡州許多性活躍的非裔女性從事危險的性活動，原因是：

> （1）財務上依賴男性；（2）感覺不能克服；（3）自尊低落，伴隨著需要被男性所愛；（4）使用酒精與藥物。此外，參與者提議在北卡州對於減少 HIV 在非裔女性間的傳染政策包括：（1）在國中小介紹 HIV 與 STD 的教育活動；（2）增加保險套的容易取用程度與使用；（3）整合聚焦的 HIV 教育與預防訊息到教會與社區活動內，同時也置入媒體與大眾文化中。（MMWR, 2005b）

抗拒愛滋蔓延的一個障礙是 HIV 的檢測，這是照護相關事務的最重要起始點。針對三個全國性的可能性樣本、以家庭為基礎的調查發現，那些高危險的人（有多重性伴侶、靜脈注射藥物）更容易感染 HIV。在私人場所（醫療中心、醫院與急診室、私人診所、養護之家以及在家利用測試工具）測試的人

數,較之公立場所(健康部門、社區診所、HIV 諮商與檢測中心、家庭計畫中心、軍隊與移民局及性病診所)測試者要多兩倍,在這些 HIV 高危險群中有70%已經檢測過了,這些發現的模式暗示著 HIV 測試至少有兩個面向:可以接近檢測服務,也願意去使用服務。只是因為提供服務並不表示人們(特別是權力被剝奪的弱勢族群,包括移民與難民,以及因為英語能力受限的一些族群及特殊文化團體)會使用它們。事實上,可用的資料指出,HIV 測試在一些族群與文化團體是分配不均的,例如亞洲與太平洋島國移民是檢測率最低的族群之一。然而我們不知道這些人為什麼不願意去做檢測?同時,雖然 HIV 檢測的總比率很高,但是有一半以上在公共機構裡檢測的人,並沒有說在檢測當時,有任何健康專家曾經告訴他們有關 HIV 的相關議題(KABBs),同時資料也指出這些接受檢測者中,有許多人是沒有接受諮商或不知道與職員晤談就是諮商,諮商的比率在私人機構甚至更低。這些發現更強調了 KABBs、HIV 檢測與相關照護之間的複雜關係,最重要的是它們在打擊 HIV 上無法達到最好的效果。舉例來說,有個理論注意到一個人對於 HIV 篩檢的樂觀與悲觀,一個對中國懷孕婦女的研究發現,這些對篩檢最樂觀的人,在懷孕之前是沒做檢測的,對於HIV 的知識也最少,這樣的結果引發了一個有關樂觀是否會被解讀成否認或忽視潛在危險性的問題;另一方面,在檢測 HIV 時抱持悲觀的態度是否更適當,因為這也讓人們可以為最差的結果做準備(Moyer, Epko, Calhoun, Greene, Naik, Sippola et al., 2008)?這些發現注意到,心理議題與情緒困擾也與是否選擇檢測HIV 有關。

只是預防與檢測是不足以對抗 HIV 的。將「反轉錄病毒」(antiretrovirals, ARTs)用於帶有 HIV 陽性病患的治療,可以延長其壽命,也增加生活品質。然而有些人認為 ARTs 很昂貴,而在開發中國家也缺乏健康基礎設施,這對於治療的傳輸是嚴重的阻礙;此外,「健康夥伴」(Partners in Helath)的 Paul Farmer 在海地郊區創發了成功治療 HIV 的計畫,展現了以社區為基礎的 HIV 治療取向,即便是在資源不足的區域還是可行的。「健康夥伴」直接提供研究上的治療,結合了高度活躍的「反轉錄病毒」治療(highly active antiretroviral therapy, HAART)。每一位病人擁有一位「陪伴者」或是健康倡議者(通常是社區健康工作者),此人會觀察病人藥物服用的情況,以及提供情緒、精神與社會支

持；此外，還提供每個月的會議來討論疾病與其他關切的議題。最初的共同合作對藥物的服用反應相當好，減少住院機會，病人也有更高的士氣。Farmer 認為 HAART 在西半球貧窮國家的成功，顯示了這樣的計畫可以在任何地區執行（Farmer et al., 2001）。

參、複雜度與爭議

愛滋教育引發了許多爭議性問題。作為教育的一部分，應該將保險套在學校散發以防愛滋之蔓延嗎？如果如此，要在哪個年級？這樣的爭議幾乎造成全國教育系統的分裂。有愛滋的人對於美國食藥署（FDA）在實驗性藥物與治療標準的不滿愈來愈高，要達到治療標準必須要超過 CDC 定義的 20 項症狀，以及聯邦機構對大部分 HIV 與愛滋的監控規定。然而，在美國疾病管制署增列（特別是罹患愛滋女性的）症狀（即子宮頸癌）之前需要許多政治遊說的工夫，同時許多罹患愛滋的人已經因為進行非法治療（通常是走私進來的）而喪失性命。美國愛滋研究基金會（American Foundation for AIDS Research）出版了所有治療藥物的名單，包括那些未經過 FDA 通過的藥物。這個名單可以自由索取。

另一方面，由於在公共衛生方面的努力與「反轉錄病毒」藥物，在美國與其他工業化國家的傳染性已經降低，然而在非洲近撒哈拉區，愛滋持續損害國家社會、經濟、政治與人口。有些人認為在非洲的預防與控制是依據早期自工業化國家那裡取得的公衛模式，並未將流行的本質（流於一般化，而非針對特殊危險族群）與非洲文化考量在內。此外，一致性的全球取向可能不適合極端政治與流行病學上多元傳染的情況。問題像是：如何將非洲的傳染做最好控制？負責健康事務的首長們是否應該檢測？有限的經費應該要在全國如何做分配，是用來預防或治療？又如何抵制那些對於 HIV 陽性患者的汙名、歧視與憂鬱症？在 ARTs 可取得，但卻無足夠的醫療人員可以管理的情況下，又該做哪些？誰該付治療與檢測的費用？該由地方政府或國際組織（像是 WHO 或世界銀行）制定政策？

致死率與政治之外，社區心理學家與公共衛生倡議者已經學會利用公共衛

生模式來減緩愛滋的擴散。在二十多年的努力打擊愛滋流行後，已經受到廣大認可與注意，也就是行為改變是防堵愛滋傳染最重要的方式（National Commission on AIDS, 1993）。此外，態度的變項常常被視為是否遵從預防 HIV 建議的重要決定因素（Fisher & Fisher, 1992）。依據「健康信念模式」（Health Belief Model）（Becker, 1974; Rosentock, 1986），即準備好要履行與健康有關的行為，被視為是否具有知覺容易罹病、疾病的嚴重性、有礙保護健康的行為，以及感覺有能力保護自己避免生病的自我效能感等功能。這個後設模式（meta-model）已經被調整或修正，來吻合不同參與 HIV 預防計畫的特殊族群之挑戰與需求。

肆、可能的解決方式：以社區為基礎的取向

之前所提的議題只是一個非常複雜（通常是爆炸性的）問題的表面而已，病毒不只是一種生物學上的傳染，也含有政治與社會意義。回顧解決方式是超乎本章的範圍，然而一個啟發式的取向是建構解決之道（強調社區心理學原則），同時涉及三個相關面向：（1）預防（KABBs）；（2）HIV 檢測（見焦點 11.2）；（3）照護相關事宜（包括社會心理支持，見焦點 11.3）。「預防」一詞在這裡是指一種周全的、攫取所有在愛滋文獻以及實際執行計畫裡三級預防模式的重點。

焦點 11.2

評估與執行祕魯利馬的 STD/HIV 社區處遇計畫

　　社區計畫聚焦在影響整個社區，並在行為模式上造成廣大改變。美國國家心理衛生研究院（NIMH）發展了一個社區層級的預防合作模式，聚焦在促動與訓練社區意見領袖（community popular opinion leaders, CPOLs），藉此來提升健康性行為。NIMH 目前正在祕魯的利馬做此計畫的檢測與結果的了解，對象為三個族群（男同志、多重伴侶的女性及異性戀男性）。這個研究檢視了計畫的中期評估，以及如何在低收入社區將 STD 預防做到最好。

　　這個計畫是以 Jeff Kelley 與同事的「社區意見領袖」模式為基礎，並且具四個核心元素：（1）可見的目標族群；（2）指派CPOLs（標準常常包含了在其同儕間受歡迎、信賴或尊重）；（3）用許多節課訓練 CPOLs 以理論為基礎的預防方式；（4）CPOLs 設立目標的調整。

　　在利馬的計畫稱作「Qué te Cuentas」（怎麼一回事），對象是住在郊區、貧窮的年輕人，這裡的 HIV/STD 是相當多的。「Qué te Cuentas」採用了相當新穎的訓練方式，也給予 CPOLs 有關性、HIV 與 STD、有效溝通，以及如何宣導不具威脅性、簡短與非正式的預防資訊。研究者發現這個計畫超乎想像地成功，CPOLs 覺得自己有能力，可以用自己的地位與能力改變社區，令許多 CPOLs 驚訝的是，在社區空間（包括酒吧、足球比賽與家庭）的對話很流暢。這個計畫似乎十分為社區所接受，一種鄰里間的所有權也發展出來了，他們發現這樣的介入對社區來說是一項正向的資產。

　　進一步的計畫評估發現，使用 CPOLs 來宣導 STD 預防資訊，創造了適文化的訊息。即便是貧窮、被社會隔離的環境，也給了 CPOLs 機會，讓他們感覺自己有用，而且有參與感。早期的發現也顯現這個介入直接改變了 CPOLs 對於危險性行為的知識、態度與行為。此外，社區對於如何預防 STD 與 HIV 有更多認識（Maiorana et al., 2007）。〔更多資訊請見「以社區為基礎的取向」（p. 378）。〕

焦點 11.3

雙語同儕倡議計畫

以全美國來說，大部分亞洲與太平洋島民（Asia and Pacific Islanders, APIs）有 AIDS/HIV 的是在海外出生的人。在紐約市，APIs 族群的愛滋案例占該州成人病患的 95%，占全美 APIs 的 13%（Sy, Chng, Choi, & Wong, 1998）。

雖然他們代表著人口愈來愈多的族群（從 1980 到 1990 年是紐約州成長最快速的），也增加了 HIV 相關服務的需求。APIs 被阻擋在預防門外，主要是因為以下這些礙障：

- 缺乏具文化能力、語言能力及 HIV 敏銳度的服務提供者。
- 缺乏健康保險。
- 不相信政府機構。
- API 社區對於性、藥物使用、同性戀、疾病與死亡的汙名。
- 缺乏重要照護及個案管理服務的協調。

最理想的狀況是，任何一位住在紐約市、罹患有 AIDS/HIV 的 API 移民，應該都能夠使用任何與 HIV 有關所需的服務，而且是用他所說的語言。在這種理想的情況下，這項服務也可以提供符合該病人的文化與態度所需的服務。然而因為基金縮減，缺乏對 API 議題了解的優先次序，以及 API 涉及多種語言、國家與文化族群之故，使得這樣的理念很難達成。作為一項五年國家展示研究的一部分（Chin & Wong, 2003），這個「雙語同儕倡議」（Bilingual Peer Advocate, BPA）的計畫（仰賴兼職的同儕工作人員），設計用來容許亞洲與太平洋島嶼的 AIDS/HIV 聯盟（Asian and Pacific Islander Coalition on HIV/AIDS, APICHA）去僱用一個大團隊工作人員，來吻合罹患 AIDS/HIV 的 APIs 不同語言與文化的需求，同時也維持在實際可控制的花費範圍內。

這個計畫訓練與維持了一群付費、兼職的 BPAs 擔任當事人的語文翻譯、文化導覽與倡議者，他們同時也負責協調紐約市的服務系統。除此之外，為了協助服務的提供者了解當事人的文化，BPAs 還要能夠解釋健康與社會服務的文化給當事人。由三位全職的個案管理員提供 BPAs 臨床督導的工作，一位說中文，另外兩位則說日文。

焦點 11.3（續）

　　BPAs 是有薪水的，因為他們較之義工來說，投注了更多時間來工作與訓練。這些人從三天密集的訓練計畫開始，之後每一個月還要接受一項兩到三小時的追蹤訓練。他們被期待要在固定時段都有時間提供服務，有些還帶著傳呼機、隨時待命。BPAs 的工作只是兼差性質，以維持全職職員所沒有的彈性，而更重要的是允許 API-CHA 去僱用更多的人，來作為更多的文化與語言的代表。

　　目前 APICHA 仍然維持著 15 位 BPAs，他們裡面的成員會說以下幾種主要語言：孟加拉語、廣東話、英文、古吉拉特語、海地語、日語、韓語、中文、塔家族語、台山話與烏都語。在 APICHA 七十多位 HIV 陽性患者接受周全的個案管理中，有 24 位是由 BPAs 服務的對象，每個月 BPAs 大概花 8 至 12 小時直接做個案服務，3 到 5 小時做延展服務，10 小時車程，2 小時訓練。

第六節　肥胖

　　在總結這一章行為健康與社區心理的回應之前，我們想到最後一個有美國特色的健康問題：兒童期肥胖。

壹、問題範圍

　　在過去三十多年來，兒童與青少年過重或肥胖的比例已經呈現雙倍成長（Ogden, Carroll, Curtin, Lamb, & Flegal, 2010）。根據最新的「國家健康與營養檢視調查」（National Health and Nutrition Examination Survey, NHANES）（Ogden et al., 2010），有超過三分之一 6 到 19 歲的孩子屬於肥胖（也就是 BMI 值超過同年齡的 95% 或更高）或過重（BMI 值超過同年齡的 85% 或更高），此外，在兒童肥胖與過重的比例上有種族的分配差異：非裔美國人與墨西哥裔的孩童較之白人孩童更危險（Ogden et al., 2010）。特別是 6 到 19 歲的墨西哥裔孩子有 43% 以及非裔孩子 38.7% 的 BMI 值在（或超過）85%，相對之下白人孩子

則有 32.5%。在這個年齡範圍內、跨越所有族群，過重與肥胖孩子的普及率，男女幾乎是相當的，然而有些值得注意的性別差異存在於特殊族群中。43%的非裔女孩是過重或肥胖的，而男孩的比率則是 34.4%，這樣的情況與其他健康問題一樣，社經地位（SES）與兒童期肥胖成反比（Shrewsbury & Wardle, 2008），因此，肥胖普及率的差異似乎與 SES 以及族群的混淆因素有關。

雖然我們知道基因因素會影響 BMI 值（Mazzeo, Gow, & Bulik, 2012），但是兒童期肥胖快速增加的比率，被認為主要是環境因素所導致。事實上，有些此領域的主要學者提到，西方社會的肥胖是因為「有毒的環境」所致（Brownell, 2002），而不是那些太容易取得的高熱量食物（Wang & Dietz, 2003），此外，那些嚴重過重孩子的生活品質是相當差的，甚至比罹患癌症的孩子更差（Schwimmer, Burwinkle, & Varni, 2003）；另外，年齡在 10 至 17 歲的過重孩童與無過重的同儕相形之下，有超過 20 倍的可能性在成人階段會是肥胖的（Whitaker, Wright, Pepe, Seidel, & Deitz, 1997）。或許早期介入是必要的，然而，針對肥胖成人介入結果卻非常不理想（Cooperberg & Faith, 2004; Mazzeo et al., 2012; Whitaker et al., 1997）。

貳、社區預防的努力

最近的一些研究已經開始去檢視肥胖介入的成果，雖然在此領域依然有許多工作仍待努力（Carter & Bulik, 2008）。縱使一個人可以想像教導健康飲食習慣以及提升餘興活動是預防肥胖的關鍵元素，就如同之前的章節所示，知道什麼是健康的、也表現出健康行為，卻常常受到環境因素所破壞。舉例來說，想像一個孩子在低收入的社區長大，健康食物較之速食更難取得，「食物沙漠」可能對窮困孩子來說，是代表人數超出比率及健康不均等的主因。加上鄰近地區的家庭生活是不安全、有隨機暴力的情況下，我們就更容易了解為什麼一個家庭要努力「吃得健康」及常常運動是那麼困難的事了！因為環境的限制，常常會讓個別的孩子與家庭無法達成促進健康與福祉的目標，以及學者針對某些特定社區所設計的預防計畫。最常見控制肥胖的政策是，改善學校的午餐計畫以及在學校要求測量 BMI 值。

　　最早以社區為基礎的預防肥胖策略，包括將在學校裡提供給孩子們的食物與零食做重大改變，特別是針對那些家庭缺少或無法提供必要營養食物的孩子。雖然社會大眾普遍相信，改變在學校食物的選擇，可以協助孩子吃得更好，也可能會在家時渴望吃到更健康的食物，然而卻少有研究明確證實這樣的情況發生。舉例來說，一個有關中學生的研究，Schwartz 與同事（Schwartz, Novak, & Fiore, 2009）調查將低營養零食從學校移除的介入方式結果，有六所學校（三所介入、三所為控制組）參與此研究，研究者評估的結果包括（在學校與家裡）食物消費量與飲食習慣的改變，結果指出參與介入計畫之學校的學生在一年的研究時間內，減少了營養價值低的含糖飲料與含鹽零食（即薯片）的攝取，同時在控制組學校的學生則增加了他們對這些食物與飲料的攝取量。有計畫介入之學校的學生也增加了水、非加工製造的含糖果汁的攝取，減少了熱量高的含鹽零食（即椒鹽餅乾）與健康含糖零食（即水果），而控制組學生消耗這些食物與飲料的量沒有改變。然而，兩組學生在含糖零食（如冰淇淋）的消耗上沒有差別，此外，此計畫並沒有發現在家裡面的飲食攝取有顯著效果。最後，在飲食行為上兩組也沒有差別。

　　在一個相關研究裡，Foster 與同事（2008）調查學校營養政策介入（學校營養政策啟動，The School Nutrition Policy Initiative, SNPI）的效果，對象是十所四到六年級學生（他們的家庭大部分是低收入戶的學校）。SNPI 的一部分是要學校從餐廳與販賣機裡移除蘇打水、含糖飲料與低營養價值的零食，而水、低脂牛奶與非加工含糖果汁，是這些學校在計畫期間僅提供的飲料，此外在計畫內的學校教職員都要參加營養教育課程，每一學年則是提供學生 50 個小時的營養教育，也提供在計畫中的學生購買健康食品的一些誘因（如抽獎券）。

　　在 SNPI 執行兩年之後，發現與控制組學生的比較之下，計畫介入組的學生明顯較少有過重或肥胖（也就是 BMI 值超過同年齡與性別的 85% 或更高）的情形（Foster et al., 2008），特別是控制組的學生裡有 15% 在研究期間有過重情況（也就是他們的 BMI 值從低於 85 轉變到介於百分等級 85 及 95 間），而在介入組的則只有 7.5%。此外，這種介入對於非裔孩子來說特別有效，兩年後追蹤結果發現，他們比在控制組的同儕少了 41% 過重情況。從這兩個研究的回顧，我們可以在此建議，在學校增加營養食品的取得，是減少孩童肥胖比例的可行方式。

另外一個大規模的介入方案是一直用在以學校為基礎的 BMI 篩檢。BMI 篩檢是醫藥機構所建議的,作為小兒肥胖第一與二級預防的重要方式(Institute of Medicine, 2004)。在美國境內與西方國家的許多學校都固定做 BMI 篩檢(Nihiser et al., 2007),在美國若干州甚至是強制執行(伊利諾、緬因、紐約、賓州、田納西與西維吉尼亞)(Mazzeo et al., 2012)。倡導在學校做 BMI 篩檢的人注意到有一些吸引人的特色,它是最小侵入且低花費的方式,可以用來篩選幾乎所有的孩子,也提醒家長們他們的孩子可能有健康問題需要關切(Mazzeo et al., 2012)。從這一點來看,就像之前(Morgan, 2008)曾經引發爭議的,BMI 篩檢等同於在學校做例行的視力與聽力篩檢一樣,假如全美有這麼多沒有保險的家庭,許多孩子就可能沒有機會在校外做例行的 BMI 篩檢(Nihiser et al., 2007; Presswood, 2005)。BMI 檢測的結果出來之後與家長溝通(帶著有關減少肥胖的教育資料),假設父母親不知道孩子的體重是一個問題,他們顯然就不會提到這件事,或是催促行為的改變。

因此這樣的計畫可以造成行為的改變嗎?只有少數研究評估 BMI 篩檢計畫的影響,其中一個是由 Chomitz、Collings、Kim、Kramer 與 McGowan(2003)所做的研究。這些作者將一個 BMI 篩檢計畫與一個比較組做對照,發現在 BMI 篩檢計畫組裡,孩子過重的家長比對照組的家長,更會為孩子去尋求醫療處置(25%對 7%);BMI 篩檢組的家長也比較願意將孩子的飲食及體能活動做一些改變。Mazzeo、Gow、Stern 與 Gerke(2008)提出警告,這種計畫的效果是斷定,家長有能力與孩子溝通有關可能讓人不舒服的主題,因為「體重過重」的汙名存在於美國的文化中。因此,總而言之,這些資料暗示著預防工作的努力,應該要包括**家長跟自己孩子溝通**有關體重、外表與健康的議題所需要的**資訊與技巧的訓練**。

以社區為基礎的肥胖預防計畫,顯然是有相當的前景。然而,就如同其他大部分的計畫一樣,這一些計畫並不是沒有人批評的。舉例來說,有些人不同意將食物分類為「好」或「壞」(Mazzeo et al., 2012),一個更能夠被接受的方式是將食物語意上分為「需要去**提升**」與「**限制**」的食物。此外,有些飲食失調專家已經表示了嚴重的關切,那就是肥胖預防計畫跟政策可能會導致孩子極端的飲食方式(Cogan, Smith, & Maine, 2008),這也是很令人震驚的,因為

研究已經指出，飲食習慣跟飲食失調開始的症狀是有關係的（Neumark-Sztainer et al., 2006），然而到目前為止，並沒有研究指出既存的肥胖處遇計畫，與孩子及青少年的飲食有關，至少在總量比較上是如此（Carter & Bulik, 2008）。然而，有些人，特別是那些潛在體質容易發展為飲食失調的人（即遺傳的），可能特別容易受到肥胖預防計畫中醫生診斷的影響而受傷，因此很重要的是研究者不只要評估他們處遇計畫的總體效果，也要追蹤對個人的有害事件，包括認出一些在接受肥胖相關的處遇之後，可能會發展飲食病態的人（Carter & Bulik, 2008）。目前的資料顯示這樣的不良後果相當稀少，然而當處遇與政策漸漸進展而且被廣大的宣傳之後，要快速地認出這樣的人是很重要的，同時也要追蹤可能讓他們產生負面影響的一些特質為何（Mazzeo et al., 2012）。

摘要

這一章回顧了六個健康的議題：菸草、酒精、迷幻藥、性病、HIV 跟愛滋，以及肥胖。我們從社區心理學以及預防醫學的角度來檢視這些議題，像是以政策為基礎的預防計畫（以一社區為目標），同時也做了討論（見表 11.4）。選擇這些議題來討論主要有兩個理由：（1）它們每一個都受到媒體極大的關注；（2）每一個都是可以做充分預防的。除此之外，如果沒有採取預防行動的話，有許多人會受到影響或可能受到影響。

就國際情況而言，菸草造成每年超過 500 萬人死亡（WHO, 2008c）。單是美國，菸草的使用（包括抽菸）是第一個可以預防的致死性疾病（U.S DHHS, 2001b）。每一年，使用菸草所造成的死亡率，比 HIV、非法藥物的使用、酒精的使用，以及車禍受傷、自殺與謀殺總合起來還要更多（U.S. DHHS, 2011; McGinnis & Foege, 1993）。「美國傳承」計畫在反菸的努力上已經有相當大的成效，如同「真相」年輕人抽菸預防計畫與無菸電影的宣傳。Biglan 與同事說明，使用資訊與公共政策來改變行為（像是賣菸給未成年者）是對社區有好處的。Biglan 的研究也展示了不同的社區服務，像是警察、議員、商人以及心理師，都可以一起合作來為社區進行一些計畫。

表 11.4　社區健康與預防醫學六議題：簡要回顧

議題	問題嚴重程度	結果	可能解決之道
菸草	• 23%的青少年在過去 30 天內至少抽一根菸	• 抽菸是造成異位懷孕及自然流產的重要原因 • 在1993至2003年間，估計有 727 億美元是花在與菸草有關的醫療費用上	• 美國戒菸處遇研究（ASSIST） • 「無菸電影」的宣傳
酒精	• 所有學生中有74.3%在一生中至少喝過一次酒 • 所有學生中有25.6%的學生在 13 歲之前喝過酒	• 41%致命車禍與酒精有關 • 感染 HIV 的危險性增加	• 父母—孩子技巧訓練（Spoth, Redmond, Hockaday, & Yoo, 1996） • 早期介入（涉及家庭與社區）
禁藥	• 大麻：38.4%的學生曾使用過 • 古柯鹼：7.6%的學生曾使用過 • 注射藥物：2.1%的學生曾使用過 • 類固醇：4.0%的學生曾使用過 • 吸入劑：12.4%的學生曾使用過 • 迷幻藥：8.5%的學生曾使用過 • 海洛因：2.4%的學生曾使用過	• 使用者使用藥物卻不知道內含物，可能對健康有不良影響（大麻內的THC-四氫大麻醇增加） • 全世界 HIV 案件與注射藥物有直接關聯 • 處方藥在非醫療上的使用，已經與傳統尼古丁的危險性一樣高	• 國家藥物控制策略（Office of National Drug Control Policy, 2008）：早期預防計畫，介入與治療目前的藥物使用者，對抗禁藥市場

表 11.4　社區健康與預防醫學六議題：簡要回顧（續）

議題	問題嚴重程度	結果	可能解決之道
禁藥	• 安非他命：6.2% 的學生曾使用過 • 快樂丸：6.3% 的學生曾使用過		
性病	• 2000 年，15 至 24 歲年齡段增加了 900 萬新性病案例	• 感染 HIV 危險性增加 • 新感染者大部分是年輕人 • 性病直接影響經濟負擔，每年估計有 65 億美元	• HIV 與性病預防國家諮詢委員會（MMWR，1998a） • 社區介入（如祕魯）
HIV/AIDS	• 2004 年，HIV 已成為 25 至 44 歲黑人男性死因第四名，黑人女性第三名死因 • 在非洲，HIV 死亡率占主導地位	• 潛伏期長的不可治疾病 • 資源的分配 • 汙名化	• KABBs 預防與介入 • HAART • HIV 檢測
肥胖	• 6 至 19 歲占 33%	• 第二期糖尿病比率高 • 自信問題	• BMI 檢測 • 修改學校午餐

　　就像抽菸一樣，酒精是其他藥物使用與濫用的入門，有愈來愈多的美國學生使用酒精，而目前仍在使用酒精的學生占 43.3%（或至少在過去 30 天內喝過一次酒）（MMWR, 2005a）。狂飲是酒精使用與濫用最重要的問題，它的範圍從大學校園到整個社會，全球的情況都一樣。研究已經顯示家庭會嚴重影響年輕人藥物濫用及後來的誤用情況。其他與健康有關政策的研究也暗示，酒精上

面的警告標示跟符號，可能是知會育齡女性有關在懷孕期間酒精使用危險性的有效方式。

總之，禁藥的使用在這個國家一直很穩定。就全球來說，至少有 1,530 萬人有藥物使用的問題（WHO, 2008b）。然而，某些族群仍持續使用某些特定藥物，舉例來說，大麻是年輕族群最流行的藥物。使用禁藥的結果包括：犯罪、家庭暴力和其他的問題（像是愈來愈多 HIV 的傳染）。這個國家花了更多錢在法律的執行相關業務上，而不是在藥物的預防、介入與治療上。研究已經顯示，社區心理學在預防藥物使用上的貢獻，然而，社區心理學家需要扮演更積極的角色，來爭取預防活動更多的資源（也就是除了法律執行相關的業務）。

美國是工業社會性病傳染比率最高的國家之一。此外，流行病學上的研究一直在點出，性病同時會增加 HIV 感染的可能性。很不幸地，社區心理學家做得太少，或者根本沒有在這個領域上有任何的貢獻，因此強烈建議社區心理領域能夠擔任更積極的角色，跟隨「國家諮詢委員會」對於 HIV 與性病預防的建議，包括提升性行為作為健康生活型態的一環。

在缺乏療癒或者是疫苗的情況下，預防、資訊的宣導以及行為的介入（像是「傳播模式」），顯然是能夠減緩 HIV 散布的唯一希望，既然 HIV 與愛滋也是政治及社會的疾病，那麼隨著嶄新醫學科技的來臨，預防應該在傳統的社區健康與社區醫療的定義之外，採取更多面向與意義。

最後，肥胖被視為流行病，它在美國孩童身上已經付出了代價。在肥胖的普及率上，族群的不均等是存在的，就像其他的健康問題一樣。最常使用的社區預防策略包括：公立學校在食物跟飲料上做一些系統性的改變，以及將 BMI 的評估納入學校必須要執行的健康篩檢工作。雖然證據顯示，這些方式或許對孩子有正向的影響，但是仍然沒有擴大它的執行範圍。

12

社區組織心理學

譯者：洪菁惠／審閱者：邱珍琬

只談生意的企業不會是個好企業。

——Henry Ford

　　當 Sarah Anderson 走出「和諧家園」的大門時，她回頭看了一眼這棟建築物，一棟她待了八個月像是自己第二個家的地方，而今終於離開，心中交織著悲傷與解脫的矛盾情緒。她疑惑地自問：「到底是哪裡出了問題？就在幾個月前，我還很熱情地接下這份工作，而今怎麼就變成了我生命中最感傷痛的地方呢？」

　　「和諧家園」乃是私人經營的非營利組織，就設置在 Sarah 居住的城市裡。「和諧家園」旗下共有八個中途之家，專為收留正處於高風險的青少年們，其主要是由法官、觀護人、學校及父母送來的。這些團體之家宣稱有能力在六個月內「改變這些孩子」，包括幫助這些青少年們戒除毒品、提高學業成績，以及讓他們再次成為有用的公民。

　　Sarah 在一所小型的文學院主修心理學，輔修人類服務。她暑假曾經在「和諧家園」擔任志工，畢業後隨即被招募到「和諧家園」工作。Sarah 的大學成績表現優異，加上大學階段的訓練以及志工服務等經驗，為 Sarah 畢業後在面試工作時展現贏家性格，讓許多社區機構都極力爭取她的加入，Sarah 也希望成為這些機構中的個案管理人。最後，「和諧家園」因為可提供她優渥的薪資、很棒的訓練課程，以及良好的機構聲譽，贏得 Sarah 加入團隊。此外，「和諧家園」似乎在治療創新上也獨領風騷，這些條件都讓 Sarah 認為未來若想進一步踏入更大型、條件更好的機構，她在「和諧家園」的相關經歷都將具有很大優勢。

　　天真單純又充滿理想的 Sarah，帶著她的熱情投入「和諧家園」。在前面數個月，Sarah 的督導 Jan Hayes 負責訓練及指導她。從 Jan 那裡，Sarah 感受到許多的關注，也獲得很好的培訓。儘管初到「和諧家園」的青少年及青少女們個個棘手，但是 Sarah 也在受理這些新而棘手的個案上，逐漸地培養起自信。

　　在服務六個月後，管理總部做了一些人事調動，這讓 Sarah 的職業生涯開始進入低潮狀態。Jan 被調離「和諧家園」，轉任總公司的首席訓練師，於是 Sarah 有了新的督導。新督導對她的指導明顯少了很多，卻花更多心力關注在縮減開銷上。Sarah 向督導表示因為自己仍是新手，希望可以有更多的指導，然而新督導給她的回應是停止抱怨、好好表現。

　　數週過去了，Sarah 發覺不僅自己無法得到像 Jan 那樣的關心和指導，就連「和諧家園」的個案權益也因為經費縮減而蒙受損害。包括，電視機壞了沒有修理，這讓青少年們空出許多時間無事可做；或者是家具需要換，每天的菜色令人食之無味，教學參訪次數及團體治療的次數變少了。所有這些改變都讓青少年們愈來愈不滿意，也更難與他們一起工作。

　　Sarah 向督導表示這些不良的改變，而督導對她的回應竟是：「現在是我們的艱鉅時刻，我必須縮編經費做改變。如果妳認為有其他地方更好的話，那我建議妳另謀高就」。Sarah 僅再工作兩個月後就辭職了，原因是她對工作不抱期待，而對於「和諧家園」的改變感到震驚，因此她認為是該離開的時候了。

　　對於 Sarah 的經驗以及她的工作處境，社區心理學家會如何評述呢？在本章中，我們將介紹組織心理學以及社區心理學的可能觀點。

第一節　組織心理學與社區心理學之共同處為何？

　　社區心理學是探索社會環境因素對個人行為的影響，而行為就發生在社區內不同的面向上，並能為社區帶來有利的改變。為了理解環境或情境對個人的影響，我們有必要了解一些不同類型的機構，不管是私人企業、心理衛生診所、監獄或其他社區機構。若將個人抽離其所處的環境脈絡，將無法對個人有真正的了解，事實上，這就是社區心理學的定位（Keys & Frank, 1987; Trickett, 2009）。本章將探討組織心理學及其與社區心理學的相關議題，特別是從社區觀點來將組織概念化的方式，以及探討組織心理學如何致力於對社區心理學的了解。

壹、組織心理學、組織行為學

　　組織心理學（organizational psychology）傾向從個人觀點探討機構；組織行

為 學（organizational behavior）則 傾 向 從 系 統 觀 點 來 研 究 機 構（Smither, 1998）。

組織心理學和組織行為學的共同處為何？與社區心理學的關聯性又為何？首先，組織心理學專家早已發展出超越個人分析層次的相關理論與方法論（Riger, 1990; Shinn & Perkins, 2000），這也是社區心理學的目標。例如，從研究組織帶來的**組織發展**（organizational development, OD）。OD是一套社會科學技術，用來規劃與執行社區機構在不同情境進行長期變革的需求，以改善機構功能及增進機構內個人的效率（Baron & Greenberg, 1990; French & Bell, 1990），也就是兼顧組織與機構內的個人發展（Beer & Walton, 1990）。其重點在於「一般而言，產業心理學／組織心理學（I/O psychology）的目標……都是為了更加了解及促進組織與個人的效率、健康與福祉」（Rogelberg, 2007, p.xxv）。

組織心理學與社區心理學抱持的相同觀點是，了解組織與個人的積極互動關係──也就是隨著時間不斷轉換且交互影響（Keys & Frank, 1987; Maton, 2008）。這就是生態心理學模式的核心（Kelly, 2006）。例如，機構內的個人可能在某個時間點上，很願意留在機構裡；但在另一個時間點上，他卻很想離開這個機構，就如前述Sarah一樣。有時候，當個人對機構不滿想要離開，而機構卻需要這個人留下來，機構就會想辦法留下他。有關機構與個人這種互動關係的研究，正是社區心理學及組織心理學的關切議題。Cascio 與 Aguinis（2008）回顧過去45年來在《應用心理期刊》（*Journal of Applied Psychology*）及《人事心理學》（*Personnel Psychology*）期刊內的重要文獻後，他們指出近年來（2003-2007）組織心理學廣受喜愛的探討主題，包括了工作滿意度、工作團隊以及組織文化等。

貳、生態與系統定位

探討組織的學者們，向來的研究傳統是從生態觀點及系統觀點開始（Foster-Fishman, Nowell, & Yang, 2007; Shinn & Perkins, 2000）。當他們著手研究與改造社區機構時，其典型作法是涵蓋所有不同層次的工作單位（例如經理與僱員），以及協調機制與其運作過程，這是社區心理學家們希望可以達成的多元

層次觀點或整合型態的研究，而不是只將研究焦點放在單一個體上。

Cascio（1995, 2010）挑戰了工業／組織心理學（industrial/organization psychology，簡稱 I/O 心理學）的這些觀點，他檢視了工作與技術的演變、全球化、以及組織、領導、管理等重要定義的轉變，他相信工作者的價值是隨著生意場上及工作地點的基本假設一起轉變。這些典範的轉移對於 I/O 心理學的應用及研究是很重要的。例如，在決定工作表現的新方式時，可能是採取「在情境中」（在脈絡裡）的評估（Cascio & Aguinis, 2008）。

參、兩者區別

有個關鍵點使得組織心理學與社區心理學分道揚鑣（Riger, 1990; Shinn & Perkins, 2000）。在組織行為學的領域中，大部分的努力是放在如何增進**機構的利益與效能**，有時候會犧牲機構中的個人利益。機構的努力若是有利於個人，通常是為了改善機構的重要任務時所帶來的附帶效果（Lavee & Ben-Ari, 2008; Riger, 1990）。例如，Sarah 的督導針對她有關預算縮編的關切，聚焦在經費縮編對「和諧家園」的影響，而並非是要讓 Sarah 可以快樂一些。特別是假設 Sarah 已得知有某種危險情況可能導致「和諧家園」吃上官司，像是電梯故障未修理的危險，她的新督導可能會聽聽她的意見，但這並不是想要討好她，而是出於關心機構的財政情況而已。

另一方面，社區心理學的主要目標是協助機構內的**個人增強其功能**（enhance the functioning of individuals）（Shinn & Perkins, 2000），其用意在於幫助**機構內個人賦權**（empower individuals within organizations），在面對困難時，可創發新的解決方式，同時確保這些創新和改變是兼顧人性（humanistic），並可提升機構內的社群感（a sense of community）（Peterson & Zimmerman, 2004）。社區心理學家們試圖在機構內營造社群感或是對機構的歸屬感，這些作法都是希望能增進個人功能，而機構心理學家們也重視社群感以減少人事的變動（Moynihan & Pandey, 2008）。

組織心理學與社區心理學將**組織理論**裡的機構變革，運用在社區處置與社區研究／觀點時可能產生的連結（Keys, 2007）。雖然這種關係有強烈的歷史淵

源（例如密西根州立大學生態心理學方案及伊利諾大學在芝加哥所設立的機構—社區心理學循環方案，演變成社區及預防性研究方案）。Keys（2007）指出以上的連結有時是社區心理學家們較忽略或較不看重的議題。

第二節　社區機構的日常議題

為什麼在社區機構中日常議題是值得關心的？因為成年人的大半生都是在機構中度過，特別是工作場域，以及志工服務、休閒娛樂和教育性社團。個人參與組織通常能為其帶來經濟效益、情緒上的安全感、幸福感、自尊與地位，也能帶來團體歸屬感及成就感等社會性酬賞（Schultz & Schultz, 1998）。另一方面，機構也會讓人產生挫折感、疏離感或壓力（Rubin & Brody, 2005）。因此，以下我們就來探討目前機構內常見的一些問題。

壹、壓力

壓力議題在第三章已做過許多探討。壓力也是社區心理學研究或社區心理學家們在提出介入方案時，一個可能引導模式。對大多數的人而言，工作場域通常是定義個人身分的中心脈絡（defining contexts），它是驕傲及痛苦的來源（Blustein, 2008）。試想，當我們想認識某人時，我們會問他從事什麼工作、為誰工作。在成人生活中，我們至少有三分之一的時間是花在工作上，工作場域的改變及要求自然會對我們的生活產生影響。Zohar（1999）發現人們的負面情緒及後來的疲憊感與工作困擾有關。儘管來自家庭的壓力也會對工作產生影響，但來自工作場所的壓力對家庭生活的干擾更大（Mennino, Rubin, & Brayfield, 2005）。

機構內的個人經驗因為變項甚多而有很大差別，因此我們可預期的是工作壓力與因素是複雜且多元的（Rubin & Brody, 2005）。工作者可能因為太忙碌或太無聊，同事間的人際衝突、個人無法勝任工作、訓練不足，都是導致工作壓力的可能因素。另外，其他危險性工作亦是，例如接觸暴力個體的牢房，或是

工作環境惡劣（如噪音、有毒煙霧、光線不良）、工作本身造成的壓力，還有和上級長官的相處問題、規定太多或太少、或是結構太多或太少等都可能是導致壓力的因素。

Zohar（1997）提出三種類型的職場困擾：**角色衝突**（對工作的期待不同或是相反，像是既是朋友身分，又要對朋友的工作表現做評估）；**角色模糊**（不清楚被期待要做些什麼，例如並未被清楚告知對工作的期待是什麼）；**角色超載**（工作量過大，如十分鐘內要清空倉庫，或是一人負責兩份全職的工作量）。

工作的**職場文化**對於從工作蔓延到家庭的壓力有顯著影響。像是職場中非正式、未說明的工作期待及價值觀，都對個人感受到的壓力有影響。工作上時間的壓力，不論男女，都可能將此壓力從工作帶至家庭。然而，若個人可以感受到一種「家庭友善的環境」，以及可以每天花些時間從事「家庭相關的活動」——也就是具有像家庭般友善的職場文化——似乎可以降低人們將工作的壓力帶入家庭的干擾（Mennino et al., 2005）。

在評估壓力所引發的反應中，日常工作**壓力與酒精／藥物濫用**間的關聯性已經被證實（Frone, 2008）。早期針對所有酒精及藥物濫用與工作壓力之間的關聯性並未得到一致性的支持。然而，把問題放在特定的情境中（特定日子針對特定的壓力源），工作壓力與物質濫用的關係就出現了（那一天結束時，你喝了幾杯？）。Frone（2008）相信這些針對特定情境蒐集的資料，已經明確指出，物質濫用的背後是試圖為了減輕壓力，後來的研究亦發現，職場中的**姑息氛圍**（permissive climate），可能鼓勵了酒精和物質濫用的情形（Frone, 2009）。評估這種氛圍是從三個面向所測得：酒精與藥物的可取得性、說明職場的常規、職場的禁令規範。針對一項全國性樣本的調查發現，62%的受訪者表示將酒精帶入職場是很容易的（Frone, 2012）。然而，這種寬鬆的氛圍，反過來就與職場上的不**安全**、更大的**緊張感**以及職場士氣降低有關。這些都可以納入職場文化環境的定義裡（O'Donnell, 2006）。這些並未明說的價值觀及期待，也就是說，職場文化似乎對於職場壓力的相關考量會是關鍵因素，倘若未做檢視，可能會導致耗竭。

貳、減壓

　　各種社區機構中同事間的**社會支持**，皆能改善職場壓力和專業耗竭的影響（Bernier, 1998; Turnipseed, 1998）。Snow、Swan 與 Raghavan（2003）在調查從事祕書工作的樣本後發現，因應風格與社會性支持都對減輕壓力反應具有預測力。**主動因應**（active coping）（積極處理問題）最終能夠減輕壓力症狀（焦慮、憂鬱、身體不適）；然而，**逃避因應**（avoidance coping）（忽略問題，使自己分心）則無法獲得消除壓力的結果。擁有良好的社會支持增加了積極因應的效果，進而能使問題變少。社會支持系統幫助員工解決職場問題，這符合第三章復原模式（resilience models）中所描述與討論的觀點。

　　然而，這裡需小心的是，在組織環境中的社會性支持，通常是以複雜的方式運作（Schwarzer & Leppin, 1991）。在某些案例中，社會性支持事實讓個人處境更糟（Grossi & Berg, 1991）。同樣地，必須考量到每個人的文化背景，以及哪種支持才是最適合此人（Jay & D'Augelli, 1991）。

　　Quillian-Wolever 與 Wolever（2003）曾經評論工作壓力管理方案，他們注意到這些方案都是植基於大量的壓力及相關因應的研究（參見第三章）。他們提出了一套壓力管理架構，對應到壓力反應的不同層次（包括生理、認知、情感及行為）。在一些生理與認知的壓力因應方式中，採取運動對整個有機體（個人）具有正面效果（Freeman & Lawlis, 2001）；按摩治療能減緩肌肉的緊繃，且強化身體免疫功能（Zeitlin, Keller, Shiflett, Schleifer, & Bartlett, 2000）；放鬆技巧在數個減壓心理指標上，可帶來正向改變（Cruess, Antoni, Kumar, & Schneiderman, 2000; Freeman, 2001）；而冥想有助於專注，也有助於提升身體免疫力以及引發神經系統正向轉變的功能（Davidson et al., 2003）。已有許多技能都被放入壓力管理方案中，不過關於這些壓力管理方案的持久性仍不十分清楚。Quillian-Wolever 與 Wolever（2003）則依據二級預防（處理失功能的早期症狀），將壓力管理方案做了概念化，然而這並非是針對所有受僱類型都可通用的預防教育方案（prevention-educationl programs）。

　　因此，壓力管理介入方案所面臨的挑戰是：如何為機構成員，打造出一個

具有保護性與提升正向功能的工作環境。

參、專業耗竭

專業耗竭（burnout）是一種徹底耗盡的感覺，導因於過多壓力，以及缺乏令人滿意的資源（Maslach, Schaufeli, & Leiter, 2000; Moss, 1981）。耗竭包含三個成分：

1. 感覺燈枯油盡或**精疲力竭**。
2. **對人失去敏感度**或對他人冷漠，包括對案主，或使用譏諷的言詞。
3. **低成就感**或感到白費力氣（Jackson, Schwab, & Schuler, 1986; Leiter & Maslach, 2005）。

耗竭的症狀包括對工作失去興趣、冷漠、沮喪、暴躁易怒，且喜歡挑剔別人。個人工作品質也相對變差，另外個人可能出現盲從及墨守成規，不懂得通權達變（Schultz & Schultz, 1998）。在本章稍後會針對這些主題做探討。

耗竭現象最可能影響機構內原先非常積極、熱誠和有理想的成員（Van Fleet, 1991）。研究顯示許多在社區機構服務的人員（包括警察、社會安全人員、社工、教師、護理師等）都遭受專業耗竭的折磨（Adams, Boscarino, & Figley, 2006; Pines & Guendelman, 1995）。你或許知道從事這類職業的以女性居多，雖然一份早期的研究指出女性通常比男性更容易耗竭（Pretty, McCarthy, & Catano, 1992），但現在我們已經了解耗竭並無性別差異，不過，女性健康較之男性更易受到工作壓力的影響（Toker, Shirom, Shapira, Berliner, & Melamed, 2005）。或許這也是Sarah所面臨問題的一部分，她只是太累了、開始覺得不健康，所以才辭職。當個人與機構之間無法調適時，就可能會導致耗竭（Maslach & Goldberg, 1998）。舉例來說，Xie 與 Johns（1995）檢視員工角色的**工作範圍**（job scope），或與工作相關的活動與耗竭之間的關係，他們發現當個人覺得自己的能力與工作要求（或工作範圍）不適合時，就有可能經驗到高度的耗竭與壓力。

下列為六項導致職場過勞的機構因素（Leiter & Maslach, 2004, 2005）：

1. **工作負荷**：職務及責任超出負荷。
2. **控制**：未能參與決策。
3. **酬賞**：未獲得適當的社會、機構及／或金錢上的回饋與肯定。
4. **社群**：缺乏社會性支持以及欠缺社會融合。
5. **公平**：對環境感到不公平或不平等、缺乏互惠。
6. **價值**：個人與環境所追求的意義及目標不一致。

Maslach 與 Leiter（2008）發現他們可以認出哪些員工可能屬於過勞高危險群，他們只需要看看員工對職場公平性的描述，以及員工**過勞**的報告或譏諷的言詞就清楚了。當個人對於機構的公平性期待不符合職場現況，就可能有耗竭與譏諷的傾向；然而，當工作場域的公平性符合員工的期待時，員工似乎就變得更投入工作（與耗竭相反）。這些研究發現說明了耗竭與投入工作兩者，在耗竭情況中扮演了重要的角色。Leiter 與 Maslach（1998）早先的建議是，去找出那些保持活力、積極投入以及感覺有效能（也就是積極參與）的員工，以及那些耗竭的員工；後來的研究發現支持了**對職場環境的感受**決定了員工的行為與工作態度，職場的公平性能夠留住員工及長期維持工作效能。

肆、組織文化

機構為何不會因為員工的加入或離職而有改變呢？即便員工改變了那麼多，就如同 Sarah 的情形一樣。答案是組織文化使然（Baron & Greenberg, 1990）。從早期對組織文化的研究歷史，就狹義的觀點來看，組織文化是指機構的氛圍（organizational climate）。就如同 A 型人格（具敵意和競爭性）與個人風格有關，而組織文化就與機構的性格有關。**組織文化**（organizational culture）是由機構內多數成員共同持有的**信念**、**態度**、**價值**和**期望**所組成（Schein, 1985, 1990）。一旦這些信念和價值建立了，它們就會在機構內持續存在，機構會依照其形象形塑與打造其成員。例如，你還記得剛進大一上課第一週時，所有的新鮮人外表和穿著打扮很不相同嗎？但到了大四，許多同學看起來似乎更相像了，因為其他學生會逼得他們去遵守組織的形象，大部分偏離校園常規的

人，通常會離開而非做改變。

　　除了順從之外，盛行於機構內的文化，會影響組織的結構及其過程。機構內如何做決定和組織結構有關。不管是當決策是由下而上（機構內的一般成員都可以參與決定）或是由上而下（也就是只有機構內的核心管理階層可以做決定）時，這些都是組織結構（上與下）及其過程（決策如何被決定）的一部分。

　　組織結構包括決策系統，也決定了機構內的階級差異，像是經營管理者與中階經理人之間的差異。機構內的**權力分配**亦受到組織文化的影響，如果低階職員做了決定，他們就會比未能參與決策時擁有更大的權力。最後，組織文化會影響機構的意識型態，如果機構認定人性本善，它就會傾向於讓部屬參與決策（Tosi, Rizzo, & Carroll, 1986）。若機構文化重視人類潛能的發揮，則該機構就更可能允許其成員發展或開創新的構想，而比較不會有太多干涉。

　　一種**開放性的文化**（open culture），看重人性尊嚴，也能增進個人成長，這是多數機構成員與社區心理學家所喜愛的。開放性文化可以培養員工的團隊意識、促進更好的溝通與賦權感；這樣的開放性文化可以在機構內存在，當然也可以存在於鄰近社區（Detert & Edmondson, 2007; Klein & D'Aunno, 1986; Pretty & McCartht, 1991）。這樣的組織文化，其中一項正向效果是讓成員願意承諾效力（Shadur, Kienzie, & Rodwell, 1999）。相反地，如果機構的文化是**壓制的**，就會限制人的成長，或者是當機構對外宣稱的與其實際作為有很大落差時（像是宣稱自己具有正向組織文化，事實卻不然），來自成員的譏諷就會升高、工作表現低落（Baron & Greenberg, 1990）、向心力也下滑。或許類似的情形就發生在 Sarah 身上，她被受新督導忽視的感受所淹沒。

　　機構內的社群感（與組織文化有關）一直是社區心理學家所研究的現象。在第一章我們討論了社群感的詳細內容。社群感是指個人感覺到自己與別人相似的感覺，以及與其他工作夥伴同屬於那裡的感覺，有一種「我群感」（we-ness），就是社群歸屬感。

　　Pretty 與 McCarthy（1991）探討了公司男女員工對機構的社群感。他們發現機構的不同特質可以預測社群感，這些特質端賴於性別與職場位階。男性主管的社群感可以從他們對**同儕凝聚力**和**參與感**的覺知來做預測；而女性主管的

社群感則可從她們感受到**長官的支持、參與感**以及**工作壓力的多寡**來做預測。

　　另一項組織文化的面向是機構內成員感受到賦權的程度。事實上，倘若機構可以成功地賦權，組織文化便可作為了解和評估個人與工作情境的適配性（Ambrose, Arnaud, & Schminke, 2008; Foster-Fishman & Keys, 1997）。研究發現機構內的賦權與員工的工作效能有關（Spreitzer, 1995）。Pereira 與 Osburn（2008）回顧了質性的相關研究後指出，員工面對工作的態度才是改善工作效能的關鍵。那麼能夠激勵員工賦權的機構特徵有哪些呢？Maton 與 Salem（1995）以個案研究方法進行研究的結果發現，至少有四項特徵：

- 機構的信念體系能夠激勵個人成長，以優勢為基礎，並且鼓勵員工超越自我。
- 具備容易取得機會的架構。
- 機構的支持系統是充足的，且能以同儕為基礎，提供社群感。
- 主管的領導風格對於機構和員工都具有啟發性、才華洋溢、樂於分享，且願意貢獻。

這些特質與前面提及的開放性文化非常相似。

　　這讓我們想起之前提及 Leiter 與 Maslach（2004, 2005），他們針對過勞議題等機構因素所進行的調查研究，指出組織氛圍的六個面向——工作負荷、控制、酬賞、社群感、公平、價值等都在我們的討論範圍內。特別是公平面向證明了是職場內考量耗竭與復原力的關鍵因素（Maslach & Leiter, 2008）。公平性及社會性支持在組織結構的脈絡因素中具有重要性，這論點已於論述紐約女性少數族裔警察的研究中被證實（Morris, Shinn, & DuMont, 1999），她們對工作的投入度顯然受到前述機構文化等因素的影響。人們是否可以感受到公平，對每個人都很重要，尤其是對那些長期被歧視的族群，像是某些特定性別或少數族裔更是如此。

　　為了詳細說明這種鼓勵多元性的組織文化面向，Bond（1999）描述了一種在職場中重視性別、種族、階級的連結模式。**連結**可能來自：（1）連結的文化（人們彼此仰賴以達成彼此了解且重視的目標）；（2）認可多元現實（注意到不同觀點，並邀請大家一起共創真實的論述）。她提到組織文化的創造與美國

傳統組織強調個別性、自主性以及一致性規範有所衝突。

　　如前所述，對於如何形成組織文化，以及鼓勵或留住成員的組織文化特質，是社區心理學非常關注的議題，也有愈來愈多的注意力聚焦在組織如何讓成員產生正向態度或成為好公民。

伍、組織的公民行為

　　組織的公民行為（organizational citizenship behaviors, OCBs）意旨「有助於支持與增進工作表現的社會與心理脈絡」（Organ, 1997, p. 91）。早期針對機構的公民行為研究，定義了兩種反應類型，一是幫助他人的利他意願，二是滿足職場要求的良心意願（conscientious willingness）。第二類行為與一名「好士兵」的行為類似（Organ, 1988）。

　　後來 OCB 的相關研究，其概念已擴展了以下因素，包括：

利他（altruism）：協助他人。

良心（conscientiousness）：協助機構運作。

運動家精神（sportsmanship）：忍受非預期的要求。

守禮守節（courtesy）：協助他人免於困擾。

公民美德（civic virtue）：參與組織的生命發展。（Organ, 1997; Lievens & Anseel, 2004）

　　Organ、Podsakoff 與 Mackenzie（2006）將公民美德視為個人願意參與機構，並負起機構生命發展的責任。運動家精神，或謂，個人為了公司利益，願意無怨無悔地付出更多，這是較具系統觀點的公民精神。公民美德及運動員精神，與利他意圖（指個人能夠協助一起工作的夥伴）正好相反。Coyne 與 Ong（2007）發現運動家精神比較是個人願意貢獻機構的良好指標，也就是說，運動家精神與員工離職呈負相關。同樣地，Paillé 與 Grima（2012）在一份針對法國白領階級員工的研究中發現，運動家精神是預測員工對任職機構歸屬程度的良好指標。

　　研究顯示領導者與員工之間的溝通，會影響 OCB（Truckenbrodt, 2000;

Wayne & Green, 1993）以及員工對機構體系的公平性觀點（Organ, 1990; Schnake, 1991）。Tepper（2000）提到「互動式正義」（interactional justice）也就是「以尊重、誠實、禮貌，以及對個人需求敏銳的態度來對待員工」（p. 179），則有助於員工對工作單位的貢獻。

Burroughs 與 Eby（1998）曾研究職場的社群感，以及其與 OCB 之間的關係，他們指出的社群感包含九個元素：

歸屬感（覺得自己是組織的一份子）
同儕支持（具影響力；想法得以表達）
團隊導向（融入團體；參與且投入團體）
情緒安全感（分享情緒的連結；相互信賴的交流）
靈性連結（共享相同的價值觀與精神）
容忍差異（將多元性視為理所當然）
鄰里精神（提供建議與分享資源）
團體精神（與他人相似）
沉澱反思（願意花時間深入思考問題）

值得一提的是，針對前述九項元素中的四項，最先是由 McMillan 與 Chavis（1986）做了若干定義。McMillan 與 Chavis 所提及的四個面向分別是：（1）組織成員的歸屬感；（2）影響力；（3）融入機構與滿足需求；（4）分享情緒的連結。然而，Burroughs 與 Eby（1999）的研究與社群感的脈絡有關，也創造了反映此脈絡的不同面向。以上九項元素已被整合為單一評量表——職場心理群體意識表（Psychological Sense of Community at Work, PSCW）。PSCW 與組織公民行為以及員工工作滿意度有顯著相關。

一份澳洲的研究也發現，心理社群感與機構成效兩者間的關係（Purkiss & Rossi, 2007）。職場的社群感愈好，可預測職場歸屬感愈高、曠職情形愈少、離職率愈低。

近年針對 OCB 及其對員工的影響性研究指出，我們對於誰是自己的團隊（誰是我們的工作夥伴），以及我們對於大型的機構或公司的看法不同。當機構提供員工支持，會讓員工對該機構更願意貢獻，工作團隊的支持影響了成員

對該團隊的貢獻。員工對機構以及對團隊的承諾與貢獻會造成OCB的產生，然而，個人的工作表現，亦即某人可以做到哪種程度，與團隊的貢獻有較大關係。另外，個人對工作的忠誠度較之個人對組織的貢獻關係更大。員工對工作團隊的認同感，以及當員工在職場中覺得有掌控感及權力時，他們對於改變較能抱持開放的態度，這也是最能有效預測以改變為導向（有助於職場內的創新行為）的組織公民行為。當員工缺乏掌控感及權力感時，此種預測就不存在（Seppälä, Lipponen, Bardi, & Pirttilä-Backman, 2012）。同樣地，當員工感受到機構的支持以及心理上的賦權時，與組織公民行為就有正相關。換句話說，當員工覺察到心理的賦權時，組織公民行為就與整體工作表現呈正相關（Chiang & Hsieh, 2012）。

這些研究拓展了我們對職場行為的了解，特別是作為「好公民」的概念，或是如 Organ（1988）所說的，一種職場中的「好士兵」。這個研究突顯了此現象在本質上是相通的——職場上需要提供員工成為「好公民」的理由，以提升其工作表現及對機構的忠誠度。

陸、工作與自我概念

工作會影響我們的幸福感，也會影響我們對自己的觀感（Blustein, 2006, 2008; Fassinger, 2008; Fouad & Bynner, 2008; Lucas, Clark, Georgellis, & Diener, 2004）。

> 當人們在工作或思考工作相關事物時，他們就與外面社交世界產生明顯與複雜的關係。對許多人而言，工作是他們生活的「遊戲場」，在這裡，他們與他人互動，與既有的社會習俗交流，最明顯的是有機會感到滿足……喜悅與面對重大挑戰……有時候則是感到痛苦。（Blustein, 2008, p. 232）

有鑑於工作對人們自我定義的重要性，任何關於人們功能的整體考量，都應該包括工作世界的諸多面向。

柒、因應職場多元性

　　過去數十年間，有關團體多元性對團體運作之影響的發現很不一致。Tsui、Egan 與 O'Reilly（1992）指出，機構員工與其所屬團體的差異愈來愈大，曠職情況愈嚴重，對工作的投入程度也降低。這個發現對白人男性而言最為明顯，然而，Huo（2003）的研究發現「上層─從屬」（super-ordinate）團體可以克服「低層─從屬」（sub-ordinate）的團體，因此若對公司的認同夠強，個人就會忽略其他差異（像是種族、性別，或其他的差異指標）。Mannix 與 Neale（2005）整理過去至今有關職場多元性的研究，結果發現結論不一。他們指出機構脈絡對於機構成果的重要性。他們引用 Chatman 與 Spataro（2005）的研究發現，當強調集體價值觀先於個人價值觀時，即便有明顯差異的員工也能夠更合作。Mannix 與 Neale（2005）根據回顧職場多元性的相關研究，他們提出三點建議：（1）針對機構內既有多元的團隊，在指派任務及工作目標時應審慎決定，因為這些會決定團隊內成員的互動；（2）團隊成員可以藉由建立共通點及相似性來達到連結，這對提升團隊的認同感與努力都有幫助；（3）應多鼓勵尊重少數者意見，因為順從的壓力是團體形成過程中正常的一部分。Ely 與 Thomas（2001）鼓勵職場應該改變其多元理論，他們認為聚焦在「學習和效率」對於多元化的努力（強調對這些觀點的了解），將會突顯其益處與酬賞。多元性是重要的，因為我們就生活在一個多元的世界裡。覺察多元觀點的過程，對團體的生產力是有價值的，而這些有助於團體的觀點，會影響機構內不同族群的整合及多元觀點的融入。來自組織心理學的這些知識，當然適用於整體，特別是社區心理學。

　　機構可以藉由鼓勵連結與合作的文化，以及承認多元事實的存在（相對於堅持歷史的單一觀點，而且是由既得權力者所詮釋），藉此促進多元性。機構要帶來改變，應善用「異中求同」（connected disruption），讓價值「彼此／並存」（both/and），並得以向既得利益者、握有權力者所定義的單一真實及其價值進行挑戰（Bond, 1999）。

捌、其他生態環境條件

　　機構大小也很重要。小規模機構的員工報告說，較可以感受到環境對他們的支持、較少歧視、也對公司更忠誠（MacDermid, Hertzog, Kensinger, & Zipp, 2001）。另一方面，大規模的機構常常產生負面情況，例如，Hellman、Greene、Morrison 與 Abramowitz（1985）檢視了住院心理健康治療計畫，透過調查員工及案主的感受後，一點也不意外的：計畫愈龐大、員工和案主感受到的焦慮就愈多，對於機構的心理感受愈負面，與機構的心理距離也較遠。

　　然而，就文化環境而言，機構大小只是其中一項考量。Burroughs 與 Eby（1998）檢視工作場所的群體心理意識（psychological sense of community, PSC）後發現，工作團隊的大小並不影響人們的 PSC，而是個人所設定的工作目標與組織目標是否契合，如此才能清楚預測員工的 PSC。反過來說，PSC 關係著員工對工作的滿意度，也就是員工對機構的忠誠度、工作熱誠以及助人意願。

　　職場中持續成長的多元性，已讓機構的生態環境衍生了其他的考量。Fassinger（2008）指出工作場所中的女性、有色人種、性傾向少數，以及身障人士的比率愈來愈高。機構組成的這些變化對組織的影響可能同時具有優勢與挑戰性。焦點 12.1 說明了組織心理學及應用社會心理學，可以對工作場所的生態及影響工作場域的多元性有所貢獻。

焦點 12.1

多元議題面面觀

　　在 1990 年代，新英格蘭一家公司曾經委託一群社區心理學家處理多元性議題（Bond, 2007）。隨著持續多年的評估與介入，之前系統層次的改變工作指出當初尋求「從多元中學習」的目標，確實帶來了正向的文化效果（Kochan et al., 2002）。這

焦點 12.1（續）

樣深層的態度轉化，為機構文化帶來了持續性的改變（Harrison, Price, & Bell, 1998; Harrison, Price, Gavin, & Florey, 2002; Thomas & Ely, 1996）。公司顧問則是努力為公司的數據帶來更多表面下的轉變。

從社會生態的觀點來看，顧問們會關注資源及其分配，以及了解行為在文化脈絡的重要性。使用員工「需求與能力」以及公司的「資源與要求」的語言，顧問們觀察參與者與場域之間如何相互影響。同時，由於系統間互賴的性質，顧問們覺察到任何的改變必須要考慮到機構通力合作的本質。特定的小改變可能導致態度及行為的巨大改變，而改變可能就發生在正式的政策層次，或是發生在非正式的文化層次（O'Donnell, 2006）。

為支持機構的多元性，他們將目標放在促進機構氛圍上，強調：

- 能從人們的文化脈絡與處境中了解他人。
- 共享目標與命運（共榮共存）。
- 理解並體認文化差異的價值（同時也重視帶來這些差異的廣大社會與歷史力量）。
- 為環境影響負起責任（影響與意圖是不同的，亦即發生在他人身上與個人要其發生兩者並不相同）。

他們也尊重個人經驗，也就是個人的主觀世界。

面對當地人口變遷與全球市場的改變，公司了解革新的需求。在上層領導的支持下（董事長、人事主管），顧問運用現有的領導及工作團隊來與不同部門合作。依照各個職場環境打造介入方案，與現場職員同心協力，其介入過程經過幾個階段，包括需求評估、建立合作關係、發展適合該場域員工及主管通力合作的訓練方案、提供訓練、處理團體動力議題、評估改變，並致力於變革的制度化。

針對這個漫長、不同階段的介入方案，進行了質化及量化的評估。結果證實該方案確實有效，態度改變，也增進了對細微差異的了解（意指對公司脈絡多元性的支持）。組織文化明顯改變，包含了正式政策以及實際作法的改變，伴隨著一些聘用人員模式的改變（例如：職場更多元的現象，領導風格也更具多元性）。

第三節　機構管理的傳統技術

　　Sarah 帶著不滿離開「和諧家園」，做這樣的決定，她並非是唯一的受害者，機構也是受害者。「和諧家園」現在需要招聘新人接替Sarah的職務，同時要訓練及教導新人。曾經是Sarah服務的個案，若到機構想找她卻找不到時，可能也會無所適從。傳統上，機構會使用什麼方式來吸引及留住優秀員工呢？又如何管理不良員工呢？這些策略有效嗎？

壹、薪資福利措施

　　許多機構對待員工的傳統作法是，善待好員工、解聘壞員工，這些都是針對個人的處理方式。設立薪資制度（compensation levels）乃是傳統上用來激勵員工努力與表現績效的方法。事實上，許多人力資源管理部門的主要功能，就在於設立薪資制度（Milkovich & Boudreau, 1991）。然而有趣的是，機構員工很少將薪資當作對工作滿意度的最相關面向，但是，調升員工薪資與相關優惠福利，卻是機構最常用來激勵員工的方法之一。一項研究指出，提高工資與薪水是最常用來降低離職率的手段（Bureau of National Affairs, 1981），不過事實上，調整薪資只能夠部分提升員工對工作的滿意度（Schultz & Schultz, 1998）。即使員工可以參與自己的考績評量，也常與其敘薪有關，但是員工對於自己的薪水滿意度並未因此而受影響（Morgeson, Campion, & Maertz, 2001）。

　　不幸地，男女薪資差異一直未有改善。一份研究報告指出，女性工作薪資是男性的 75%〔American Association of University Women（AAUW），2007〕；在控制職業、工作時數以及育兒等因素後，研究發現大學畢業後的男女薪資差異，畢業後一年的男女薪資差異從少於 20%，到畢業後十年的 31%。美國人口普查（U.S. Census, 2009）的資料顯示，女性薪資僅為男性的 77%，而少數族群的薪資水準更不利（以美元來計，非裔美國女性賺 70 分錢，而非裔美國男性賺 74 分錢；西班牙或拉丁美洲裔女性賺 60 分錢；西班牙或拉丁美洲裔男性賺 66

分錢；AAUW, 2011）。值得注意的是，前面針對耗竭與好公民行為的描述，都強調員工對公平的需求。你可能會好奇，Sarah 如何看待她的薪資水準，以及這與其工作職責相比是否公平呢？

貳、制度與法規

政策與法規也是機構控制員工行為的方法。公司政策手冊以及員工的工作倫理守則已經相當普遍。有些機構政策相當明確：「在公司內禁止從事賭博行為」，其他則較不明確，像是：「員工應對公司忠誠」。此外，若加上公共政策或聯邦政府和州立法機關對機構與其員工的管理政策，其規定數量更是驚人。光是「聯邦平等僱用機會準則」（Federal Equal Employment Opportunity Guidelines），以及「職業安全與健康規範」（Occupational Safety and Health Regulation），其法規數量若堆疊起來，都高過一個人的身高了！

員工遵守機構政策的程度究竟為何並不清楚，但是一些針對員工行為的早期研究指出，並非所有員工都喜歡機構的規定。一項研究以伊利諾州 Hawthorne 市西部電廠配線室男性員工為調查對象，發現該機構員工有意地讓實際的工作成效低於管理者所設定的產量標準。為何如此？他們認為，如果他們的工作成效一旦達到管理者所設定標準，則上級長官下次會再把產量標準提高（Roethlisberger & Dickson, 1939），藉此迫使員工更努力工作。現在我們知道，在一些專業的官僚體制，如醫院、大學及其他社會服務機構，不同專業者比較喜歡依據他們的自訂規則來管理，而非遵守機構的正式政策（Cheng, 1990; Mintzberg, 1979）。大多數的機構員工很少提及機構的政策或規定，這大概是他們不滿機構規定或出現違規的主要因素，這些也常常在對機構法規的相關研究中看到。此外，違規行為會造成處罰的結果，像是停職、降職或離職時不給薪水等。Atwater、Carey 與 Waldman（2001）發現員工經常認為機構的懲罰是不公平的，結果對於被懲罰者以及旁觀者來說，皆對執行懲處者與機構失去敬意。值得注意的是，感覺公平與否被認為是職場壓力的最關鍵因素。

機構管理員工的傳統方法一直以來都不是社區心理學家所推薦的。大多數機構的管理是針對機構中的個人，他們沒有提到或注意到脈絡或機構本身，對

裡面個別員工的影響所扮演的角色。然而，有愈來愈多的研究聚焦在工作的文化與脈絡。這些研究結果更加強了公平性、賦權，以及發展社群感的益處。

接著我們會探討機構變革的面向。

第四節　機構變革概觀

壹、機構變革理由

本文將簡單說明促使機構變革的一些理由。引發機構改革的壓力，可能來自於機構內部或外部。**改革的內部壓力**（internal pressures to change）來自於機構內部的消費者、員工和主管。在「和諧家園」的案例中，則是內部的預算壓力可能迫使機構改變。機構有時也會改變服務重點，或提供不同的服務，這些都會導致機構進一步的轉變。

機構外的勢力創造了**改革的外部壓力**（external pressures to change）。政府法規、外來競爭者、政治趨勢及社會潮流，以及其他因素，皆是引發機構做調整的需求。例如，去機構化的運動使精神疾患被迫要轉到其他提供服務的社區，像是團體（中途）之家。收容機構的安置量與條件都受此潮流的影響。

貳、機構變革相關議題

在第四章和第五章曾經述及改變的困難。機構變革之所以困難，其中一項因素是許多機構成員抗拒改變，他們覺得受到改變的威脅，也許是因為他們擔心自己沒有能力去應付改變，或是他們並不願意去努力適應新的情況。同樣地，有些機構較之其他機構更不容易改變，例如，政府機關就經常受制於法律規定或公務人員法規所限制而導致改變不易（Shinn & Perkins, 2000）。

引發機構改革的理由是複雜的，機構與員工是相互依賴的體系（Tosi et al., 1986），機構員工會影響機構運作，機構運作也會影響到員工，一個人的改變不可能不牽動他人的改變。例如，「和諧家園」的主管縮減了預算，同時也決

定精簡人事以節省開銷，員工精簡的意思是指對青少年個案的關注跟著減少，同時意味著留下的員工將負擔更多工作。因為預算縮減，因此機構的服務品質也可能開始下降，機構聲譽也可能低落，或許不能吸引更多的客戶，而來應徵工作的優秀人才更少。改變也意味著機構資源將重新分配，而決定配額的運作歷程勢必跟著改變（Seidman & Tseng, 2011）。配額的運作過程被認為是充滿危機的（Stebbings & Braganza, 2009）。

　　機構不容易改變的理由也植基於，機構通常會尋求符合其既存機構的思考派典（paradigm）來做變革（Cheng, 1990）。機構的變革需要客製化介入策略，而此改變又可讓機構了解，並符合機構操作派典的假設（Constantine, 1991）。

　　為了確定機構改革的必要性，改革應以行動研究為起始。行動研究可提及機構是否準備好要改變了，以調查來引導回饋被視為是監督機構進行變革的可行之道（Shinn & Perkins, 2000）。「**調查引導回饋**」（survey-guided feedback）涉及系統化蒐集機構員工的資料，而員工也能持續收到有關改變之後的回饋資訊。

　　改革的必要與準備一般都是因為員工對機構不滿所導致（Baron & Greenberg, 1990）。機構成立時間的長短也是因素，因為社區機構的發展通常歷經許多不同階段（Bartunek & Betters-Reed, 1987）。儘管改革規劃需以長期計畫為佳，但有些改變的初步計畫也要到位（Taber, Cooke, & Walsh, 1990）。這樣的計畫在每個階段，都應將員工或者是客戶包括進來。員工參與改革對其工作滿意度以及自尊的提升均能產生深遠影響（Roberts, 1991; Sarata, 1984）。賦權的感受——也就是員工可造成改變，對於工作情境也有些掌控感——顯然和個人在職場中的正向感受與效能感有關（Gregory, Albritton, & Osmonbekov, 2010; Spreitzer, Kizilos, & Nason, 1997）。

　　機構改革可能發生在組織、團體和個人的層次上。儘管有些社區心理學家可能偏好，機構組織的整體改革，也就是社區整體，但通常是機構內的次級單位最容易改變。接下來將針對幾個機構改革方法進行探討。

第五節　影響機構變革的元素

改革可以由組織的最上層開始，一路到組織的最底層。我們認為領導風格的改變會影響機構運作，然後這個過程可以促進組織改變。最後我們會舉出兩個嘗試從生產階層進行組織變革的例子。

壹、領導風格

Eagly、Johannesen-Schmidt 與 van Egan（2003）描述及討論不同領導風格的定義。早期的研究使用**任務導向**或**人際導向**來說明領導者（Bales, 1950; Fiedler, 1971; Likert, 1961）。任務導向的領導者對於如何以最有效率的方法完成工作感興趣；人際導向的領導者則關心參與工作過程的人們，擔心他們的感受，也看見社群氣氛與人際關係的重要性（員工本身就是成果）。Fiedler（1971）在了解這些領導風格的有效性時，發現一個有趣的發展是：任務導向的領導不管是在順境或逆境時，都是最具效能的領導風格；而人際導向的領導則最適合不極端的情境，他稱此領導風格為**權變模式**（contingency model）（見表 12.1）。

其他的研究將領導風格分為**民主式／參與式**（democratic/participatory），以及較為**獨裁式／指導式**（autocratic/directive）兩種（Lewin & Lippett, 1938）。採民主式風格的領導者會徵詢大家的意見，並與受該決策影響的人一起討論各式選項；獨裁風格的領導者則會自己做出決定並採取行動。一份針對民主式領導風格與獨裁式領導風格效果的經典研究中，Lewin、Lippett 與 White（1939）發現獨裁式領導風格在兒童團體中，會引起兒童較高程度的攻擊性與挫敗感；而民主式風格則會為兒童帶來較高的自發性。這些早期的研究發現，促使後來的研究開始對領導風格如何影響生產力及滿意度進行調查。Gastil（1994）對這些關於兩種領導風格的研究進行後設分析，卻得到不同的結論，亦即民主式領導風格儘管能帶來較高的團體滿意度，但在團體滿意度較佳時，此風格滿意度也只達中度；無論是民主式領導風格或獨裁式領導風格對生產力皆未產生較優

表 12.1　三種領導風格範例

- 變革式：互動方式正向且具激勵性，你覺得自己在團隊中是有價值的成員，自己的意見會被尊敬、重視與被徵詢。你感受到領導者對工作的投入與熱情，而這樣的熱忱具感染力，因此當你有好的創意或想法時，也會找領導者討論。

- 互動式：領導者只有在給出任務指示或是提供回饋時才會出現，通常看到領導者時，就表示將有更多工作來到，或對已完成工作有回饋。你的工作就是完成任務，知道重點與工作目標；很清楚的是，你的價值是依據你完成任務的情況而定。

- 自由放任式：領導者很少無目的地出現在工作場域中。領導者基本上在員工的工作中是缺席的，這讓員工覺得他們是獨力在工作，而不是在一個互相依賴的群體或團隊中工作。因此，員工對一切事物感到混亂、無焦點，或無目

資料來源：改編自 Eagly、Johannesen-Schmidt 與 van Engen(2003).

異結果。

　　Eagly 與其同事（2003）針對領導力相關研究進行後設分析，使用了較新的領導風格分類，包括**變革式**（transformational）、**互動式**（transactional）或**自由放任式**（laissez-faire）（Bass, 1998）。他們發現，採用變革式領導風格的領導者，會透過適當的示範、建立信賴關係、賦權給那些一起工作的人，並鼓勵員工付出且致力於創新等方式來激勵員工。互動式領導風格的領導特色在於對員工表現提供回饋，當員工表現良好時給予正向回饋，當員工表現有問題時則給予負面回應，而在情況特別糟糕時介入。第三種領導風格稱為自由放任式，這種類型的領導者在工作場域中通常缺席且不參與。Eagly 與其同事發現，女性比較傾向變革式領導者，且較能適時給予獎勵，而男性比較多是互動式領導者，使用負面糾正式回饋。值得留意的是，不分男女員工都較偏愛女性的領導特質；女性領導者被認為較能激勵他人的付出、更有效能，以及帶來更高的滿意度。

　　也許會有人以為，根據前述研究結果，應有更多女性領導者的出現，事實卻不然。後續研究發現，雖然女性擁有較佳領導行為，但是好領導的「定義」，本質上仍是「男性」的（Koenig, Eagly, Mitchell, & Ristikari, 2011）。當女

性展現好的領導技巧時，也同時須面對被視為缺乏女性特質的困境（Eagly & Kara, 2002），儘管 Eagly 與其同事的研究提供了了解領導風格與其對團體的成效，改變了我們對於觀念與研究基礎的架構，不過以性別期待為基礎的問題仍繼續充斥在機構裡。

Wielkiewicz 與 Stelzner（2005）改以更激進方式來了解領導方式，他們不再採用過去以個人為中心的探究視野，認為領導風格不是個人特質的問題，而是在與特定情境脈絡的互動下所「浮現」出來的結果。根據 James Kelly（1968）的生態框架，Wielkiewicz 與 Stelzner 認為領導風格是受生態的情境歷程所驅動，且是動態的。決策並非全由領導者所決定，而是在相關人員彼此互動下所發生。根據這樣的模式，影響領導風格的關鍵要素是參與的架構以及彼此真誠的互動。參與架構與互動過程都影響領導風格，參與的益處、多元的意見，以及民主氣氛都是動態模式的一部分。

Eagly 與 Chin（2010）曾批評缺乏領導風格多元性的相關研究。在人口組成愈來愈多元的時代，來自不同背景的領導者，會有哪些優勢？在逐漸擴展的全球化及其文化背景下，又會出現哪些新的領導模式？當研究指出不同領導風格的優勢為何時（像是之前所述，女性較具優勢的變革式領導風格），又會有什麼事會發生？社區心理學也許能夠回答這些問題。社區心理學會呼應回答這些問題的必要性。

針對性別與變革式領導風格的研究，恰巧符合社區心理學對於多元、賦權，以及關係歷程的精神。在 Wielkiewicz 與 Stelzner 的動態模式中，我們看見他們提出了脈絡導向、過程導向的領導模式。最後，由於缺乏多元性與領導型態的研究，使得我們沒有新模型、新技能的相關資訊，也無法對領導過程及領導者的產生具有更多元的理解。究其本質，社區心理學會發現這些議題及感興趣的問題。

貳、組織重組

有一些改革整體機構系統的技術可資運用，本文將探討兩種。有一種改革的策略是組織重組。**組織重組**（reorganization）指的是機構發生結構性的改

變，也就是包括工作任務、人際互動關係、獎賞制度和決策技術均重新調整（Beer & Walton, 1990）。

機構的重組也可能透過和其他機構合作、合併、聯盟等方式來進行。聯盟的網絡（networks）、使能系統（enabling systems）以及保護傘組織（umbrella organizations）等概念已在前面章節討論過。也許可以這麼說，母機構（master organizations）協助子體機構（member organizations）得以生存與成功。然而，競爭、欠缺協調機制與其他因素，可能會削減這種聯盟的效率。Nowell（2009）研究社區組織並提供一個合作成功的範例——藉由串聯網絡可以為工作帶來更好效益。她發現成員間的關係，是預測系統改變、願意去組織與改變政策的最佳指標。某人若想要冒險投入某項任務，參與的夥伴們最好彼此都認識。正如「社會關係簡律」（Crude Law of Social Relationships）（Deutsch, 2000）所描述：關係愈好，合作的可能性愈高，這與「社會資本」有關，或是將重要性放在與人及與系統的關係上（舉例來說，可能是曾經幫助過你、你喜歡或是尊敬的一群朋友，倘若這群朋友想請你幫忙，你很有可能會幫忙；相反地，一群你幾乎不認識的人，也想請你幫同樣的忙，但你很可能就會輕易地拒絕了）。不過，要真正落實機構的合作，像是若想改變規則讓不同單位間更有包容性，或制定明確的轉介程序，只靠關係是不夠的。為了完成某些特定活動，仍然需要「強而有力的領導」以及「決策的能力」。

Foster-Fishman 與其同事（2007）提出以系統為基礎的檢驗模式，用來檢視機構與社區的系統，他們將這些發現用來協助改變。Foster-Fishman 與其夥伴們（2007）乃是從之前的研究——以 Checkland（1981）對軟系統（soft systems）的概念為基礎——進行質性資料的蒐集，藉此了解改革後系統之主觀本質，以及構成系統觀點的多元視野為何。另外，他們也應用了系統動力（system dynamics）理論（Forrester, 1969; Jackson, 2003）來檢視系統內的回饋機制及互動現象、行動的成因與結果，以及導致系統改變等因素。透過這些模式的研究，已找到「引發改變的控制樞紐」。當控制樞紐被啟動，整個系統就隨之改變。Foster-Fishman 與其工作夥伴相信，這是更豐富且更細緻的派典，可以提供運作系統一幅真實的圖像，也有助於協助系統進行有意義的改革。換言之，過於線性或簡化的解釋模型確實可以為系統改變找到介入方案的單一元素，但它的本

質卻會造成失敗，就算是成功也只是僥倖。Foster-Fishman 與其同事們（2007）認為，機構並不總是需要系統層次的改變，然而一旦需要，了解機構內各部門與其之間的互動，對改變是很關鍵的。系統理論有助於我們了解機構的實際運作。現在我們來看看機構改變的兩種型態，兩者都強調機構員工相互連結與賦權的重要性。

參、工作生活品質方案

工作生活品質（quality of work life, QWL）方案是另一種促成機構改造的途徑；或是**參與式決策**（participatory decision making）方案，也是可以造成機構內長期改革的作法。讓我們回顧一下這些方案（包括參與式決策方案），其設計是用來營造民主氣氛、激勵員工士氣、提升職場滿意度及對機構的承諾。除了組織圖上正式的領導者或管理階層之外，藉由賦權給其他員工或鼓勵其做決定，這樣的方案也可以促進生涯發展與領導能力（Hollander & Offerman, 1990）。至於 QWL 方案，機構員工可能與客戶一起設計他們認為合理、有效的方案及行動計畫，接著執行計畫或者得到機構高層挹注的經費。研究已經證實這些方案有助於改善不同職場員工的生產力與對工作的滿意度（Baron & Greenberg, 1990）。儘管有些人（Labianca, Gray, & Brass, 2000; Randolph, 2000）認為「賦權」在許多機構內的想法，令人困惑難懂，因此仍然抗拒接受此觀念。

在 QWL 方案中，機構管理者認為賦權底層員工參與決策是個好主意（French & Bell, 1990）。在 QWL 方案中也出現品質管控圈的好案例。**品質管控圈**（quality circles）是指機構員工志願組成小團體（或者社區服務的案主自願擔任志工），大家定期聚會，一起發現與機構情況有關的問題並做解決。品質管控圈能使機構環境更加人性化，也增加員工對機構的滿意度（Baron & Greenberg, 1990）。一項針對品質管控圈的後設分析發現，品質管控圈對於機構員工的工作表現具有中度但具顯著影響（Pereira & Osburn, 2007）。如果 Sarah 有機會與「和諧家園」的其他員工參與品質管控圈方案的話，他們可能就能了解自己對於這些改變不滿意，而在員工流動率變得很高之前，該機構的員工們就可以針對機構問題，找到創新的解決之道。品質管控圈彰顯了「參與及民主」的

精神，也將賦權理論展現在實務上，而且已經得到正向的結果（Klein, Ralls, Smith Major, & Douglas, 2000）。

Hamilton、Basseches 與 Richards（1985）指出許多提升參與決策的社區計畫正在穩定成長；不過一些研究顯示，若只是單純地參與社區機構是很空洞、無法獲益的。Prestby、Wandersman、Florin、Rich 與 Chavis（1990）發現，民眾持續參與鄰里促進會，需要讓參與者清楚感覺到參與得到的好處（例如鄰居彼此更熟識或學到新技巧，如公眾演說能力）大於所付出的代價（例如覺得促進會並未做什麼事，或發現犧牲和家人朋友相處的時光）。社區機構需要妥善經營他們的獎勵誘因，如此參與者才會對結果感到滿意。研究也發現品質管控圈已經改善了機構員工的工作滿意度和表現（Klein et al., 2000）。然而，若無法得到更廣大的支持，則品質管控圈的結果就很難持續。整合這些機構的改革，機構外更大的生態脈絡扮演了關鍵的角色。

那些與生活和工作問題本身最接近的人，似乎是最清楚該如何處理的人。品質管控圈及組織中其他的參與方法——藉由賦權給那些受影響的人來解決自身的問題——可因此獲益，職場效能因而改善（Klein et al., 2000; Pereira & Osburn, 2007）。不過促成改變的努力，必須放在更大脈絡系統中來檢視（Kelly, 1980; Jackson, 2003）。

肆、打造團隊

打造團隊是改善機構內團體（groups）的技術之一。打造團隊（team building）是目前仍在發展中的方法，鼓勵團隊成員發揮合作精神一起工作，並有利於團隊的社區意識。打造團隊的目的主要是為達成機構目標，分析團隊任務、成員關係以及過程（像是參與團體決策）。換句話說，團體既是決策歷程的目標，同時也是參與者。團隊（teams）已證明是賦權的有力因素，它們是形塑「智慧組織」的基石（Pinchot & Pinchot, 1993）。根據橫跨 30 年的三個後設分析研究指出，在機構內打造團隊是相當有效的（Klein et al., 2009; Neuman, Edward, & Raju, 1989; Svyantek, Goodman, Benz, & Gard, 1999）。Klein 與其同事（2009）的研究發現，打造團隊與形成更好的認知及情緒結果有關。再者，團

隊合作在處理問題時，可以帶來更好的歷程及結果。

　　打造團隊，或稱之為**團隊發展**（team development）（Sundstrom, DeMeuse, & Futrell, 1990），在心理健康機構中一直被用來改善員工提供案主的服務（Bendicsen & Carlton, 1990; Cohen, Shore, & Mazda, 1991），也被用在學校中的執行介入（Nellis, 2012），以及改善刑事（精神醫療）監獄懲戒官和工作人員的表現（Miller, Maier, & Kaye, 1988）。不過，有些人認為許多員工抗拒參與團隊，主要是因為缺乏信任及對改變的容忍度偏低（Kirkman, Jones, & Shapiro, 2000）。

　　商業場域對於諮詢團隊的需求，隨著定義與解釋過程的研究出版而持續增長（Offerman & Spiros, 2001; Stagl & Salas, 2008）。一項針對管理機構發展部門以及革新部門的成員進行調查，作者們發現最常被列為訓練目標的就是設定目標與溝通。而且在實務運作上，最缺乏適當理論觀點支持的領域有三：多元性議題、賦權，以及資源管理。很難不注意到這三個領域，其中兩個詞彙直接取自社區心理學。反過來說，打造團隊的議題（就是資訊分享、發展共同目標、建立身分認同），這些技能顯然是來自有關打造團隊／機構管理等相關研究。

　　所有致力於革新的努力皆須謹慎。焦點 12.2 提醒我們系統是複雜的，有些結果是無意中造成的，而且需要長期發展。

焦點 12.2

管理變革

　　一般我們會假設管理者的所作所為會影響員工的幸福感。Grant、Christianson 與 Price（2007）指出了有良好意圖的管理決策，可以同時帶來正向及負向結果。他們發現許多研究文獻指出，機構的正向介入對員工幸福感的影響（Fisher, 2003; Judge, Thoresen, Bono, & Patton, 2001; Podsakoff, MacKenzie, Paine, & Bachrach, 2000）。

　　仔細檢視一下，他們發現有時候這些實際作法，在某層面可以增加員工的滿意度，但在另一層面卻又導致滿意度下降。舉例來說，當員工本身的責任增加了，他們對工作的滿意度也會增加，然而這些變化同時也讓其壓力與疲累度增加了（Campion & McClelland, 1993）。此外，如果工作表現好會有金錢誘因的話，員工所

焦點 12.2（續）

領取的薪資差異也可能導致彼此間的不合（Ferraro, Pfeffer, & Sutton, 2005; Munkes & Diehl, 2003）。這些方式被視為是致力於改善員工幸福感上的「利弊各半」措施。

　　Grant 與其同事（2007）則提出另一個方式去思考這些作法的潛在利弊得失，也許可以從合作的觀點來考量（它們可以一起合作，產生更大的效果），這需要更廣的概念化去思考：因為革新而受影響的人是誰？以及這些變革如何影響更大的系統？因此在評估效果時，要檢視的比個人更多，它應該要包含那些在他們周遭的人。另外，檢視幸福感時還須考量不同層面，包含生理、心理以及社會面。Grant 與其同事也建議管理者應做長遠思考，並能意識到歷史因素對結果的影響。對其行動具有遠見的管理者，其員工也會比較快樂（Bluedorn & Standifer, 2006）。最後，他們建議機構應廣泛且持續深入地蒐集員工（態度？）的相關資料。公司若能對員工態度定期進行調查，則員工離職率較低，工作滿意度較高，個人與公司的整體表現也都較好（Huselid, 1995）。

　　顯然地，採取生態觀點，考慮到生態脈絡的複雜影響，以及覺察到脈絡與時間層面，這些建議採用了社區觀點及其研究基礎，來得知努力方向。

摘要

　　組織與社區心理學是相關的，兩者源自相同的理論與應用（Shinn & Perkins, 2000）。儘管組織心理學的探討焦點主要放在職場上，而社區心理學則關注在更廣的範圍及介入上，但它們可以自彼此的相關研究文獻中學習到很多（Keys, 2007）。

　　組織心理學涉及更廣的職場議題：工作壓力、耗竭、機構文化、「好公民行為」、職場多元性等。值得注意的是，組織心理學的概念模式中，愈來愈常使用生態模式、賦權、參與等重要元素。

　　公私立機構若愈是好的工作地點，則愈能提供客戶好的服務與產品。從歷史觀點來看，機構一向將員工的個人特質視為問題根源，而非機構本身。傳統

上，機構針對有問題的個人，多是採取調整薪資，或是制定規範等技巧來進行問題管理。然而，新工作模式的發展（或返回古老工作模式），確實提供了其他選項來因應非人性化、工業時代對工作及表現的觀點。我們對於領導形式的想法已經慢慢脫離白人、男性的典型模式。改變整體機構的方式包括機構重組，例如，在大型公司或企業內創造小型、友善的工作團隊。另外一項改革機構的策略是制定工作生活品質方案。這些方案讓公司員工甚或客戶們參與計畫與設計機構所需要的變革。

　　藉由以上簡單討論工作職場的議題，我們看到了組織心理學與社區心理學相同的過程。

13

社區心理學的未來

譯者：邱珍琬／審閱者：陸怡琮

> 我們是我們父母親的夢想。
> ——Deborah Iida《Middle Son》

> 數千年來，人類的家庭一直在延伸，而我們的同理心也一直在拓展。
> ——Ehrlich and Ornstein《鋼索上的人性》（*Humanity on a Tightrope*）

　　Mary 八歲時對大學的首選是英國的劍橋大學。多年後在她申請大學時，並沒有將劍橋列入考慮，她決定試試看巴黎的美國大學，而她被接受了。她的雙親很驚訝她願意考慮距離威斯康辛州與中西部這麼遙遠的地方。她重新定義了她的界限，這遠超過她父母親的視野之外。

　　她發現巴黎的學生和老師們對於全球化以及多元文化的觀點是相當開放的。他們很樂意閱讀來自世界各地的小說，如同讀美國、英國和法國的文學經典一樣，她很喜歡這一切！這所大學挑戰了她和她對世界的了解，她相信這裡能讓她對未來要生活的世界做好準備。

　　這個故事與大學的其他趨勢是很符合的。海外交換計畫已經存在多年，而現在參加的人數屢創新高。這些計畫鼓勵旅遊、探索世界各地、發展國際化視野。在有些美國的大學裡，一半以上的學生在畢業前曾當過出國交換學生。據我們所知，甚至有一所大學同時有學生在世界每個大洲（包括南極洲）。同樣地，社區心理學的成長也已經超出它原先的範圍，我們所專精的領域也早已不是麻州 Swampscott 鎮的「社區心理學家」所能想像的。我們是如何實現美國運動奠基者的夢想？我們如何超越他們的範圍？今日及未來的挑戰又在哪裡？

第一節　建立學術的里程碑

　　社區心理學的夢想現在看起來似乎是在「遙遠的迷霧」中誕生，然而美國社區心理學其實是在幾個學術世代之前才正式誕生。從一系列的想法與觀念開始，這些概念是有關心理學在研究室與實驗室以外發展的潛能，社區心理學已經發展出一套價值系統、以介入為焦點、一組技巧和理論，來引導我們在社會上的工作以及研究計畫。

　　這個心理學領域已經建立了一些里程碑。《社區心理學手冊》（*Handbook of Community Psychology*）（Rappaport & Seidman, 2000）和《心理學年度回顧》（*Annual Review of Psychology*）定期出版社區心理學的導讀專章（表 13.1）。《心理學年度回顧》被許多人視為心理學中旗艦級的出版物（Robins, Gosling, &

Craik, 1999），它在「路透社期刊索引報告」（Reuters Journal Citation Report）裡名列被引用率第一（Annual Review, 2011）。

　　也有一些專門探討社區與預防心理學的研究型期刊（表 13.2）。研究型大學在社區心理學期刊上產出的論文相當穩定。有一篇文獻回顧調查哪些大學在

表 13.1　《心理學年度回顧》的社區心理學專章、作者與日期（自 1973 年以來第一章）

1. Cowen（1973）
2. Kessler and Albee（1975）
3. Kelly, Snowden, and Munoz（1977）
4. Sundberg, Snowden, and Reynolds（1978）
5. Bloom（1980）
6. Iscoe and Harris（1984）
7. Gesten and Jason（1987）
8. Heller（1990）
9. Levine, Toro, and Perkins（1993）
10. Reppucci, Woolard, and Fried（1999）
11. Shinn and Toohey（2003）
12. Trickett（2009）

表 13.2　社區與預防心理學期刊

American Journal of Community Psychology
Journal of Community Psychology
Journal of Community and Applied Social Psychology
Global Journal of Community Psychology
Journal of Prevention and Intervention in the Community
Journal of Primary Prevention
Prevention Science

《美國社區心理學期刊》（*American Journal of Community Psychology*）以及
《社區心理學期刊》（*Journal of Community Psychology*）產出最多的論文（Jason, Pokorny, Patka, Adams, & Morello, 2007），這些大學都是在美國主要研究型
大學裡名列前茅的（表 13.3）。

　　有許多社區心理學或臨床社區心理學研究所（如第一章所述），因為有研
究所，研修社區心理學的研究生就會產出他們自己的作品。社區心理學的未來
似乎就建立在心理學系統中的論文發表、高等教育機構以及這些機構產出的研
究與研究生等。

　　雖然有這些現象，但 Weinstein（2006）表達了她對於一些學術趨勢的關
切，她相信名為社區與臨床社區學程的數量在下降。這是因為臨床心理學已經

**表 13.3　於 1973 至 2004 年間在《美國社區心理學期刊》及《社區心理學
　　　　　期刊》發表論文的大學**

1. UCLA（加州大學洛杉磯分校）
2. Arizona State University（亞利桑那州立大學）
3. University of Illinois, Chicago（伊利諾大學芝加哥分校）
4. University of Michigan（密西根大學）
5. Vanderbilt University（范德堡大學）
6. Michigan State University（密西根州立大學）
7. University of Rochester（羅徹斯特大學）
8. University of Illinois, Urbana-Champaign（伊利諾大學香檳分校）
9. Yale University（耶魯大學）
10. University of Maryland, College Park（馬里蘭大學學院市分校）
11. University of California, Berkeley（加州大學柏克萊分校）
12. DePaul University（德保羅分校）
13. Pennsylvania State University（賓州州立大學）
14. New York University（紐約大學）
15. University of South Carolina（南卡羅來納大學）

資料來源：Jason et al. (2007).

將預防及心理教育的觀點納入，所以不需要區分臨床與社區心理學的觀點？還是因為愈來愈少人對社區心理學——社會正義、社會改變以及會促進這些改變的系統層次介入——感興趣？或者這是美國在 21 世紀初期歷史及政治循環的產物？政治與社會哲學的轉變是否會影響對這些學程的興趣？而其他的改變又是否會給這個心理學領域重新帶來更多興趣？Weinstein 沒有提供答案，但是提醒社區心理學家需要去注意這個可能的衰退現象。我們的奮鬥尚未結束。

第二節 美國境外的成長

社區心理學在美國境外明顯地持續成長。從 2006 到 2011 年在《美國社區心理學期刊》與《社區心理學期刊》發表的研究涵蓋了全球不同地區（表 13.4）。這些論文代表了社區心理學文獻在國際成長的情況。

Lorion（2007）在《社區心理學期刊》「主編的話」裡，明確地提到擴大期刊編輯群的國際組成比例，是一個用來拓展美國以外觀點的策略性決定。《美國社區心理學期刊》有來自日本、巴西、智利的心理學家擔任編輯群，期刊的「守門員」已經變得國際化了。

有一本《社區心理學與社會改變：澳洲與紐西蘭的觀點》（*Community Psychology and Social Change: Australian and New Zeland Pespectives*）已印了第二版（Thomas & Veno, 1996），《關鍵社區心理學》（*Critical Community Psychology*）（Kagan, Burton, Duckett, Lawthom, & Siddiquee, 2011）一書是由來自英國曼徹斯特的一個團隊所寫的，而由 Reich、Riemer、Prilleltensky 與 Montero（2007）所主編的《國際社區心理學》（*International Community Psycholgoy*）這本書，裡面的作者來自南極洲之外世界上所有的大洲，包括阿根廷、烏拉圭、加拿大、印度、澳洲、紐西蘭、日本、香港、英國、德國、義大利、挪威、西班牙、葡萄牙、以色列、波蘭、希臘、土耳其、卡麥隆、迦納與南非。

美國心理學會第 27 分支〔社區研究與行動學會（Society for Community Research and Action）〕的網站羅列了他們的目標之一是提升「國際領域的探究與行動」（www.scra27.org）。除了美國的研究者及應用心理學者之外，社區心

表 13.4	刊登在《美國社區心理學期刊》以及《社區心理學期刊》的國際論文與作者範例

南非鄉鎮中的壓力與宗教的角色（Copeland-Linder, 2006）

澳洲原住民的社區感（Bishop, Colquhoun, & Johnson, 2006）

以色列義工的耗竭（Kulik, 2006）

牙買加人對心理疾病的態度（Jackson & Hetherington, 2006）

香港的孝順與親人照顧（Cheung, Kwan, & Ng, 2006）

義大利的犯罪（Amerio & Roccato, 2007）

哥倫比亞的暴力（Brook, Brook, & Whiteman, 2007）

加拿大年輕遊民（Kidd & Davidson, 2007）

南非愛滋病患的支持系統（Campbell & Nair, & Maimane, 2007）

西非移民的求助行為（Knipscheer & Kleber, 2008）

義大利米蘭混合社區的社區感與偏見（Castellini, Colombo, Maffeos, & Montali, 2011）

阿富汗女性組織：教育、社區與女性主義（Brodsky et al., 2012）

以價值觀預測從俄國到芬蘭的潛在移民之社會文化適應（Yijälä, Lönnqvsit, Jasinskaja, Lahti, & Verkasalo, 2011）

2008 年溫州地震一年後成人復原力的分析（Li, Xu, He, & Wu, 2012）

墨西哥青少年的宗教性與藥物濫用（Marsiglia, Ayers, & Hoffman, 2012）

理學在世界各地都有倡議者。從麻州 Swampscott 鎮（美國社區心理學的發源地）開始到這裡，這是一條漫長的路。

　　社區心理學的一個未來趨勢早就已經在發生。社區心理學跨越了國界，在拉丁美洲、歐洲、非洲、亞洲以及太平洋區域都正在進行著，我們可以看到不同的研究區域、研究者、作者以及研究所課程。

　　美國社區心理學運動原始的架構，並沒有直接提到跨越國際這個部分。Glidewell（1966）提到「社會改變」，他預期「縮小中的全球」（shrinking globe）及我們所面臨的挑戰：

　　　　世界人口正不斷地移動，一個價值系統衝擊著另一個價值系統。

　　　　當社會系統開始擴大、變得更專業化與複雜化，當人口從郊區移動到

都會區，當人們對於彼此的期待有更快速的變化，人際間與團體間的
緊張度就會升高。這種緊張可能會變成朝向彈性的一種動力……，或
是引起情緒困惑……與僵化……。這種緊張度會朝向哪一個方向發
展，端賴個人和社會組織發展創新的能力來決定。（p. 44）

　　社區心理學在美國已經建立了許多系統層次的里程碑，它的觀念、研究以
及運用，也都已經在這個「縮小中的全球」，慢慢獲得重視。

第三節　一個有用的典範

　　在本書第三部分的各章節裡，已經展示了社區取向對不同系統的效能，不
管是在心理健康問題三級預防的研究或方案、在企業場域中健康福祉的提升與
壓力預防、另類學校方案的提供，或者是預防青少年藥物濫用與暴力的社區計
畫。運用社區心理學的原則，可以提供相當有效且紮實的計畫架構。在所有這
些案例中，思考以預防導向來面對問題，並考量透過合作來定義與解決問題有
何益處，這麼做是相當有用的。然而，當這個領域愈趨成熟且開始發展新的方
向時，曾經運用社區心理學原則的學者，也對他們的經驗和所學到的教訓有所
評論，這些評論如下。

第四節　評論

　　在我們朝未來邁進的同時，這些老練的社區心理學家要我們注意什麼？他
們會提供什麼樣的希望與警告？接下來呈現他們對社區心理學研究與應用上的
一些評論，以及對現在及未來的建議與方向。

　　Julian Rappaport（2005）提醒大家不要過度確定研究主題，採用的研究方
法也不要過於固著。他擔心那一種對「科學」的追求，可能會引導我們以一種
教條式的取向，來決定什麼是正確、可接受的，什麼是錯誤、不可接受的。他

寧願我們記得社區心理學最初叛逆的起源，記得社區心理學家的角色是對現況具「**批判意識**」（critical consciousness）。社區心理學應該強調創新與改變，意即研究的方法論應該對於嶄新、有彈性的新方法感到好奇。受到Kuhn科學演化基模的影響，社區心理學總是在既存與傳統中找尋特例。

Seymour Sarason（2004）提醒我們，介入的過程並不容易在研究文獻裡呈現。研究對方法論的描述可能讓人覺得社區工作是一個清晰且線性的過程，但他不認為是如此。他相信研究和介入的過程是重要的，「**在開始之前**」（before-the-beginning）的發展階段是豐富且有許多關鍵性細節的。在「開始」之前，我們得要在社區裡與那些會與我們合作的人們建立關係。

我們是誰和他們是誰，提供了從關係裡衍生的有意義脈絡。與社區領袖及社區系統的接觸，就是最後讓社會行動與研究產生的脈絡。Sarason提出了社區歷程中人際技巧的問題，他發現「建立好關係」的能力是良好社區工作最重要的事，他質問，這是可以被教導的嗎？

剛開始有新方法可以概念化社會問題，總是令人興奮的。**James Kelly**（2002）提醒這種興奮感、熱情和**精神**，會隨著領域愈來愈成熟而消失；他也指出，在成為一個受敬重的科學，與不受到傳統設計或方法論（從實驗室裡得到）的約束，這兩者之間維持平衡的困難度。他挑戰我們在做研究時要有**冒險精神**（Tolan, Keys, Chertak, & Jason, 1999, p. xvi），因此我們在做研究時應該要有創意，而且願意冒險。雖然這個領域在許多方面已經成功，但還是要小心地維持開放及願意對現況表示「不贊同」的精神。Kelly要求我們的思考要超越一般心理學訓練的範圍。他建議我們多使用跨領域觀點，多聚焦在文化與系統層次（而非個人層次），並將社會組織者（如 Saul Alinsky, 1971/1989）列為我們學習的對象。

Rhona Weinstein（2006）提醒我們莫忘社區心理學的初衷，她挑戰這個領域應該要提升其在**系統層次介入**（systems-level interventions）的視野及工作。首要的社會優先順序就是去處理「根深蒂固的不均等與對他人的知覺」，優勢劣勢的差異之所以持續存在，是因為我們將他人視為不同，不同則代表將他人視為外人，因此較無價值，這就造成了處置上的差異。舉凡在就學的優勢、健康照顧的機會、住房的獲得、經濟機會與法律系統的偏好上，都可以發現這些

差異。這種大範圍的不利情況，對於成就和進步是相當強大的系統性障礙。這個優勢與劣勢系統的核心，是以對「我們」的看法對抗對「其他人」的看法，而「他們」是罪有應得。這種結構上的優勢就會導致個人層次的優勢。研究清楚顯示，內控信念、自我效能感和主動積極態度（願意行動）的好處。而這些個人風格與處於社會結構中較有利的位置有關，脈絡與環境因素會催化優勢或劣勢性格型態的發展。舉例來說，學校系統中的「自我應驗預言」和負面期待，導致了受教結果的不公平，因此 Weinstein 建議，**學校內的介入處置應該要處理這些負面期待**。

Stephen Fyson（1999）追蹤澳洲學校裡的社區工作超過 20 年，他討論了社區心理學對解決「我」（個人）和「許多人」（集體）之間緊張情況的努力。他相信一個「**轉化的社區一體感**」（transformational sense of community）可以整合這兩個極端的立場，也就是 Newborough（1995）所稱的「第三個立場」——在「我」與「他們」之間，也就是「我們」。我們已知這個觀點的重要性，被視為內團體成員（知覺為社區的一份子，也就是「我們」）的好處很可觀，而被視為外團體成員（不被認為是社區的一份子，也就是「外人」、「他們」）的壞處也相當多。研究顯示這些團體隸屬的差異，會以細微但顯著的方式持續地影響我們（Gaertner & Dovidio, 2005）。

Lonnie Snowden（2005）呼籲從人口層次做社會與社區的分析，他稱之為「**人口的思考**」（population thinking）。從這個觀點來看，人口參數是分析與焦點的層次，也是「造成社會改變與維持的潛在歷程與結構」（p. 3）。他引用 Sampson、Raudenbush 與 Earls（1997）的研究為例，他們發現「集體效能」與社區犯罪率下降有關，因此「效能」是社區犯罪的關鍵變項，而不是社區中少數種族的比例。Snowden 呼籲要發展**利社會常模**（prosocial norms）與慣例作法，以及有建設性的傳統與習俗。如此，我們可以更有效地處理社會中的不均等。人口層次的思考應該要引導研究，找出讓這些差異持續存在的**社會機制**，也要引導政策解決伴隨而來的問題。舉例來說，當我們知道犯罪是基於集體效能而不是種族，就應該將介入導向賦權。

Rodney Watts 與 **Irma Serrano-Garcia**（2003）提出了一個挑戰。他們呼籲要「**解放社區心理學**」，去投入社區問題中潛在的社會與政治權力議題。他們

將一般社區對暴力、身分認同、壓力和教育的關切，視為是系統壓迫的結果。
培養對這些系統的覺察，介入取向的研究者協助團體改變這些系統。這些介入
關注脈絡的重要性，以及需要去創造或再創這些脈絡，目標是要建立能促進健
康的系統，而不是在健康問題出現時才去做反應。De Fatima Qunital de Freitas
（2000）指出，巴西／拉丁美洲社區心理學的指導原則是了解到「它很明顯的
是政治議題」。從生態的觀點來看，承認有更大的巨觀系統（exosystem）
（Bronfenbrenner, 1979）存在是恰當的。

　　Emory Cowen（2000）主張從風險與預防模式，轉換到促進成長、能力與
提升生活的模式。社區為成功發展與實現潛能提供了機會，社區心理學的焦點
應該放在不同社區的脈絡，是如何能促進及發展出邁向成功的路徑。當我們對
這些路徑以及可以讓它們開花結果的因子有更多理解，介入就可以正向地聚焦
在關鍵的時間架構以及社區和其成員的調適能力上。有關社會能力效果的長期
研究，正開始認識兒童期能力以及病態發展之間，隨著時間推移的關係（Burt,
Obradovic, Long, & Masten, 2008）。

　　社區心理學家要能夠有效率地在不同文化與族群的社區裡工作，**Stanley
Sue**（2006）強調文化能力的需求。有三個歷程對社區的文化能力是很重要的：
第一個是「科學的思考」（scientific mindedness），或者是根據最初的觀察形成
假設，而不是依據所屬群體而形成先入為主的結論；他也呼籲要對真實世界抱
持開放態度，再經由觀察來驗證假設。第二個過程叫做「動態調整」（dynamic
sizing），個人需要知道何時根據隸屬團體來做推論，何時需要做個別考量。人
們的確在價值觀以及行為上有共通性，這是由於社會團體實際上有一定的規
則，但同時，每個人也都是獨特的。知道何時和如何決定是屬於個體特殊性還
是團體共通性，這是一種技能。最後是獲得「特定文化技能」（culture-specific
skills）的過程，這與文化知識有關。任何一位優秀的臨床人員／諮商師／治療
師都需要從這三個層面去了解個體，以充分理解這些層面對行為的影響。Sue
的研究強調文化能力在心理衛生機構的必要性。他在幾十年前就已經注意到社
區心理健康中心使用率以及治療結果的差異（Sue, 1977），而他在 2006 年發表
的論文更指出，需要透過所發現的歷程，才能修正這些差距。

　　Cliff O'Donnell 與 **Roland Tharp**（2012）述及文化在社區心理學裡的重要

性，他們提出「**文化社區心理學**」（cultural community psychology）一詞，認為它更能捕捉到社區工作的精髓。他們注意到文化與社區都強調「**共享意義**」，而意義的衍生主要是從成員之間的互動而來。「共享意義」的本質可以延展到活動場景，在其中重複展現的行為協助在此場景中的人衍生出意義，例如家庭的假日聚會，長期來看，這個假日對於固定參與聚會的人會有特定意義。了解文化被視為是在社區發展有效關係的關鍵因素。此了解可以提供對現象與過程的看法，並影響我們的行動及看待結果的方式。

Bret Kloos（2005）提供了一個合理的警告，社區心理學必須要確保不會成為一個**孤島**。因為有自己的期刊與會議，我們彼此一直能夠做有效溝通，但同時我們也變得與更廣泛的心理學領域及其他領域有所隔閡。他挑戰社區心理學能持續與其他領域連結，且能不斷對其他會影響社區健康的領域造成影響。

Carolyn Swift 注意到「**真實世界**」和「**學術界**」的社區心理學家在整個領域的歷史中所扮演的角色。她發現這兩個團體無法欣賞彼此的貢獻，她挑戰這兩個團體要去達成彼此讚賞的目標，共享領導權、責任以及認可彼此的貢獻。「這樣的活動可能增進……它會讓各個團體能彼此連結，成為夥伴而不是外人」（Wolff & Swift, 2008, p. 618）。

Tom Wolff 呼籲要積極地擁抱政治與政治活動，以促進系統的改變。他自身在建立健康社區時的經驗，證實這樣的觀點是有必要，且有效的。他也建議「現實世界」和「學術界」應有更佳的整合，正如學術界被社區接納進入，社區也應該受邀進入學術界（Wolff & Swift, 2008）。

Prilleltensky（2012）提醒心理學可能「犯兩種錯誤，一個是高估它對健康福祉的重要性，以及**對正義議題不夠注意**」（p. 1）。他認為，在公共衛生（Levy & Sidel, 2006）、組織發展（Fujishiro & Heaney, 2009）、人際關係（Olson, DeFrain, & Skogrand, 2008）和個人福祉（Prilleltensky & Prilleltensky, 2006）的文獻，都支持正義對身體及心理健康的重要性，他認為我們在這個領域所做的還不夠。正義可從「**分配**」（「責任與特權的公平分配」，p. 6）、與「**程序**」（「公平、透明……及受尊重的待遇」，p. 7）來定義。這兩者對正義感都很重要。社區心理學家需要注意到正義的條件，也要努力去促進正義過程發生的最佳條件。

　　上述這些對此領域現狀看法的取樣，呈現了社區心理學家的多樣性。但他們都挑戰了我們：要有更具野心的思考，要記得人性及其複雜度，也能有更大膽的雄心。社區心理學可以應用到不同的系統裡，我們已經回顧了許多，但人們傾向針對 Cowen（1985）所稱的「個人導向方案」（person-oriented programs）去努力，畢竟在個人層面上會有迫切的需求，且其結果是立即可見的。然而，社區心理學家的觀點需要同時考慮到短期結果（可以展現典範的有效性）和長期結果（才能帶動系統的革新）。雖然會有要看到立即結果的環境要求，但我們希望能有持久性的改變。這些評論都提到與社區建立長期關係的重要性，他們也都呼籲要尊重、了解社區內與社區間的異同，對學習抱持開放心態，也對自己的模式與世界觀保持彈性。

　　這些評論也提到有關正義的主題。社區心理學對正義的關心是可預見的，因為它能欣賞多元，而且能了解未能有效處理差異所造成的問題。

　　一位社區成員評論社區心理學家與以前來社區做研究的人，兩者之間的不同：社區心理學家會參與社區活動、慶祝社區的成功，也憐憫社區所經歷的不幸。社區心理學家成為社區的一員，他不是從大學空降而來、發問卷，然後離開的「那個教授」；他展現了對社區的關懷、關切及與社區的連結。

　　在回顧了目前這個領域的想法與進展後，我們現在把注意力轉向社區心理學家未來的工作。

第五節　回應目前與未來社會的需求

　　當社區參與了介入方向的決定（Jason, Keys, Suarez-Balcazar, Taylor, & Davis, 2004），社區心理學家的角色會持續需要我們運用對「社區以及系統如何有效運作」的了解，繼續協助團體執行他們認為適當的計畫和介入。雖然犯罪、藥物和酒精濫用、嚴重的心理疾病，以及 HIV/AIDS 擴散這些明顯的問題，是所有社區面對的急迫議題，但我們還要加上以下挑戰：發展能欣賞不同的能力，尋求慈悲心，永續發展及關懷環境，在教育、健康和經濟上的機會不均等，以及高齡族群與臨終照顧相關的問題。這些領域都需要運用 21 世紀所使用的社區

心理學架構，投入更多的研究及找出可能的介入方式。

　　Christens、Hanlin 與 Speer（2007）提醒我們：我們必須要有「社會的想像」（social imagination），要能夠連結個人經驗與會影響這些經驗的社會系統。當能夠將社會系統連結到個人，我們就可以概念化社區的介入處置。社會的改變（社會、經濟、政治、環境）就是個人的改變，我們在讓事情改變之前，必須能夠想像事情會有所不同。

　　Boyd 與 Bright（2007）寫到將研究與介入方式從「問題焦點」觀點轉換到「**機會焦點**」觀點的可能性。他們採取了一種參與式研究法，稱為「欣賞式探究技巧」（appreciative inquiry technique），讓貧窮的鄉村社區居民參與對社區問題與機會的定義過程。「欣賞式探究」要求社區居民去想像，憑藉著彼此之間的連結及其他連結的優勢，他們的社區可以做些什麼。這是一種蒐集既定團體所擁有資源的方法。再一次強調，重點在於能夠想像可以做到什麼。

壹、欣賞不同與尋求慈悲心

　　「不同」可能對成功有所貢獻。不同的人帶來對問題解決情境的不同觀點與不同資訊，這種多元性可能來自不同背景、經驗或文化。我們通常會將這種多元性跟人口變項連結在一起，像是種族、社經地位、原居住地或是性別，這種在教育或經濟上較有利的論點已有學者提出（Bowen & Bok, 2000; Gurin, Negda, & Lopez, 2004; Page, 2007）。因為有不同的經驗，讓我們知道更多、對於不同意見更開放，也對超出我們思考範圍的想法更自在。最後這種多元性可以提供我們做更好的決策，能對美國的多元社會更感自在，也期待將之拓展為全球觀點。美國的確變得愈來愈多元了（U.S. Census Bureau, 2011），在 2000 到 2010 年之間，美國總人口成長了 9%，成長最快速的是西班牙裔／拉丁裔的族群，其增加了 43%，而亞裔成長 43%，非裔則是 12%，美國印第安／阿拉斯加原住民是 18%，白人則成長了 5.7%。預計「少數族群」的總和在 2050 年會變成「多數」，「多元」會變成一種常態，了解它和知道它有何幫助是有未來性與適應性的。

　　「欣賞不同」挑戰了以表面特徵，像是身體外觀或者是人口變項，來分類

及排除的傾向。這種分類的傾向會導致某些被視為「內團體」（in-group）的成員享受到一些優勢。「內團體」的定義是奠基在共有特徵（身體外表、家鄉、朋友、工作）。社區心理學提供了一些有用的觀點，說明這些特徵是如何在社會情境中建構起來，因此欣賞不同與慈悲的態度可以被培養，也就是覺察到他人正在受苦且願意協助，而這當然是一個正向的人類特質（Cassell, 2009）。雖然有許多針對同理心以及利他性的心理學研究（Batson, 2011; Batson, Ahmad, & Lishner, 2009），但是社區文獻裡還沒有看到將同理心或是慈悲心當作依變項的研究。對那些有興趣建構社區的人而言，它們應該是合理的結果變項。

「心理韌性」的研究暗示了慈悲的社區。Jason 與 Perdoux（2004）在他們《社區療癒的天堂》一書裡，描述了慈悲心的特質。

Cook（2012）提醒我們 Sarason 所定義的「公共利益」與個人、社會，以及個人和社會如何提供彼此意義與目的有關。Cook 認為：

> 藉由慈悲心，我們開始了解問題不是只是會影響他人，也是我們的問題……。慈悲心會讓我們放掉自我、我們的假設，以及我們先入為主的觀念，也讓我們看到彼此之間的連結。……或許在不同分析層次研究慈悲心，是社區心理學的核心。（p. 223）

Ehrlich 與 Ornstein（2010）認為，超越社區的自然限制及同理他人，是很重要的。逐漸增加了解他人、建立親密感與同理心的能力，是人類發展的路徑，但卻被生理的界限所阻礙。找到方法來完成這個目標，對社區心理學來說是很值得努力的方向。

哪些結構性的特質會催化「欣賞不同」呢？要如何協助社區產生慈悲心呢？這會在哪個階段發生？Jason 與 Moritsugu（2003）提出佛教與社區心理學可能有重疊的主題與挑戰。在一本有關心理韌性的書裡面，Greenberg、Riggs 與 Blair（2007）討論到心理韌性與情緒智力的發展，這是否可以運用到我們的社區工作上呢？慈悲心何時和如何可以更明確地被帶入社區心理學的研究？還是我們已經使用不同名稱，對它做研究了？

貳、永續發展與環境關懷

　　許多人認為關懷環境、全球暖化和自然資源的浪費，是很急迫的國際問題。「聯合國氣候變化綱要公約」（United Nations Framework Conventrion on Climate Change）已經在 1994 年 3 月 21 日通過，在這個公約中，世界各國政府要一起努力處理溫室氣體和二氧化碳的問題。全球氣候被認為是一種自然資源（見http://unfccc.int/essential_background/convention/items/2627.php;2008年7月31日），減少溫室氣體已是國際策略目標，現在需要的是以再生能源提供動力的全面覺醒。

　　能源成本的增加已經說明了這種關切的必要性，也突顯了這個議題的急迫性。消費行為被不斷檢討，修正這些行為的努力也在進行中。對世人來說，這種了解似乎來得太晚，但心理學上，我們知道這種覺察與行動的意願是因為多重因素才產生的。

　　這些關切與努力，現在已經演化成為一個更新的名詞叫作「**永續發展**」（sustainability）。「永續發展」與單純的環境關懷不一樣。「永續發展」與維持一種生活型態有關，而環境關懷則涉及不傷害地球（可能是更抽象和間接的觀念）。我們可以看到那些宣稱「綠色」與努力朝向「永續發展」的據點或服務在快速增加。

　　對於協助地方社區和國際減少不可再生能源的消耗，以及學習在一個資源有限的世界裡生活這兩件事情上，社區心理學可以扮演一些角色。有兩篇論文提供了永續發展與環境這個領域研究的範例。第一個是真正接近土地且是針對個人層面的一個社區花園計畫（Okvat & Zautra, 2011），這個社區花園需要它的成員參與活動。Tidball 與 Krasy（2007）相信這種型態的園藝工作建構了具支持性與強大的社區，因為它創造了彼此依賴、接觸頻率，以及參與者的多元性。Kuo（2001）發現，在綠化的環境中可增進專注力，花園可以降低孤寂感（Wakefield, Yeudall, Taron, Reynolds, & Skinner, 2007），而且增進了營養與活動量（Stein, 2008），同時花園也直接影響了環境品質。Okvat 與 Zautra（2011）建議社區心理學家可以協助發展、維持及研究，社區民眾對這些花園的努力成

果。除了這種微觀層次的研究之外,社區心理學也可以協助創造這種花園網絡連結。

Quimby 與 Angelique(2011)從政策層面,檢視人們對環境保護倡議的阻礙與催化因素之知覺。他們調查了許多曾從事環境關懷活動的人們,發現這些回應者之所以沒有更積極的主要原因,是他們不認為自己可以帶來任何改變。其他的因素還包括沒有時間和金錢,以及缺乏社會支持。而之所以積極投入的原因是,知覺到其他人也在做同樣的事情,也就是說有採取行動的社會規範。

Okvat 與 Zautra(2011)以及 Quimby 與 Angelique(2011)提供了那些想要實踐行動者有效的訊息,作為社區心理學從事永續發展議題的範例。當然還有很多其他的問題需要克服,像是社區成員要如何變得更有覺察力?要如何改變自己的行為?在這個很容易讓人分心的世界,要如何持續努力?一旦我們對這些問題有了一些答案,我們該如何成功地在社區、全國甚至全世界執行這些計畫?

針對大眾運輸的規劃、對大眾運輸的態度以及大眾運輸使用的最佳化,都可以進行許多研究。對於替代性能源的態度、建構網絡來支持這些替代能源,以及建立大眾決心也都很重要。不同於一般每週工作五天的生活型態,也是可以研究的主題。工作地點的定義(像是家庭、遠離公司總部,或與其他工作者相距遙遠)以及工作時間(如半夜到清晨,或是不定時的工作時數)也都可以研究。還有,也可以研究為了順應個人喜好,而因應這些新的定義對工作實務做調整,會如何分散對交通基礎建設或全球時間框架的負荷。

Dean 與 Bush(2007)描述了環境的組織過程,特別指出五種與這些議題有關的歷程:問題分析、影響決策的因素、改善組織關係、將社區包括進來,以及將所獲得的知識轉換到機構或計畫之外。他們相信社區心理學的觀點對這些過程都會有貢獻。

參、健康、教育與經濟成功機會的不均等

Prilleltensky 與 Fox(2007)討論到健康福祉與正義之間的關係。他們認為,感受到個人是生活在公義社會而且被公平地對待,有助於個人的幸福感。

心理政治素養（psychopolitical literacy）是指對社會條件及心理狀態之間關係的認識，這是在之前的章節裡面提到 Freire（1970）的「受壓迫者的教育學」傳統。

　　Weinstein（2006）特別呼籲要研究社會中的不均等問題，並發動能修正此問題的介入。這些差異主要歸因於阻礙機會均等的社會、文化和機構因素。雖然研究不均等並不容易，但是對於一個支持公義與自由的領域來說，它值得注意，而它已經不只是欣賞多元而已。這些不均等有其歷史根源，要改變它們需要耐心地在地方和政策層面上持續不斷的努力。從有些案例發現，處理這些不均等需要權力結構的轉換，還要重新檢視與社會現況有關的基本假設。在既定的生活基本假設中，相信世界是公義及機會平等是存在的這些假設，可能需要被檢視與改變。減少不均等的結構性障礙是什麼？這些障礙容易改變嗎？社區心理學可以提供這些問題的答案。這是賦權的問題嗎？如果是，Maton（2008）呼籲社區心理學運用對團體賦權的知識，來滋養這些團體及其發展。他呈現了成功賦權團體的一些特質，像是有一個核心信仰系統、清楚且激勵人心的目標，以及機會角色結構（opportunity role structure）。此外，還需要對成員是有意義且能讓他們投入的工作；可以增強自我效能感和技能發展的核心活動；一個關懷與支持的關係環境；能夠激勵人心、與大部分成員都有聯繫，且被賦權去處理事情的領導人員；對學習開放且與外在環境有聯繫（也就是不孤立的）的機構。Wolff 與 Swift（2008）呼籲透過政治參與來處理這些議題。文獻裡已經有一些案例是社區心理學家參與立法（Jason & Rose, 1984）和政策的改變（Jason, 2012），當然還有更多公共領域倡議（像是家暴、酒精與藥物濫用，以及健康照護的不均等之工作）的案例已經達成。這些過程能夠如何賦權更多人以及消除社會不均等呢？

肆、老化與生命終了

　　「老化」以及「死亡」是生命中兩個不可逃避的情況，美國人口正在迅速老化（He, Sengupta, Velkoff, & DeBarros, 2005）。美國人口統計估計超過 65 歲的人，從 2000 到 2030 年會有雙倍的成長。He 和其同事（2005）指出，全球在

2000 年大概有將近 4 億 2,000 萬人超過 65 歲,預估在 2030 年超過 65 歲的人有 9 億 7,400 萬人。人口老化是全球的現象,日本、香港、瑞典擁有最長的預期壽命,分別是 82、81.7 與 80.6 歲。全世界有些區域在 2005 到 2015 年間,老年人口的成長大約會在 200% 到 300% 之間,北美的成長應該會超過 100%。這些人口學上的壓力,喚起我們對於老化議題的重視。

老化的議題有哪些呢?居住在社區裡對老化有何幫助?我們要如何因應隨之而來的死亡與瀕死議題?Karel、Gatz 與 Smyer(2012)警示慢性生理疾病、行動力受限及失智等問題。LaVeist、Sellers、Brown 與 Nickerson(1997)的報告提到,對非裔女性而言,在控制了身體情況後,極端孤立(「孤立」的定義是獨居且超過兩年沒有見過家人和朋友)與五年內的高死亡率有關。稍後的一個研究以香港的老年人口為對象,Cheng、Chan 與 Phillips(2004)結合了質性訪談與量化調查資料,發現了決定老年生活品質的四個因素:

- 對社會的貢獻(傳承)。
- 與家人及朋友的良好關係。
- 健康良好。
- 物質生活的富足。

人際關係與健康的重要性,在之後的調查訪談裡得到了壓倒性的支持。在一個針對美國白人高齡者所做的研究中,Farquhar(1995)發現,生活品質是由家人、活躍性、社會關係、健康以及物質的富足來定義的。這些社區研究一致強調「社會聯繫」以及「社會目標」的重要性,這兩個因素的重要性比一般認為明顯的健康與物質財富因素還要更顯著。

Cheng 與 Heller(2009)指出老年歧視與老年期缺乏支持的議題,以及老年女性高齡倖存的問題,他們指出社區心理學過去忽略了這個族群。他們對社區期刊進行了文獻搜尋,只找到 40 篇有關老化的論文,他們認為我們的專業和社會有態度上的問題,這是造成對此族群缺乏興趣的主要原因。他們相信社區心理學可以處理的議題包括:另類長期照護、在地老化(也就是待在自己的家裡)、高齡者賦權、義工機會的發展、家庭支持及社區照護。

這些研究有助於引導未來的老化方案。雖然這個領域對於死亡與瀕死沒有

太多研究，但哪些變項可能會在人生的最後一個階段（也就是「善終」）扮演重要角色？「優質老化」以及「善終」的議題很適合放在社區心理學的脈絡裡去考慮。

摘要

社區心理學在過去四十多年來，以我們所期待的正式方式建立起來了。有關注這個主題的期刊、成為美國心理學會的一個分支，以及在《心理學年度回顧》和其他書刊上的固定投稿。

著名的社區心理學家提供了對這個領域現況的評論。他們的觀點有助於累積專業上的收穫，但也提醒我們注意：要保持原有的熱情，對改革抱持開放態度，持續聚焦在社會和系統層面的介入，要提升福祉及預防病變，勿忘這個領域的實用本質，記得社會正義的重要性，以及提醒自己隨著社區改變而來的過程，是漫長、複雜且植基於人類關係的。

由於社區賦權的行動會協助我們定義問題與研究及介入的進行方式，這個領域的主題方向因而不容易定義。對犯罪、心理疾病以及藥物與酒精的濫用有很明顯的關切，但主要是針對三級預防。有成長與發展潛力的領域包括：欣賞多元、發展慈悲心與永續發展的可能性、修正在許多領域中所發現的社會分配不公與不均等，以及老化和死亡的議題。雖然不是非常周全，但這些主題在目前的社會中已經是潮流，也為預防與提升我們的社區觀念帶來了可能性。

最後的反省

本書第一章是以呼籲我們採取行動的引言開始。在面臨社會問題時，他們會加以檢視，尋找解決之道，然後採取行動，並找尋關於行動效果的回饋，這就是優秀的社區心理學家會做的事。在最後一章開始的引言則提醒我們已經走了多遠，以及我們的視野會是什麼。

第一章一開始的短文，以故事強調我們需要一個全民社區，我們也被提醒：

強調可以提供社區成員個人歷史相關線索的特色；溝通有關社區與居民的價值觀及特色的訊息；定義社區內的社會常模和行為；以及提供標示物提醒居民他們是誰，並啟發他們對於可以成為什麼樣的人的可能性。（Newell, Berkowitz, Deacon, & Foster-Fishman, 2006, p. 29）

以下的文字是節錄自 Garrett Hongo 所寫的小說《火山》（*Volcano*），它表達了對家與社區的渴望。Hongo 提到土地與山脈，然而從隱喻的角度來看，他捕捉到了社區心理學努力要創造的願景：

> 多年以後，我回到夏威夷一個禮拜，……當我步出機艙門，迎面而來的是島嶼豔情而新鮮的風。當我看到 Mauna Loa（夏威夷最大的火山區，座落在群島中最大的島嶼上）的紫色山坡消失在雲間，一種感激、想哭的衝動溢滿我的胸膛。那時我知道，那種美是屬於這個地球以及其過去歷史，而在每一塊土地上宏偉山脈的歌手都知道這個道理，我希望你也知道，我允諾給你一方土地。

土地與山脈就是我們的社區。當我們在其中深耕，就跟我們所繼承的傳統以及力量來源連結起來。我們可能會離開社區，但是我們知道當我們回來的時候，會從它那裡吸收到它能給我們的一切。雖然這只是一種感受，我們還是了解它。社區心理學檢視社區對我們的心理韌性之影響，以及它是如何藉由其脈絡來形塑我們。正如這本書裡回顧的，科學已經在發現重要變項上有了進展，而心理學家們已經將這些變項用在介入的處置裡。我們有些成功、也有些挑戰。正如最後一章的開場白所說的：我們先祖的夢想已經開始實踐了，而且在某些方面已經超越了他們的想像。然而，這個工作距離完成還有一大段路，有新的夢想要去想像與實現，這得由身為學生的你們來協助做決定。

國家圖書館出版品預行編目（CIP）資料

社區心理學／ John Moritsugu 等著；王大維等翻譯.
-- 初版.-- 新北市：心理, 2019.03
　　面；　公分--（心理學系列；11048）
　　譯自：Community psychology / 5e

　　ISBN 978-986-191-856-3（平裝）

　　1.社區心理學

545.014　　　　　　　　　　　　　　　　108001523

心理學系列 11048

社區心理學

作　　　者：John Moritsugu、Elizabeth Vera、Frank Y. Wong、Karen Grover Duffy
總 校 閱：王大維
譯　　　者：王大維、張麗麗、陳品華、陸怡琮、邱珍琬、羅素貞、郭郡羽、洪菁惠
執行編輯：高碧嶸
總 編 輯：林敬堯
發 行 人：洪有義
出 版 者：心理出版社股份有限公司
地　　　址：231 新北市新店區光明街 288 號 7 樓
電　　　話：(02) 29150566
傳　　　真：(02) 29152928
郵撥帳號：19293172　心理出版社股份有限公司
網　　　址：http://www.psy.com.tw
電子信箱：psychoco@ms15.hinet.net
駐美代表：Lisa Wu（lisawu99@optonline.net）
排 版 者：辰皓國際出版製作有限公司
印 刷 者：辰皓國際出版製作有限公司
初版一刷：2019 年 3 月
I S B N：978-986-191-856-3
定　　　價：新台幣 520 元

■有著作權·侵害必究■
【本書獲有原出版者全球繁體中文版出版發行獨家授權】
Copies of this book sold without a Taylor & Francis sticker on the cover are unauthorized and illegal.
本書封底貼有 Taylor & Francis 公司防偽標籤，無標籤者不得銷售。